科学版旅游管理专业教材

旅游市场营销学
——原理·方法·案例

赵西萍 等 编著

科学出版社
北 京

内 容 简 介

本书是教育部确立的旅游管理专业七门骨干必修课程教材之一。本书首先建立旅游市场营销的概念，重点通过环境分析、旅游市场营销信息系统、市场调研、市场细分等理论和方法的介绍，使读者掌握确定目标市场的方法、步骤，接着对制定营销战略、产品策略、价格策略、渠道策略、促销策略等进行了详细的论述，并对旅游市场营销中的公共关系问题、目的地营销进行了介绍，最后归纳了营销活动的实施、控制和创新。

本书既可作为目前旅游院校和综合性大学旅游院系及相关专业的骨干课教材，也可供旅游系统各级旅游规划与开发部门的领导和专业人士参考使用。

图书在版编目（CIP）数据

旅游市场营销学：原理·方法·案例/赵西萍等编著. —北京：科学出版社，2006

科学版旅游管理专业教材

ISBN 978-7-03-014104-0

Ⅰ.旅… Ⅱ.赵… Ⅲ.旅游市场-市场营销学-高等学校-教材 Ⅳ.F590.8

中国版本图书馆 CIP 数据核字（2004）第 080712 号

责任编辑：王京苏/责任校对：鲁 素
责任印制：赵 博/封面设计：陈 敬

科学出版社出版
北京东黄城根北街 16 号
邮政编码：100717
http://www.sciencep.com
北京富资园科技发展有限公司印刷
科学出版社发行 各地新华书店经销
*
2006 年 6 月第 一 版 开本：720×1000 1/16
2024 年 8 月第十四次印刷 印张：25 3/4
字数：495 000

定价：65.00 元

（如有印装质量问题，我社负责调换）

序

当前，旅游业作为一门“朝阳产业”，深刻影响着世界各国的经济发展，尤其是进入20世纪90年代后，这一作用越发凸现出来。

旅游作为一种特殊的商品，既包含有形产品，也包含大量的无形产品——服务。旅游商品有不可储存、不可转移、生产和消费同步、与季节变化密切相关等特征。因此，旅游商品的市场营销也有其自身的特殊规律。随着旅游业的蓬勃发展，旅游市场营销学也引起了国内外诸多学者的关注和研究。

旅游市场营销学是20世纪60年代以后发展起来的一门新学科，是市场营销学在旅游经济领域中的应用。本书立足于适应新世纪对旅游管理人才培养的需要，突出对学生的市场观念、竞争意识、创新意识、实践意识的培养，提高他们运用市场营销的基本理论、基本原理、基本方法去发现问题、提出问题、分析问题和解决问题的能力。

本书的编写以科学性、系统性、创新性和可操作性为指导思想，将市场营销学的理论与旅游市场运作紧密结合起来，融会贯通。首先，建立旅游市场营销的概念，重点通过对环境分析、旅游市场营销信息系统、市场调研、市场细分等理论和方法的介绍，使学生掌握确定目标市场的方法、步骤，接着，对如何制定营销战略、产品策略、价格策略、渠道策略、促销策略等进行了详细的论述，最后，归纳了营销活动的实施、控制和创新，介绍了旅游市场营销中的公共关系问题、目的地营销、我国出入境旅游市场管理等内容。

本书的特色是广泛吸取了大量的国内外最新营销管理理论与操作实践，每一章皆由一个小案例开启，之后不断深入，将基本理论和方法寓于案例研究之中，深入浅出，可读性强。每章之后还配有案例回顾与讨论以及适量的思考题，有利于培养学生的独立思考能力。

本书由西安交通大学管理学院赵西萍教授主笔，西安交通大学管理学院硕士研究生李徽、盛珊珊、郑玮和本科生张晨璐，西北工业大学本科生黄越参加了案例和习题的编写。在编写的过程中，作者广泛吸取了国内外旅游市场营销理论的最新研究成果和实际案例，参考了国内外大量的资料和文献，在此对相关作者表示衷心的感谢。

赵西萍

2006年1月

目　录

第1篇

旅游市场分析

第1章 绪论

学习目的：理解旅游市场和旅游市场营销的特点；了解市场营销学和旅游市场营销学的发展过程。

旅游市场营销学是旅游企业开展旅游营销的理论依据。本章从旅游市场的特点出发，结合市场营销学的相关理论，介绍有关旅游市场营销的特点和内容。

1.1 旅游与旅游市场营销

1.1.1 旅游市场概述

（一）旅游

体验经济学认为，消费是一个过程，消费者是这一过程的“产品"，因为当过程结束的时候，记忆将长久保存对过程的“体验"。消费者愿意为这类体验付费，因为它美好、难得、非我莫属、不可复制、不可转让、转瞬即逝，它的每一个瞬间都是一个“唯一"。

从这样的角度出发，旅游的内核就在于它在消费者脑中所留下的“体验”。一种针对旅游的新的认识就是，旅游的价值在于“感受生命意义和享受品质生活”。

（二）旅游产品

1. 旅游产品的概念

旅游业是服务业中的一个行业，旅游产品具有服务产品的共同特性。旅游业的一个显著特点，就是旅游产品供求双方即旅游企业与旅游者对旅游产品的看法和感受不同。一般来说，我们可以从两个方面来理解旅游产品：

（1）从旅游者角度看，旅游产品是旅游者为了获得物质和精神上的满足，通过花费一定的货币、时间、精力所获得的一次旅游经历。

（2）从旅游企业角度看，旅游产品是旅游企业在旅游市场上销售，满足旅游者在旅游活动中的各种需要的物质产品和服务产品的总和。旅游企业提供的旅游产品，有的是物质产品，如旅游纪念品和其他物品；有的是物质形态的劳动产品，如景观等；而大量的是具有非物化形态的劳动产品即服务产品，如旅行社、交通部门、旅游饭店等提供的各种服务产品。

必须强调的是，这里所说的旅游产品是一个总体概念，它不是指为了某个目的而提供的物质产品和服务产品，而是指为了实现一次旅游活动所需要的各种物质产品、服务产品的组合。

2. 旅游产品的构成要素

旅游产品是由多种要素组合起来的一种特殊产品，它能满足旅游者吃、住、行、游、购、娱六大基本需求，因而，它也就由相应的行业提供的实物和劳务组成，包括旅游餐饮、旅游住宿、交通、旅游景观、旅游购物、旅游娱乐等基本要素。

（三）旅游市场

在传统概念中，旅游市场是旅游企业和旅游者双方买卖旅游产品的实际场所；经济学意义上的旅游市场则是指旅游产品交换过程中所反映的各种经济行为的经济关系的总和；市场营销学将旅游市场定义为：在一定的时期内，某一地区中存在的对旅游产品具有支付能力的现实和潜在的购买者。

旅游市场作为一种专业性的市场，其独特的市场行为特征体现在：

（1）全球性。旅游市场的全球性主要是由全球范围的旅游需求与旅游供给决定的，表现在两个方面：一是旅游者的旅游活动范围遍布全球各地，这些地区变成了旅游市场上的需求；二是世界各国或地区都在积极发展旅游业，旅游供给也遍布世界。

（2）异地性。旅游者主要是非当地居民，因而旅游市场通常都远离旅游产品的生产地（旅游目的地）。旅游市场的异地性特点，增加了旅游企业掌握市场信息，适应市场环境、开发市场经营的难度。

（3）波动性。从长期来看，整个世界旅游市场将保持持续发展的态势，但这种发展不是直线发展，而是波动发展，特别是在短期内某一局部旅游市场发展的波动性更为明显。

（4）高度竞争性。现代旅游市场是一个竞争十分激烈的市场。这是因为旅游资源的范围和分布非常广泛，众多的旅游企业可以据此开发出许多相同或不同种类、特点的旅游产品，满足旅游者的需求。所以，其竞争必然非常激烈。旅游消费作为一种高层次的人类消费，其消费范围已遍及全球，形成全球性的旅游市场。区别于民族工业或特殊行业，旅游产业的发展在空间分布上具有全球性质。

（5）发展潜力巨大。这种潜力一方面体现在旅游产业是一个综合性很强的产业，旅游业与其他行业的相关度很大。因而，旅游市场的发展能带动相关市场的迅速发展，所有与旅游产业有关的产业都会得到大幅度的发展。另一方面，旅游市场自身的潜力大。随着经济发展水平和人们生活水平的提高，作为高层次需求的旅游将会有巨大的动力，由此使得旅游市场的发展较其他市场更具有广阔的前景。

1.1.2 市场营销概述

从社会角度看，市场营销是个人和集体通过创造，提供出售，并同别人自由交换产品和价值，以获得其所需所欲之物的一种社会和管理过程。美国市场营销协会（AMA）对市场营销的定义为，营销管理是计划和执行关于商品、服务和创意的观念、定价、促销和分销，以创造符合个人和组织目标的交换的一种过程。

社会中的企业总是在一定的观念指导下从事营销的活动，这一指导观念从生产观念、产品观念、推销观念、营销观念直到社会营销观念。目前，前两种观念已逐渐显现出与当今的竞争形势不相适应，下面简要介绍后三种观念。

（一）从推销到营销

推销观念认为，如果让消费者和企业自行选择，他们不会足量购买某一组织的产品。因此，该组织必须主动推销和积极促销。

营销观念认为，实现组织目标的关键在于正确确定目标市场的需要和欲望，并且比竞争对手更有效、更有利地传送目标市场所期望满足的东西。

营销与推销常常被混为一谈。德鲁克曾说："……可以设想，某些推销工作总是需要的。然而，营销的目的就是要使推销成为多余。营销的目的在于深刻认识和了解顾客，从而使产品或服务完全适合顾客的需要而形成产品自我销售。理想的营销会产生一个已经准备来购买的顾客。剩下的事就是如何便于顾客得到这些产品或服务。……”

营销与推销在思维方式上有所不同，营销权威菲利浦·科特勒在《营销管理》一书中，对它们的差异进行了对比，见表1-1。

表1-1 推销观念与营销观念的对比

观念	出发点	重点	方法	目的
推销观念	工厂	产品	推销促销	通过销售获得利润
营销观念	目标市场	顾客需求	整合营销	通过顾客满意获得利润

（二）社会营销的趋势

随着环境恶化、资源短缺、人口爆炸、社会服务被忽视等问题日渐严重，社会营销作为对营销观念的修正逐渐为营销界所重视。营销观念回避了消费者的需要和利益与长期社会福利之间隐含的冲突，而社会营销的观念则要求营销者在营销活动中考虑社会和道德问题。

市场营销的这些观念引入旅游中，也反映了旅游业营销的一个发展过程，从只注重价格吸引到慢慢开始关注消费者在体验上的需求，到关注社会，最后形成了如下四点共识：

- 帮助生产者更好地销售产品，旅游者更好地购买产品，政府部门更好地履行管理职能，使市场机制日益健全，保证市场运行畅通。
- 生产者不宜过多地细分市场去生产无本质差别的产品，而应把旅游者的基本需求类型作为产品的生产依据。
- 生产者不仅要满足旅游者的需求，更重要的是指导正确的消费行为，为旅游者的长期利益服务。
- 旅游企业外部各类经济和非经济的团体（诸如政府部门、保护旅游者权益团体等）都应参与购买方的决策过程。

1.1.3 旅游市场营销

（一）旅游市场营销的内涵

旅游市场营销是市场营销理论在旅游业中的具体应用，它是旅游经济个体（个人和组织）对思想、产品和服务的构思、定价、促销和分销的计划和执行过程，以创造达到经济个体（个人和组织）目标的交换。

从上述概念中可知，旅游市场营销具有三层含义：

(1) 以交换为中心，以旅游者为导向，以此来协调各种旅游经济活动，力求通过提供有形产品和无形劳务使游客满意来实现旅游企业的经济和社会目标。

(2) 旅游市场营销是一个动态过程，包括分析、计划、执行、反馈和控制，而更多地体现在旅游经济个体的管理功能上，旅游市场营销是对营销资源（诸如旅游市场营销中的人、财、物、时间、空间、信息等资源）的管理。

(3) 旅游市场营销适用范围较广。一方面体现在旅游市场营销的主体广，包括所有旅游经济个体；另一方面旅游市场营销的客体也多，不仅包括对有形实物的营销，还包括对无形劳务的营销，以及旅游经济个体由此所发生的一系列经济行为。

（二）旅游市场营销的特征

旅游市场营销作为旅游企业在市场中生存发展的有效途径，它对旅游企业的影响十分巨大。总体而言，旅游市场营销具有如下特征：

1. 营销导向

旅游企业的一切经营活动都必须以市场需求作为出发点和归宿。不同的产业有不同的经营导向，诸如生产导向、推销导向和市场营销导向。而旅游产业由于其服务对象是人，因而，如何针对不同人们的不同需求设计和开发旅游产品，成为旅游企业生存和发展的根本。旅游企业以旅游者为核心，通过满足游客的需求而获得利润，从而使其有别于生产导向和推销导向，而市场导向正是20世纪50年代后兴起的具有革命性意义的全新经营观念。

2. 管理导向

旅游企业的营销环境由诸多因素（人口、政治、文化、经济、社会、技术等）构成，这些因素随着时间和空间不断变化，而旅游市场营销的实质在于旅游企业对于动态环境的创造性的适应——运用一切可利用的资源，通过产品、渠道、价格和促销等实现对环境的适应。环境变化，则旅游企业要做相应的变化，管理导向作为现代旅游市场营销的特征之一，正日益受到旅游企业的重视和运用。

3. 信息导向

旅游市场营销的最终目的是满足游客的需求，这必须借助信息的传导。现代旅游消费特征越来越个性化，因而，对复杂、多样的游客需求须做深入、细致的调查。与此同时，旅游企业的内外部环境复杂多变，加之其产品缺乏专利保障，因而，旅游企业之间的竞争日益侧重于旅游产品的质量、服务及旅游企业形象，无形中加大了旅游企业的经营风险，所有这些决定了信息在旅游企业市场营销中的重要地位。

4. 战略导向

旅游市场营销对旅游企业的长远发展有着十分重要的影响，要求旅游企业对市场环境具有长期适应性。因而，现代旅游企业中有战略眼光的旅游企业纷纷推出“绿色旅游”、“永续旅游”、“生态旅游”等，一方面使人们回归大自然，同时，加强环境保护意识。在21世纪，旅游企业若要持续地发展，则必须依赖于对环境的适应，依赖于现代市场营销中的战略导向。

1.2 旅游市场营销学及其发展历程

1.2.1 国外旅游企业市场营销学观念的发展

自第二次世界大战之后，国际旅游业得到迅速发展。20世纪60年代，旅游业的发展进入了第一个高潮，与此同时，市场营销学被介绍到旅游业中并得到普遍应用。而在此之前，指导旅游业的基本经营思想是推销观点。绝大部分旅游经营者认为，旅游企业的销售量越大，利润就越高。旅游业采用的销售手段主要是广告、宣传和推进性推销。

20世纪60年代末，旅游业的竞争日趋激烈。不少经营者开始重视研究市场营销学理论，并采用其他行业的研究成果，对旅游企业的组织结构进行了调整。多数拥有150间（套）客房以上的旅游企业先后设置了营业部或营销部。许多经营者开始认识到以推销观点作为旅游企业整体活动的指导思想，已远远不能适应不断变化的市场的需要。但多数旅游经营者仍然把营销学看成是一门神秘的学科，营销部的活动实质上仍然是以推销活动为主。

整个20世纪70年代，推销观点仍然有一定的拥护者，但随之为营销观点所代替，西方旅游业发生了重大变化。

首先，旅游业的竞争越来越激烈，不少发达国家大力发展旅游业，从而许多经营者渐渐陷入“迷茫”，餐馆提供的菜肴再精美，旅馆提供最舒适的客房，也未必能压倒竞争对手。“迷茫”过后开始沉思，思考的焦点由“我们的旅馆”转移到“我们的客人”，这些旅游企业为了生存、发展和赢利，先后采用了市场营销学的一些基本原则，竭力扩大旅游企业在市场竞争中的优势。

其次，激烈的竞争缩短了旅游企业在进入目标市场之前的准备时间。旅游企业只有在进入目标市场的准备阶段不断分析市场形势，研究旅游者的需求，分析旅游者的兴趣、爱好和意见后，才能确立该企业经营的依据和基础。否则，就无法进入目标市场。

第三，旅游企业的投资急剧上升。旅游企业若不对旅游者的需求进行足够的了解，贸然建造旅游设施，就会造成大量资源的浪费。因此，经营者只有了解了旅游者的动机和愿望，采用营销观点，才有可能最低限度地减少经营失误。

旅游业引进市场营销学原理之后，指导思想逐渐发生了变化，经营者对旅游设施进行进一步改造：供汽车驾驶员从车上购买食品的快餐店、单身汉周末活动旅馆、经济汽车旅馆、风景区分期住宿旅馆等相继问世。与此同时，旅游企业向旅游者销售产品的手段也越来越丰富。这类旅游企业在市场中的竞争能力普遍增强。

总体上说，20 世纪 70 年代，作为市场营销学的初学者西方发达国家旅游企业，逐渐进入“细分市场时代”：根据人口特点、旅游者的兴趣、生活方式等对旅游者进行分类，依此提供恰当的旅游产品。在销售过程中，市场定位理论逐渐得到推广，使得旅游企业在众多旅游者心目中树立了良好的形象。

进入 20 世纪 80 年代后，旅游企业能否满足旅游者的特殊需求和爱好，依然是决定旅游业经营成败的关键。旅游者对旅游产品和服务选择的余地扩大了，使得旅游企业的竞争进一步加剧。在整个 20 世纪 80 年代，旅游企业的经营者必须注重研究市场竞争、旅游者旅游动机及旅游企业在市场中的不同地位，采取“重新定位”或“渗透已确立的细分市场”等策略，以在竞争中获胜。

1.2.2 中国旅游企业市场营销观念的发展

建国以来，中国旅游业的发展经过了两个完全不同的阶段。1978 年以前，旅游业出于一种政治目的而从事接待工作，自然在国民经济结构中不构成一种产业。1978 年改革开放之后，旅游企业才开始逐步走向市场。随着中国由计划经济转向市场经济，旅游企业的市场营销观念、相对应的经营机制与经营思路也随之发生转变。

中国的旅游企业在市场观念、结构的思路上大致经历了以下几个阶段：

1. 接待阶段

从建国开始一直到 1978 年改革开放，中国旅游企业的经营一直处于一种纯接待阶段。旅游企业基本上属于政府接待型机构，没有任何真正的经济行为。最明显的表现在于：旅游企业无须主动寻找客源，不需要旅游企业进行自己的促销活动，主要任务是负责与政府活动有关的接待工作，而不是获利。在这一阶段，企业中面向市场的专业部门是接待科，对市场的基本态度是“等客上门”。

2. 公关阶段

随着旅游企业自身职能的不断强化，旅游企业开始面向市场，考虑自身有关的经营战略。随着对外开放程度的不断扩大，外资和合资旅游企业为众多的国有旅游企业树立了经营榜样。在这一阶段，一方面出于树立自身企业形象的需要，另一方面迫于市场竞争的压力，旅游企业开始将客人和一些重要的政府部门以及下游旅游企业机构视为市场资源，主动为下游旅游企业建立关系网络。这一阶段，旅游企业面向市场的专业部门是公关部。这是市场意识觉醒的开始。

3. 销售阶段

进入20世纪80年代中期，中国旅游业进入第一个发展高潮。由于国际旅游入境人数的大幅度增加，但更重要的是旅游接待能力受到旅游饭店和旅游交通两个瓶颈的限制，使得旅游市场进入“买方市场”，旅游企业面临空前激烈的竞争局面，旅游企业自身的主动销售行为开始出现。在激烈的市场竞争中，旅游企业意识到必须主动将自有的产品推向市场，展示给旅游者。这一阶段，旅游企业开始设立专门的销售部。这一部门的出现标志着专门的销售人员从事专职的市场销售工作。

4. 市场营销阶段

中国旅游业在解决了接待能力上的薄弱环节之后，却进入了1989年的低谷时期，从旅游业的爬坡到恢复正常，已经进入了20世纪90年代。由于中国经济体制改革已进入全面、深入阶段，旅游业的外部环境已逐渐理顺，旅游市场行为已经规范化，从而使旅游企业经营的市场意识从觉醒走向成熟，全面的市场营销观念与方法开始为旅游企业界所认可，传统的销售（Sales）过渡到了比较成熟的市场营销（Marketing），旅游企业的市场行为从简单的销售阶段走向了调查、研究、预测市场的需求，设计自己的产品和调整自己的产品结构、确定现实目标市场和促销策略，预测未来潜在市场并进行先期的市场培育，切实抓好实际销售并融进市场的促销，注重客人对旅游产品质量的反映和处理，注意抓好售后服务，为进一步搞好产品的生产和销售提供反馈信息。

可以说市场营销阶段是进入到20世纪90年代后才真正在中国旅游企业中开始实际应用的。因而中国旅游市场营销尚未真正成熟，这将直接影响到中国旅游企业的自身经营和在国际、国内市场中的竞争力。

1.3 旅游市场营销学的内容体系及创新

1.3.1 旅游市场营销学的内容体系

旅游市场营销学是以现实和潜在的旅游者的消费需求为背景，动态地研究旅游经济个体的市场行为以及与此相配备的管理职能和运行手段的一门学科。本书的内容体系见图 1-1。

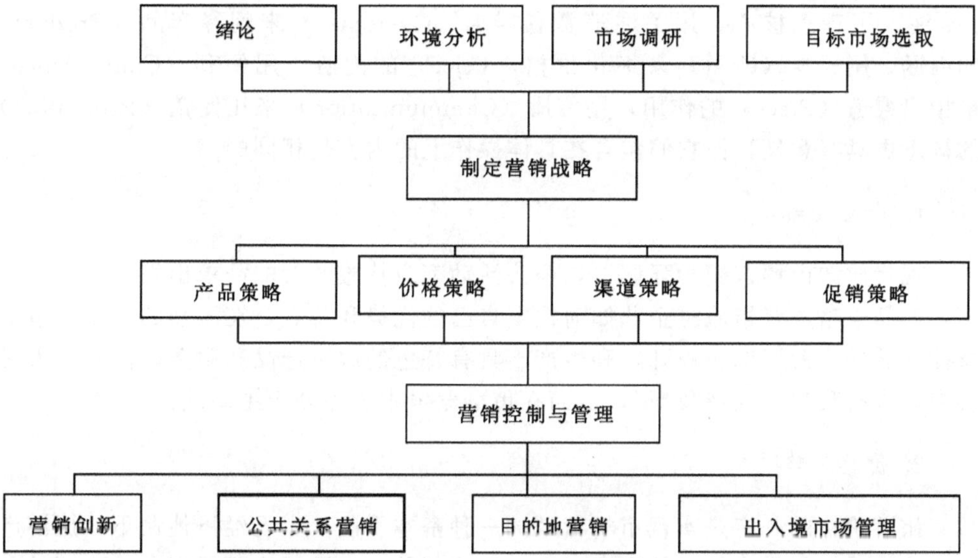

图 1-1　旅游市场营销学内容体系

本书共分三篇 14 章，其中：第 1 篇，认识旅游市场营销，包括第 1～4 章；第 2 篇，制定旅游市场营销战略，包括第 5～9 章；第 3 篇，旅游市场营销管理与控制，包括第 10～14 章。

（一）认识旅游市场营销

认识旅游市场营销是指内容体系图上部的四个方面，从环境分析、市场调研到目标市场选取，是具体营销活动的准备阶段。其中：①环境分析，包括对从宏观到微观环境的各个因素分析，以及基于因素的机会—威胁（SWOT）分析；②市场调研，指建立有关环境的数据信息库、理性模型分析，为下一步做准备；③目标市场选取，包括市场细分和市场定位两部分，指基于环境分析和市场调研的成果，最终确定所要进入的市场。

（二）制定旅游市场营销战略

在对环境进行分析之后，是具体实施旅游企业的营销过程，是旅游企业在各种环境因素的影响下，为达到企业营销目标而做的一系列努力，它们相互影响、相辅相成，必须有一个战略统一指导。在众多的战略决策中，主要有产品—市场战略、市场竞争战略和营销组合战略。

战略的执行是通过策略的实施来实现的。

传统的营销4Ps包括产品策略、价格策略、渠道策略、促销策略。4Cs则给4Ps注入了理念核心，用关注消费者需求（Customer）来阐释产品（Product）的内涵，用成本（Cost）来细化价格（Price）的内容，用便利（Convenience）来指出渠道（Place）的作用，用传播（Communication）来让促销（Promotion）的概念更具有意义，但它们包含在具体操作上的内容是相同的。

1. 产品策略

现代旅游市场营销学强调一切经济活动都应从旅游者的需求出发。

产品策略主要指旅游企业如何根据自己的优势和特点，在激烈的市场竞争中根据产品的生命周期积极开发和生产出具有特色的旅游产品和服务，做到“人无我有，人有我特，人特我新”，从而在市场竞争中永远处于主动地位。

2. 价格策略

旅游价格的制定是实现市场营销的一种基本手段。市场经济体制下，旅游产品的价格受市场供求关系的影响极大，各旅行社、旅游饭店可根据各自不同的条件采取多种多样的定价方法和策略。价格策略的内容主要包括价格制定策略和价格管理政策。价格制定策略主要针对现行旅游产品如何制定适宜的价格，恰当地体现旅游市场中的供求关系，以及市场诸要素变动之后对旅游产品价格所做的必要调整。价格管理政策主要从维护旅游者和生产者各自的利益这一法律角度出发，对产品的价格从制定到执行到调整所做的各种监督和管理措施。

3. 渠道策略

渠道策略对于更好地满足旅游者的需求，最快、最便捷地进入目标市场，尽量缩短产品传递的过程，节省产品的销售成本起到了积极作用。现代旅游商品的流通渠道一般都要经过旅游批发商、零售商等多个环节，最后才为旅游者接受，尤其是国际旅游，更需要增加国外旅游批发商和零售商几个环节，从而加大旅游产品中的营销成本。因此，渠道策略正确与否，流通渠道的选择是否适宜，在某种程度上决定着旅游产品市场营销的成败。渠道策略主要包括：旅游产品销售渠道的选择、产品营销中介的建立及建立产品营销渠道计划的制定三个方面。

4. 促销策略

促销的目的不仅在于向旅游者出售他们需要的旅游产品，更重要的是如何向他们介绍新的旅游产品，刺激旅游需求，以此来扩大旅游企业的市场占有额，从而使旅游企业在竞争中居于有利地位。促销策略的基本内容包括：旅游产品营销计划的制定、促销人员的培训、旅游产品的广告促销以及旅游企业的公关销售。另外，旅游企业售后服务也成为促销政策的附加内容。

（三）旅游市场营销管理与控制

1. 控制与管理是执行营销战略和策略的关键

在对前两部分内容进行综述之后，需要有一个对营销活动进行控制和管理的过程，以保证战略和策略能够得到有效实现，使营销活动有一个标准化的控制平台。它把营销努力整合为一个可由五步实现的过程：分析市场营销机会、研究和选择目标市场、制定营销战略和策略、制定营销计划、实施控制营销计划。

2. 旅游市场营销创新

随着世界的发展和旅游市场的日益多样化，在营销的具体实践过程中，出现了许多新的营销思路，本书在这一部分给予介绍。先从不同旅游市场的创新组织和创新人员等市场创新主体的角度出发探源，又引入旅游市场营销创新的基点，分析旅游市场营销观念创新和战略创新。

3. 公共关系策略

公共关系策略的本质就是通过双向沟通，有效地达成组织与环境之间的信息交流，使组织对环境的变化保持高度敏感性，并通过有目的的公共关系活动，影响环境的变化，该组织创造出一种得以生存和发展的良好条件。

4. 目的地营销策略

目的地意味着一种环境，旅游者并不会固守物质界限，特别区分出目的地内不同的区域和吸引物，而是将目的地作为一个整体环境来感知。所以，旅游营销一定要运用整体的策略——目的地地区营销。

5. 出入境旅游市场管理

目的是结合前面各章的旅游市场营销理论与具体的市场环境对中国出入境旅游两类细分市场的特征、开发、政策选择及管理做更具体的阐述，共分为中国入境旅游市场与开发、中国出境旅游市场和管理、边境旅游市场特征及管理三节。

（1）中国入境旅游市场与开发。这一节从中国旅游市场的需求特征、入境旅游市场总体开发两方面进行了详细的论述。尤其对旅游市场的消费结构、支出结构和入境旅游总体开发的目标市场开发、市场形象定位、市场开发预测、旅游产品配套、市场促销、销售渠道等方面进行了详细的介绍。

（2）中国出境旅游市场及管理。这一节对出境旅游市场的总体特征、市场需求特征、客流特点、市场开发以及政策管理等方面进行了全面的分析。

（3）边境旅游市场特征及管理。这一节主要论述了边境旅游的主要特征，并对发展边境旅游市场提出了发展战略和管理政策。

1.3.2 本书的创新之处

（1）强调旅游的“体验”、“感知”特性，引入目的地地区营销概念，并针对这一特点，为营销策略的制定提供了崭新的视角。

（2）在旅游市场营销的管理和控制内容中，添入了人力资源管理和危机管理的内容。鉴于旅游的人性化特点，与消费者打交道的除了旅游景点之外，另一个最重要的因素就是人。加强旅游过程各个环节的人员管理也必然是不可或缺的内容。另外，2003 年非典时期的特殊环境，给中国旅游业带来了巨大的冲击。本书特别提到从日常危机管理——投诉机制的建立，到非常时期的危机管理等有关旅游危机管理的内容。

（3）结合营销的相关知识，对入境旅游市场和出境旅游市场，做了具体的分析和策略研究。

➢关键术语

市场营销（Marketing）　　旅游市场营销学（Tourism Marketing）

第2章

扫描旅游市场营销环境

学习目的：熟悉旅游市场营销的宏观、微观环境；掌握旅游市场营销环境分析的基本方法；熟悉中国加入WTO后的各种服务规定条款。

本章旨在使学生很快建立起一个全面、深刻的旅游市场营销环境的概念体系，并掌握对这种环境的基本分析方法。为此，本章重点在于解释和介绍旅游市

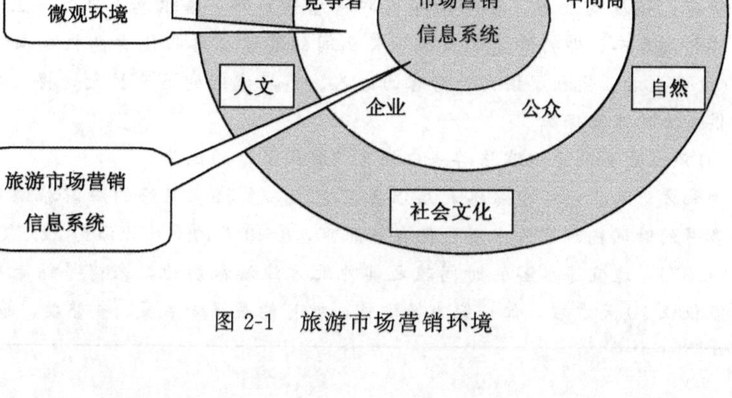

图 2-1　旅游市场营销环境

场营销环境的基本内容体系，并介绍环境分析的主要手段和基本方法。与此同时，介绍中国加入世界贸易组织以后所面临的新环境和可采取的对策。

旅游市场营销的成功取决于两方面的因素，其一是旅游企业的营销组合，其二是企业的营销环境。前者是企业完全有可能控制的，而后者则超越了企业的可控范围。这些环境中，有些是企业可以影响的，有些则既不可控制又不可影响。旅游市场营销环境又可分为两个层次（如图 2-1 所示），中心是旅游企业营销组合。第一层营销环境是企业或行业的环境，也称为旅游市场营销微观环境；第二层是外部环境，也称为旅游市场营销宏观环境。

案例 2-1

日照市旅游业起飞前夕的 SWOT 模型分析

国际知名的管理学者史提勒（Steiner）将环境中的优势（Strengths）、弱势（Weakness）、机遇（Opportunities）与威胁（Threats）组合起来，构建出 SWOT 模型；利用这一模型，可以为项目开发、企业营销等重大的投资决策进行系统的分析论证。SWOT 模型的运用十分有利于对重大的投资决策做出正确的判断。

目前，国际旅游业已将 SWOT 模型分析应用于编制旅游发展战略、发展规划和重要的旅游开发、营销项目的策划与决策判断。我们在为日照市编制旅游业发展战略时，也运用此模型进行了分析。

一、优势

（一）日照市是中国唯一拥有“3S”全面优势的海滨旅游城市

国际通行的海滨旅游地的三大卖点是“沙滩”（Sandy—beach）、“阳光”（Sun）、“海水”（Sea）。许多知名的海滨旅游地赢得美誉，几乎都得益于“3S”中某一两方面的优势，但在三个“S”上皆拔尽头筹的，日照市是绝无仅有的一个。

（二）交通条件的迅速改善使日照拥有日益扩大的市场发展空间

在中国目前时期，交通是制约旅游市场拓展的瓶颈。有幸的是，“十五”期间日照的对外交通将有大幅度的改善，在一两年内即将增开日照—哈尔滨、日照—上海、日照—西安等多路特快客车；即将修建的日照—青岛间的高速公路将使青岛机场与日照的行程缩短到 80 分钟左右，便利了国内外游客的进入。市场空间的迅速扩大，将为日照旅游业的起飞提供有力的市场保障。

（三）日照在众多北方海滨旅游地中拥有“时间差”的优势

中国的北方沿海，一年中海水表层温差变化大，黄海、渤海的海滨旅游地，仅在炎夏期两个多月的时间内适宜海水浴。但在日照市，6～9 月的平均气温为 22.5℃、26.4℃、26.8℃、21.3℃；适宜海水浴的时间较之其他北方海滨旅游地，来得早结束得晚。尽管这一时间差仅仅 10 天左右，但一经市场运作，就可能赢得知名度、美誉度、旅游者认同度上的巨大优势。

（四）拥有开发独具特色的旅游餐饮和旅游商品的资源优势

不受污染的日照海域，盛产西施舌、海参、鲍鱼等名贵的生猛海鲜。除海产品外，由于光照充分，日照的绿茶质地优良，肉厚，耐冲泡。日照的银杏果（白果）粒实肉糯，口感上佳。采用 4000 多年前龙山文化时期的传统工艺生产出的黑陶仿古器皿和现代日用工艺品，是日照旅游商品中的黑珍珠。只要充分发挥上述资源优势，投入高智慧的创意，就能使日照的旅游餐饮和旅游商品大放异彩，使来日照的旅游者频频解囊，满载而归。

（五）名人优势

日照籍的当今名人数量不多，能量不小。首先是诺贝尔奖获得者、物理学家丁肇中博士，其次是曾任中共中央政治局常委组织部部长的宋平，著名歌星尹相杰，以及为广大电视观众所熟悉的中央电视台气象预报员裴新华。为发展旅游业，大量的宣传、公关活动都需要名人效应，名人优势在一定条件下可转化为旅游业起飞的优势。

二、劣势

（一）对旅游业认识不足，导致旅游业发展滞后

日照市城市总体规划对城市性质的定位将旅游业列为继港口、工业、商贸之后的第四位。长期以来，日照市的招商引资集中在工业项目上，如不及时调整旅游业在国民经济中的位置，旅游业发展的相对劣势将难以扭转。日照发展旅游业的优势没有得到旅游界的认同，在全国缺乏影响。

（二）负面近邻效应

长期以来，日照在旅游市场上知名度不高，却又与知名度极高的海滨旅游城市青岛互为近邻。日照如不能尽快地与青岛建立“双赢”的伙伴关系，那么，客观存在的负面近邻效应将给日照的旅游市场开发带来一定的困难。

三、机会

（一）有列入山东省旅游业新的生长极的可能

山东省已将旅游业定位于新的经济增长点和培育中的支柱产业，必然将在省内发掘旅游业新的生长极予以重点扶持，大力开发。在有资格参选生长极的旅游地中，日照的条件具有相当的优势，一旦入选，将为日照旅游业起飞赢得良好的机遇。

（二）优化产业结构的重任有可能为日照旅游业赢得优先发展的良好机遇

旅游业是先导产业，具有拉动其他产业的能力。即将推出的太阳城、太阳节的主题旅游，可同时举办太阳能高科技学术会议和太阳能高科技展销会，将进一步为日照引进国内外最先进的高新技术产业，成为山东省乃至全中国的太阳能硅谷。由旅游业引导来的太阳能硅谷的发展远景，将促使日照市和山东省的决策人下定决心优先发展旅游业。

四、风险

（一）污染扩大的威胁

长期以来，日照国民经济的最大支柱是第二产业。在目前已有的 39 个工业门类中，造纸、皮革、建材、电力已经带来一定的污染，虽然污染的程度并未影响旅游业的发展，但作为一种倾向来看，已应大力敲响警钟；如果再进一步发展钢铁、石化等高污染工业

项目，日照拥有的“3S”全面优势将瓦解。

（二）省内外的竞争威胁

日照位于山东海滨的最南端，省内众多新老旅游城市与辽东半岛的众多海滨城市都是强劲的竞争对手，而且这些城市也都在想尽绝招、不吝投入地加大开发力度。日照市在市场信息、营销渠道等方面原已落后于人，竞争中稍有疏忽，就有可能陷入绝境。

五、结论

通过以上SWOT模型分析，可以看出日照拥有的五项优势，都是客观存在不受外在因素左右的压倒性的优势。日照的弱势，多数来源于人的观念、认识，但即便是负面的近邻效应，也可以通过建立双赢的伙伴关系，转化为正面效应。日照面对的威胁，是竞争形势下一视同仁的客观存在，并非日照独有。我们要把握住当前的发展机遇，制定适应21世纪旅游业发展趋势的战略，推出精心策划的旅游产品，使日照成为众多海滨度假旅游地中最先冲出队列的一匹黑马！

（资料来源：www. davost. com.）

2.1 旅游市场营销宏观环境因素分析

旅游市场营销宏观环境是指旅游企业或旅游业运行的外部大环境，它对于旅游企业来说，既不可控制，又不可影响，而它对企业营销的成功与否起着十分重要的作用。市场经营人员必须根据外部环境中的各种因素及其变化趋势，来制定自己的营销策略以达到市场经营目的。在旅游市场营销中，宏观环境因素主要包括人文环境、经济环境、自然环境、技术环境、政治—法律环境、社会—文化环境等各个方面。

2.1.1 人文环境

（一）人口因素

（1）人口数量与旅游市场构成的关系。在收入接近的条件下，人口的多少决定着市场容量。一般来说，人口数量与市场容量、消费需求成正比。在同一经济发展水平的国家，人口的增加对旅游人次的增加起着一定作用。但是人口数量与具体商品的市场关系还必须视消费群的特性而定。这种与特定商品需求相联系的消费群称做市场相关群体。旅游市场营销学就是要重视相关的人口数量，即相关群体的研究。

（2）人口城市化与旅游市场的关系。一般来说，城市居民需求旅游的人数不仅比农村多，而且比例也高。随着城市人口的增多，如何适应人口城市化的特点去开发旅游市场，是营销者面临的一个新的重要课题。

(3) 世界人口年龄结构变化与旅游市场的关系。一般来讲，旅游者年龄构成中，以中老年为消费主体，青壮年虽然数量很大，但消费能力有限，单次旅行时间也比较短。

(二) 人口的地理迁移因素

(1) 世界旅游客流的移动特点和规律与地理环境的关系。从地理学的角度而言，旅游流强度随着地理距离的增大而逐渐衰减。旅游格局中，国内旅游流大于国际旅游流，中短程国际旅游流大于远程国际旅游流。许多国家都把近距离的市场作为自己的争夺目标。墨西哥一直以美国为目标市场进行旅游促销，亚洲国家也多在吸引日本、韩国等较富裕的国家。欧洲国际旅游接待人数一直占全世界国际旅游总人数的70%左右，而欧洲各国之间的国际旅游人数则占欧洲接待国际旅游总人数的80%以上。

(2) 旅游者的旅游动机与地理环境的关系。旅游者外出旅游除了经济、政治、文化、历史等原因外，更主要的是旅游目的地的地理要素景观构成的吸引力所诱发的旅游动机，如气候、海滩、阳光、风景、地貌等都会对旅游者产生诱惑力。由于旅游者兴趣不同，各自的动机也不尽相同，对此进行研究，有利于对客源市场变化规律进行探索。

(三) 社会因素

1. 家庭

家庭是社会的一个基本单元，它影响着每个家庭成员所做出的大部分决定。家庭有两种形式：核心家庭与扩大家庭。一般来说，核心家庭中包括父母和未婚的子女；扩大家庭常常几代同堂，家庭规模较大。家庭形式的区别主要是由经济原因造成的，国家愈穷，家庭规模愈大。欧美与日本一般是核心家庭，而发展中国家大多是扩大家庭。中国正从扩大家庭向核心家庭过渡，这将有利于家庭旅游的普及；另外，随着当前社会单亲家庭、丁克家庭以及单身贵族等特殊家庭数量的不断增多，如何吸引这些家庭的消费，也是中国旅游企业应当给予考虑的问题。

购买者家庭成员对购买者的购买行为的影响最强烈。每个人都会受到父母亲的教导和影响，在宗教信仰、政治观点、经济实力、个人的抱负、好恶爱憎、价值观等方面都可能留下父母的痕迹，而但配偶和子女对一个人的购买行为的影响则更为直接。一般来说，家庭旅游的促销对象主要是核心家庭。

2. 地位阶层

任何国家都存在着阶层，在印度尤其明显，在原苏联则较隐蔽。阶层是某一种购买力的社会表现，同一阶层的人基本上具有相似的购买力。社会阶层可以被定义为“按个人或家庭相似的价值观、生活方式、兴趣以及行为等进行分类的一种相对稳定的等级制度”。人出生时的社会阶层是不可选择的，但其后所处的阶层是变化的，所以，各个阶层对市场上某种商品的需求是变化的，也是相对稳定的。

地位阶层甚至比购买力更能决定消费者购买商品数额的大小。一般来讲，每一个社会阶层的成员都趋于制定相似的购买计划。身份地位高的人倾向于会购买能显示其身份与地位的更高级的日用品、奢侈品。他们在选择旅游团队时，会考虑其同伴的地位。事实上，人们常常选购某些具有地位标志的商品来表明他们的社会地位。因此，市场营销人员必须弄清楚哪些产品有变成地位标志的可能性，以便采取相应的市场营销策略打动特定细分市场的潜在客户。

2.1.2 经济环境

一个地区的经济能对旅游组织产生直接的影响，通货膨胀、失业、经济衰退往往使旅游遭受到伤害，使投资于商业或娱乐业、旅游业、外出用餐的消费大大缩减。从宏观上分析经济环境时，要着重分析以下主要经济因素：

（一）国民生产总值（GNP）

国民生产总值是一个国家某一时期所生产的以市场价格计算的最终产品与劳务的市场价值总和。而人均国民生产总值更能反映出一个国家人民的富裕程度。有研究指出，一般来说，人均 GNP 达到 300 美元的国家会兴起国内旅游，人均 GNP 达到 1 000 美元的国家会产生出境旅游的需求，而人均国民生产总值为 1 500 美元以上的国家，旅游增长速度更为迅速。美国就因其较高的人均 GNP 成为世界上最大的旅游客源国之一。1990 年美国出国旅游者高达 4 000 万人次。日本人均国民生产总值也在 30 000 美元以上，是亚洲最大的旅游客源国之一。1990 年日本出国旅游者达 1 100 万人次。

（二）个人收入

个人收入是指一个国家的所有个人、家庭和私人非营利性机构，在一定时期通常是一年内从各种来源所得到的收入总和。其计算公式为

$$\text{个人收入}=\text{工资}+\text{业主收入}+\text{个人租金收入}+\text{股息}+\text{个人利息收入}+\text{社会保险金}$$

个人收入是反映购买力高低的重要尺度。根据世界旅游组织统计，经济发达的国家，每个国民的旅游消费支出大约占个人所得的 4%～6%。第二次世界大战后，个人所得在西方国家不断增加，用于旅游的消费也相应增多，这是旅游市

场不断发展的根本原因。加拿大 1980 年人均个人收入 2 715 美元，1987 年为 13 600 美元，以后每年都有不同程度的增加，也是世界较大的客源国之一。由此可见，旅游市场的形成同该国或地区的收入水平有直接关系。

个人可支配收入更是决定旅游消费者购买力和支出的决定性因素。它是指个人除了在衣食住行等生活必需消费支出外，可以自由支配的收入。一个消费者可任意支配的收入越多，用于旅游或其他文娱活动的开支也较多。对此，法国统计学家恩格尔（E. Engel）提出恩格尔定律：一个家庭收入越少，家庭收入中或家庭总支出中用来购买食物的支出所占的比例就越大；一个国家越穷，每个国民的平均收入中或平均支出中用来购买食物的费用所占比例就越大；随着家庭收入的增加，家庭收入中或家庭支出中用来购买食物的支出将会下降。

恩格尔定律可用下列公式表示：

$$\text{总支出中食物支出所占的比例}=\frac{\text{食物支出变动百分比}}{\text{总支出变动百分比}}$$

$$\text{恩格尔系数}=\frac{\text{食物支出金额}}{\text{总支出金额}}$$

恩格尔系数是根据恩格尔定律得出来的比例数。一般说来，恩格尔系数大于 60%就属于极贫困地区，而小于 30%则可认为较为富裕，只有在恩格尔系数足够小，家庭有能力购买生活必需以外的娱乐及奢华耐用品时，人们才会选择旅游消费。

（三）外贸收支状况

国际间的对外贸易是各国争取外汇的主要途径，而外汇的获得又决定了一国的国际收支状况。当一国外贸收支出现逆差时，不但会造成本国货币贬值，使出国旅游价格变得昂贵，而且旅游客源国政府还会采取以鼓励国内旅游来替代国际旅游的紧缩政策。例如，1985 年美国外贸赤字达 1 000 多亿美元，财政赤字达 2 000 多亿美元，美国参议院批准了自 1986 年起购买国际机票征税的法律。相反，当外贸收支大幅度顺差，则造成本国货币升值，出国旅游价格就降低，而且旅游客源国还会放松甚至鼓励国民出国旅游并购买外国商品。例如，1987 年 6 月日本运输省发表了今后五年海外旅行倍增计划，以减少贸易顺差。计划内容是：从 1988 年起，促使日本海外旅行人数每年增长 13%左右，并在机票减免、与国外观光部门交流和获取信息等方面为旅游者提供方便。

2.1.3　自然环境

应该明认识到，旅游市场营销的威胁与机会是同物质环境的趋势连在一起的。

（一）自然资源的短缺与保护

在旅游市场中，自然景观的承载力是脆弱的，须精打细算地充分利用。所以，在对自然景观资源的开发利用和规划过程中，应对其进行细致的勘探和研究分析，使其利用率、可观赏性得到提高。

（二）环境的恶化

（1）原材料减少和能源成本的增加。旅游业属于波动性大、易受影响的行业，有许多直接或间接因素会导致行业状况起伏。例如，能源紧缺会造成吃、住、行等各项费用的增加，从而导致旅游业成本上升。

（2）污染程度增加。人文活动不可避免地破坏着自然环境的质量。对自然景观的人为破坏、游人的不自觉破坏活动等等都会导致旅游地的吸引力下降，直接或间接地危害着旅游业的发展。近年来新兴的“生态旅游”就认识到了自然环境在旅游行业中的重要作用，以“绿色”为口号，将环保与观赏融为一体。

（三）疾病的影响

2003年非典型性肺炎（以下简称“非典”）袭击全球，对中国旅游业的冲击尤其很大。

第一，对国际旅游的冲击。由于“非典”的影响，2003年有100多个国家对中国公民入境旅游提出限制，从而使中国公民的出境旅游受到影响，仅上海市截至2003年4月23日已有8 901人次的出境游退团；与此同时，国外旅行团也纷纷取消了来华旅游的计划。据报道，上海的国际旅行社营业收入比2002年同期下降了78.62%，北京的海外旅游市场亦迅速滑坡，2003年4月份接待海外来京游客11.6万人次，同比下降59.9%。

第二，对国内旅游的冲击。由于“非典”的爆发，人们减少了外出活动，旅游、餐饮、购物、娱乐、健身等消费活动受到限制。据不完全统计，到2003年4月底为止，“非典" 对北京经济总量的影响约为4.5亿元，其中4月份下降1.7个百分点；旅游业遭受的影响最大，受影响较大的还有交通运输、批发零售、餐饮、旅馆等行业。上海旅游业的国内旅游亦受到较大影响，当时已经全线停止接待，一些小型旅行社举步维艰。国内其他地方的旅游业也已受到影响，一些上市旅游公司纷纷做出公司主营业务收益预期下降的公告。

据有关部门统计，2003年全国国内旅游业的直接损失高达1 400亿元，而且由于旅游业消费乘数较高，中国的旅游消费乘数大约为5，即旅游者每消费1元钱，可以带动5元社会消费，加上航空、会展等其他行业的间接影响，损失总额为2 100亿元。

2.1.4　技术环境

“技术”是指人们所有行事方法的总和。它直接影响到企业的产品开发、设计、销售和管理技术，决定了企业在国际市场上的竞争地位。作为旅游业的营销者，需要考虑两方面的技术环境。

第一，技术对企业竞争的影响。运用新技术可以提供竞争优势。假日公司是旅馆业的技术领先者。它最先拥有一个巨大的卫星电视闭路系统。1957 年这个公司成为第一家在每间客房配备黑白电视机的连锁集团。随着高新技术的应用和普及，航空公司、旅行社、饭店等旅游企业通过计算机为消费者提供更好的服务，并构建自己庞大的国际营销网络，这种营销网络不仅是产品的销售，而且还包括将企业的新观念传达给世界各地的用户。

第二，技术对消费者的影响。先进的室内娱乐系统，如 VCRs、个人电脑、租赁电影等成为外出娱乐和旅游的替代品。同时，高技术的娱乐项目也成为旅游消费产品。迪斯尼乐园就是光、声、电等多种发达技术的产物。技术的发展使旅游设施现代化，为人们的旅游活动带来便利，例如：交通、通信的发达将时空的距离变得短小，洲际旅游成为平常易事；旅游饭店设施设备的现代化为旅游者提供了方便，目前国际上许多饭店在客房设置电脑终端，使客人可以清楚地查询自己的消费情况，商务客人可以使用电脑联网进行工作。

2.1.5　政治—法律环境

从国际来看，世界政治格局的稳定与否深刻影响着旅游业的发展。2001 年和 2002 年上半年，受世界经济复苏缓慢、国际政治局势不稳定和美国“9・11”恐怖袭击事件的影响，世界旅游业整体进入了一个迅速收缩和缓慢恢复的时期。世界旅游组织 2002 年 9 月 9 日发表的研究报告显示，2001 年世界旅游收入比 2000 年下降了 2.6%，全球国际旅游到客人数下降了 0.6%，虽然 2002 年上半年国际旅游到客人数有所回升，但旅游收入仍继续下降。

从国内看，党和国家的方针政策规定了国民经济的发展方向和发展速度，直接关系到社会购买力和市场消费需求及其调整变化对旅游企业产生的影响。

此外，旅游业的发展不仅与接待国的政治法律环境有关，而且与客源国的政治法律环境也有很大联系。各国政府的法令条例，特别是有关旅游业的经济立法，对旅游市场需求的形成和实现具有不可忽视的调节作用。而这些法律或规定都是在旅游企业的控制范围之外。

由于旅游消费的需求弹性系数较大，它不仅对价格敏感，而且对政策法规亦十分敏感，形成旅游活动的两大客观条件是可支配收入和余暇时间，居民的收入水平不仅与经济发展有关，还与国家采取何种分配制度有关。假日立法对旅游业的影响也颇深。发达国家自从有了两周的带薪假日，才对远距离旅游目的地形成现实的需求。因此，作为接待国，就可针对这一法规调整自己的营销策略以适应市场的变化。例如，西安市举办的“长安书法年会”，1993 年的举办时间为 4 月中旬，因为 4 月是西安市比较宜人的旅游季节。但作为年会的主要客源国的日本却往往在 8 月中下旬才有带薪假日，故此，1994 年的“长安书法年会”就定于 8 月 22 日开幕，这样既考虑了日本的假日情况，又考虑了西安与名古屋航班的时刻表。再如，自从中国开始实行每周五天工作制以来，当地居民大量参与到地区旅游当中，到市郊外的风景游览点进行一日游或两日游。

另外，有些立法条款对旅游娱乐的消费需求也会产生重大影响。比如，某些地区关于喝酒者年龄限制的规定、交通运输中关于铁路客运票价与航空票价条款的规定以及旅游娱乐消费税和扣除额的规定等，都影响着旅游者的消费行为，从而影响旅游企业营销。

政府对出国旅游签证的控制也直接影响到出境旅游情况。简化繁琐的入关手续可以吸引更多的国外旅游者。反之，手续复杂的报关使相当部分的潜在旅游国闻风怯步。此外，国家旅游部门以及其他政府部门还会对旅游服务的质量和标准进行一定程度的控制，两国外交关系也会影响旅游产业的发展。

在这些影响因素中，一国政府对旅游业影响最大的是其态度，积极的扶持态度会使旅游业得到快速的发展。为了扶持旅游业，政府会采取一定的资助和优惠条件，其中包括财政资助、关税减免、长期低息贷款、信誉担保、免除收入及不动产税、资本消费额的扣除、公共事业费减免、实行特殊的旅游者兑汇率、积极地提供各种优惠条件以鼓励投资者向旅游投资等等。

2.1.6 社会—文化环境

文化影响、造就和支配着人们的生活方式、消费结构、主导需求以及消费方式。人类生活在某种社会中，久而久之，必然会形成某种特定的文化，包括教育水平、宗教信仰、审美观念、价值观念、道德规范以及世代相传的风俗习惯等。文化因素对消费者的需求和购买行为的影响是很重要的。消费者的不同文化修养与素质影响其对周围事物的认识，如对自由、幸福、自尊、民主、平等、风格等都会有不同的评价，必然影响着生活方式与行为方式，个人爱好不同，消费习惯不同，从而导致不同需求。

旅游活动会接触到世界各地不同的文化。旅游市场经营人员在进行旅游产品设计与包装、营销广告创意及营销方案决策时都必须适应当地的文化。实际上，文化的影响遍及整个市场经营活动，包括定价、促销、分销渠道、产品等各个环节，而且市场经营者的工作本身也变成了文化的一个构成部分。市场经营活动能否适应当地文化决定着市场经营活动的成败。

在研究市场经营时，人们应将市场视做是随时变化的，而不是静止不变的。市场和市场行为是一个国家文化的组成部分。随着经济、文化的迅速发展，人们的传统生活方式、消费观念和社会价值观念也随着发生变化。改革开放使中国人逐渐接受了旅游消费观念。可以说，旅游又创造了旅游需求。

旅游市场经营受教育水平、宗教信仰、传统习惯等文化因素的影响更为明显。受教育水平高的国家比受教育水平低的国家具有更强的旅游需求。世界主要旅游客源国受教育水平普遍较高，日本儿童入学率 100％，93％的初中毕业生升入高中，40％的高中毕业生升入大学；同时，日本人广泛地与大量宣传工具相接触，一个有一般教育文化水平的日本成年人每天与宣传工具大约接触 4～5 个小时。因而，日本人对旅游表现出极大的兴趣。宗教信仰覆盖整个世界，它们直接影响着人们的生活习惯和风俗喜好。不同的宗教有不同的文化倾向与戒律，从而影响着人们认识事物的方式、行为准则和价值观念，也影响着人们的消费行为及旅游市场营销。

就文化而言，旅游市场营销人员应当具有两类知识。一类是关于某种文化的具体知识。比如，各种颜色的不同含义、不同趣味以及某种文化所特有的其他特性乃是市场营销人员能够预料、研究和学习的具体事实。在中国被视为皇族专利的黄色在非洲有些国家却被视为不吉利，蓝色在伊朗代表丧事，也不宜错用。另一类则是抽象知识，即一种充分理解和体会不同文化特征和形式之间微妙差别的能力。抽象知识要求具有一定深度的洞察力，也可称做“感受力”。这种知识主要依赖于过去的经验，如果人们在理解时沿用本国的参照系，就往往会导致错误理解。要站在旅游者角度考虑到底什么样的旅游才是受欢迎的。

相关群体是能影响一个人的态度、行为和价值观的群体。例如，家庭、邻居、亲友、周围环境等，或因某一社会风尚的影响而形成一种消费需求倾向，这个相关群体为这个人的所思提供了“参考依据”，是人们行为的主要决定因素，从而导致购买行为的不同。相关群体可以小到几个人的小组，大到成为一种文化团体，对人们的消费行为起着参谋指导作用。相关群体对个人的影响方式十分巧妙，一个人通常不知不觉地就与相关群体协调起来了，多数人怎么做，自己便怎么做，多数人干什么，自己便干什么，这样，一个人就会接受和同意本群体的行为，并避免犯规的风险。因此，相关群体影响到用户购买产品的方式、品牌等，比如，若此时本某青年流行去夏威夷旅行结婚，那么当地大部分人会有从众心理想去夏威夷。

有关旅游市场营销的宏观环境因素与企业内部营销系统的关系可用图 2-2 表示。

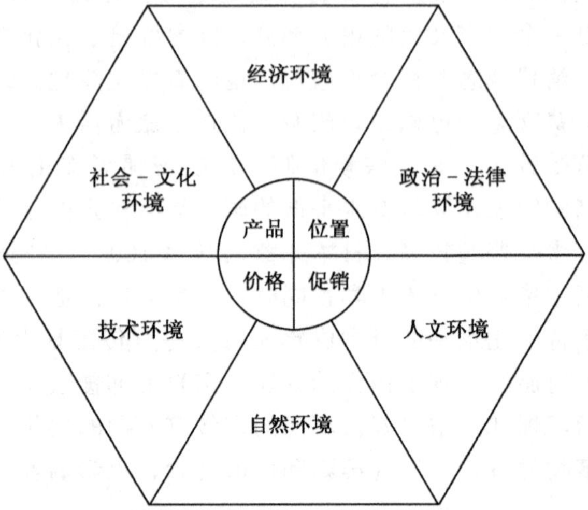

图 2-2 市场营销宏观环境图

2.2 旅游市场营销微观环境因素分析

旅游市场营销微观环境是指存在于旅游企业周围并密切影响其营销活动的各种因素和条件，包括供应者、消费者、中间商、竞争者、公众以及企业自身等。应定期对面临的微观环境及其因素进行分析，以便认清形势，不断适应环境的变化，从而根据微观环境及其因素的变化，灵活地调整企业的营销策略，使企业的市场营销活动得以顺利地开展。

2.2.1 旅游供应者对旅游企业营销活动的影响

市场营销工作很重要的一个方面就是与商品供应者保持密切联系，以保证资源。旅游市场营销工作同样也要保持与旅游资源供应者的联系。具体的旅游资源，如旅游饭店的商品供应者有定点旅游用品商店、水电部门、公安部门、菜市场等单位；旅行社的商品供应者有旅游风景管理区、交通部门、宾馆饭店、娱乐区等单位。任何一个环节都不能放松，因为旅游产品的综合性也决定了它的脆弱性，一环受损就会造成全盘失败。

把握旅游资源供应环境，不仅有助于保证资源，而且有助于降低成本。做市场营销时，应掌握商品的价格变化情况并尽可能加以控制，使综合报价中利润的构成达到最大限度。目前许多旅游市场采用“定点制”，使吃、住、行、游、购、娱形成一条龙服务，相互之间建立了比较稳定的长期合作关系，以实现共赢。

2.2.2　购买者对旅游企业营销活动的影响

旅游购买者是影响旅游企业营销活动的最基本、最直接的环境因素。从购买者的角度看，这一因素又可分为以下两类：

（一）旅游消费者

旅游消费者是指最终旅游消费购买者，包括购买旅游产品和服务的个人家庭，如观光旅游者、度假旅游者、商务旅游者、会议旅游者、体育旅游者等。旅游消费者购买旅游产品和服务是为了满足个人或家庭物质和精神需要，并无牟利动机。

此类消费者具有以下特征：①人多面广。购买旅游产品的消费者包括各种类型、各个阶层的人员。②需求差异大。旅游消费者因性别、年龄、习惯的不同，对旅游的需求存在较大的差异。③多属小型购买。旅游消费者多以个人或家庭为单位，故购买的数量较小。④购买频率较高。旅游消费者的购买量虽小但品种多样，频率较高。⑤多属非专家购买。由于大多数旅游者对旅游产品和服务缺乏专门知识，他们对旅游产品不属于专家购买。⑥购买流动性较大。旅游者的购买力和时间都有一定限度，对所需消费的旅游商品都慎重选择，这就造成旅游最终消费者对地区、企业以及替代品的选择和流动。

旅游企业营销人员应该根据企业本身的特点来分析企业所提供的产品和服务最适合于哪一种旅游者类型、购买行为以及消费方式。

对于旅游消费者的行为，行为学家科特·莱文（Kunt Lewin）用如下公式表示：

$$CB = f(p, s, e) \tag{2-1}$$

式中：CB 为消费者行为；p 为消费者个人特点；s 为社会影响因素；e 为环境因素。

公式表明，消费者的行为是其个人特点、社会影响因素及环境因素的函数。此外，这三个因素之间也有一定的联系并相互作用。例如，消费者的态度（属于个人特点范围）可能是受家庭影响（属于社会影响因素范围）的结果，而消费者的价值观念（亦属个人特点范围），通常是受其生活中的文化因素（属于环境范围）影响的结果。

消费者行为的内容涉及面十分广泛，它包括心理学、社会学、社会心理学、人类学、经济学和哲学等等。

（二）公司购买者

公司购买者是指各种企业或机关团体组织为开展业务而购买旅游商品和服务的购买者，例如，到宾馆举行会议或展销会的企业和协会就属此类购买者。其特点如下：

（1）公司购买者数量较少，但购买者的规模较大。此类购买者大多是企事业单位，购买者的数目固然比消费者数目少得多，但由于公司是为举办会议等用途购买，因而规模较大。

（2）公司购买属于派生需求，即公司购买的消费属于生产性消费，购买者是为开展业务、扩大生产而购买。其费用是生产性费用。

（3）公司购买需求弹性较小。因为公司是为开展业务而购买，费用由单位支出，所以，公司购买者对旅游商品和服务的需求受价格变动的影响较小。

掌握上述特点对旅游企业开展营销活动具有重要意义。比如，公司购买是专业人员购买，一般的广告宣传对他们影响不大，他们重视产品和服务的质量，且此类购买需求弹性较小，可采用高价优质产品和服务营销策略。

2.2.3 中间商对旅游企业营销活动的影响

旅游中间商是指处在旅游生产者与旅游者之间，参与商品流通业务，促使买卖行为发生和实现的集体和个人。它包括经销商、代理商、批发商、零售商、交通运输公司、营销服务机构和金融中间商等。这些旅游营销中间商一方面要把有关产品信息告知现实和潜在的旅游者，另一方面又要使旅游者能够方便地克服空间障碍，到达备有旅游产品的地方。

这类购买者的特点是：①其购买产品和服务，主要是为了转卖，以取得利润。②由专家购买。转卖者是由各种旅游批发商和零售商组成。这些人或企业专门以转卖为生的，是内行，对产品及价格行销非常熟悉。③购买次数较少，但每次购买数量较大。

旅游中间商一般都处于旅游消费者密集的大中城市里，他们都有各自的目标群体。因此，通过他们易于沟通旅游企业和顾客之间的联系。旅游中间商具有一批旅游专门人才，其员工一般都受过旅游专业训练，懂业务，有经验，最了解市场，也掌握消费者的心理。他们能够给顾客提供最有价值的信息，帮助顾客选择最理想的旅游产品，从某种意义上来说，中间商可以帮助旅游产品供给者提高产品的质量。

正因为中间商对旅游企业的营销活动影响重大，又是旅游产品销售渠道中必不可少的一个环节，所以如何选择中间商事关重大，它关系着旅游营销计划能否完成。因此，营销人员应全面、深入地调查、分析旅游中间商的发展趋势，搞好旅游营销中间商的选择、评估和管理工作。选择旅游中间商首先必须从了解自我开始。也就是说，首先要明确建立销售网的目标是什么；自己的旅游产品有多少种类，数量有多少，质量怎样；市场需求如何，市场结构如何，竞争情况怎样；产品发展趋势如何，市场的变化趋势如何，产品的市场重点在哪里，进入市场的策略是什么等。在对自身状况了解以后，才能按照既定的目标，寻找自己需要的旅游中间商，只有真正需要的旅游中间商才是质量最好的。选择中间商的关键性因素包括：中间商人员素质、劳务费用、履行职责效果、对中间商的可控程度等。

2.2.4 竞争者对旅游企业营销活动的影响

竞争者属企业市场营销微观环境因素之一。竞争者的状况，直接影响企业的经营活动，对竞争者应着重分析。

（一）竞争者及其数量和规模

每一个旅游企业，一般都面临着四种类型的竞争者。即：愿望竞争者（Desired Competitors）；一般竞争者（Generic Competitors）；产品型式竞争者（Product Form Competitors）；品牌竞争者（Brand Competitors）。

例如，某公司准备组织职工外出疗养，或游览风景名胜，或考察民俗。对旅游企业来说，争夺这群职工目前的愿望的竞争者叫“愿望竞争者”。假设这群职工经过反复考虑，决定外出疗养以恢复体力和健康，要到达疗养地，可乘飞机、火车或轮船，参与这一竞争的旅游企业可称为“一般竞争者”。到了目的地后，这群职工需要在高、中、低等几个档次的宾馆中选择，这不同档次的宾馆可叫做“产品型式竞争者”。当他们选定了宾馆的档次后，又要考虑购买哪种品牌的宾馆，是假日还是希尔顿，或其他牌子的旅馆。这时竞争就在旅游产品的品牌层次展开这些竞争者“品牌竞争者”或“企业竞争者”。企业市场营销人员，对这些人的上述购买决策，通过调查研究，就可以搞清楚谁是这个旅游企业的竞争者。

在分析竞争者之间的竞争程度时，可以用旅游商品需求交叉价格弹性系数来判断。这是因为，旅游是一种高级消费活动，其可替代性很强。人们可以不去旅游，而是留在家里看电视、看小说、玩电脑、在家做健身运动等，而需求交叉价格弹性系数正是对这一关系的衡量。

旅游商品需求交叉价格弹性系数是用来考虑一种旅游商品的需求量对另一种旅游商品价格变化的反映程度。它具体表现为：在旅游商品 Y 价格（P_y）不变的条件下，另一种旅游商品 X 的价格（P_x）的变动会引起 Y 的需求量（Q_y）的变化程度。计算旅游需求交叉价格弹性系数（E_{xy}）的公式为

$$E_{xy}=\frac{\dfrac{Q_{y2}-Q_{y1}}{Q_{y2}+Q_{y1}}}{\dfrac{P_{x2}-P_{x1}}{P_{x2}+P_{x1}}}=\frac{Q_{y2}-Q_{y1}}{Q_{y2}+Q_{y1}}\times\frac{P_{x2}+P_{x1}}{P_{x2}-P_{x1}} \tag{2-2}$$

式（2-2）表明：①如果 E_{xy} 为正数时，这两种旅游商品为互相替代的竞争性商品，系数值越大，这两种商品竞争性就越大。②如果 E_{xy} 为零，那么这两种商品的竞争性为零，即非竞争性的旅游商品。③如果 E_{xy} 为负值，那么这两种旅游商品称为互补性旅游商品，非但无竞争，还必须合并使用。比如住宿与交通，一方为“瓶颈”，就会牵制另一方的发展。

（二）旅游者需求量与竞争者供应量之间的关系

市场占有率可用来反映需求与供给的一些情况。旅游市场占有率表示旅游企业在旅游市场需求中所占的份额。

$$\text{旅游市场绝对占有率}=\frac{\text{一定时间内接待的旅游人次}}{\text{同期所处旅游市场的旅游者人次}}\times 100\%$$

通过旅游市场绝对占有率指标的比较，可以清楚地了解旅游企业、地区或国家在旅游市场中所处的地位和潜力。

旅游市场相对占有率，是指在一定时期内某一旅游商品本企业的市场绝对占有率与同期、同范围旅游市场上比较高的其他旅游商品供给者的市场绝对占有率的百分比，其公式为

$$\text{旅游市场相对占有率}=\frac{\text{某一旅游企业的市场绝对占有率}}{\text{同一市场上竞争力较强的同一旅游商品供应者市场绝对占有率}}\times 100\%$$

通过旅游市场相对占有率指标的比较，可以了解本旅游企业同其他旅游企业所占市场的相对关系。若旅游市场相对占有率小于 1，则表明本旅游企业在市场上处于均势或劣势。

2.2.5 公众对旅游企业营销活动的影响

公众是企业市场营销微观环境的重要因素。它对旅游企业实现目标产生了实际的或潜在的影响。

作为微观环境因素的公众环境，主要表现为以下几个方面：①金融公众。即那些关心和了解并影响企业取得资金能力的任何集团，包括银行、投资公司、证券经纪行和股东等。②媒介公众。主要是报纸、杂志、广播和电视等有广泛影响的大众媒介。③政府公众。即负责管理旅游企业的业务和经营活动的有关政府机构。④市民行动公众。包括保护消费利益的组织、环境保护组织、少数民族组织等。⑤地方公众。如旅游企业附近的居民群众、地方官员等。⑥旅游企业内部公

众。包括企业董事会、经理、职工等。⑦一般群众。

旅游企业必须采取适当措施与周围各种公众搞好关系，因为这些不同公众都能促进或阻碍企业实现其目标。以大众媒介为例，报纸、广播、电视对某旅游企业一篇优质服务的报道，就能使这一企业提高信誉，扩大销售；反之，一篇描写旅游者受到损害的报道，则能使这一旅游企业商誉大降，形象受损，自然会影响销售。为处理好与周围公众的关系，树立旅游企业的良好信誉和形象，大多数旅游企业都设立了公共关系部，其主要业务是处理好内外部以及社会公众的关系，增进理解，加强合作。但是，要清醒地认识到，公共关系并非是公关部门的事，还必须有全体员工的积极参与。

2.2.6　企业内部各部门协作对旅游企业营销活动的影响

旅游营销组织机构是指各职能部门、各环节、各岗位之间的分工协作、权力分配、责任承担、利益和风险分享的总体运作系统。旅游企业要想做好营销工作，各部门之间的协作默契与否非常重要。现代营销组织机构一般包括决策机构、指挥机构、开发机构、执行与反馈机构、监督与保证机构、参谋机构等。

(1) 决策机构。它主要负责旅游企业发展方向，营销计划、方针、措施，高级管理人员任免等重大事项的决策，是企业的最高权力机构。旅游企业的决策机构一般是旅游企业法人代表或董事会。

(2) 指挥机构。它是旅游企业营销活动的指令中心，负责营销计划的制定和实施。这个机构以总经理为中心，配以助理，负责人、财、物的管理。它只对董事会负责。

(3) 开发机构。它负责推出新项目，开拓更深层次的新市场，由企划部或公关营销部负责。训练营销人员的素质、举办活动与新闻媒介联系就是此部门的任务。

(4) 执行与反馈机构。它主要负责决策的实施、合理利用旅游资源并反馈有用信息。宾馆的客房中，餐饮部、康乐部等部门不仅要把本部门的工作做好，还要及时把信息反馈给前厅部，以便登记客人总的情况。

(5) 监督保证机构。它指党组织、工会等。

(6) 参谋机构。它是由专家和专业人员组成的智囊组织，负责提出建议、咨询、劝告等职能，是辅助决策的非权力组织。在宾馆，一般设有信息中心，主要负责此项职能。

各部门各有所用，确保整个企业具有整体性、系统性和互补性。有了各部门的齐心协力，加之训练有素的营销人员，旅游营销活动一定能够成功。旅游市场营销微观环境因素与旅游企业内部营销系统的关系可用图 2-3 表示。

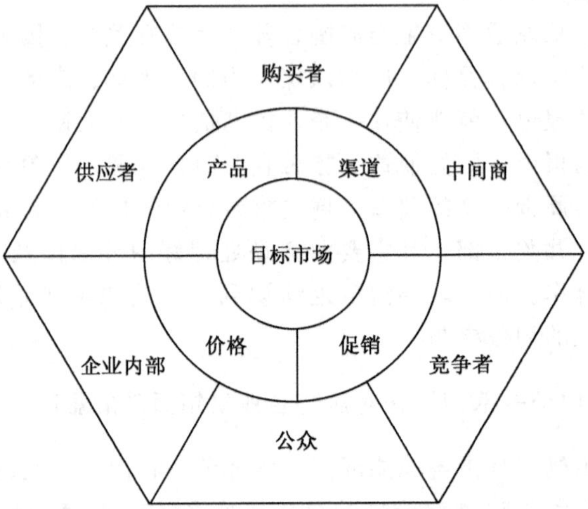

图 2-3 旅游企业微观环境因素

2.3 SWOT 分析

2.3.1 SWOT 模型分析

SWOT (Strengths and Weaknesses, Opportunities and Threats, 以下简称SWOT) 分析是广泛应用的一种机会-风险分析方法。其中，SW 是指旅游企业内部的优势和劣势 (Strengths and Weaknesses)，OT 是指旅游企业外部的机会和风险 (Opportunities and Threats)。SWOT 分析就是旅游企业在选择战略时，对该企业内部的优劣势和外部环境的机会与风险进行综合分析，据此对备选战略方案做出系统评价，最终达到选出一种适宜战略的目的。

旅游企业内部的优劣势是相对于竞争对手而言的，具体表现在资金、技术设备、职工素质、产品市场、管理技能等方面。衡量企业优劣势有两个标准：一是资金、产品、市场等一些单方面的优劣势；二是综合的优劣势，可以选定一些因素评价打分，然后根据重要程度进行加权，取各项因素加权数之和来确定企业是处在优势还是劣势。企业应扬长避短，内部优势强，就宜于采取发展型战略，否则就宜于采用稳定型或紧缩型战略。

旅游企业外部环境是该企业所无法控制的。在旅游企业外部环境中，有的对本企业发展有利，可能给本企业带来某种机会，例如，宽松的政策、技术的进步，就有可能给企业降低成本、增加销售量创造条件。有的外部环境对旅游企业发展不利，可能给本企业带来威胁，如紧缩信贷、原材料价格上涨、税率提高等等。来自旅游企业外部的机会与风险，有时需要与竞争对手相比较才能确定。有利条件可能对所有旅游企业都有益，风险也不仅仅是威胁本企业，因此，在有些情况下还要分析同样的外部环境到底对谁更有利或更无利，虽然旅游企业与竞争对手的外部环境是不可能完全相同的，但很多时候却有许多共同点。此时，对机会与风险的分析不能忽略与竞争对手相比较。

SWOT 分析的做法是：依据旅游企业的方针列出对本企业发展有重大影响的内部及外部环境因素，继而确定标准，对这些因素进行评价，判定是优势还是劣势，是机会还是风险。

在以上分析的基础上，可以根据旅游企业的得分来判定本企业应采用何种类型的战略。如图 2-4 所示，处于第Ⅰ象限，外部有众多机会，又具有强大内部优势，宜采用发展型战略；处于第Ⅱ象限，外部有机会，而内部条件不佳，宜采取措施扭转内部劣势，可采用先稳定后发展战略；处于第Ⅲ象限，外部有威胁，内部状况又不佳，应设法避开威胁，消除劣势，可采用紧缩战略；处于第Ⅳ象限，拥有内部优势而外部存在威胁，宜采用多角化经营战略分散风险，寻求新的机会。

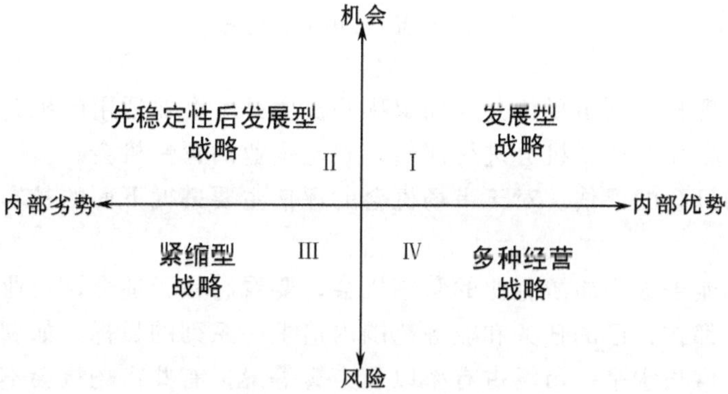

图 2-4　SWOT 战略选择图

2.3.2　机会与风险

（一）机会

所谓企业机会，就是对这个企业的营销活动具有吸引力的、能享有竞争优势和获得差别利益的环境机会，即营销环境中对该产品营销的有利因素。为了得到一个市场机会，企业的营销人员必须进行专门的调查研究，千方百计地寻找、发掘、识别，然后还要加以分析、评估，看是否对本企业适用，是否有利可图。因此，营销人员不但要善于发现和识别市场机会，而且还要善于分析和评估哪些只是环境机会，哪些才是适用于本企业的营销机会。市场上未满足的需要是客观存在的环境机会，是否能成为企业的营销机会，要看它是否适合于企业的目标和资源（资金、技术、设备等），是否能使企业扬长避短，发挥优势，比竞争者和可能的竞争者获得更大的差别利益。因此，企业营销人员对于已发现和识别的市场机会，还要根据自己的目标和资源进行分析评估，从中选出对本企业最适合的营销机会。

（1）市场机会的识别。比较实用的识别市场机会的方法是"产品/市场拓展矩阵"（见图 2-5）。结合第五章的营销战略类型，可以利用该矩阵寻求市场机会。

	现有产品	新产品
现有市场	市场渗透	产品开发
新市场	市场开拓	多角化

图 2-5　产品/市场拓展矩格

但是，发现和识别市场机会与确定哪些机会是本企业适用的机会并不是一回事。因此，还必须对市场机会进行评估，确定企业的营销机会。

（2）市场机会的评估。对于市场机会的评估主要遵循下面的基本流程（见图 2-6）。

一个市场能否成为旅游企业的营销机会，要看它是否适合该企业的目标和资源。每个企业都在自己的任务和业务范围内追求一系列的目标，如利润水平、销售水平、销售增长水平、市场占有率以及声誉等等。有些市场机会不符合上述的目标，因而不能成为企业的营销机会。譬如，有些机会虽然在短期内能提高利润率，但会造成不良影响，破坏企业的声誉，那是绝不可取的。还有些市场机会虽然符合企业的目标，但企业缺少成功所必需的资源，如在资金、技术、设备、分销渠道等方面力所不及，那也是不可贸然取之的，但如果能以合理的代价取得所必需的资源，也可能取得成功。一个最成功的企业所经营的业务应当是这样的：能扬长避短，发挥优势，比竞争者享有差别利益，并且能得到购买者的偏爱。

根据企业的目标和资源，也可运用图 2-6 来评估市场机会。

营销管理者要善于捕捉市场机会，不失时机地占领市场，并要对"机会损失"有足够的重视，应当像对待有形财产损失一样重视机会损失。

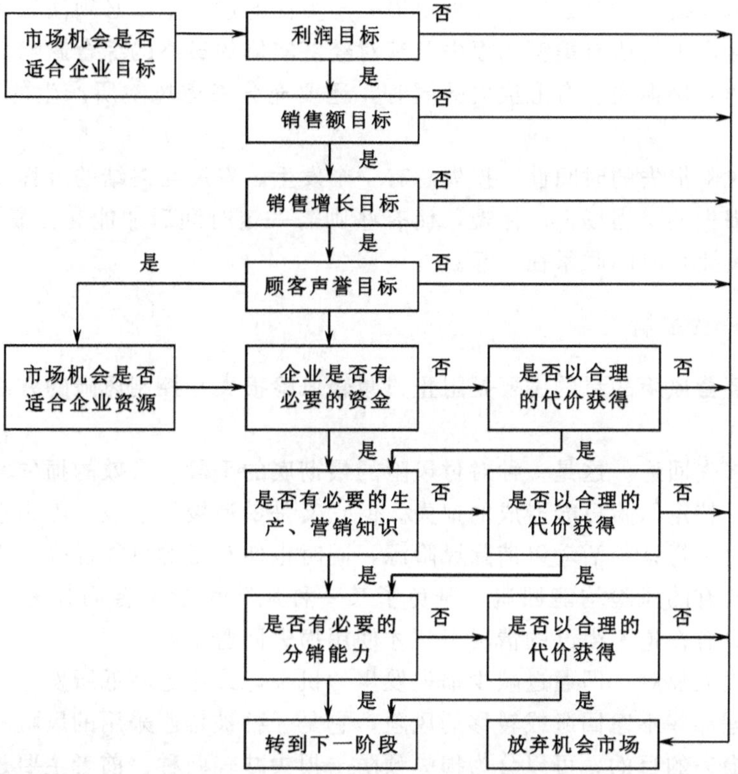

图 2-6　根据企业目标和资源评估市场机会

（二）风险

企业经营风险是市场营销的不利因素，它是生产经营活动中长期存在的客观现象。随着市场经济的发展、市场竞争的加剧，风险经营管理的重要性日益提高，营销人员应在营销活动中针对企业经营目标，以最小的费用将风险减轻到最小限度。

1. 风险的衡量

风险的衡量就是度量、评估有关风险对实现既定目标的不利影响及其程度。对风险进行衡量，需要两方面的信息：风险损失发生的频率与这些损失的严重程度。比较合理的情况是以损失的严重程度作为评价的主要依据。对风险损失的严重性进行评估时，应注意以下几点：

(1) 风险损失的相对性。即在衡量风险损失时，除了正确测量损失的绝对量外，还应该充分估计该经济实体对可能发生的风险损失的承受能力。

（2）风险损失的综合性。在确定损失严重性的过程中，必须注意考虑同一风险事件可能产生的所有类型的损失及其对经济实体的最终的综合影响。在估计风险所带来的直接损失、有形损失的同时，还要充分考虑风险所产生的间接损失、无形损失。

（3）风险损失的时间性。损失总有一个发生、发展与终结的过程，有些风险所产生的损失能够当场得以体现，而有些则需一定时间后才能充分暴露，因此，风险的衡量要与时间联系在一起。

2. 风险的控制

控制经营风险的目的主要是阻止或减轻风险损失。控制风险的方法主要有以下几种：

（1）损失回避。这是一种对付风险的最彻底的手段，有效的损失回避可以完全解除某一特定风险可能造成的损失。但它又是最消极的手段，因为它主要通过放弃或不再进行某项活动以消除风险源，同时也使获得的可能性降至为零。更何况并不是所有的风险均能回避，避免了某一种风险可能又会面临另一种新的风险。所以只有在迫不得已的情况下，才使用损失回避手段。

（2）损失控制。即通过减少损失发生的机会，或通过降低所发生损失的严重性，来处理那些不愿回避或转移的风险，它是一种被普遍采用的风险管理手段。

根据损失的目的，可以分为损失预防与损失减轻两种。前者主要是试图减少或消除损失发生的机会，后者则主要是想降低损失的严重程度。

（3）风险隔离。即对所面临的风险单位进行空间与时间的分离，这样便可达到减轻风险损失的目的。风险隔离相应地增加了所要控制的单独风险单位的数量，如果其他情况不变，根据大数定律，显然会减少风险损失，当然可能会增加一定的管理费用。

（4）风险结合。这与风险隔离正好相对应，是从另一个方面进行管理，即通过增加风险单位的数量来提高整体预防未来损失的能力，这在市场波动大、竞争激烈的现实世界中是极为有效的。

（5）风险转移。作为风险控制对策中的风险转移，主要通过契约或合同将损失的财务负担和法律责任转移给非保险业的其他人，以达到降低风险发生频率和缩小其损失程度的目的。风险转移可能使风险在损失承受者之间进行转移，但不可能因此将风险消除或者减少其总量

2.3.3 机会—风险方格

机会—风险分析的另一种方法就是运用机会—风险方格，见图 2-7。营销人

员对营销风险可从两方面进行评估：①潜在的重要性，重要性的大小依风险成为事实时公司的损失多少而定；②发生的可能性，即风险成为事实的可能性。对营销机会也可从两方面进行评估：①潜在吸引力，即获利的能力；②成功的可能性。

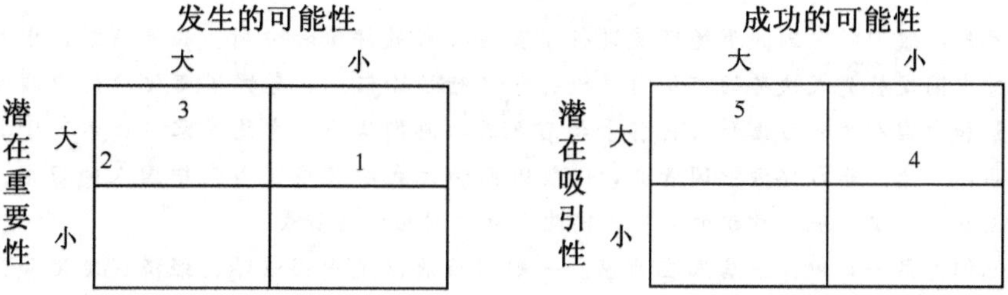

A. 风险方格　　B. 机会方格

图 2-7　机会—风险方格

例如，某饭店经调查，了解到影响该饭店业务的因素如下：①政府采用宏观手段限制国内旅游；②该饭店主打菜肴的原材料价格上涨；③其主要客源因货币贬值，客源大大减少，客人消费额下降；④随着饭店市场竞争的日益激烈，一大批饭店将退出该行业，使该饭店的竞争处于更有利的位置；⑤国内外对商务饭店市场的需求量激增。

由图 2-7 可见，上述饭店的三个风险的潜在重要性都是大的，但发生的可能性不同，2、3 的可能性大，1 的可能性小，应集中精力对付 2、3 两个风险。两个营销机会的情况也不同，一般应对潜在吸引力和成功可能性都大的机会给予优先考虑，如图 2-7 中的机会 5。

在运用机会—风险方格分析企业的营销活动时，应把各项因素权衡利弊予以综合考虑。由于旅游市场的特殊性和旅游企业特有的市场环境和经营方式，旅游企业更应该重视机会与风险管理，把握营销机会，尽量避免和减小营销风险，发挥本企业的优势，创造营销佳绩。

案例 2-2

“肯德基”如何打入中国

凡事预则立，不预则废。一家企业的创办首先要进行详尽和周密的市场调查和研究，对影响企业发展的各种制约因素进行正确的预测和分析，才能做出正确的决策。

肯德基炸鸡店是世界上继麦当劳快餐店之后的第二大餐馆连锁店，它以其独特的肯德基家乡鸡风味和方便迅捷的快服务享誉全球。自1987年肯德基炸鸡分店在北京开张以来，仅一年多时间，其营业收入和利润总额便遥居各国肯德基分店之首，创造了世界饮食业史上的又一奇迹。而这一奇迹的产生则主要应归功于投资决策者对市场的正确分析和预测。

首先，他们对中国的市场环境进行了客观公正的评价和分析。在开业前，中外方合作者就中国发展美式快餐的市场前景进行了可行性论证。在考察了变化中的中国社会经济背景和中国人饮食习惯和文化背景特质之后，他们认为，肯德基家乡鸡不同于其他西方食品：口味上非常接近中国食品，进餐时间和方式都顺应了当代中国人的习惯，尤其是中国青年人追求现代意识的心态，因此具有广阔的发展前景。

他们把第一家中国分店选在北京。一则因为北京是中国政治、经济、文化和交通中心，最具现代意识，最能迎合新潮，对外来饮食文化也最易接受；二则北京拥有1 000多万都市人口和上百万流动人口，市场容量极大；三则北京又有众多的外国驻华办事机构和公务商务旅游者，肯德基炸鸡店的开业将满足他们对业已习惯的西方食品的思念之情。

在选择店址时，他们不惜代价进行了大量的事前调查。他们在王府井、西单、前门等主要商业繁华中心地带进行人流量的测定。此外，还进一步对人流结构进行分析，经测定和分析，他们发现前门地区每天人流量为80万，且大多是外地来京经商人员和旅游者，对在外就餐需求量很大，客源不成问题。因此，一系列具有吸引力的数字促使他们选定前门作为肯德基炸鸡店的理想店址，为日后的经营成功奠定了基础。

重视决策前的市场分析，是一切企业制胜的共同规律。精确的市场分析和预测，能使企业真正做到以市场为导向，制定相应的产品、价格、服务等营销政策，满足市场的需要；与此同时，它又能帮助企业了解自己所处的市场地位和竞争态势，避免市场风险，从而在激烈的竞争中立于不败之地。肯德基炸鸡店在开业前后，对中国尤其是北京地区饮食服务业的市场环境与趋势、市场容量和消费者水平进行了细致的分析和正确的预测。针对消费者心理及购买水平，他们制定了面向普遍民众的产品、价格和快餐服务经营策略，从而使他们在饭店餐馆如林的北京前门地区一鸣惊人，独占鳌头，取得了令同行垂涎的成就，它的成功给我们提供了许多有益的经验。

2.4 WTO与中国旅游业

2.4.1 对世界旅游业的影响

WTO建立和发展的基础是关贸总协定，该协定于1994年4月签订了一份关于服务贸易极为重要的协定——《服务贸易总协定》(GATS)，使服务贸易真正进入多边贸易体制的轨道，从而推进了服务贸易向着自由化、国际化的方向发展。WTO已把旅游业作为一个独立行业编入世界服务贸易的部门分类中，并成为GATS的重要组成部分。从某种意义上讲，旅游业在GATS中已占据一定地位并起着不可估量的作用。因为旅游业正在成为现代人类社会的重要生活方式和社会经济活动，重视和发展旅游业正在成为整个世界的共识。1992 年，旅游业以年流量 5 亿人次、年消费 3 000 亿美元、就业人数 1 亿～2 亿的规模宣告超出石油工业和汽车工业成为世界最大产业，并具有“永远朝阳”的美誉。

GATS 的有关规定对世界旅游业有重大的影响，最直接地表现在以下方面：

1. 开放市场

开放市场包括对旅游者的开放和对旅游提供者的开放，从而增加了服务贸易条款签署国的旅游客源量，有助于吸引外资注入签署国的旅游业，大大刺激了签署国旅游业的发展，也使旅游业的竞争更加激烈。

2. 最惠国待遇和国民待遇的规定

最惠国待遇和国民待遇的规定保证 GATS 签署国的国民和公司在所有国家受到当地国民的同样待遇，不再受到歧视，从而使游客能平安、自由地旅游，也同样保障外来旅游投资者的正当权益。

3. 空中运输服务的承诺

空中运输服务的承诺即：“每一缔约方应保证对其他缔约方的空中服务供应者，按合理的非歧视条款及已承诺的空中服务条件准许在其境内或通过它的领土提供进入和使用的公共服务。”这将大大方便乘客，对国际旅游业是一个极大的鼓舞。

另外，GATS 还公布电讯服务的市场准入及金融市场的开放进程，逐渐地消除了旅游业的贸易壁垒，从而在旅行方便程度、旅游投资、基础设施建设等方面，为旅游业的发展提供了巨大的空间，从而为世界旅游业的发展做出贡献。

2.4.2　中国旅游产业发展现状与世界旅游业的差距

中国旅游业被认为是中国服务业中最早与国际市场接轨的行业之一。自其诞生之日起，中国旅游业就与国际旅游市场密切相关。新中国的第一家旅行社的第一次旅游服务就是在 1949 年 11 月组织一批华侨、侨眷由厦门到香港旅行。旅游业的发展向外国人打开了一扇窗口，许多外国人是先通过旅游认识中国的。同时，旅游业是最早引进外资和引进外资最多的行业。近年来，中国旅游业已由传统的接待事业转变为国民经济中占重要地位的支柱产业，由过去单一的观光型旅游发展成为集观光、度假、商务、研修等多功能于一体的旅游业。对于国际惯例及国际通行的管理服务标准也比较熟悉，具备了很强的开放性和市场运行的条件。

目前，中国旅游综合实力已被列为世界第五大旅游国，旅游外汇收入居世界第五，亚洲第一，但与世界公认的旅游强国（美、法、意、西班牙）仍有明显差距。具体表现如下：

1. 在国际旅游接待和创汇水平上

中国只是亚洲旅游大国，目前还称不上世界旅游强国。2001 年中国旅游外汇收入达 178 亿美元，居亚洲第一、世界第五，只相当于美国的 24.6%、意大利的 68.7%、法国的 60.1%、西班牙的 54.1%。2002 年中国旅游外汇收入达 204 亿美元，突破了 200 亿美元大关。

2. 在接待入境过夜旅游者人数上

2001 年中国接待的入境旅游者达 3 320 万人次，比 2000 年增长 6.2%，仍居世界第五位，占全球市场份额的 4.8%。

3. 在国内旅游方面

2001 年中国国内旅游人数达 7.84 亿人次，比 2000 年增长 5.3%，国内旅游收入达 3 522.36 亿元人民币，比 2000 年增长 10.9%，但是国内旅游出游人均花费仅 449.3 元，比 2000 年增长 5.3%。以上数据表明，尽管中国的国内旅游人数已达到世界第一，但由于人均消费低，产出水平并不高。

4. 在出境规模上

中国公民出境人数达到 1 213.31 万人次，比 2000 年增长 15.9%。其中：因公出境人数为 518.77 万人次，比 2000 年增长 7.2%；因私出境人数为 694.54 万人次，比 2000 年增长 23.3%，但是中国的出境旅游规模仍远远低于日本，相对比例也低于周边国家和地区。

5. 在其他经济指标方面

从旅游业总产出占国内生产总值比重、居民旅游消费支出占总消费支出的比重、旅游业资本投资占总投资的比重等方面来看，中国目前的水平只相当于世界平均水平的 1/2 左右。

伴随着以上各种指标的差距，中国在旅游资源开发、旅游基础设施配套建设、旅游交通、旅游管理、旅游人才培训、科技对旅游产业发展的贡献率等方面，都与世界旅游强国的水平相差很远。

2.4.3 《服务贸易总协定》与中国旅游业

中国加入 WTO 以后必然要自动适用《服务贸易总协定》，即 GATS，国际旅游业作为服务贸易的重要组成部分，发挥着越来越大的作用。据权威机构预测，到2010年，全世界国际旅游人次将接近10亿，年收入将达1.55万亿美元。据国家旅游局数据统计，当前中国旅游业约占GDP的5.4%，这一比重到2005年将达到6%，2010年将达到7%，2015年达到8%。中国作为发展中国家，随着改革开放的不断深入，国际旅游业的发展更为迅速，1978年中国旅游外汇收入仅排世界第41位，但1980年排位提升到第31位，1986年上升到第20位，1994年上升到第10位，1998年上升到第7位，2002年创汇204亿美元，名列第五名，到2020年，年创汇将达到580亿美元。这一平均增长速度在世界旅游业中屈指可数。

中国国际旅游业的快速发展得益于改革开放以来的经济社会发展及相应的政策措施。这种发展基本上是在没有外来竞争压力的前提下取得的。到目前为止，中国的国际旅游业基本上是公用公营，例如，《旅行社管理条例》及其实施细则规定的设立条件并未规定所有制形式，实际上只允许或鼓励公有公营，外资饭店也受到很大的限制，包括地域和数量方面的限制。1999年1月24日，国家旅游局和对外贸易经济合作部联合颁布了《中外合作旅行社试点暂行法》，但这并没有从根本上改变国际旅行社多年来国家垄断经营的状况。随着1999年11月25日中美达成中国“入世”的协议和2000年4月15日中欧达成协议，中国加入WTO已成定局，在此情况下，中国旅游市场的封闭状态必将被打破。众所周知，WTO没有彻底消除贸易壁垒，但它确实在不断地削减各种贸易壁垒。就服务贸易领域而言，GATT乌拉圭回合谈判所达成的GATT不仅把货物贸易领域贸易自由化的一些原则和条款引用到服务贸易领域，而且还规定了一些新的原则和条款。这些原则和条款对国际旅游业也同样具有约束力。

作为即将加入WTO的发展中国家，中国入世后在享受WTO给予成员方各种权利的同时，也必须相应地承担放开本国市场等义务，对我们来说，这是一种严峻的挑战，特别值得指出的是，中国在旅游方面与发达国家的差距远远大于在非服务贸易领域的差距。比如，外国旅游企业对国外的客源、饭店、景点的掌握具有绝对优势，在管理及旅游产品的开发方面也具有绝对优势。可以预见，在WTO框架内，中国的国际旅游业一方面将迎来大量的国外游客，从而促进中国国际旅游业的发展；另一方面，中国国际旅游业对国外投资的放开政策将使中国的国际旅游企业面临国外企业的激烈竞争，这种竞争将在旅行社、饭店、旅游产品三个层面上进行。

在新的形势下，中国的旅游企业及相关部门必须认清以下三个问题：第一，“入世”后中国的旅游企业将在与外国旅游企业的竞争中求生存、求发展；第二，认真研究GATS的规则和条款及中国“入世”的承诺，在逐步放开国内旅游市场的同时，寻找保护及发展中国旅游业的法律依据；第三，在充分考虑GATS

对中国旅游业影响的前提下，确立中国国际旅游业的发展目标、实施政策和措施。

WTO没有在旅游业方面形成专门的协议，GATS是国际旅游业的基础性法律框架，因为在国际服务贸易分类中，旅游业位列第九。GATS在其前言中表明其宗旨是“借以在有透明度和逐步自由化的条件下扩大服务贸易”，“使服务贸易自由化推向更高阶层”。它的第一条规定了服务提供的四种基本形式：第一，“从一成员方境内向任何其他成员方境内提供服务”；第二，“在一成员方境内向任何其他成员方的服务消费者提供服务”；第三，“一成员方的服务提供者，通过自己在任何其他成员方境内的商业现场提供服务”；第四，“一成员方的服务提供者（自然人）通过在任何其他成员方境内的商业现场提供服务”。除此之外，国际旅游业应遵循的“游戏规则”主要体现在GATS所规定的一些基本原则上，即最惠国待遇原则、市场准入原则、国民待遇原则、透明度原则和发展中国家更多参与原则等等。

关于最惠国待遇原则，GATS第二条第一款规定“就本协议所涉之任何措施而言，每一缔约方应立即无条件地给予其他缔约方的服务和服务提供者不低于它给予其他缔约方的相同服务或服务者的待遇。”这是GATS的核心条款。

关于市场准入原则，CATS第十六条规定：“每一成员方给予其他成员方的服务和服务提供者的待遇，应不低于根据其承担义务计划中所同意和规定的期限的限制和条件。”“在对市场准入承担义务的服务部门里，一成员方除了在其承担义务安排中已确定者外，不应以某一地区分部门为基础或以整个国境为基础来维持或采用下列规定的措施：‘数量配额垄断和专营服务提供者、限制服务交易或资产的总金额、总产出量、限制雇佣自然人的数量、对参加的外国资本限定其最高段权比例或对个人的或累计外国资本投资额以限制。’”

关于国民待遇原则，GATS第十七条规定：“每一成员方应在其承担义务计划表所列的部门中，按照表内所述的各种条件和资格，给予其他成员方的服务和服务提供者的待遇，就影响服务提供者的所有规定来说，不应低于给予其本国相同服务和服务提供者。”

关于透明度原则，GATS第三条规定：“除非在紧急情况下，每一成员方应迅速将涉及或影响本协议实施的所有有关适用的措施，最迟在它们生效以前予以公布，如果它是涉及或影响服务贸易签字国，则该项国际协定也必须予以公布。”“每一成员方对先行法律、法规或行政规定，如有新的规定或有所改变，以至严重影响本协议项下有关服务贸易的特定义务时，应立即或至少每年向服务贸易理事会提出报告。”

关于发展中国家更多参与原则，GATS第四条规定：“不同成员方通过对承担特定义务的协商，促使发展中国家成员方在世界贸易中更多地参与：①通过发展中国家国内服务业力量的加强及其效率和竞争力的提高，特别是在通过引进商业性技术方面；②在促进销售渠道和信息网络的改善方面；③对各部门市场准入自由化以及对发展中国家有利提供服务出口方面。”为此，“发达国家成员方及其他有可能的成员方应在 WTO 协定生效后两年内建立联系点，以便发展中国家成员方服务提供者获取有关市场准入资料”。

应该指出的是，市场准入原则和国民待遇原则的具体运用以成员方承担义务计划表中的规定为前提条件。除此之外，在实施上述原则方面，一般成员方和发展中成员可引用 GATS 的例外条款及其他条款等，有条件地背离上述原则。

作为一般成员方可引用的条款具体包括：①第十条规定的在非歧视原则基础上订立的紧急保障措施规则；②第十四条规定的一般例外和安全例外，如保护国家安全、公共道德、公共秩序、人类、动物或植物的生命或健康的需要而要采取的措施等等；③第十二条规定的在成员间不构成歧视的国际收支平衡。

作为发展中国家的成员方可引用的条款是 GATS 第十九条：“对各个发展中国家成员方在少开放一些部门、放宽较少类型的交易和逐步扩大市场准入程度等方面，应根据它们的发展情况给予适当的灵活性，并当其有可能向外国服务提供者给予市场准入时，把重点放在这种准入条件方面。”

GATS 的基本原则主要体现在 WTO 成员开放承诺表中，涉及的领域和部门有：宾馆与饭店旅行社及旅行经营者提供的服务、导游服务和其他旅游服务方面。中国从 1986 年起开始申请“复关”，并参加了 GATT 第八轮乌拉圭回合的谈判，在旅游服务业方面做出了具体的承诺：在跨境服务方面没有承诺；在跨境消费方面则没有限制；在商业存在方面，外国的服务提供者可以通过合资合作的方式在中国开办旅行社或建设旅馆、餐馆、旅游度假村、游乐设施及客运等项目。这些企业设立必须经过国家计委、外经贸部、旅游局等批准；合资合作旅行社需经过国家旅游局、外经贸部批准；合资餐馆由地方政府根据需要审批。与中国合资旅馆及饭店签合同的外国经理、专家、高级管理人员在中国将获准提供服务。1999 年 11 月 25 日中美达成中国“入世”协议，在协议中，中方承诺放宽外资饭店进入国内市场限制，外商可以立即持有合资饭店控制性股权，三年内可设立全资外资饭店。

上述 GATS 的基本原则是中国旅游服务业长期发展必须遵循的准则，而我们在乌拉圭回合谈判中的承诺及中美达成的“入世”协议中的承诺则是中国“入世”后短期内应遵循的准则。中国旅游服务业的近期和远期发展目标的确立及相关政策措施的选择必须考虑上述因素的影响。

2.4.4 入世对中国旅游业的发展效应

第二次世界大战结束以来，旅游业惊人的增长速度令世界上其他任何一个行业望尘莫及，在全球各产业中其爬升速度最快，可谓是独占鳌头。中国旅游业的真正发展是在改革开放以后，1978 年，中国的旅游业总接待入境旅游者 181 万人次，创汇 2.6 亿美元，到 1996 年，接待入境旅游者 5 100 多万人次，创汇 105 亿美元。旅游收入在世界的排名已由 1978 年的第 41 位跃升为现在的第 5 位。入世后，中国旅游业将在更大的程度上与国际市场接轨，使中国旅游业真正进入国际服务贸易新秩序，将给中国旅游产业带来前所未有的发展契机，而旅游业又具有明显的关联、启动和先导作用，从而对中国社会、政治和经济产生重大影响。

1. 旅游就业增加效应

据世界旅游组织研究报告，1994 年世界旅游业的直接和间接工作人员数达到 12 亿，约占世界各行业工作人员总数的 1/9，到 2007 年工作人员数将达到 3.5 亿人。旅游活动的广泛性和多样化，决定了旅游业是一项高度劳动密集型行业，不但可以直接吸纳较多的劳动力，同时还可以间接地为社会提供大量的就业机会。关于旅游就业的函数关系，WTTC（世界旅游理事会）根据直接就业与间接诱发就业的数量关系得出就业乘数为 2.4～3 之间。一些国家由于劳动力的短缺，使旅游业的发展遇到了挑战，行业成本提高，如新加坡。而拥有丰富劳动力资源的中国则为旅游业的发展提供了巨大的空间。另有资料显示，加入 WTO 后，一个国家的 GDP 将提高三个百分点，若按每一个百分点创造 400 万个就业机会计算，入世后的中国将为社会提供千万个就业机会。

2. 旅游产品开发及相关行业的拉动效应

中国是一个旅游资源大国，许多自然资源、人文资源和社会资源都以其独特性和历史性占据世界重要地位，因而也就有了开发旅游产品的巨大潜力。据《世界旅游组织研究报告》1993 年报告预测，到 2000 年全世界旅游消费总量将超过 16 000 亿美元，其中约有 4%左右用于交通与住宿，约 6%左右用于购买消费品和旅游商品。按世界旅游组织 1992 年统计，全球旅游收入对国民经济总产出的乘数为 2.5，其中包括额外为旅游业增加 0.50，为相关行业增加 0.517，诱导其他部门 0.48，即平均乘数为 2.5。旅游消费直接投向的是行、游、食、住、购、娱六个部门，间接影响的有金融、保险、通讯、医疗、农业、环保、印刷等 58 个部门。旅游业的发展明显带动了直接和间接相关产业的同步发展，产生一种互动的作用。

按国家统计局的预测，到 2010 年，中国旅游收入将达到 1.3 万亿～1.4 万亿元，占国内生产总值的 8%，对国民经济的贡献额以 2.5 的乘数计算，约为 3.25 万亿～4.9 万亿元。

3. 国际大市场效应

入世让中国旅游业向世界 100 多个国家敞开大门，中国稳定的政局及丰富的旅游资源会吸引众多国际游客，商务客源也将随着入世而增加。按照国际的一般规律，国内旅游收入与国际旅游收入的比例大体为 9∶1 或 8∶2，而我们目前所达到的只是 7.22∶1。中国旅游业分为入境旅游、国内旅游和出境旅游三大块，作为一个发展中国家，旅游创汇仍然十分重要，中国已提出“大力发展入境旅游，积极发展国内旅游，适度发展出境旅游”的指导思想。1997 年 12 月，世界旅游组织在土耳其的会议上，在题为《旅游业：2020 年前瞻》的报告中预测：到 2020 年，全世界将有 16 亿人次到外国旅游，是现在的 3 倍；每年的旅游花费是 2 万亿美元，全世界每天有 50 亿美元花费在国际旅游上，是目前的 4～5 倍。从增长的速度来看，游客数量每年的增长率是 4.3 倍，旅游收入的增长率是 6.7%。报告还特别指出，到 2020 年，中国会成为世界第一位的旅游目的地，到那时，中国每年将接待海外的游客是 1.31 亿人次，与现在的 5 700 万人次相比，接待总量在 20 年内翻一番多。同时，中国将是世界第四位旅游客源输出国，达到 1 亿人次，与现在的 600 万人次相比，提高 15 倍之多。这是一组让人心跳的数字，展示了未来旅游业发展的巨大潜力。

4. 大产业效应

旅游业是一个大投入、大产出的行业，在 1978～1998 年的 20 年的发展中，中国旅游业的快速发展得益于外商的大量投资，200 亿美元的国外投资支撑了中国旅游业的高速发展，同时也不断地提高旅游业的经营管理水平。“七五”期间，外资占旅游投入的 80%以上，“八五”期间占 90%以上。从合资饭店、景区开发到人才引进，外资都扮演了重要的角色。中国旅游度假区和高尔夫球场的投资 1/2 以上是外资。入世后，中国已承诺将允许外资旅游企业管理人员自由进入中国工作，3 年后，再允许外资独资旅游企业自由进入中国市场，同时，中外合资、独资旅行社以及旅行社的网络化发展将中国旅游业推进快速发展的轨道，在旅游投资乘数的作用下，中国旅游业将率先成为一个国际化的大产业。

2.4.5　加入 WTO 后的对策

入世更重要的意义是使旅游业融入世界旅游业的整体，WTO 实际上给我们制定了一个框架、一个目标、一个方向和一个标准，按共同认可的游戏规则运作，也就是说，中国旅游业要在世界旅游业的大环境中参与竞争。

（一）政府“一马当先”，发挥主导性作用

旅游业综合性强，涉及领域广，同时，旅游产品具有公共性，同一旅游资源谁都可以享受和利用，从而会产生搭便车的现象，加上旅游活动的跨地域性，需要一体化的市场和充分的空间，这些特点客观上要求政府积极协调、培育市场，这在世界各国的实践也证明了它的有效性。在旅游业更加开放和国际化的今天，政府的作用日益突出。世界旅游组织认为，政府旅游部门在旅游业中所起的作用，大致经历了三个阶段：开拓者阶段、规制者阶段和协调者阶段。中国目前正处于第二阶段，即政府主管部门对旅游业的管理开始从直接管理向行业管理转变，加入WTO，对行业管理提出更高要求，主要包括：

1. 建立和完善旅游法规体系，规范竞争

中国迄今也没有一套完整的旅游法规公布，相当一部分执行的还是文件，因此，应积极推动旅游业相关法律及配套法规的出台并及时修改一些与WTO不相符合的地方。还应逐步简化护照和签证办理手续，打破国内市场的地区保护，规范旅游业市场，维护对消费者的利益。

2. 加强职能部门的协调

主导性并非是“政府主宰”，入世对成员国政府的行为规范起了一定的约束作用，对中国过去的政府强制和干预过多是一次“叫板”。由于旅游业的相关部门多，又涉及中央和地方的各层利益，因此，应更多地加强职能部门的协调和总体的宏观协调能力，在旅游政策、旅游规划、旅游项目开发等方面具有协调性、操作性、连续性和透明度，为旅游企业营造一个公平、透明的经营环境。

3. 发挥政府的促销和宣传功能，开拓国际市场

按照国际惯例，接待国平均以其入境旅游收入的0.4%用于市场的促销，中国近几年的中央和地方的促销费约相当于国际水准的0.2，因此，还应加大投入，并尽可能利用国际组织的优惠贷款和招商引资，改善基础环境，克服相关产业的“瓶颈”问题，如交通、环保、城市建设、文物保护等制约因素。同时，组织和参与大型的国家级活动和国际活动，如，北京申办奥运就是一个很好的契机。另外，通过旅游宣传，推广旅游观念，促进中国大众旅游的形成，如西方国家的“带薪假期”使旅游由富人走向大众化。

（二）旅游企业“适者生存”，向世界旅游企业的标准冲刺

1. 市场化

加入WTO后，引入了规范的市场竞争机制，旅游企业基本上是在透明的环境中，直面国际旅游企业的竞争，往日的保护性政策带来的优厚的经营环境已不复存在。目前，中国的旅游企业尚带有浓厚的计划经济色彩，国有旅游企业占70%以上。由于责权利不明晰，存在着管理落后、机制僵化、设施陈旧、竞争无序等一系列问题。因此，必须对旅游企业进行改制，使之以市场为导向，开发旅游产品，提供旅游服务，依据市场规律运行，建立旅游企业现代管理制度刻不容缓。

2. 规模化

为克服目前的“小、散、弱、差”的现状，应对原有的大型旅游企业，以资本为纽带，进行兼并、联合、相互持股等方式进行资产重组，形成一定数量和具有一定规模的集团，通过横向扩张，形成规模化。例如，原来大的旅行社，改制后，主要从事产品的研制开发、市场开拓及旅游接待业务；原中等规模的企业可根据自身的规模、内部结构等情况，进行特色或专向经营，进行深度产品的开发；另有一部分中等企业以及大多数的小型企业，通过内部改造，可以单体联号等经营方式从事销售业务，最终向连锁经营和网络化发展，与发达国家的旅游经营商（Tour Operator）、旅游批发商（Tour Wholesaler）和旅游零售商（Tour Retailer）的这一科学分工体系接轨。

3. 信息化

旅游业的信息密集性，决定了信息化是旅游企业发展的必然道路。信息是旅游企业的命根子，旅游市场流通领域的活动主要是由旅游产品信息传递而引起的旅游者流动，而非普通商品的流动。同时，旅游服务是通过旅游企业加工信息，从一个地理位置到另一个地理位置，对食、宿、行、娱、购等服务进行包装和组合，出售给游客。产业的信息化，如金融电子化、航空公司及旅游企业的信息系统的应用，使旅游企业有了信息化的基础，互联网的发展形成了立体化、全球型的旅游网络。

4. 国际化

WTO旨在实现全球的贸易自由化和经济的自由化，通过国际市场使资源在全球范围内实现最好的配置。中国旅游企业的壮大也必须走国际化经营的道路。

例如旅行社，一方面进入中国的客源国从事促销、组团等活动；另一方面，在国内组团，到国外目的地从事旅游接待活动，从而使其时刻关注国际旅游供给和需求的变化，在动态博弈中求发展。旅游饭店企业的跨国投资和经营，近几年在全球跨国经营活动中异军突起，全世界200个主要饭店集团基本上形成了市场的主导力量，通过连锁化经营跻身于国际市场，扩大市场份额。随着中国旅游企业在GATS的市场准入等过渡期内安排的结束，从事跨国经营是旅游企业市场竞争的必然结果。

旅游业应是入世后的排头兵。如果说把旅游的对外开放视为中国对外开放的窗口，那么旅游的开放即将成为国家对外开放制度的标尺。随着市场经济的发展，中国经济已经从短缺经济转变为一个相对过剩的经济，面对需求不足、就业形式严峻、经济结构不合理等诸多问题。旅游业犹如一枝独秀，成为中国国民经济新的增长点，在扩大需求、带动就业、促进产业结构调整等方面起着举足轻重的作用。而入世正如催化剂，使中国旅游业在旅游立法、旅游业的体制、旅游资源的开发与保护以及旅游结构等方面加快与国际接轨，率先进入强国的行列。

➢ 关键术语

市场营销环境（Marketing Environment） 宏观环境（MacroEnvironment）
微观环境（Microenvironments） SWOT
WTO GATT
GATS

案例回顾与讨论

1. 依据案例，画出日照旅游的SWOT战略选择图并进行分析。
2. 将WTO的因素考虑在内，案例中的SWOT因素将会有怎样的改变，这将导致结果有哪些变化？

复习与思考

1. 解释下列概念：
   旅游市场营销环境 旅游市场营销宏观环境 旅游市场营销微观环境 旅游市场营销环境分析 SWOT； GATT GATS
2. 旅游市场营销的宏观环境和微观环境各包含哪些因素？
3. 试分析美国“9.11”事件对全球旅游业带来的影响？
4. 请阐述经济环境对旅游者的消费选择会产生何种作用？

5. 选择本地区一旅游企业为例，对其旅游市场营销微观环境进行分析。
6. 试举例说明旅游企业对其面临的主要威胁和最好的机会应做出什么反应或可采取何种对策？
7. 试运用实例讨论人口数量及质量对旅游市场经营活动的影响？

第3章

旅游市场调研与预测

学习目的：掌握旅游市场营销信息系统的基本构造；熟悉旅游市场营销的基本内容和营销操作程序；学会基本的旅游市场预测技术；能独立设计旅游市场调查问卷。

本章是整个旅游市场营销学的硬件基础，要建立一套完整的旅游市场营销系统并将该系统的信息随着外部环境的变化不断更新，建立旅游市场营销信息系统和及时的旅游市场调研是成功的关键。可以说旅游市场调研以及随后的营销信息系统是整个旅游市场营销必不可少的第一步。

本章首先从旅游市场营销信息系统的介绍入手，随后详细介绍了旅游市场营销的主要内容和基本程序，这些都是构成旅游市场营销信息系统的基本数据。最后介绍了旅游市场营销的预测方法和内容，这是对前面所述旅游市场营销信息系统的应用。

案例 3-1

汕头市旅游发展规划调查问卷

1. 您的性别：□男　　□女
2. 您的文化程度：□大专以上　□大专　□中专　□高中　□初中

3. 您的职业：

□工人　□农民　□教师　□军人　□公务员　□学生

□商人　□个体职业　□业务员　□离退休

4. 您的年龄：

□20 岁以下　□20～30 岁　□30～40 岁

□40～50 岁　□50～60 岁　□60 岁以上

5. 您认为汕头最吸引您的是（最多选三项）：

□旅游景点　□潮汕美食　□服务设施　□城市环境　□商务条件

□地方文化　□科技信息　□宗教活动　□服务信誉　□城市整体

6. 在汕头旅游点中，您最喜欢的是（最多选三项）：

□礐石风景区　□龙虎滩中信度假村　□潮阳海门莲花峰

□北山湾旅游度假区　□潮阳大峰风景区　□澄海莱芜岛

□澄海塔山　□南澳青澳湾　□南澳宋井

7. 当您选择旅游区时，您喜欢的是（最多选三项）：

□机械游乐园或人造景区（主题公园）　□山水风光　□海滨沙滩　□考察探险

□文物古迹　□民俗风情　□森林公园　□田园风光　□宗教胜地　□城市风貌

8. 您认为汕头景点建设：□很有特色　□一般　□特色不强

9. 您认为汕头自然环境：□很美　□一般　□较差

10. 您认为汕头旅游服务：□良好　□一般　□较差

11. 您认为汕头商品及服务价格：□公平　□一般　□不公平

12. 你对城市整体的基本印象（最多选三项）：

□环境优美的现代化城市　□条件优越的商务城市

□美丽的海滨旅游城市　□有一定底蕴的历史文化名城

□新兴工业城市　□特色不鲜明的一般城市

13. 您认为汕头旅游最需要改进的环节是：

旅游住宿设施　□旅游区（点）　□旅游交通

旅游购物　□旅行社　□旅游餐饮　□娱乐

14. 您认为汕头旅游功能应是（最多选三项）：

□商务　□观光　□度假　□会议　□寻根

□购物　□娱乐　□宗教　□其他

15. 您对汕头旅游发展还有其他建议或意见吗？请填写。

（摘自：汕头旅游，www.sttravel.com）

3.1　认识旅游市场营销信息系统

旅游企业服务营销始于 1829 年。美国波士顿特里蒙特旅游企业（Tremont

Hotel）一反等客上门的传统，研究宾客需求，然后设法满足他们，这一成功使众多旅游企业争相效仿。20 世纪 50 年代，美国旅游企业出现连锁经营形式，全国性的广告宣传普及，推销作用大为加强。进入 20 世 70 年代，旅游业成为世界主要产业的同时，企业间的竞争加剧，大公司加入旅游企业把营销技术运用到管理中，在建立营销信息系统（Marketing Information System）的基础上展开市场调研。

3.1.1 营销信息系统的定义及特点

关于营销信息系统的定义有许多，例如，伯里恩提出：营销信息是一个由人、机器和程序组成的有机结构的互为影响的复合体，它从公司内部和外部收集信息，并产生有序的相关信息流，从而为营销管理决策提供依据。考克思提出：营销信息系统是通过经常性、有计划地收集、分析和提供信息，为营销决策提供服务的一组程序和方法。在诸多定义中，以科特勒的定义较为全面、准确，其定义为：营销信息系统是一个由人、机器和程序组成的连续的和互为影响的结构，用以收集、挑选、分析、评估和分配恰当的、及时的和准确的信息，供营销决策者用于其营销计划的改进、执行和控制。

由此可以看出，营销信息系统具有以下特点：

（一）系统整体性

营销信息系统是系统理论在信息管理中的具体应用。该系统包括三个组成部分：人、机器（硬件）和程序（软件）。营销信息系统强调将各种不同的输入信息组合而得出完整的决策依据，而不是各不相关的数据的简单堆砌。营销信息系统的运行是一个不断输入、加工、输出的动态循环过程，首先确定所需信息，然后采集信息、利用各种统计分析、模型分析及其他计量分析技术处理信息，为决策提供依据。

（二）目标指向性

营销信息系统的运行具有明确的目标——为营销决策服务。该系统能使企业与外界保持紧密的联系，通过及时地挑选、收集、评价和分析信息，为企业的市场营销决策、预订或修正市场营销计划、执行和控制市场营销方案提供依据，对企业的战略决策起到积极引导的作用。

（三）运行有序性

运行有序性一方面体现在营销信息系统的运行有条不紊，有一个标准的程序，从确定目标到挑选信息，直到收集、分析、评价信息，最后到输出信息，都是环环相扣。同时，有序性另一方面也体现在对信息的处理并非是杂乱无章的，对于任何信息的处理总是建立在前一个信息处理的基础上，并为下一个信息处理做铺垫。

3.1.2　旅游市场营销信息系统的构成

一个完整的旅游市场营销信息系统由四个子系统组成（见图 3-1）：内部报告系统、营销情报系统、营销研究系统和营销分析系统。

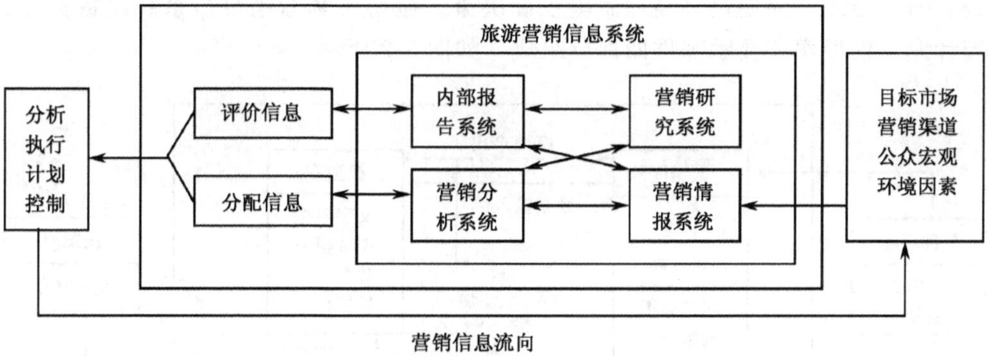

图 3-1　旅游市场营销信息系统（MIS）

内部报告系统（Internal Report System）：通过内部信息传递途径为旅游企业决策层提供关于销售、成本、投资、资金流向与流量、应收和应付款、预订数量等情报。通过对以上情报的分析，及时发现旅游企业的目标市场，做出战略调整。预订──→接待──→账单成为这一子系统的基本流程。任何一家旅游企业集团，诸如希尔顿（Hilton）、喜来登（Sheraton），通过计算机网络将全集团的预订、接待情况得以及时、准确地汇集、传递。旅游者预订任何一家旅游企业，都成为这家旅游企业集团其他成员的业务预报和经营计划。

营销情报系统（Marketing Intelligence System）：为旅游企业提供其外部市场营销的环境信息，诸如旅游市场消费的趋势，旅游市场消费能力及旅游企业最新生产技术、基础设施、地区经济水平、整体接待能力等。它与内部报告系统的区别在于其观察对象不同，后者注重于旅游企业内部，而前者注重于旅游企业外部。旅游企业的销售人员、消费者、中间商和竞争者都成为旅游市场营销情报的来源。此外，旅游市场营销部门也可向专业性的调研机构进行咨询。

营销研究系统（Marketing Research System）：就旅游市场营销的某一专题着手调查，收集信息，予以分析，最后得出结论。现代旅游企业经营环境的复杂多变，各种不可控因素逐渐增多，由此带来在旅游市场营销决策中对突发性事件进行非常规的决策逐渐增多。这就要求旅游企业对于此类问题的反应具有较高的灵敏度，应具备专题研究系统。常见的营销研究对象包括：确定市场特征，评估市场潜力，分析市场占有率，预测旅游企业发展趋势，加强旅游企业竞争产品研究、产品的价格研究及旅游企业新产品开发等。

营销分析系统，也称为营销决策支持系统（Marketing Decision Support System）：由旅游市场营销分析时所采用的先进统计程序和模型组成，用一些定性或定量的分析技术或技巧来分析市场营销，以便从信息中发掘出更精确的调查、研究结果，促使销售经理做出正确决策。旅游市场营销分析系统由数据库、统计库、模型库和显示部件四部分组成，如图 3-2 所示。

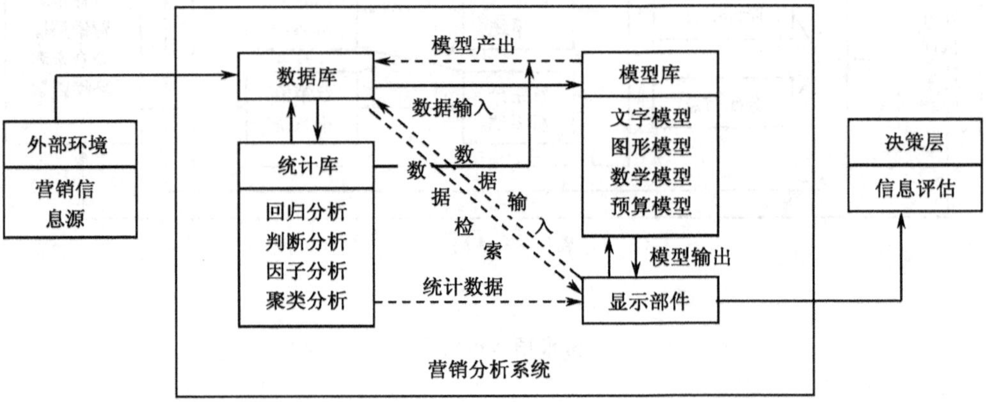

图 3-2 营销分析系统（MIS）

图 3-2 中，数据库的主要作用在于执行数据的存储、检索、操作与转换。而模型库则是营销分析中所采用的各种函数的集合，诸如广告预算模型、投入-产出模型、竞争模型、新产品开发模型、营销组合模型和市场模型等。

3.1.3 旅游市场营销信息系统的作用

旅游市场营销信息系统的建立，使企业的信息流向和利用大为改善。传统的信息传递是单向而又杂乱的，如图 3-3 所示。

图 3-3 中显示的信息传递是单向的，这样在旅游企业 A 与旅游企业 D 之间，最便捷的信息渠道是经过 B、C 两点，另一方面，信息的传递是无序且不稳定的，同时这种单向传递随传递环节的增加而制约信息的传递量。延长信息传递时间，就会降低信息传递效率，影响到信息的使用价值。而旅游企业市场营销信息系统的建立，使该系统既作为信息源不断地输出信息，同时又作为接受源不断地

接受外界新的信息，信息系统中成员的信息传递是双向的，仿佛形成信息交流市场，大大便利了集团旅游企业成员之间的信息系统。

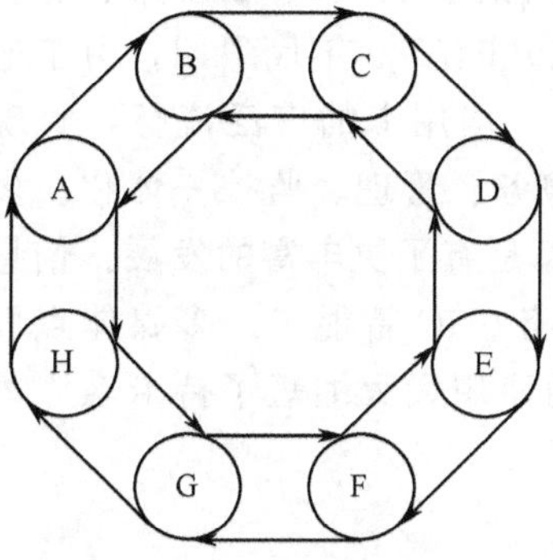

图 3-3 传统的信息传递

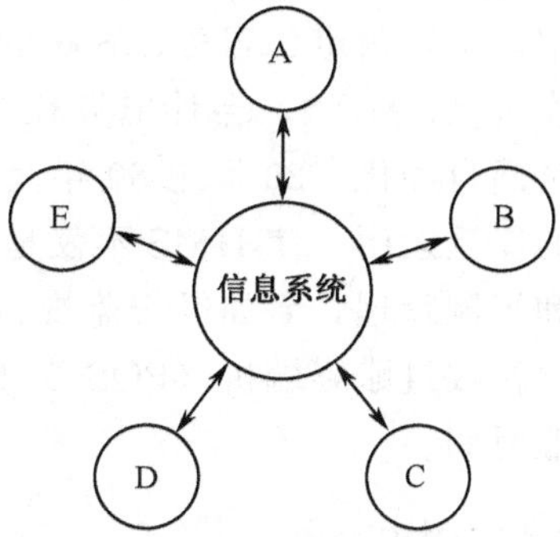

图 3-4 信息系统中的信息传递

如图 3-4 所示，旅游企业 A 与旅游企业 D 之间的沟通只须经过营销信息系统便可实现，这不仅缩短了信息传递的时间和渠道，而且作为第一信息接受源彼此都能确保信息的失真率最低，从而提高信息的使用价值。

其具体作用如下：①在有限的时间内能最大限度地收集信息，从而提高旅游企业对市场的反应能力。②单位信息的传递在最短的时间内得到最大面积的传播，以利于旅游企业集团采取标准、统一的行动。③信息交流与沟通的快捷，有利于集团的旅游企业成员得到较为长期而又准确的预报，便于旅游企业集团实现信息集中管理，更有利于集团成员对信息的筛选、检索。

3.1.4 旅游市场营销信息系统的应用

据 AH&HA 的调查表明：20 世纪 70 年代全球仅有四家酒店使用电脑。发展至今，三星级以上的酒店，计算机使用率几乎达到百分之百，从而为旅游市场营销信息系统的建立和普及准备了硬件设施。旅游市场营销信息系统的具体应用，分为三个阶段，其标志分别为 HMS、CRS 和 GDS。

（一）HMS 阶段

HMS 指酒店电脑管理系统（Hotel Management System），就管理信息系统而言，HMS 网络结构都基于小型机系统和 PC-LAN 系统两种模型，其体系结构包括：前台系统（Reservation，Reception，Information，Cashier，House Keeping）、后台系统（Accounting，Storage，Payment，Personal & Training）、其他系统（Shop，Dining-Room，Bar，Tele Accounting）和接口系统（Interface——

用于联接主机 HMS 系统和其他系统)。

最早的 HMS 为单机系统，废除前厅的预定架，主要处理预定和工资管理工作。20 世纪 80 年代初实现联机 (On Line)，废除问讯台架、密度架、客房状况控制架，实现预定、客房、客账的联合管理。20 世纪 80 年代中期，由于电话程控交换机 (PABX)、会计电算化、电子货币——信用卡的广泛流行，实现了前后台全面自动化。20 世纪 80 年代末，实现了服务、管理、监控一体化。多媒体技术的广泛运用，使 HMS 不仅是一套 MIS，而是有了更丰富的发展：信息管理系统和控制管理，诸如保安监视、闭路电视服务、IC 智能卡、多媒体点歌、查询等，授权过账终端机 (POS & EDC) 的辅助使用大大缩短了持卡客人的入住和结账时间。

(二) CRS 阶段

CRS 即中央预订系统 (Center Reservation System)，指旅游企业集团为控制客源采用的本集团内部的电脑预订系统。

1970 年 ITT 喜来登 (Sheraton Corp) 建立了世界上第一套电脑预订系统，名叫 The Reservation。早在 1976 年，设在圣路城的 Reservation 订房中心就完成了它的第 1 000 万次预订。1964 年假日集团 (Holiday Inn) 建成 Holidex 预订系统。从 20 世纪 70 年代开始，这一系统就得到不断更新，时至今日，假日集团已拥有自己的专用卫星，客人住在假日旅游企业里可随时预订世界各地的假日旅游企业，并能在几秒钟内得到确认。目前的 HolidexⅡ 每天可处理 7 万间订房，仅次于美国政府的通讯网，成为世界上最大的民用计算机网，并且被美国政府指定为紧急状态下的备用通讯系统。

美国希尔顿集团 (Hilton Hotel Corp) 的 CRS-Hilton 中心设在纽约斯塔特勒——希尔顿旅游企业 (Statler-Hilton Hotel)，每日要办理 15 万名客人的预订服务。

英国福特酒店集团 (Fortepic) 采用的是 ForteⅠ 中央预定系统，在兼并地平线集团后，其客房总数共计 97 000 间，后来，福特酒店集团 (Fortepic) 又率先在欧洲更新 CRS，建立 ForteⅡ 系统，使旅游代理商可以随心所欲地预订福特集团在全球 60 多个国家的 937 家旅游企业不同档次的客房。

(三) GDS 阶段

进入 20 世纪 90 年代，由于卫星通信和综合业务数据网 (ISDN) 的发展，国际电脑订房网络 (GDS) 开始普及。究其原因：CRS 建立需要巨额资金，中小型旅游企业集团承担不起，与此同时，计算机的网络化，大大降低了信息传递成本，GDS 使中小型旅游企业集团与大型旅游企业集团处于同一竞争地位，GDS 取代旅游企业传统经营而成为最赢利的经营方式。国际订房服务和旅游企业联网服务已基本建立，截止 1994 年运用 GDS 订房的旅游企业已达 10 103 家，客房总数达 256 万间。

3.2　旅游市场调研综述

管理依靠预测，预测需要信息，信息来源于数据，数据只有通过调查才能获得。随着科学技术的发展，市场营销调研无论在定性还是在定量上都有长足发展，营销调研方法日益成熟，在旅游市场营销决策中的作用越来越大。

3.2.1　旅游市场调研的定义及其种类

（一）旅游市场营销调研

科特勒把营销调研定义为：系统的设计、收集、分析和提出数据资料以及提出与公司所面临的特定的营销状况有关的研究结果。

泰勒将营销调研定义为：以系统、客观的方法，发展和提供营销管理决策过程所需的信息。

而美国营销协会对此的定义为：通过信息连接消费者、顾客、公众与营销专家的一种功能。这些信息主要用于完成以下任务：①识别和定义营销机会和问题；②创造、完善和评价营销行动；③监督营销绩效；④深入理解作为一个过程的营销。

从以上诸多定义中，不难发现营销调研有两个基本观点，①系统整体性。营销调研不是片面地调查某一方面，而是从总体出发，系统收集和分析信息。②营销调研是手段而非目的，是一种管理工具，其最终目的是有助于制定科学合理的营销决策。

综上所述，旅游市场营销调研指系统收集、记录、分析有关旅游企业市场的资料和信息，为旅游市场营销决策和营销战略决策提供可靠依据的经济活动。

（二）旅游市场营销调研种类

旅游市场调查类型多种多样，每种调查形式都有其独特的功能和局限性。按照旅游市场调查的目的、任务和被调查对象的特点，选择科学的调查方式，才能准确、及时、全面地取得所需的各种信息资料。

按旅游市场调查对象范围的不同，可分为全面调查和非全面调查。

1. 全面调查

全面调查是对调查对象中所有单位无一例外地进行调查的方式。全面调查能取得比较全面系统的总量资料，适用于对旅游市场的宏观了解。

2. 非全面调查

非全面调查是对调查对象中的部分单位进行调查的方式。所选单位应具有充分的代表性，以利于最终获取较全面的总体资料。非全面调查又分为典型调查、重点调查和抽样调查三种形式。

(1) 典型调查。根据调查的目的和任务，从对象总体中选择一个或若干个具有典型代表意义的单位进行深入调查的方式。

(2) 重点调查。在被调查对象中选择一个或几个市场现象比较集中、对全局具有决定性作用的重点单位进行调查的方式。

(3) 抽样调查。按调查任务确定的范围，从全体调查对象总体中抽选部分对象作为样本进行调查研究，用所得样本结果推断总体结果的调查方式。根据调查对象总体中每一个体单位被抽取的概率是否相等的原则，又分为随机抽样调查和非随机抽样调查。

3.2.2 旅游市场调研的原因

帮助一个组织做出更为有效的营销决策，这是其营销调研的首要目标。好的营销决策来自更多的信息，而调研正好提供了这些信息。进行营销调研有五个方面的原因（5C）：①了解顾客（Customers）；②确定竞争者（Competitors）；③提升信心（Confidence）；④增强可信度（Credibility）；⑤应对变化（Change）。

进行营销调研最重要的原因是帮助组织详细了解客户，不管是现实的或潜在的顾客。这也说明了组织在满足顾客需求上达到了何种程度，在市场上位置如何。营销调研调查新的目标市场，通过市场的可行性分析、试验性营销和其他产品测试，可以评价并检测新的服务和设施。

竞争研究也是旅游服务业必不可少的内容。调研能够确定主要的竞争者并精确指出其优势和劣势。设计得体的调研在做出营销决策时，提升了组织及其营销合作者的信心。如果组织能够深刻理解顾客需求以及竞争的优势和劣势，就能够降低预期的风险。

调研结果可以用于增加组织进行广告宣传的可信度。

和全球旅游服务业一样，国内和国际旅游市场处于不断变化的状态中。游客需求和预期同样在发生急剧的变化，组织必须经常了解这些变化，调研则是执行的基本工具。

3.2.3 旅游市场调研内容

旅游市场营销调研的内容包括所有与本旅游企业有关的社会、政治、经济、环境及各种经济现象。既可做专题调研，也可做全面调研。就旅游企业调研范围而言，其调研又具体分为企业外部调研和企业内部调研。

（一）旅游企业外部调研

旅游企业外部调研是指对旅游企业的外部环境予以调查研究，其主要对象为旅游市场环境调查、旅游市场需求调查、旅游市场供给调查和旅游市场营销调查等。

1．旅游市场环境调查

旅游企业的生存与发展是以旅游市场环境为条件的，对旅游企业而言，旅游市场环境是不可控因素，旅游企业的生产与营销活动必须与之相协调和适应。

（1）政治环境调查。了解对旅游市场起影响和制约作用的国内外政治形势以及国家旅游市场管理的有关方针政策。

（2）法律环境调查。了解中国及客源国或地区的有关法律和法规条例，包括环境保护法、旅游法、保险法、与外国合资经营条例、出入境方面的规定、地区旅游管理条例等等。

（3）经济环境调查。了解中国及客源国或地区的经济特征和经济发展水平、旅游资源状况、世界旅游经济发展趋势等。

（4）科技环境调查。了解中国和世界范围内新科技的发展水平与发展趋势等。

（5）社会文化环境调查。具体包括旅游目的地和客源地的价值观念、受教育程度与文化水平、职业构成与民族分布、宗教信仰与风俗习惯、社会审美观念与文化禁忌等。

（6）地理环境调查。具体包括区位条件、地质历史条件、自然景观条件、气候条件、季节因素以及物产方面等。

2．旅游市场需求调查

旅游市场需求是在一定时期内，一定价格上、旅游者愿意并能够购买旅游产品的数量，即旅游者对某一旅游目的地所需求的数量。旅游需求是决定旅游市场购买力和市场规模大小的主要因素。针对旅游者所进行的需求调查是旅游市场调查内容中最基本的部分。

（1）旅游者规模及构成调查。它包括：①经济发展水平与人口特征；②收入与闲暇；③旅游者数量与消费构成，调查旅游产品或服务的现实与潜在的旅游者数量（旅游者国籍、年龄、性别、职业、入境方式以及地区分布、民族特征等），统计旅游者消费水平及构成（吃、住、行、游、购、娱等方面），滞留时间等；

④旅游者对旅游产品质量、价格、服务等方面的要求和意见。

（2）旅游动机调查。旅游动机是激励旅游者产生旅游行为达到旅游目的的内在原因。根据美国学者罗伯特·麦金托什的研究表明：旅游动机由身体健康动机、文化动机、交际动机、地位与声望动机等组成。身体健康动机包括休息、运动、游戏、治疗等消除紧张与不安的欲求；文化动机包括了解和欣赏异地文化、艺术、风俗、语言、宗教等求知欲望；交际动机包括结识异地朋友、探亲访友、摆脱日常工作、家庭事务等厌倦熟悉的东西、逃避现实和免除压力的欲望；地位与声望的动机包括考察、交流、会议、从事个人兴趣的研究等满足自尊、取得个人成就和为人类做贡献的需要。

（3）旅游行为调查。旅游行为是旅游者旅游动机在实际旅游过程中的具体表现。旅游行为调查就是调查客源地旅游者何时旅游、何处旅游、由谁决策旅游以及怎么旅游。旅游行为的主要形式有：文化观光旅游行为，包括观赏自然风光、名胜古迹、社会风情、艺术博物馆、历史遗迹等；度假休闲旅游行为，包括疗养健身、娱乐购物等；专项旅游行为，包括体育运动、登山攀崖、科学考查探险等；会议旅游行为、特色旅游行为，包括奖励旅游、民俗文化活动、节庆活动等。

案例 3-2

旅游公司的警告

一旅游公司在做广告时宣称，在本地旅游有“十大危险”，警告游客当心，广告内容是：

- 当心吞下舌头或胀破肚子，因为这里的食物味道太美了；
- 当心晒黑皮肤或脱几层皮，因为这里的海滩过于迷人了；
- 当心潜在海底太久而忘了上来换气，因为这里的海底生物太令人惊讶着迷；
- 当心胶卷太少不够用，因为这里的生动镜头取不胜取；
- 当心登山临渊累坏了您的身体，因为这里的山青水碧，常使人流连忘返；
- 当心坠入爱河不能自拔，因为这里是谈情说爱、欢度蜜月的世外桃园；
- 当心买的东西太多而不易带走，因为这里的物价太便宜了；
- 当心被这里的豪华酒店、旅馆宠坏；因为这里的服务太体贴入微了；
- 当心与本地的所有人都交上朋友，因为他们太友善、好客了；
- 当心乐不思蜀，不愿归家。

据说，当这种广告印发后，吸引了众多游客，达到了很好的宣传效果。

3. 旅游市场供给调查

旅游供给是一定时期内为旅游市场提供的旅游产品或服务的总量，对旅游市场供给的调查，包括以下几个方面：

（1）旅游吸引物调查。凡是能够吸引旅游者到来并能引发游客情趣的事物、事件或现象，均属旅游吸引物范畴。它的数量和质量决定着旅游者对旅游目的地的选择。

（2）旅游设施调查。旅游设施是直接或间接向旅游者提供服务所凭借的物质条件。它又分为旅游服务设施和旅游基础设施两类。

（3）可进入性调查。可进入性是指旅游者进入旅游目的地的难易程度，表现为进入游览点、服务设施和参与旅游活动所付出的时间和费用。它包括交通工具和旅游目的地的交通基础设施条件、地方政府政策及旅游经营因素、签证手续的繁简、出入境验关程序、服务效率、旅游线路的编排与组织等。

（4）旅游服务调查。旅游服务是旅游产品的核心，其调查内容包括：售前服务（旅游咨询、签证、办理入境手续、财政信贷、货币兑换、保险等）；售中服务（旅游活动过程中向旅游者直接提供食、住、行、游、购、娱及其他服务）；售后服务（机场、港口、办理出境手续、托运、委托代办服务及旅游者回家后的跟踪服务等）。

（5）旅游企业形象调查。旅游企业形象是旅游企业经营的无形资产。旅游者对旅游产品或旅游目的地的评价和态度直接导致他们的购买决策。这包括理念识别系统、视觉识别系统和行为识别系统。

（6）旅游容量调查。旅游容量作为旅游地规划管理的一种强有力的工具，它保护环境免遭退化或破坏，维持旅游景点的质量，客观上保证了旅游者在旅游地的体验质量。其调查包括：旅游基本空间标准、旅游资源容量、旅游感知容量、生态容量、经济发展容量和旅游地容量等。

4. 旅游市场营销调查

现代旅游营销活动是包括商品、价格、分销渠道和促销在内的营销组合活动。因此，旅游市场营销调查也应围绕这些营销组合要素而展开。

（1）旅游竞争状况调查。调查内容包括：现实的和潜在的竞争对手的数量；竞争对手所在地区及活动范围；竞争者市场占有率及市场覆盖率；竞争对手的销售组织形式、规模与竞争实力；竞争者市场竞争策略与营销组合；竞争者销售渠道、宣传手段与广告策略；竞争者产品质量、数量、品种、价格；竞争者服务的种类、档次、质量、方式及其在旅游者心目中的声誉与形象；竞争者的缺陷以及未在竞争产品中体现出来的旅游者要求等。

(2) 旅游产品调查。旅游产品是旅游企业一切经营活动的主体，旅游企业在确定旅游营销组合策略时，旅游产品和服务是其组合的前提。调查内容包括：旅游资源与旅游设施相结合的旅游服务；资源的品位、级别以及旅游产品的特色、优势、风格、声誉、组合方式；提供给旅游者的优惠条件和付款方式；旅游产品的市场生命周期；旅游产品的市场占有率和销售潜力；旅游者对旅游产品或服务的评价和接受程度；旅游者购买或接受服务的频率；旅游者对旅游产品还有哪些未体现出来的要求和意见等。

(3) 旅游价格调查。价格高低与旅游需求休戚相关，应随时摸清价格变动趋势及其对旅游者的影响情况。调查内容包括：旅游产品或服务的定价是否合理；旅游者的价格心理状态如何；旅游产品价格的供给弹性和需求弹性；各种旅游产品差价及优惠价水平是否合理；开发新的旅游产品如何订价等。

(4) 旅游分销渠道调查。分销渠道的选择对旅游企业能否迅速打开销路，尽快占领市场、降低营销费用有着十分重要的作用。调查内容包括：旅游产品或服务销售渠道的数量、分布和营销业绩；现有销售渠道是否畅通；市场上是否存在经销此类旅游产品的权威性机构；市场中主要的中间商销售渠道策略实施、评估、控制和调整情况及其对本旅游产品的要求和条件等等。

(5) 旅游促销调查。旅游促销调查着重于促销对象、促销方法、促销投入、促销效果四个方面，具体内容包括：促销对象的类型；促销信息源选择、信息发送方式与发送渠道；广告、销售促进、人员推销、公共关系等促销方式是否为促销对象所接受，并取得信赖；促销投入预算；促销宣传的内容是否符合促销范围内的需求水平、知识水平和风俗习惯；促销能引起多少人的兴趣，促销给目标视听者什么样的旅游产品形象，是否产生购买欲望；促销后的旅游企业销售实绩怎样等。

(二) 旅游企业内部调研

对企业内部实力的调查研究，其主要内容如下：

(1) 企业的发展战略。具体内容包括：旅游企业发展趋势；旅游企业形象；国内、外市场的需求量；旅游企业地域分布特点；旅游企业的规模生产能力；服务规格及档次；旅游企业生产或服务的软、硬件水平；人员规模、素质和员工需求。

(2) 企业的经营状况。具体内容包括：企业现有产品的市场占有率；产品竞争力；产品商标及包装；新产品开发；竞争产品的比较研究以及对现有产品的改良。

(3) 价格。主要调查旅游产品成本、利润及价格弹性。

(4) 促销。具体内容包括：新闻媒体、广告效果；旅游企业形象策划；促销策略与战略；促销人员的规模与素质。

3.2.4 旅游市场营销调研的程序和方法

旅游市场营销调研作为一个过程，有不同的步骤和方法。这些步骤和方法因旅游企业和营销调研目的的不同而各异，其原理及运作程序由八个步骤组成（如图 3-5 所示）。

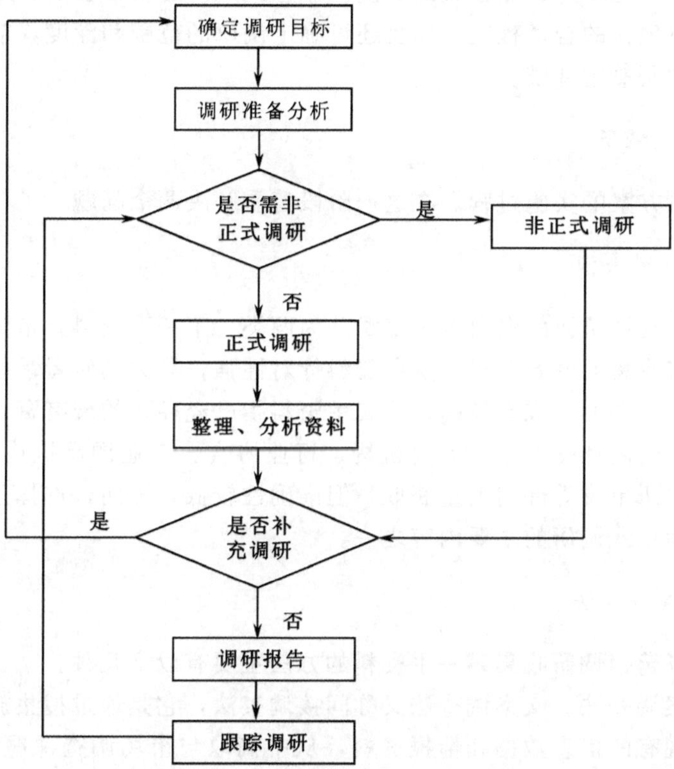

图 3-5 旅游市场营销调研流程

（一）确定调研目的

这是旅游市场营销的起点，在这一阶段要解决如下问题：为什么调研（why）？通过调研要收集什么（what）？调研结果向谁说明（who）？

（二）调研准备分析

确定调研目的后，确定调研入选的范围、调研方式、途径、时限、以及通过收集和分析现在资料而获取旅游企业及其外部环境的信息，确定调研方案。这一阶段着重解决以下问题：在哪里调研（where）？调研多长时间（how long）？怎样调研（how）？

（三）非正式调研

营销人员与旅游企业外部人员，包括中间商、竞争者、广告代理商、潜在顾客、合作伙伴等之间进行非正式的交流。非正式调研之所以必要，不仅在于通过它可判断调研项目的合适程度，而且还可确定调研的范围和深度，节省人力和财力，为正式调研奠定基础。

（四）正式调研

这是调研方案的实施过程。在这一阶段着重解决两个问题。

1. 选择资料来源

旅游市场营销调研的资料按其来源分为两类。第一手资料，指为某种特定研究目的而直接收集的原始资料。这种资料针对性强，易为调研者掌握，但这种资料的收集费时、费力、成本较高。第二手资料指已经存在的现有资料，这种资料能在极短的时间内从图书馆、政府机构、行业协会、专业调研机构、高等院校、学术团体、科研单位等部门大量获取，但准确性较低。因而，选择正确、合理的资料来源成为正式调研的主要内容之一。

2. 选择调研方法

旅游市场营销调研收集第一手资料的方法主要有以下几种：

（1）文案调查法。文案调查法又称间接调查法，它是通过搜集旅游企业内部和外部各种现有的信息数据和情报资料，从中摘取与市场调查课题有关的内容，进行分析研究的一种调查方法。这种方法常被作为旅游市场调查的首选方法，几乎所有的市场调查都开始于收集现有资料。

（2）实地调查法。实地调查法又称直接调查法，是在周密的调查设计和组织下，由调查人员直接向被调查者搜集原始资料的一种调查方法。实地调查主要有询问法、观察法和实验法。根据调查项目类型、调查的目的要求、允许的时间、调查资金及其他物质条件，可灵活选择其中的某种或几种方式交叉组合运用。

1）询问调查法。询问调查就是调查人员采用访谈询问的方式向被调查者了解旅游市场情况的一种方法，又称访谈法。访谈询问成功与否，取决于被调查者的配合以及调查者的准备工作和访谈技巧的掌握。询问调查法又可分为：面谈调查法（调查人员通过与被调查者面对面交谈和提问，抑或讨论获得有关信息的调查方式)；电话调查法（电话调查就是调查人员通过电话与被调查者交谈获取调查资料的调查方式)；邮寄调查法（邮寄调查是将调查问卷邮寄给被调查者，由被调查者根据调查表的要求填好后寄回，从而获取信息的调查方式)；留置问卷调查法（留置问卷调查是调查者将调查表当面交给被调查者，说明调查意图和要求，由被调查者自行填写回答，再由调查者按约定日期收回而获取资料的一种调查方式)。

2）观察法。观察法是调查者在现场对被调查对象和事物进行直接观察或借助仪器设备进行记录，以获得旅游市场信息资料的调查方法。此方法的最大特点是被调查者并不感到正在被调查，心理干扰较少，能客观地反映被调查对象的实际行为，资料的真实性高。此方法对车站、港口、景点的游客数量调查以及旅游商场消费行为调查有良好的功效。

3）实验法。实验法起源于自然科学研究的实证法。它是指把调查对象置于特定的控制环境下，通过控制外来变量和检验结果差异来发现变量间的因果关系，获取信息资料的一种调查方式。这种方法对于研究变量之间的因果关系非常有效。由于实验法是在小规模的环境中进行实验，所以在管理上比较好控制，并且完全由客观方法得到资料，数据的可信度高，可靠性强，有力地排除了主观的推论和臆测。

（五）整理、分析资料

调研结束后，将收集到的大量分散、零星的资料进行归档，去掉不合逻辑、可疑的成分，加以编辑、整理、列示有关数据。对整理过的资料进行统计分析，采用相关分析、时间序列分析和回归分析等方法，找出各种变量之间的内在联系，预测旅游企业的营销趋势。

（六）补充调研

非正式调研结束后，对于忽略的专题或变动较快的因素，可决定是否进行补充调研。

（七）调研报告

调研结束后的最终成果就是向被报告者提交一份书面报告，调研报告依据其提交对象不同可分为一般报告和技术报告两种。一般报告提交给旅游企业的非专业人员，而技术报告提交给专业人员。与一般报告相比，技术报告要求内容详实，具备科研论文的写作要求。

（八）跟踪调研

调研的结论须在实践中检验，因而有必要跟踪调研，对调研结果进行追踪，及时反馈，总结经验，修正调研结论，提高决策的准确性。

案例 3-3

美国航空公司的营销调查

美国航空公司是美国最大的航空运输公司之一。该公司一直在寻找为航空旅行者提供服务的新方式。管理层想通过提供新的服务来取得竞争优势，围绕这一目的，几个经理以头脑风暴法的方式开了一次会议并就更好的食品服务、机内娱乐、报纸和杂志供应等方面产生了一系列的新构想。其中一位经理提出了这样的构想：为那些想在远离地面30 000英尺高空打电话的旅客提供电话服务。其他经理对此反应热烈并且一致认为应做进一步研究。提出这一主张的那位营销经理于是自愿去做一些初步研究。为了确定在波音747从东海岸到西海岸的飞行中提供电话服务在技术上是否可行，他与一家大的电讯公司取得了联系。他想知道平均在一次飞行中会有多少次通话以及按什么价格收取电话费才能与提供该项服务的成本保持平衡。这家电讯公司说，这项服务系统的成本是每次航班约1 000美元。如果每次通话收费25美元并且每次航空至少有40位旅客通话的话，航空公司就能保持收支相抵。这位营销经理于是就和公司的营销调研经理取得联系，并请他调查航空旅行者将对这项新服务做何反应。

3.2.5 旅游市场调查技术与问卷设计案例

（一）旅游市场调查技术

旅游市场调查不仅需要有明确的调查目标和科学的调查方法来实现，除此之外，还必须应用一定的调查技术。问卷技术和抽样技术是旅游市场调查最常用的技术。

1. 问卷技术

询问调查法是收集第一手资料的主要方法之一，而问卷是询问调查最常用的工具。了解和设计问卷也就成为旅游调查人员必备的知识技能。

（1）问卷的基本结构。包括：①问卷标题。确定标题应简明扼要，易于引起被调查者的兴趣。例如“旅游者消费状况调查”等。②问卷说明。旨在向被调查者说明调查的目的和意义，以引起被调查者对问卷的重视和兴趣，有些问卷还包括填表方法与要求、调查项目必要的解释说明等事项。③被调查者的基本情况。如性别、年龄、民族、文化程度、职业、单位、收入等主要特征，在资料分类中常用到这些资料。④调查主体内容。它是问卷的主体和核心部件，通常是以一系列问句形式提供给被调查者，这部分内容设计的好坏直接关系到该项调查所能获得资料的数量与质量。⑤编码。多数的调查问卷均加以编码，以便分类整理和统计分析。

（2）问句的基本类型。包括：①开放式问句，又称自由回答式问句。这种问句不需要事先拟定答案，让被调查者根据提问自由回答，充分发表意见，从中可以获得较为广泛的信息资料。②事实问句。要求被调查者依据已有事实回答问题，不必提出主观看法。③意见问句。用于了解被调查者对有关问题的意见、看法，不究其原因，为调查决策提供未来需求信息。④解释问句。用于了解被调查者的行为、意见、看法产生的原因，为解决问题提供依据。⑤二项式问句。这种问句的回答结果只有"是"或"否"两种选择，二者必选其一。⑥多项选择式问句。对一个问题事先列出三个或三个以上可能的答案，让被调查者从中选出一个或几个最符合被调查者情况的内容作为答案。有时也采用对称性量表和不对称性量表测量旅游者的满意程度。⑦顺位式问句。要求被调查者对各种可能答案，按其重要程度或喜爱程度，排出先后顺序。⑧过滤式问句，又称漏斗式问句。调查者对被调查的主题用一种迂回的方式求得回答，然后缩小提问范围，转回主题得到答案。采取投石问路方法，一步一步地深入，最后引出被调查者对某个所要调查问题的真实想法。

2. 抽样技术

在现实生活中，大部分市场调查项目的调查对象很多，分布面较广，加之调查费用等限制，非全面调查成为更多的旅游市场调查选择形式。而抽样调查作为非全面调查的重要方式，为国内外市场调查普遍乐于选用的调查手段。

可以选择抽样调查，抽样调查按照调查对象总体中每一个样本单位被抽取的机会是否相等的原则，分为随机抽样方法和非随机抽样方法两大类：

（1）非随机抽样方法。这是指根据调查人员的需要和经验，凭借个人主观设定的某个标准抽取样本单位的调查方式。在非随机抽样调查中，通过调查人员有意识地选择具有代表性的个体作为样本，以样本调查达到推测总体状况的目的。常用的非随机抽样方法有任意抽样、判断抽样和配额抽样三种。

（2）随机抽样方法。这是指从调查对象总体中完全按照随机原则抽取一定数目的样本单位进行调查，以样本调查结果推断总体结果的一种调查方式。这种方法对调查总体中每一个样本单位都赋予平等的抽取机会，完全排除了人为的主观因素的影响，这也是它与非随机抽样方法的根本区别。常用的随机抽样方法有简单随机抽样、分层随机抽样、分群随机抽样和等距随机抽样四种。

（二）旅游市场调研问卷设计案例

询问调查法是旅游市场调查的基本方法，而调查问卷是询问调查的重要手段和工具。为使营销人员更方便、更有效地设计符合调查目的，并满足调查需要的问卷，下面我们简要介绍调查问卷的设计步骤。

1. 调查问卷设计的步骤

（1）明确调查目的，把握调查主题。弄清调查目的和调查结果的用途，并在对其全面分析的基础上，确定调查的主题，由此确定所需收集的特定范围的第一手资料信息以及调查问卷应侧重的方面、调查对象和对各种信息资料的取舍。

（2）确定调查内容。在充分分析调查主题的前提下，拟定所要调查的项目，全面考虑，把各种与调查主题有关的内容一一罗列出来，并针对被调查对象的特征，进一步分解成更详细的题目。

（3）决定问句类型。根据实地调查使用的方法不同和每一个详细问题所获取信息的差别，决定采用的问句类型，比如开放式问句、事实问句、解释问句、意见问句、多项选择式问句、顺位式问句、过滤式问句等等。

（4）拟定问句的措辞。问句用词尽量使用简单、熟悉的词汇，避免含义模糊、生僻的词汇。问句所涉及的内容不要超越太长时间跨度，限于被访问者个人经验范围之内。问句不带倾向性和诱导性；确定问句类型之后，还要了解对谁提问、何处提问、何时提问等内容，针对不同的调查形式和调查对象使用不同的问句措辞。力争具体、简明、重点突出。

（5）确定问句顺序。每一个具体的问题及问句措辞，还必须认真编排、疏理每一个问句的前后序位，把被调查者感兴趣、容易回答并能调动其热情的问句作为先导，难度大的问句宜于放在问卷当中或末尾，同时要考虑整个问卷逻辑的层次性，以利于被访问者思维，最后组装成一份完整的问卷。

（6）预试审定问卷。在小范围内进行试验性调查，以弄清问卷还存在哪些问题，包括：需要的资料是否都能得到；问卷的指示合适与否；问卷措词能否引出其他问题；问句的排列顺序恰当与否；对答案整理分析方便与否等等。

（7）修正问卷并定稿付印。通过预试问卷，针对问题做进一步的修改、定稿，按调查工作的需要，打印复制，最后制成正式问卷。

2. 问题设计

一般而言，调研是调研人员将所拟的调查内容，通过面谈、书面或电话等方式询问被调查者，以获取所需资料的一种方法。调研的关键在于问题设计要明确、简洁，不可含糊其辞。其常见的询问方式有：

(1) 开放性提问。诸如您喜欢××饭店哪些方面？不喜欢哪些方面？有何意见和要求？

(2) 封闭式提问。

• 是非法。例如：您对饭店的客房满意吗？　A. 是　　B. 否

• 顺位法。例如：请按 1～3 等评定下列餐厅的食品质量：
　A. 中餐厅　　B. 西餐厅　　C. 咖啡厅

• 对照法。例如：您光顾××饭店的原因是：
　A. 服务周到　　B. 设施豪华、气派　　C. 格调高雅
　D. 价格便宜

• 选择法。例如：您来饭店住宿的目的是：
　A. 度假　　B. 公差　　C. 会议　　D. 探亲访友
　E. 品尝菜肴

• 量度法。例如：您觉得饭店中餐厅的上菜速度：
　A. 快　　B. 一般　　C. 慢　　D. 很慢

3.3　旅游市场营销预测步骤与方法

现代旅游市场竞争日益激励，旅游企业的生存依赖于对影响企业发展的各种因素的判断，正确的判断则以科学、准确的预测为基础。因而，市场预测是现代旅游市场营销中不可缺少的一部分。

3.3.1　旅游企业市场预测

(一) 旅游企业市场预测

旅游企业市场预测是指，根据既成的市场事实，利用已有的知识、预测技术和经验，对影响旅游企业市场变化的各种因素进行研究、分析、判断和估计，以掌握市场发展变化的趋势和规律，诸如旅游企业市场客源流向、流量预测、旅游企业的市场营销预测、客人人均消费额预测、旅游企业产品的价格和利润预测等。

(二) 旅游企业市场预测的内容

旅游企业市场预测的内容有很多，每一个影响到旅游企业正常经营的因素都成为旅游企业预测的对象。按照旅游企业预测的目的不同，其预测内容可分为：

1. 旅游市场环境预测

旅游业是一个具有高度依托性的行业，受环境因素的影响较大，因此需要采用定性预测的方式对国际、国内乃至地区的政治、经济形势和产业结构变化趋势做出估计与推断，同时预测国际、国内和地区的旅游形势。

2. 旅游市场需求预测

旅游市场需求预测又可分为旅游市场需求总量预测、旅游市场客源预测和旅游市场需求结构预测三种。

（1）旅游市场需求总量预测。旅游市场需求总量主要是指，在一定区域和一定时间范围内，旅游者可能的购买力及购买力投向的总量。通过旅游需求总量可以标识旅游企业在一定时期和营销费用条件下，可能达到的最大销售额。通常测量旅游市场需求总量的公式为

$$Q = \sum_{n=1}^{N} P_n \times q \tag{3-1}$$

式中：Q 为市场需求总量；N 为特定产品的可能购买人数；P_n 为第 n 个旅游者平均购买数量；q 为特定产品的平均单价。

（2）旅游市场客源预测。预测客源地旅游者变动情况，包括旅游者数量变化、旅游者季节变化、旅游者地区分布状况、旅游者构成变化和旅行游览时间长短变动等。

（3）旅游市场需求结构预测。旅游者在餐饮、住宿、交通旅行、游览、娱乐、购物方面的消费是旅游企业的主要收入组成部分，其变化直接影响旅游市场需求潜力和旅游产品的销售。

3. 旅游容量预测

旅游需求与供给是旅游市场的两个主要因素。在预测市场需求的同时，也应对旅游供给的发展趋势进行预测，确切地讲，是对旅游容量或旅游承载力进行预测。旅游容量包括旅游心理容量、旅游资源容量、旅游生态容量、旅游经济发展容量和旅游地域社会容量等，准确地测定旅游地的既有旅游容量和旅游极限容量，使旅游地的接待能力处在一个合理容量之内，维持供需的相对平衡，以保持旅游资源的吸引力和维护自然生态环境的和谐。

4. 旅游价格预测

旅游价格是旅游市场波动的主要标志和信息载体，一般情况下，价格下降，需求量增加，价格上涨，需求量减少。各种旅游产品对价格的需求弹性不同，旅

游企业必须预测旅游市场价格变化对旅游市场需求带来的变化，以及确立在旅游企业可控制范围内的最优价格和供给水平的变动趋势。

5. 旅游效益预测

旅游效益预测的内容包含：

（1）市场占有率预测。市场占有率是旅游企业的旅游产品的销售量占该产品市场总销售量的比重。通过对市场占有率的预测，一方面可以预测本企业的销售量，另一方面可以预测竞争对手的实力以及本企业在旅游行业中的竞争力量和所处的地位，以便掌握市场竞争的动态状况，采取相应的市场竞争策略。

（2）旅游收益预测。旅游企业通过对营销成本和利润的预测，可以了解旅游收入的数量、构成与收入水平，反映旅游经济活动的成果，包括经济效益、社会效益和生态效益，有助于提高企业经营管理，并为投资决策和营销决策提供依据。

3.3.2　旅游企业市场预测的步骤

与旅游企业市场调研一样，旅游企业的市场预测也有一定的步骤，其基本程序如图 3-6 所示。

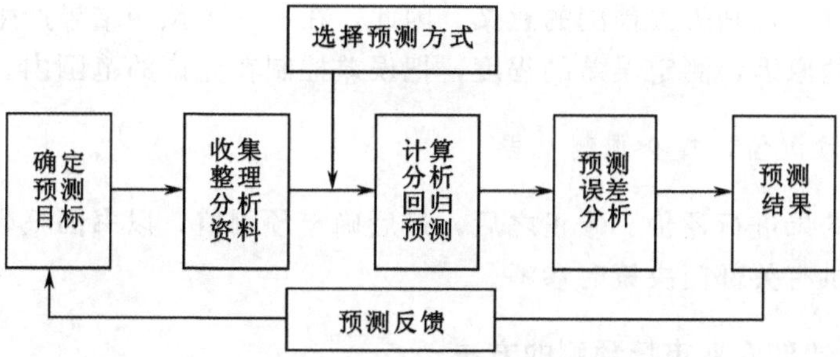

图 3-6　旅游企业市场预测过程

1. 确定预测目标，拟定预测计划

不同的预测目标，需选择不同的预测对象，选用不同的预测方法，从而拟定预测计划。因而，旅游企业的市场预测首先要明确预测目标，为什么预测，预测什么，什么时候预测，在什么地方预测，什么人预测等。

2. 收集、整理和分析资料

资料是预测的基础，预测所需要的资料须具备针对性、准确性、系统性和可比性。因而，须对收集的资料进行审核、整理、分析资料结构的性质，以尽量减少预测过程中因资料引起的误差。

3. 选择预测方法，建立预测模型

适宜的预测方法是提高预测质量的主要因素。在预测目的的确定、统计资料的分析及预测费用的综合基础上，选择恰当的预测方法。同时，在对数据变化趋势的分析中，建立与之相应的预测模型，选择合理的预测工具。

4. 预测

在已有资料、数据的基础上，依据选定的合理的预测方式，则可具体地计算，做出定性或定量分析，进行归纳、总结、推测判断未来市场的发展方向和趋势。

5. 预测误差分析

误差是预测值与实际值之间的差额。预测误差的大小，反映预测的精确程度。若误差过大，则失去预测的意义。因此，在每一个预测结果产生之前，应分析误差产生的原因，测定误差的程度，把误差控制在允许的范围内。

6. 确定预测值，提交预测报告

对预测结果进行评价、修正之后，最后确定预测值，以书面报告的形式反映预测结果，供有关部门决策时参考。

3.3.3 旅游企业市场预测的方法

按预测方法的性质不同，旅游企业市场预测可分为定性预测和定量预测两种方式。

（一）定性预测

定性预测是预测者根据自己挖掘的实际情况、实践经验和专业水平，对旅游企业发展前景的性质、方向和程度做出的判断，也称为判断预测或调研预测。这种方法的准确程度取决于预测者的经验、理论、对业务水平的掌握情况和分析判断能力。定性预测综合性强，需要的数据较少，能考虑到无法定量的因素，其具体方法有：

1. 经营管理人员意见调查预测法

经营管理人员意见调查预测法是由旅游企业的经理召开熟悉市场情况的各业务部门主管人员的座谈会，将与会人员对市场商情的预测意见，加以归纳、分析和判断，来制定企业的预测方案。

这种方法的优点是：有利于调动业务管理人员市场预测的积极性；预测结果较准确可靠；预测成本低；对市场的变动较为敏感。其缺点是：对市场变化了解不深入，受主观因的素影响较大。

2. 销售人员意见调查预测法

销售人员意见调查预测法是对旅游企业的销售人员进行调查，征询其对产销情况、市场动态及未来销售额的估计，加以汇总整理，从而对旅游企业市场前景做出综合判断。

其特点是：销售人员熟悉市场，预测经过多次审核、修正之后，较接近实际。但由于岗位有限，对经济发展和市场变化全局了解不够全面，致使预测结果有一定的局限性。

3. 旅游交易会、博览会调查预测法

旅游交易会、博览会调查预测法就是通过参加旅游交易会、博览会直接向游客或中间商发表调查，以了解消费者对旅游企业产品的质量、价格的意见和需求量，加以汇总整理，从而综合判断旅游企业产品销售的前景。

4. 旅游消费者购买意向调查预测法

旅游消费者购买意向调查预测法是采用随机抽样或典型调查方法，从住店客人中抽选一定数目的消费者。通过发放表格、询问等方式进行调查，将消费者的购买意向加以汇总分析，来推断旅游企业产品的未来需要。

5. 专家评估法——德尔菲预测法

专家评估法是指以匿名方式，向一组专家，轮番征询意见，加以综合整理，逐步取得一致意见而进行预测的方法。

专家评估法的基本步骤为：

(1) 准备阶段：成立预测小组，确定预测课题；选定专家；设计征询表。

(2) 征询阶段：第一轮，将预测课题、征询表及背景材料，提交给每一位专家征询意见；第二轮，将第一轮意见汇总，补充新的背景材料，反馈给专家进行第二轮征询意见；第三轮，重复第二轮工作；第四轮，对修正后的专家意见予以汇总，并分析、判断定案。

（3）处理数据阶段：用统计方法对预测值的典型水平、代表性意见加以集中整理。

专家评估法的特点是：集思广益，发挥专家的集体智慧，避免主观性和片面性，提高预测质量，理论、经验与实践相结合，缺少数据时也可应用，简单易行。但由于责任分散，只适用于总体预测。对旅游企业不同种类产品的预测，其可靠程度较低，同时，经验判断也有一定的局限性。

（二）定量预测

定量预测是根据准确、及时、系统、全面的调查统计资料和经济信息，运用统计方法和数学模型，对旅游企业经济现象的未来发展规模、水平、速度和比例关系的测定。定量预测方法主要包括时间序列预测法和回归预测法两类。

1. 时间序列预测法

时间序列预测法是将预测目标的历史数据按照时间的顺序排列为时间序数，然后分析其随时间的变化趋势，外推预测目标的未来值。在时间序列预测中，最常用的预测方法是移动平滑法和指数平滑法两种。

（1）移动平均法。根据时间序列资料，逐项推移，依次计算一定项数的序时平均数。边移动边平均，可得到一个由移动平均数构成的新的时间序列，以反映长期趋势的方法。当时间序列的数值由于受周期变动和不规则变动的影响，起伏较大，不易显示发展趋势时，可用此法消除这些因素的影响。

其计算公式为

$$\text{当前预测值}=\frac{\text{前 1 期实际值}+\text{前 2 期实际值}+\Lambda\text{前第 } n \text{ 期实际值}}{\text{期数}}$$

即

$$M_{t+1}=\frac{X_t+X_{t-1}+\Lambda+X_{t-n+1}}{n}=\frac{1}{n}\sum_{i=t-n+1}^{t}X_i \tag{3-2}$$

式（3-2）中，M_{t+1}为预测值；X_i 为 i 期数据；n 为移动平均期；t 为期数序号。

（2）指数平滑法。利用过去的资料用平滑系数进行预测的一种方法。相对于移动平均法，指数平滑法减少了对历史数据储存量的要求，同时，根据数据离预测期的远近分别给以不同大小的权数，也较合理。其计算公式为

$$M_{t+1}=\alpha x_t+(1-\alpha)M_t \tag{3-3}$$

式（3-3）中，M_{t+1}为预测值；x_t 为 t 期实际数据；M_t 为第 t 期预测值；α 为平滑系数。

指数平滑法，根据平滑次数不同，分为一次指数平滑法、二次指数平滑法和

三次指数平滑法等。

2. 回归预测法

回归预测又称为因果预测，即通过研究自变量与因变量之间的相关关系，建立表达两者关系的数学模型，通过输入自变量数据，以预测因变量的发展趋势。根据自变量与因变量之间的关系拟合的直线或曲线称为回归直线或回归曲线，表现这条直线或曲线的数学公式叫回归方程。

回归预测按自变量的多少分为一元回归和多元回归，而按自变量与因变量的关系又分为线性回归和非线性回归。

➢ 关键术语

营销信息系统（Marketing Information System）

营销调研（Marketing Investigation）　　营销预测（Marketing Forecasting）

案例回顾与讨论

案例 3-1 问卷有哪些不足？请试着改进。

复习与思考

1. 解释下列概念：

营销信息系统　营销调研　全面调查

非全面调查　文案调查　实地调查

定性预测　专家评估法　时间序列预测　回归预测。

2. 试总结旅游营销信息系统内部架构之间的相互关系。
3. 总结旅游营销信息系统的发展过程以及每个过程呈现的特点。
4. 列举旅游市场营销调研的种类及各自特点。
5. 旅游市场营销调研的主要内容有哪些？
6. 你认为本章介绍的旅游营销调研的程序有没有更优化的可能？
7. 让你为一家旅游企业进行市场预测，你认为要进行哪些市场预测？

第4章

旅游市场细分与目标市场的选择

学习目的：了解旅游市场细分的依据；掌握旅游市场细分的方法；掌握旅游目标市场的选择技巧；区分旅游目标市场选择与企业市场定位。

20世纪90年代以来，国际旅游浪潮不断冲击着各旅游接待国。团队比重下降，规模趋小，需求趋于多样化、个性化。对于旅游市场营销，无论其规模大小，不可能同时满足旅游市场的各种需求。而市场营销又要求旅游市场营销最大限度地满足消费者。解决这一矛盾的根本途径在于旅游市场营销应分辨出它能为之提供有效服务的某一个顾客群——目标顾客，使其获得最大满足。因而，旅游市场营销必须实行目标营销。

本章在逻辑结构上紧接上一章“旅游营销信息系统与市场调研”的内容，仍然属于市场营销的前期准备阶段。在内容上主要是为实现目标营销而做的各种外围工作——确定目标顾客、提供个性化旅游产品和服务，力争在市场竞争中获得成功。为此，本章的主要内容有：明确旅游市场细分在整个市场营销中的作用和地位，确立旅游市场细分的基本原则；在此基础上，介绍旅游市场细分的基本依据和应用方法，以使读者能够基本把握如何进行旅游市场细分，明确现有旅游企业是如何进行市场细分的；最后，本章在市场细分的基础上，介绍了目标旅游市场的选择，以满足目标顾客的旅游需求，与此同时，区别了目标旅游市场的选择与旅游企业市场定位两者的概念。

案例 4-1

要学会细分旅游市场

旅游渐渐成为国人的休闲方式，各地旅游管理部门也想出了很多高招来发展旅游产业，从而带动一方经济的发展。但是需要提醒的是，旅游经济也要遵循经济规律，要想把旅游业做大，就要学会细分市场。

如果不能细分市场，就会导致恶性竞争。浙江杭州市有一个锦绣风水洞，曾经火了一把，结果当地冒出了 30 多个类似景点，最后只好相互杀价，先前可以卖 35 元钱一张的门票降到 1 元钱一张。西双版纳本来是靠傣族风情吸引游客的，但是去了之后却发现情况根本不是想像中的那样，倒是世界公园、蜡像馆、水族馆、西游宫、野生动物园之类的人造景观遍地开花。其他一些以少数民族文化见长的人文景观，由于开发不当，文化内涵千篇一律，这都是旅游开发者不懂得市场细分的结果。

做好市场细分，必须从以下几个方面入手：

首先，要在景点开发上注入新的文化内涵和新的科技含量。只有这样，才能形成自己的特色，创出自己的品牌，从而吸引游客。深圳没有古迹，没有文物，过去也没有名人，但是深圳的旅游业发展很快，该市旅游局一位负责人总结了他们的成功经验是细分市场。他们认为："5 000 年的文明去看西安，1 000 年看北京，100 年可以去上海，我们要创造一个说法，那就是 20 年可以看深圳。因此，我们在全国现有的旅游项目之外，推出了很多旅游产品的新构思、新创意，如民俗文化村，明斯克号，都是别人没有搞过的项目。人无我有，人有我优，人优我变，人变我转，最后闯出了一条条新路子。"

其次，要善抓新闻热点，紧扣时代脉搏，推出新的旅游项目和旅游线路。2001 年是建党 80 周年，一些省市推出的"红色之旅"，就很是火了一把，有的把红土地与田园梦结合起来，有的把红色根据地与爱国主义教育结合起来，各具特色。

再次，还要学会借势，不能只局限于单一景点，可以搞合纵连横。江南三大名楼在 2001 年中秋节前夕举办三省联欢晚会，并通过三家省级电视台现场转播实况，造成了一定的轰动效应。这种景点之间相互合作、共同造势的做法，实际上类同于企业界的联合创牌，是一种更加高明的细分市场之法。参照这种思路，今后各地还可以联合推出更多的组合旅游，如园林之旅、中华建筑之旅、中华名校之旅、西部探险之旅等等。

同时，在服务接待方面，要满足不同游客的需要。只有在服务上把市场细分工作做好，才能真正把旅游市场这块蛋糕做大。新西兰是一个小国家，但是旅游业已成为该国的第一创汇来源，每年赚取外汇 25 亿美元。除了得益于多姿多彩的天然旅游资源外，更得益于旅游服务业善于市场细分。该国的昆士敦是一个居民不到 15 000 人的小城，但是旅游设施齐全，从五星级饭店到背囊旅馆，应有尽有，上可接待总统，下可接待学生。除了度假别墅外，还有家庭式寄宿可提供床位。在饮食方面，既有比萨饼与肯德基饭店，更有中式餐馆、印度饭馆和各国的名吃小店，遍地开花，能够满足世界各地旅游爱好者的口味。

（廖仲毛. 中国旅游报.）

4.1 旅游市场营销细分概述

旅游市场营销对于旅游市场的开发，关键在于找到目标市场，而目标市场则须通过对市场细分后予以明确。市场细分是确定市场营销目标的前提和基础，在现代营销中占据重要地位。

4.1.1 旅游市场营销细分的概念

（一）市场细分

市场细分思想由20世纪50年代美国市场营销学家温德尔·史密斯（Wendell R. Smith）提出。市场细分又称为市场分割，是按照购买者的需要和欲望、购买态度、购买行为特征等不同因素，把一个市场划分为若干不同的购买者群体的行为过程。

市场细分在本质上并非是对整体市场的地域范围或数量规模进行划分，而是一种对不同顾客按需求特征的差异性与相似性进行非常接近客观事实的分类。在细分后的整体市场中，不同细分市场之间顾客的需求欲望和对营销因素的反应具有明显差异；而在同一细分市场内部，顾客的需求特征又相对比较一致。因此，市场细分是以市场需求格局的差异性和相似性为客观基础的。假定从一个整体市场顾客对产品各种属性的需求反应中，任意取两种属性的不同偏好分布情况加以图示，即可得出市场需求格局的三种基本偏好模式。

（1）同质偏好型。所有顾客对服务质量和价格水平的偏好都是一致居中的，即在此市场中不存在着市场细分的客观基础。

（2）分散偏好型。每一位顾客对服务质量和价格水平的偏好都各不相同，在理论上可将每一位顾客都作为一个细分市场，但在实践中分别针对每一位顾客制定产品及营销组合往往不现实，所以这类市场一般也不存在市场细分的问题。

（3）集群偏好型。各顾客群体对服务质量和价格水平具有显著差别，而在每一个群体内部其成员对两属性的偏好又是大致相同的，因而此市场可明显地划分为若干细分市场。

（二）旅游市场细分

由于旅游是一种综合性很强的高层次消费活动，因此，旅游市场不言而喻地属于典型的异质市场。随着社会经济文化的发展，旅游活动内容的增加，旅游市场的异质程度还将进一步提高。旅游市场具有非常鲜明且仍在发展的异质性特征，同时，其异质性特征又表现出明显的集群偏好，这正是旅游市场细分非常明确的客观基础。

旅游市场营销细分则指旅游市场营销把需求者按一种或几种因素加以分类，使分类后的亚市场在一个或几个方面具有相似的消费特征，以便旅游市场营销用相应的营销组合尽可能地满足不同消费群的需要。旅游市场营销细分具有以下三层含义：

（1）市场细分的过程并非将旅游市场营销支离破碎，而是一个先分后合的过程。从纷繁复杂的消费者个体中找出相同的特征，加以归类，予以相应的营销措施，从而使旅游市场营销有限的生产能力面对整体市场，得以充分地发挥。

（2）市场细分的标准是不同消费者的消费特征，诸如需求特征，购买动机，购买行为特征等，使市场消费者的消费特征更为鲜明，有利于旅游市场营销制定合理有效的营销策略。

（3）市场细分的最终目的是使旅游市场营销现有的生产能力和产品供应特征能够最大限度地满足消费者的需求，以此实现旅游市场营销的经营目标，维持和扩大旅游市场营销的市场占有能力。

4.1.2　旅游市场营销细分的作用

旅游市场营销细分是分析旅游市场营销需求的一种手段，对于旅游市场营销经营而言，具有以下作用：

1. 有利于旅游市场营销寻找机会市场

由于旅游市场营销产品的差异性及旅游市场营销固有的客观局限性，旅游市场营销在市场上取得的优势都是相对的，而非绝对的。市场客观存在着未被满足或未被全部满足的消费需求，这些需求的存在便成为旅游市场营销的机会市场。通过市场细分，旅游市场营销可了解不同消费者群的需求状况及满足程度，迅速占领未被满足的市场，扩大市场占有率，取得市场营销的优势。

2. 有利于旅游市场营销制定营销策略

旅游市场营销通过市场细分，比较直观、系统、准确地了解目标市场的需求，从众多的细分市场中确定旅游市场营销的服务方向、产品战略，更合理地确定营销组织策略，及时调整旅游市场营销产品、价格、销售渠道及促销手段，并且随着市场的发展动态予以及时地调整。

3. 有利于旅游市场营销制定灵活的竞争策略

通过细分市场，旅游市场营销了解到市场的消费特征之后，可集中力量对一个或几个细分市场进行市场营销，突出旅游市场营销产品和服务特色，制定灵活的竞争策略，提高旅游市场营销的竞争能力。通过市场细分，使旅游市场营销由粗放经营转变为集约经营，集中使用人力、财力、物力、时间、空间和信息等资源，应付市场竞争，提高经济效益。

4.1.3 旅游市场细分的原则

要使旅游市场细分能真正有效地发挥其作用，还必须符合以下原则：

1. 可衡量原则（可区别原则）

可衡量原则总的要求是，各细分市场的需求特征、购买行为等要能被明显地区分开来，各细分市场的规模和购买力大小等要能被具体测度。这一原则主要包括两重含义：一是细分旅游市场所选择的标准要能被定量地测定，以能明确划分各细分市场的界线。如旅游者的胆量、勇气等对旅游项目、交通工具的选择虽有较大影响，但这样的因素却难以衡量；二是所选择的细分标准要与旅游者的某种或某些旅游购买行为有必然的联系，这样才能使各细分市场的购买行为特征被明显地区分开来，为旅游营销者能有效地针对不同细分市场制定营销组合提供实际可能，这也是市场细分的根本意义所在。

2. 可赢利原则

可赢利原则既要求细分出的市场在顾客人数和购买力上足以达到有利可图的程度，也要求细分市场要有可开发的经济价值。理解这一原则有三个要点：

（1）虽然市场细分有使整体大市场小型化的趋向，但又绝不能过分细分到失去一定规模经济效益的程度。

（2）同时也应注意到某些细分市场虽然在整体市场中比重很小，但其绝对规模或购买力足以达到赢利的水平，甚至具有很大的开发价值。如老年人旅游市场和探险旅游市场，前者绝对规模大，后者探险人应支付的费用多，各有其开发价值。

（3）当细分市场的顾客人数规模和购买力一定时，是否有利可图还与开发成本有关。当由于外界条件的变化或者通过主观努力而使开发成本得以降低时，就可能使一些原本无利可图的市场变为有利可图。

3. 可进入原则

可进入原则要求，细分出的市场，要使旅游产品有条件进入，占有一定的市场份额。包括：客观上要有接近的可能（可接近原则）；主观上要有能开发的实力（可行动原则）。可接近原则是指营销者要有与客源市场进行有效信息沟通的可能，同时还要具有通畅可达的销售渠道，这对于具有异地性特征的旅游市场尤为重要。假如你的旅游广告根本无法让细分市场的旅游者看到或理解，或细分市场的旅游者受种种限制根本不可能到达旅游目的地，这样的细分市场即使开发潜力再大对你也没有任何价值。而可行动原则是指旅游营销者要有吸引和服务相关细分市场的实际操作能力，否则再有吸引力的细分市场对你也没有意义。

4. 稳定性原则

严格的旅游市场细分是一项复杂而又细致的工作，因此，要求细分后的市场应具有相对的稳定性。如果变化太快、太大，会使制定的营销组合很快失效，造成营销资源分配重新调整的损失，并使得企业市场营销活动前后脱节，陷入被动的局面。

4.1.4　旅游市场营销细分的步骤

市场细分作为旅游市场营销的一个前提并非有一个定式。通常的做法是：先确定细分的依据，并以此为基础分割市场，然后对分割后的市场进行分析，最后确定目标市场，而市场细分的步骤因市场类型不同而各有差异。美国市场营销学家伊·杰·麦卡锡（E. Jerome McCarthy）提出了市场细分七步法，为旅游市场营销的市场细分提供了一个行动参照。其具体操作如下：

1. 选定旅游市场营销产品的市场范围

进入旅游市场营销业则需要确定旅游市场营销产品市场的范围，即旅游市场营销是以观光型为主，还是以温泉、沙滩疗养或者是休闲度假为主等，旅游市场营销定位是高档旅游市场营销还是中、低档旅游市场营销等。选定旅游市场营销产品的市场范围，部分地依赖于旅游市场营销自身的生产能力和特点，但更主要的还须以市场需求为基础，这不由产品的特性决定。

2. 列举潜在顾客的基本需求

在选定产品市场范围的前提下，旅游市场营销可从人口、地理、行为、心理、经济等各方面，大致估算潜在消费者的需求，以了解市场需求状况。例如，消费者对疗养旅游市场营销的需求大致包括：宁静、清新、有益健康，而对会议旅游市场营销则要通讯方便等。潜在顾客的需求并非现实需求，因而旅游市场营销在进入行业竞争前先要熟悉行业特征。

3. 分析潜在顾客的不同需求

在初步分析的基础上，旅游市场营销将罗列的各种需求作为调研依据，结合不同类型、具有鲜明特征的潜在顾客，了解他们较为迫切的需求，然后加以归纳、集中、选出2～3个作为市场细分的标准。

4. 抽除潜在顾客的共同需求

对于粗略划分的市场，其共同需求固然重要，但只能作为设计市场营销组合的参考，而不能作为市场细分的基础。可以排除这些共同需求，选择具有鲜明特征的需求作为市场细分的标准。

5. 划分相应的市场群

旅游市场营销还要对各个细分市场剩下的要求做进一步分析，结合细分市场的消费者的特点，为各细分市场暂时取名。

6. 进一步分析各细分市场的具体特点

深入地考察细分市场的特点，分析各市场的不同需求及购买行为，了解影响细分市场的新因素，以决定各细分市场有无必要再作细分或重新合并，以不断适应市场变化。

7. 评估各细分市场

基本决定各细分市场的类型后，旅游市场营销应测量每个细分市场潜在顾客的数量，因为它决定旅游市场营销的潜在销售量，影响旅游市场营销的获利机会。因此，旅游市场营销应对各细分市场予以全面、中肯的评估。

4.2 旅游市场细分基础

4.2.1 旅游市场营销细分的标准

由于年龄、性别、收入、职业、受教育程度、生活方式等因素的影响，不同的消费者有不同的需求。这些不同的需求成为旅游市场营销细分的依据。细分市场不存在统一的标准变量，每个旅游市场营销必须选择适合自身资源的可变因素。而在市场细分中，常用的四个依据是地理变量、人口统计变量、心理变量和行为变量。

（一）地理变量

旅游市场营销依据消费者所在的地理位置、地形气候、人口密度等变量细分市场。由于地理因素是消费者的生存环境，它与消费者的需求有较大的相关性。因而消费者的需求因地理位置不同而有较大的差异。按地理变量细分市场，对于分析研究不同地区消费者的需求特点、需求数量及其发展变化趋势具有一定的价值，中国即有“东甜西酸南辣北咸"之说。

1. 地理区域变量

地理区域变量是细分旅游市场最基本的变量，具体又可分为洲别、国别和地区等变量。例如，世界旅游组织（WTO）根据地区间在自然、经济、文化、交通以及旅游者流向流量等方面的联系，将世界旅游市场细分为六大旅游区域，即欧洲市场、美洲市场、东亚及太平洋地区市场、南亚市场、中东市场和非洲市场。

不同地理区域的地理位置、自然环境、经济环境与人文环境的综合差异，深刻影响制约着其消费者旅游需求的综合差异。一般而言，客源地与目的地在自然风光和人文风貌上差异越大，其旅游引力也越大；而两地间生活条件、生活方式以及价值观差异越大，其旅游障碍就越大。以此细分旅游市场，有利于旅游目的地针对不同客源市场设计特色旅游产品，制订分销、促销策略。

按国别细分旅游市场是旅游目的地国家或地区细分国际旅游市场最常用的形式。由于国界因素的强化，一国内部的消费需求往往有更多的相似性，而国与国之间则往往出现较多的差异性。

按地理区域细分旅游市场，可分别根据其自然、经济、人文三大方面因素对旅游需求特征的不同影响来加以考虑。例如，我们可根据各国各地区的人均GNP值细分国际旅游市场；又如，根据宗教信仰对旅游需求的影响，我们可区分中东市场、南亚市场、东南亚市场旅游者的不同宗教信仰，分别开发相应的旅游产品和设计相应的营销方式。

国际上还通行按不同客源国或地区旅游者流向某一目的地所占该目的地总接待人数的比例来细分市场。在一个旅游目的地国家或地区总接待人数中，来访者占最大比例的2～3个客源国或地区（一般可共占40%～60%）可划为一级市场；来访者占相当比例的一些客源国或地区，可划为二级市场；来本目的地的人数很少，而出游人数日见增长的国家或地区，可划为机会市场（也叫边缘市场）。

2. 气候变量

根据潜在客源地区与旅游目的地之间自然环境的差异，尤其是气候环境的差异来细分旅游市场，也是极其有意义的。地形、气候、水体、生物等都是构成自然旅游资源的重要因素，其中起主导作用的是地形和气候两方面的因素。气候对生物和水体的状态影响最大、最直接，且气候类型分布的规律较明显，以地质地貌为基础的旅游资源也往往需要有一定的气候条件相配合才更富有吸引力。因此，以气候为主导因素的自然旅游资源往往是很有利的旅游吸引物，尤其对于度假旅游来说，是最重要的吸引物。如以“3S”（Sand、Sea、Sun）著称的地中海风光每年吸引欧洲80%以上的度假者前往该地，尤以与法国气候差异较大的北欧各国旅游者为盛。

3. 空间位置变量

各地旅游者的旅游需求特征不仅与自身所在。地理环境与目的地地理环境的差异大小有关，还与所在地相对目的地的空间位置有关。两地的空间距离是旅游活动的自然障碍因素，而两地间的交通条件又起着跨越这种障碍的作用。但无论如何，旅游者所在地与目的地之间空间位置的差异，从旅行时间上和费用上都会构成旅游的障碍性因素。依此可将旅游市场细分为远程、中程、近程等旅游细分市场。远程旅游者数量虽然相对较小，但其多属中上层生活条件的游客，在目的地一般停留时间较长，消费水平高，其旅游支出往往高出邻国市场旅游者的几倍以上。随着现代交通工具的发展，远程旅游者有较大的发展趋势。近程旅游市场，尤其是相邻地区的旅游市场，不仅因为距离近、消耗小，而且也因为生活方式容易接近，邻国之间在入境手续上还可能提供方便，对于目的地国家而言，其客源挖掘潜力大，应是开拓国际旅游市场的重点对象。在全球旅游业发展最兴盛的欧洲旅游区，其区内旅游就占绝对优势。近年来，中国也加强了对周边国家旅游市场的开发；同时，也有针对性地发展远程旅游市场，如欧美旅游市场等。

地理细分的具体变数如表4-1所示。

表4-1　市场细分地理变量构成表

细分依据	细　分　变　数
地　　区	国内：华东、华南、西南、中南、西北、华北、东北 国际：欧洲、北美、亚洲、拉美、非洲
人口密度	城市、农村
城市规模	大城市、中小城市、城镇
地　　形	山区、平原、高原、盆地
气　　候	热带、亚热带、温带、寒带

（二）人口统计变量

人口统计细分是将市场按年龄、性别、职业、家庭规模、婚烟状况、收入、教育、信仰、种族、国别等为依据划分不同的群体。由于人口统计变量较其他变量更容易衡量和区分，并且与消费者的欲望、偏好、文化习惯及产品使用率等都有密切联系，因此成为区分消费者群体常用的依据。综合考虑，人口统计细分可形成如下基本标准：

1. 年龄、性别与家庭生命周期

建立在人口最基本自然属性基础上的年龄、性别与家庭生命周期三个变量因素，不仅能从生命活动过程与生理上直接影响旅游需求，而且还能通过影响旅游者的收入和社会角色等因素间接影响旅游需求。

人口年龄变量是细分旅游市场最主要的变量之一。据美国研究，20～64 岁之间的人出游率最高，其中 35～44 岁之间的人最富有旅游的活力。按照人口年龄段，旅游市场可细分为老年人、中年人、青年人和少儿四个细分市场。

以年龄为例，可将市场细分为青少年市场、中年市场和老年市场。其各自的消费特征如表 4-2 所示。

表 4-2　不同年龄消费群的消费特征

细分依据	特　征
青少年市场	年轻、活泼，喜欢刺激、新颖的产品，消费水平较低，发展前景好
中年市场	比较理智，人数多，潜力大，商务旅游居多，消费水平高，逗留时间较短
老年市场	怀旧，喜静，收入稳定，时间充裕，比较关心旅游服务质量

中年人旅游市场是当今人数最多、潜力最大的旅游市场。中年人年富力强，收入往往不菲，较讲究食宿和享乐条件，以观光、会议、商务旅游者居多，携家度假旅游的也不少，较看重与自己年龄、身份相称的游乐项目，是旅游业较理想的目标市场。

老年人旅游市场也是比较引人注目的市场。老年人一般有经济积累，又很少再有子女负担，闲暇时间充裕（尤其退休者），无工作压力或压力小，旅游兴趣较浓，以观光休养、探亲访友者居多。随着世界人口老龄化趋向的发展，如何进一步开发老年人旅游市场已成为世界旅游业广泛关注的课题。

青年人旅游市场虽然总体消费水平不高，但仍是一个人数众多、不容忽视的市场。青年人精力、体力都处于最佳状态，时间和金钱上的障碍几乎都不能遏制其旅游的激情。

少儿旅游市场也有其自身特点，需要旅游营销者加以注意。少儿旅游一般须由学校组织或成人带领，通常选择具有教育性、游乐性的旅游项目，注重安全、卫生、近便等条件。

旅游需求的性别差异也是明显的。一般而言，男性游客独立性较强，更倾向知识性、运动性、刺激性较强的旅游活动，公务、体育旅游者较多，喜欢康乐消费等；而女性游客更注重旅游目的地的选择，较喜欢结伴出游，注重自尊、人身与财产安全因素，喜好购物，对价格较敏感。近年来，随着妇女社会地位的提高，无论从工作需要、心理需求、经济能力等方面都为女性旅游市场注入了极大的活力，使包括公务旅游在内的女性游客人数迅速扩张（1980 年美国公务旅游者中，女性就占到 40%），单身旅游也变得时髦。女性旅游市场的开发已受到旅游企业的关注。

家庭是消费的基本单位。家庭结构、规模和总收入等状况都会直接影响旅游需求。这些状况又随着家庭生命周期阶段的不同而变化。其中，家庭子女情况对旅游消费需求制约较大。

2. 收入、职业、受教育程度与社会阶层

由于家庭可自由支配收入是实现旅游活动最重要的限制性客观条件之一，而且其水平的高低直接影响旅游消费水平和消费构成；因此，以消费者收入水平细分旅游市场，具有较为普遍的意义。据调查，美国最经常旅游的人家庭年收入大于 25 000 美元；而进行远距离旅游的人，家庭年收入至少达到 50 000 美元。

由于旅游是具有审美性质的高层次消费活动，因此消费者的受教育程度与职业特征，直接影响到旅游需求的程度、层次、类型与内容。一般来说，受教育程度越高，旅游需求层次越高、品味越高。职业特征对旅游需求的时机、类型影响较大，教师、学生一般只能利用寒暑假旅游，管理人员、技术人员和商务人员多有公务旅游和商务旅游的需求。

收入、职业与受教育程度往往是相互关联的，尤其是在发达国家。管理人员大多受过高等教育，收入也较高，喜欢旅游，且具有较多公务旅游的机会；其旅游开支较大，要求也较高。综合收入、职业与受教育程度三方面的因素，往往形成社会地位的差异，产生社会阶层的概念。社会阶层的划分，多以收入为基础，职业为代表，受教育程度作参考。每一阶层的成员具有相似的价值观、兴趣爱好和行为方式。社会阶层变量有时可代替人口属性变量作为细分旅游市场的标准。

3. 生活方式与性格气质

实现旅游活动的主观条件，根本上还是在于旅游动机；而个人的心理特征在形成旅游动机上起着首要作用。

（三）心理变量

心理变量细分是指根据消费者的生活方式、性格特征、态度、兴趣、心理变量和动机等心理特征来细分市场。消费者对旅游市场营销产品需求行为的产生总是心理活动的结果，因而能更准确地区分细分的市场特征。即使同一细分市场的消费者群体，由于不是同一心理特征的结果，对同类产品的偏好和态度也会各异。心理变量的具体内容如表 4-3 所示。

表 4-3 市场细分心理变量构成

细分依据	细 分 变 数
生活方式	传统型、新潮型、简朴型、奢侈型、潇洒型、高雅型
性 格	内向型、外向型
社会阶层	上、中、下

（四）行为变量

行为变量细分指旅游市场营销按消费者不同的购买动机、偏好程度、使用频率及消费行为特征细分旅游市场营销。由于消费者的行为导致消费的最终实现与否，因而成为旅游市场营销细分市场至关重要的出发点。

根据旅游者购买过程中比较关键的行为特征，可细分出一些需求各异、具有综合性特征的重要旅游细分市场。

购买形式是指旅游者购买旅游产品过程的组织形式和所通过的渠道形式。以此变量细分旅游市场，最有利于分析出因购买组织形式和购买渠道不同的重要旅游者群体对营销因素的综合反应特征和旅游需求特征。

依据购买组织形式变量将旅游市场细分为团体市场和散客市场，是旅游市场最基本的细分形式之一。团体旅游具有省心、省事、省时、甚至节省费用、众人结伴旅游热情高、旅行安全系数大、语言障碍小等优点，但同时存在着个体适应性和过程灵活性较差的突出缺点。近年来，散客市场在世界范围内得到很大的发展，已成为世界旅游市场的主体。在这一市场中，游客的旅游形式也日益复杂多样，有独自旅游、结伴同游、家庭旅游、小组旅游、驾车旅游、徒步旅游等，不一而足。

旅游活动的时间性、季节性非常突出，根据购买时机变量不仅可将旅游市场划分出旺季、淡季及平季等 2～3 个细分市场，而且还可细分出寒暑假、春节、五一、国庆节、双休日等节假日市场。如中国新近发展的周末度假旅游市场就引人关注。

根据消费者购买旅游产品的数量与频率特征，可将其分为少量购买者和大量购买者，或称较少旅游者、多次旅游者和经常旅游者这样的细分市场。以此为起点，很有利于深入探析描述不同购买数量特征的旅游者群在人口属性与心理方面的不同特征，从而也有利于分析形成旅游者购买数量需求差异的深层原因。经常性旅游者通常在整体市场上所占的比重很小，但往往他们的旅游消费支出在整体市场上却占有很大的比重。

行为细分的具体变量如表 4-4 所示。

表 4-4 市场细分行为变量构成

细分依据	细分变数
购买动机	观光、商务、会议、文化民俗、度假、其他
购买数量	团体、散客
偏好程度	极度偏好、中等程度偏好、摆动偏好、无偏好
购买时间	旅游淡季、旅游旺季
购买次数	一次购买、重复购买
购买行为特征	理智型、冲动型、积极型、猎奇型、享受型

以上四种变量是旅游市场营销细分的主要依据，在实际营销过程中，用于细分市场的变量并非仅限于这些。旅游市场营销应根据自身的优势和外部环境给予的条件，具体细分市场，而不能生搬硬套。

4.2.2 旅游市场营销细分市场的方法

（一）单变量细分法

单变量细分法是选择影响旅游市场营销细分的最显著的变量，作为细分市场的唯一依据，划分市场中不同的消费者群体的方法。这种方法能够将市场迅速细分，而且细分市场的特征较鲜明，但不能对市场进行深刻的调研分析。例如，以性别来划分旅游市场营销的整个市场可分为男、女两个细分市场。

（二）多变量细分法

多变量细分法是指旅游市场营销选择两个或两个以上严重影响市场需求的变量，作为细分市场的依据，划分市场中的消费者群体的方法。这种方法能准确、深入地划分旅游市场营销中每一个不同的消费群体，有助于做出准确、合理的市场营销策略，但由此会增加市场细分的时间、费用等。同时，如果对市场细分的变量数目不能科学合理地掌握，极易造成市场的完全细分，将市场上每一个消费者个体作为一个单独的细分市场，从而失去市场细分的意义。

（三）顾客赢利能力细分法

所谓顾客赢利能力，是指企业顾客在未来很长一段时间内（指其作为企业顾客的时间长度内）为企业贡献利润的一种能力。根据顾客赢利能力的不同进行市场细分，就是把顾客赢利能力作为市场细分的变量，把每一个顾客都当作一个细分市场，分析企业为每个顾客服务的成本和收益，得到每个顾客对企业的财务价值，然后与企业设定的顾客赢利能力水平进行比较，如果顾客的赢利能力达到或超过企业设定的顾客赢利能力水平，那么他就是企业目标市场中的一员，所有满足这个条件的顾客构成企业的目标市场，否则，企业就不向他们提供服务。

顾客赢利能力细分方法的优点是：直接界定细分市场是否能为企业带来赢利，能真正达到市场细分的目标，能完全满足目标营销的需要，是实现“一对一营销”的前提基础，从而保障企业能更有效地针对每个顾客提供产品和服务。

衡量顾客赢利能力的指标是顾客终身价值。所谓顾客终身价值，是指顾客在作为企业顾客的周期内为企业利润的贡献的折现总和。影响顾客终身价值的最重要的两个因素是计算周期和贴现率。一般而言，在贴现率不变的情况下，顾客成为企业顾客的周期越长（即计算周期越长），纳入计算的顾客价值就越多，顾客的终身价值就越大；计算周期一定的情况下，贴现率越高，未来的收益就越少，顾客的终身价值就越小。

顾客终身价值的计算比较复杂，需要获得以下信息：① 顾客作为企业顾客的时间周期；② 企业的贴现率（因为未来的收益要折现）；③ 每个时间周期内顾客购买某产品种类的频数；④ 顾客购买该企业产品的平均贡献；⑤ 顾客购买该企业某产品的概率等其他一些信息。

市场细分充分地显示了旅游市场营销所面临的各种市场机会。而细分的目的并不仅限于此，它最终能使旅游市场营销的产品和营销策略有效地用于最有吸引力的机会市场。因而，旅游市场营销在众多的细分市场中，须选择其目标市场。

4.3　旅游目标市场选择及营销战略

4.3.1　旅游目标市场的选择

（一）旅游目标市场概述

旅游目标市场是指在市场细分的基础上，旅游市场营销活动所要满足的市场需求，这一类似的消费者群体的市场需求成为旅游市场营销的主要经营对象。目标市场最主要的特点是有针对性。这种目标市场只能针对于特定的旅游市场营销企业。由于旅游市场营销中竞争者的存在，相对于这一旅游市场营销是目标市场的消费群体，对于另一旅游市场营销而言可能并非其目标市场。就算是众多旅游市场营销的同一目标市场，由于消费者需求的差异，也能促使各竞争旅游市场营销采取不同的策略。

市场细分与选择目标市场，二者既有联系又有区别。市场细分是按不同的消费影响因素划分消费群体的过程；选择目标市场则是在细分市场的基础上，挑选少量细分的市场作为营销对象的决策过程。市场细分是目标市场的前提和基础，目标市场则成为市场细分的目的和归宿。科学合理的目标市场只有通过深入的市场细分才能产生。

（二）旅游目标市场的选择

1. 选择目标市场的过程

目标市场的选择过程主要分为以下几个环节：

1）评估细分市场

选择目标市场的第一步是分析评估各细分市场。对各细分市场的规模和增长率、结构吸引力、旅游市场营销目标与资源等方面予以准确评估，把握最佳的市场机会，决定细分市场的取舍。

（1）细分市场规模和增长率。市场规模是一个相对的概念，大型旅游市场营销偏好大市场，而中小型旅游市场营销则可避开与大型旅游市场营销的竞争。市场增长率也会影响市场状态，旅游市场营销总希望销售量和利润上升，与此同时，竞争者数目也会上升，从而改变市场竞争格局，使销售量和利润下降。

（2）细分市场结构吸引力。迈克尔·波特教授指出，影响一个市场或一个细分市场长期赢利的因素有五个——行业竞争、潜在进入者、替代者、购买者和供应者。一个细分市场的结构的吸引力可以视为对该市场利润的期望值。期望值高，则吸引力大。而吸引力的大小则是上述五种因素在细分市场上的强度的一个函数。分析每一个细分市场的吸引力，是旅游市场营销选择目标市场的基础和出发点。

（3）旅游市场营销目标与资源。除对细分市场进行深入细致的评估以外，旅游市场营销还须明确自身的经营目标和拥有的资源。即使是吸引力大的细分市场，一旦与旅游市场营销的长期经营目标相偏离，旅游市场营销也只能放弃这一细分市场。对适合企业经营目标的细分市场，旅游市场营销则要考虑自身的生产能力、拥有的各种资源和技术。

综合上述三个方面，旅游市场营销在选择目标市场之前，应对细分市场予以评估。

2）选择目标市场

对各细分市场进行评估后，旅游市场营销应确定其中的一个或几个作为目标市场。旅游市场营销在选择目标市场时应遵循以下几个原则：

（1）目标市场必须与旅游市场营销的经营目标和企业形象相符合。高档次、集团化的旅游市场营销不适宜打入中低档、大众化的客源市场。反之，中低档的旅游市场营销对经济收入较高、社会地位较高的消费者构不成吸引力。因而，旅游市场营销选择目标市场时应考虑到企业形象和经营目标。美国假日集团（Holiday Inn）在旅游市场营销业"巨子"希尔顿（Hilton）和喜来顿（Sheraton）之后推出，之所以能在日益激烈的旅游市场营销中站稳脚跟并一跃成为最大的旅游市场营销集团，就在于其创始人凯·威尔逊（Kemmons Wilson）以大众化的汽车旅馆市场作为目标市场。

（2）目标市场必须与旅游市场营销所拥有的资源相匹配。旅游市场营销拥有的自然条件成为选择目标市场的重要依据。目标市场的选择应该能使旅游市场营销充分地发挥自身的优势，充分利用自身资源，扬长避短，突出自己的特色，方能使市场营销获得成功。19 世纪末，法国著名的旅游市场营销经营者塞扎·里茨（Ceasar Ritz）经营的里茨旅游市场营销一度成为豪华、奢侈的象征（Ritzy的英文词意"豪华的、华贵的"由此而来）。这主要在于里茨选择目标市场时充分利用自身资源，不仅服务是一流的，极有气派，而且里茨的成功大半归功于与奥·埃斯科菲尔（Auguste Escoffier）的配合。被誉为"帝王厨师、厨师之王"的埃斯科菲尔使里茨旅游市场营销的资源优势发挥得淋漓尽致，里茨旅游市场营销最终征服其目标市场——上层消费者。

（3）目标市场必须具备结构性吸引力。若一个细分市场具备众多竞争者，则该细分市场对于旅游市场营销而言吸引力下降。加之旅游市场营销业的市场进入几乎没有壁垒，资本和劳动力自由流动，因而目标市场的吸引力并不高。另一方面，替代品会限制该细分市场的潜在收益。并且，买方市场的吸引力也有限，除非旅游市场营销有独特的竞争优势和足够的力量将顾客争取过来。旅游市场营销选择目标市场不仅注意结构性吸引力，还要预测目标市场是否具有潜在效益。旅游市场营销不仅要注重销售量，更应该重视利润，应选择赢利的细分市场为目标市场。

2. 目标市场范围选择策略

旅游市场营销评估细分市场后，对目标市场的选择是由面至线、由线至点的战略，逐渐缩小目标市场的范围，最后确定旅游市场营销的目标市场。旅游市场营销在进行目标市场范围的选择时可采取以下策略：

(1) 产品—市场集中化。旅游市场营销从市场角度和产品角度出发，将目标市场集中于一个细分市场，针对某一特定的消费者群体，只生产一种产品，以此展开市场营销。此类旅游市场营销规模较小，或自身资源受到限制，例如，通过温泉疗养旅游市场营销等。

(2) 产品专业化。旅游市场营销向不同的消费者群体（细分市场）供应同一种产品。这一策略的前提在于旅游市场营销拥有优势的资源，并充分利用这一资源开发出不同档次的产品，以满足不同的细分市场需求。例如，通过旅游市场营销推出以饮食文化为特色的主题产品。

(3) 市场专业化。旅游市场营销对于同一细分市场供应各种不同的或者系统化的产品，以极大限度地满足该类消费者群体的需求。这种策略要求旅游市场营销有较强的产品开发能力，自身资源较丰富，例如现代化的休闲度假型旅游市场营销。

(4) 选择性专业化。旅游市场营销选择各不相连的细分市场为目标市场，相似地推出不同品种的专项产品以满足不同消费群体的需求。这种策略要求旅游资源非常丰富，综合生产能力非常强，规模较大。购物、住宿、餐饮和娱乐都有较高知名度且有独自特色。

(5) 全面市场。旅游市场营销选择整个市场作为目标市场，全方面地推出旅游产品，以满足整个市场的需求。这一策略有一定难度，要求旅游市场营销有较强的竞争优势和经营实力，在一个市场中居于垄断地位，实行多方位经营，例如现代化的旅游市场营销集团、展开的连锁、联号经营。

4.3.2 旅游目标市场营销战略

旅游市场营销在选择目标市场范围时可采取“由面至线、由线至点" 的战略，而在市场营销中则采取“由点至线，由线到面" 的原则，稳打稳扎，步步为营，进入整个市场。其具体营销战略有以下三种（如图 4-1 所示）：

（一）无差异营销

无差异营销指旅游市场营销不考虑市场内消费者的潜在差异，将整个市场视为一个同质的目标市场，不进行市场细分，只以单一的产品，运用单一的营销组合，力求适合尽可能多的消费者的需求。例如，早期的麦当劳公司，生产的主要食品是适合美国人口味和生活节奏的汉堡包，所有的连锁旅游市场营销都只生产标准质量的汉堡包，单一的餐馆建筑以及特有的黄色双拱门的“M”，甚至广告用语也只用一种——“世界通用语言·麦当劳"，以一种产品和一种营销组合征服了全世界的消费者。

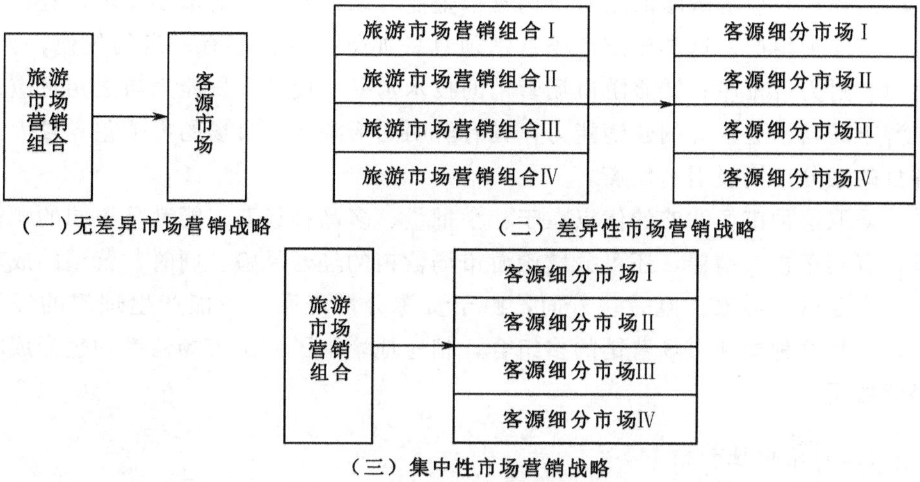

图 4-1　旅游目标市场营销战略

旅游市场营销采用无差异营销一般要具备以下条件：①有大规模的单一产品生产线；②有广泛的销售渠道；③产品在消费者中有广泛的影响，且质量好，企业有独特的不易外泄的生产诀窍；④产品用于满足人们的基本需求，消费者的需求差异较小。

采取这一战略，能使旅游服务标准化和批量生产，有利于降低生产和服务成本，提高服务技巧和劳动效率。同时，单一的市场营销能减少营销费用和成本。另一方面，无差异营销易使旅游市场营销忽略市场需求的差异，对市场需求的变化反应极为迟钝，市场适应能力差。无差异营销的实施导致较大市场的内部竞争加剧，从而增加旅游市场营销的经营风险。

（二）差异性营销

采用这一策略的旅游市场营销同时为几个细分市场提供服务，针对不同细分市场的需求特点设计不同的产品，并实施相应的营销组合策略。如美国马里奥特公司，其董事长威拉德·马里奥特（J. Willard Marriott）最初由啤酒馆转行餐馆，进入旅游市场营销行业，随着经营范围的扩大，1933 年该公司成为首家供应飞机饮食的公司。第二次世界大战之初，马里奥特又转为从事工厂内饮食服务，开办食品商店，并在工厂、企业、办公大楼、学校、公共食堂、高速公路餐馆等地供应食品。除经营食品外，还经营住宿业。马里奥特公司成为从事包括产品、食品和接待业的联合企业。公司的销售可分为五大类：旅游市场营销、餐馆、合同饮食服务、游乐公司及游艇服务。

选择这一市场战略的旅游市场营销企业可以针对不同的市场需求，进行小批量、多品种生产，这类旅游市场营销须具备如下条件：①有一定的规模，人力、物力、财力较雄厚；②旅游市场营销的技术水平、设计开发能力与之相对应；③旅游市场营销有较好的营销能力，具有鲜明的形象；④市场的需求差异较大，而各自的细分市场吸引力均衡。

采取这种市场战略的优点在于：小批量、多品种经营，能满足不同的顾客需求，有利于扩大销售，还可分散旅游市场营销的经营风险。同时，营销的成功有利于企业树立形象。但另一方面，由于资源分散经营，不能产生理想的经济效应，产品的种类和市场营销的多组合，相应地增加了旅游市场营销的生产成本和经营费用。

（三）集中性营销

集中性营销战略指旅游市场营销将自身的资源和营销集中在某一个或少数细分市场上，实行专业化生产和销售，使旅游市场营销在目标市场上有较大的市场占有率，以此弥补在较大市场上的较小市场占有率。现代化的旅游市场营销无不倾注所有的人、财、物来改变旅游市场营销的产品和服务，力求精益求精，以赢得众多的消费者。这一策略适合于中小型旅游市场营销。

采用集中性营销有利于旅游企业在目标市场中取得有力的地位。由于生产服务和销售等方面的专业化，能够规范旅游生产服务，同时可大大降低旅游市场营销的成本。如果旅游企业能选择合理的细分市场，旅游市场营销可创造品牌，增加销售，获取较高的投资回报。与此同时，集中营销无形中增加了旅游市场营销的经营风险。旅游市场营销的所有资源过分地依赖于一个细分市场。因而，市场上的任何变动都会影响到旅游市场营销的经营。

目标市场选择的正确与否，对于旅游市场营销的成功极为关键。旅游市场营销选择目标市场，不仅要考虑上述三种营销战略，同时，还要综合考虑旅游市场营销自身的因素。具体包括：

（1）旅游市场营销资源。若旅游市场营销有充足的资源，在人、财、物等方面基础雄厚，则旅游市场营销可选择差异性市场战略和无差异市场战略，而集中性营销则适合势力较薄弱的旅游市场营销。

（2）产品特色。一般而言，同质产品宜采用无差异营销，而异质产品则适合差异营销或集中营销。

（3）市场特征。若消费者的需求相近，购买动机和行为无明显差异，则采用无差异市场营销。反之，则采取差异化营销或集中营销。

（4）产品生命周期。处于投放期和成长期的产品，旅游市场营销可采用无差异营销，以尽快进入市场。当产品处于成熟期时，则改用差异性营销更有效。

案例 4-2

里斯和乔特对“定位”的认识

1972 年，《广告时代》杂志上刊登了由两位广告经理——艾尔·里斯和杰克·乔特所撰写的“定位时代”系列文章。此后，“定位”这个词就开始流行起来。后来，里斯和乔特合著了一本名为《定位：一场心理的战争》的书。他们把定位看成是对现有产品进行的创造性试验。他们对“定位”一词定义如下：

“定位起始于一种产品、一种商品、一项服务、一家公司、一个机构甚至一个人……。然而，定位行为的对象不是产品本身，而是今后有可能成为该产品消费者的心理。换言之，定位行为就是公司给产品在可能的顾客心目中确定一个恰当的位置。”

里斯和乔特还提到，定位可能致使产品名称、价格和包装的改变，但这些“表面变化的目的是为了保证产品在可能成为产品的顾客心目中留下深刻印象，使顾客认为该产品值得购买”。因此，他们对产品的心理定位和再定位对比潜在产品的定位更有兴趣。对于潜在产品的定位，营销人员必须从头开始，开发四个 P，使产品特色确实符合所选择的目标市场。产品定位人员必须把产品定位和顾客心理定位视为同等重要。

里斯和乔特针对心理定位提供了一些有益的忠告。他们最初观察到这样的现象：许多由相同种类产品组成的市场，难以在顾客心目中留下深刻印象。由于我们处在一个“信息发达的社会”，营销人员的任务就是创造有特色的产品。指导他们的关键思想是：消费者在心理上会按照一个或多个方面要求对产品进行排队。例如，当顾客在考虑哪家出租汽车公司所拥有的车辆最多或哪家公司服务最佳时，在他们心目中的排列顺序将依次是：赫茨汽车公司、阿维斯汽车公司、国民汽车公司。营销人员的工作任务，就是在顾客运用自己的尺度衡量各种产品时，把该公司的产品列为首位。原因就是第一位产品在顾客心目中留下的印象最深刻。例如，每个人都知道林德伯格是飞越大西洋的第一个人，但很少有人知道谁是第二个。消费者亦如此，他们在购买商品时偏好第一流产品。

在市场上已存在一种强有力的竞争者的头号产品时，可采取以下两种方法之一来应付。一种方法对于在竞争中处于劣势的公司十分奏效，如阿维斯汽车公司面对强劲的竞争对手，声称自己的品牌与位居首位的品牌具有同样或更高的质量，“虽然我们现在处于第二，但我们一定要迎头赶上”。另一种方法适用于那些在某方面具有品牌优势的公司，它们可以发挥品牌优势使之在市场上遥遥领先。因此，营销人员必须从消费者的头脑中挖掘出一个未被占领的空白领域或缝隙。例如，七喜汽水公司宣称自己的产品并非可乐饮品，所以当消费者需要一种非可乐饮料时，会自然而然地首先想到七喜汽水。

4.4 旅游市场定位

4.4.1 市场定位概念的发展

早在20世纪40年代，定位（Positioning）一词就出现在市场营销的著作中。随着市场营销研究的发展，市场定位逐渐包括使产品在消费者心目中更加具有吸引力，并创造一个更加有利的销售地位的含义。

20世纪60年代，公司形象（Corporate Image）受到了理论界和实业界的重视，并得到了充分的研究，进入了所谓的形象时代，市场定位得到了进一步发展。人们大量地利用广告手段宣传品牌的形象，强化品牌形象的价值。强调产品的特性及与众不同的促销运动取得了广泛的成功。然而，单纯基于产品形象的宣传易于模仿，企业及产品的形象由于被竞争对手模仿而很难实现差异化的目标。

20世纪70年代后，人们更加重视消费者的心理因素及定位，更加重视对产品在消费者心目中形象的创造。在这一领域，目标市场对产品的认知得到了更广泛的关注。此时，定位的主要目的是通过市场沟通和传播手段在消费者心目中创造一个期望形象和位置。

4.4.2 市场定位的含义

上述市场定位实际上可称为传播定位，强调通过市场沟通和传播是市场定位的一个重要环节，但仅仅是一个环节而已。市场定位应是通过识别顾客需要，开发并向顾客传播与竞争者不同的优势产品，使顾客对该产品有比竞争产品更好的认知的过程。由此可见，市场定位不仅仅是一个市场沟通的过程，而是贯穿于市场营销整体的战略，是与目标市场需要、产品开发、促销、定价、销售渠道、顾客服务紧密相关的内容。同时，市场定位也是一个产品区分化的过程。

准确的市场定位首先来自于对目标市场需要的准确认识，并针对市场需要及竞争对手的产品，开发出更加符合顾客需要的产品，然后通过市场沟通及传播手段在顾客心目中创造优势产品的概念，最终促使顾客做出购买行为。

4.4.3 市场定位的过程

营销人员策划市场定位一般要经过五个过程：确定市场定位的层次，明确产品的特征，确定定位位置，评估定位选择以及实施市场定位。

（一）确定定位的层次

对于旅游企业及旅游目的地而言，我们一般应考虑三个层次的定位：组织定位，产品线定位以及单一产品定位。组织定位是指一个企业整体或目的地整体的市场定位。如某一旅游城市可将本城市定位为海滨度假和历史文化并重的目的地；而城市中的某一家饭店则可定位为最富创造力的奖励旅游①及会议饭店。产品线定位是对一组或一系列产品和服务的定位。例如，上述城市中的一家旅游经营商，可将自己的城市一日游系列定位为最适宜家庭旅游的项目。单一产品定位是对某一项产品或服务的市场定位。

一般情况下，营销人员不会随时在这三个层次上同时进行市场定位。组织定位往往与企业的长远发展战略紧密相关，短时间内很难发生改变。更多的情况是企业会针对不同目标市场的组合开发不同的产品，并为其定位。

（二）确定产品和服务的特征

当市场定位的层次确定之后，就应根据目标市场的需要选定能够使本企业产品和服务区别于竞争对手的产品特征。而消费者正是在不同竞争产品和服务的差异性评估的基础上进行购买决策。有些营销者认为，为每种品牌的产品选择一种特征或属性比较适当，然后全力专注于这一主题。

需要指出的是，消费者根据对竞争产品差异性的了解进行购买决策，这种差异性并不一定表现在影响购买决策的最重要的因素上。例如，对航空公司的乘客而言，安全是影响其购买决策的最重要因素。随着全球主要航空公司安全标准逐渐统一，面对诸多竞争的航空公司，乘客开始将航班时间、舒适性、机上餐饮等因素作为乘机选择的主要标准。

（三）确定定位位置

当选定了作为产品和服务差异化的产品特征后，就应确定目前该产品在市场定位图上的相对位置。通常，市场定位图是由两个坐标轴分别代表两种产品特征，各竞争产品以这两种特征为标准而确定在定位图上的位置。

营销人员可以根据定位图判断并分析自己的产品与竞争对手产品的相对位置，从而更好地了解竞争产品之间的相似性和差异性。

（四）定位选择

最终的市场定位主要应从以下三个类型中选择：

1. 强化与竞争对手的现有位置

此种定位方式主要可以避免面对面的定位冲突。规模较大的企业可以以最大

① （奖励旅游在文章中多次出现，意指当前许多企业促销手段中的一种。如“喝××，有机会游海南等等”，这种旅游称之为“奖励旅游”）。

的并且提供产品和服务类型最多的经营商为市场定位，例如迪斯尼就可以以“全世界最大的主题娱乐场”来定位；而小的企业可以强调自己虽不是最大的但是最重视顾客服务的经营商。

2. 针对市场需要重新定位

市场定位最根本的是不能脱离目标市场的需要，而市场对同一种产品或服务会有不同方面的需要。同样以商务旅游者为目标市场的饭店，有的可以强调能够提供个性化的服务，有的可以强调能够满足现代商务旅游者对通讯及信息方面的高要求。

3. 回避定位

回避定位是指企业回避与目标市场上的竞争者直接对抗，将其位置确定于市场“空白点”，开发并销售目前市场上还没有的某种特色产品，开拓新的市场领域。

除此之外，市场定位的方法还有：根据属性和利益定位、根据价格和质量定位、根据用途定位、根据使用者定位、根据产品档次定位、根据竞争局势定位，以及各种方法组合定位等。

在进行定位选择决策时，应充分考虑的因素有：①哪一种市场定位最能够把本企业同竞争对手区别开来；②我们的竞争对手已经确立了什么样的市场定位；③什么样的定位最能使目标市场感觉到产品和服务最有价值；④什么样的定位最经常被竞争对手所考虑；⑤什么样的定位较少被竞争对所考虑。

以上市场定位主要是根据消费者对企业的认知而进行的。除此之外，营销人员还应该了解竞争对手、消费者以及本企业三者之间复杂的认知关系对市场定位选择的影响。

应该指出的是，企业对自身的认知往往同竞争对手及顾客对该企业的认知有很大差距，营销人员在确定产品和服务定位时必须要先了解竞争对手及目标顾客对该企业的认知。

（五）市场定位的实施

市场定位的最终确立是通过企业与目标市场的互动过程完成的。这些互动过程包括企业各个部门、员工以及市场营销活动对目标市场的各种接触和作用。而企业的运营制度、内部的人力资源、财务政策等则直接影响着各部门、员工及市场营销活动对目标市场的接触和作用。因此，不仅企业的市场营销活动和对顾客的服务过程，而且企业的内部制度及政策的制定也应反映并适应市场定位策略。因此，在市场定位战略的实施过程中，各种营销环节必须保持一致性，以便最终向目标市场传达鲜明的定位形象。

案例 4-3

河北省遵化市旅游目的地的主题定位①

遵化市位于河北省东北部燕山南麓，北倚长城，西眺北京，南临津唐，东通辽沈，总面积 1 521 平方公里，68 万人口。遵化发展旅游业具有得天独厚的区位优势。遵化地处京津腹地和京津秦唐三角地带，距离京津唐等重要旅游客源城市仅 2～3 小时，又是环渤海旅游圈的一部分。遵化优越的地理位置也带来较大的物流、信息流和人流，可以随时把握京津旅游客源市场的动态。

遵化的旅游资源比较丰富，遵化境内有规模庞大的清皇家陵墓群——清东陵及清东陵一带的清代民风遗韵，又有深厚历史文化底蕴的汤泉。自然景观有上关湖、鹫峰山及古长城遗址、革命教育基地——“穷棒子村”西铺村和当代愚公沙石峪等处。遵化的旅游资源不仅丰富，品位高，类型也较全面，尤其是 2000 年 11 月清东陵被联合国科教文组织批准为世界历史文化遗产，极大地推动了遵化旅游业的发展。根据对遵化旅游业现状、发展机遇、内部条件和优劣势的全面把握，2000 年遵化市政府已决定将旅游业作为当地经济的支柱产业，遵化旅游业正面临新一轮的发展热潮。

在遵化旅游业的总体形象定位上，遵化旅游业应主打文化旅游牌，目前主要应发展文化观光旅游（主要是清东陵、古长城、鹫峰山），突出遵化文化旅游特色。未来遵化的旅游格局将形成“观在东陵，登在鹫峰，戏在上关，沐在汤泉”的旅游格局，并逐步开拓北部的长城黄金旅游线和南部的返朴探幽旅游线等。

就遵化而言，知道清东陵的人很多，但要对其重新包装和策划，需要寻找一些卖点（如清宫八大疑案、传奇人物香妃等）和宣传主线。清东陵应围绕清史来做文章，或者以爱国主义为题材。根据其资源特色，遵化旅游在京津地区可有以下的宣传主题或口号，并可以逐步推出：

1. 昨游故宫，今游东陵。
2. 世界文化遗产之旅——游长城，观东陵。
3. 穿越时空隧道，拨开历史重重迷雾，探寻清宫八大疑案之迷。
4. 清东陵——中国的风水宝地、藏龙聚气之所。
5. 清东陵——辉煌与沉寂，凝重与流畅，大清 300 年历史的畅想，重温历史的沧桑与沉浮，探寻末代王朝百年兴衰史。
6. 过一天皇家生活，享受皇家待遇（汤泉—清东陵—长城）。
7. 神奇、静谧、悠远、荡气回肠的末代皇朝皇家陵寝，东方瑰宝——清东陵。
8. 康熙、乾隆、慈禧、香妃……，与您仅有一步之遥——遵化之旅。

---

① 黎洁. 遵化旅游资源的深度开发与营销策划方案. 旅游学刊，2001 (1)

遵化的旅游客源市场定位上，当前遵化及清东陵应重点吸引以下国内客源市场：京津唐市民周末度假旅游市场、外省来京津唐地区旅游的游客以及京津唐地区的大中小学生（主要是参观清东陵和沙石峪、西铺村，进行历史教育、爱国主义和革命传统教育）。

清东陵是遵化最重要的旅游资源，2001年清东陵接待游客70多万人次。发展遵化旅游业，清东陵是龙头，只有把清东陵的文章做好、做足，才能带动遵化整个旅游业的发展。当前应把清东陵的开发工作摆在旅游工作的首位。

在清东陵的整体定位上，从东陵的内涵和旅游资源特点来看，清东陵应发展成为寓教于乐的、学习型的旅游产品，这里应该是学习清史，了解各皇帝的文治武功、文韬武略、传奇经历、宫闱密闻、宫廷政治斗争、感情生活的一个很好的场所，应将清东陵建设成一个清史学习和教育研究基地。当然，这里并不是枯燥无味的，而是寓教于乐、形式生动活泼、多样的旅游地。

旅游市场营销一旦选定了目标市场后，则开始着手进入目标市场，渗透目标市场到最后占领目标市场。这一系列的工程最初的开展基础则是旅游市场营销如何准确迅速地进行市场定位。

4.4.4 旅游市场营销定位

（一）目标市场选择与旅游市场定位

长期以来，在中国很多旅游企业的经营管理人员中，不少人对市场营销中的定位概念存有误解，从而使真正意义上的定位概念和相应的营销举措没有得到切实的理解和有效地执行。例如，一种广为流传的说法就是，所谓定位就是市场定位，就是把企业的目标市场定为哪些人群。显然，这种理解和认识将市场营销中的定位与目标市场的选定混为一谈。

选定目标市场是旅游企业市场营销中一项重要的战略性工作。其任务是在营销调研和市场细分的基础上，通过对各细分市场的规模、销售潜力和需求特点以及对本企业的生产和经营能力进行评价，确定本企业的业务组合（Business Mix）或顾客组合（Customer Mix）。同选择目标市场一样，定位也是旅游企业一项重要的营销战略。其任务是为本企业或本企业产品在目标顾客心目中树立和造就某一与众不同或突出的地位；作为市场营销中的一项战略性工作，定位指的是旨在完成上述任务的活动过程。作为这一工作的结果，定位指的是本企业旨在使自己或自己的产品在目标顾客心目中所要占据的地位，也就是说，在目标顾客心目中所要树立起来的形象。实际上，在旅游企业营销工作中，确定定位的考虑发生于目标市场选定之后，两者之间虽然密切相关，但却不是一回事。在国际学术界的有关研究中，人们往往更直接地将定位述之为产品定位（Product Positioning），而不曾有市场定位这一说法。

（二）旅游企业定位

1. 旅游企业定位

定位在很大程度上都是一个企业营销战略的基石。以饭店企业为例，在当今饭店业的竞争中，很多饭店，特别是同档次的饭店，都在以相差无几甚至完全相同的价格面向相同类型的顾容提供十分相似的产品和服务。由于饭店服务产品的无形性使得消费者无法在做出购买决策前先检验其性能或质量，因此，饭店经营者有必要设法使自己的产品在消费者心目中有别于竞争者的产品，创造和利用自己产品和服务的某些特点或突出之处，通过营销组合手段的运用，使之在目标顾客心目中成为代表性的印象或形象，并最终成为消费者进行选择和做出购买决策的依据。在此需要说明的是，这些特点或突出之处乃是顾客心目中的知觉（Perception），而不能只是企业的自我标榜。

只有当这些特点或突出之处能够迎合目标顾客的追求，并为目标顾客所看重的情况下，才能够在顾客心目中成为本企业产品的特定形象。至此，我们似乎可以得出这样一个认识，所谓定位就是企业及其产品在消费者心目中的形象定位。

成功的定位可以为企业的经营带来多方面的好处，主要表现在：其一，它可以造就消费者对本企业产品的持久形象；其二，它可以在市场上为本企业创造出某种竞争优势；其三，它可以使本企业利用自己在某些方面的优势或长处，去吸引对其感兴趣的市场。

很多营销案例说明，在影响购买决策方面，消费者的知觉具有十分强大的威力。有些市场营销专家甚至认为，说到底，市场营销并非是产品之战，而是知觉之战。对于旅游营销来说，似乎更是如此。但是在很多情况下，人们的知觉并非基于真实，而是人们对真实的知觉。不论消费者的知觉是否准确，他们的购买决策所依据的都是自己的知觉。正是因为如此，旅游企业的营销人员更有必要围绕消费者的知觉，去建设本企业的竞争战略。

产品定位的基本原理在于，一项产品可以从多个方面提供和展现其对消费者的价值。但无论是哪一企业的产品或服务项目，都不大可能在各个方面都尽善尽美，甚至在消费者所看重的所有各个价值方面都优于竞争产品。之所以如此，是因为对于几乎所有的企业来说，无论是出于经济效益上的考虑，还是受生产能力限制，都使其难以提供在各个方面都具领先价值的产品。因此，一个企业只能利用自己在某些方面的优势，为其产品或服务创造某种突出的形象，使其形成消费者对本企业或本企业产品的知觉。以快餐业为例，世界上著名的麦当劳公司将其连锁店定位为“家庭乐趣”餐馆，而温迪快餐公司的定位则强调自己高质量的美味食品。

案例 4-4

温迪汉堡：牛肉在哪里？

创立于1969年的温迪汉堡通过成人消费的定位对麦当劳进行侧翼进攻，渐渐成长为麦当劳的竞争对手。其代表性广告“牛肉在哪里?”被公认为是西方幽默广告的经典之作。

温迪汉堡的广告是面对准成年人的，以幽默风格为主，强调成年人可以在舒适的环境中享用自己的食品。在这里，“可以没有腌制食品，可以没有调味品，而且可以没有儿童”；在这里，温迪汉堡“热得流汁”，需要“很多餐巾”。“你不会让你的孩子吃这种面包，否则的话，回家后你将不得不为他们换洗衣服”，温迪好心地忠告你。

而温迪汉堡最出色的广告还是那则比较广告：“牛肉在哪里?”1983年，温迪利用美国农业部的一项调查结果，以他们汉堡的牛肉馅比麦当劳的多出零点几盎司为内容，辛辣讽刺“麦当劳叔叔”短斤少两。广告中，著名影星克拉拉扮演的那位认真好斗、喜爱挑剔的老太太撕开面前硕大的汉堡包，发现里面的牛肉馅竟只有指甲片大小，不由得恼羞成怒，对着镜头大嚷：“牛肉在哪里?!”这支广告片引起了消费者强烈的反应，不仅大幅度提高了温迪汉堡的知名度与美誉度，还为他们捧回了Clio广告大奖。

第二年，温迪与克拉拉再度合作，巧妙引用了上次的主题进行再创作。这一次，丢失了入境卡的老太太无法证明自己的身份，在验关人员百般盘问之下，急得只好以那句人们耳熟能详的广告语大叫：“牛肉在哪里?”来证明她是美国人——而且还是大明星。这一声果然管用，验关人员忍俊不禁，破例允许“她”入关。这支广告再获大奖。人们在捧腹之余，不由得又回想起麦当劳叔叔的短斤少两和温迪汉堡那零点几盎司的温情，这的确又是一个绝妙的广告创意。

从通常意义上讲，定位是旅游企业市场营销中一项重要的战略性任务，换言之，是旅游企业营销战略的组成部分。但是在某些情况下也可以用作战术手段。如果你不能够重新设计你的产品（例如，对于一个饭店来说，不能改变自己的坐落地点或建筑式样等等），从而不能实现有利的定位，那么你不妨可以设法去改变消费者的知觉，扭转其原有看法而代之以新的形象。例如，英国某城市的旧城区有一家古老的饭店，不少顾客认为该饭店式样陈旧，环境嘈杂。这一形象曾一度使该饭店在市场竞争中处于非常不利的地位。面对这一问题，该饭店的经营管理人员在深入调研的基础上，决定通过对其产品进行重新定位和树立新的形象来改变现状。他们决定以该饭店的悠久历史和古朴韵味、坐落地点的交通便利和淳厚的生活气氛等与众不同之处，去改变消费者对该饭店的知觉。在这一过程中，该饭店当然也针对先前不利形象的成因，对自己的设施设备做了必要的整修和更新，包括对饭店建筑的修饰、采用隔音效果较好的双层玻璃以及更新家具陈设等等。后来的结果表明，这些努力有效地扭转了消费者对该饭店的原有看法和知觉。

2. 旅游企业定位的方法

关于旅游企业应如何进行定位工作，美国的一些旅游营销学者曾提出过一种称之为5Ds的模型（Five "Ds" of Positioning，i. e. Demand，Decide，Differentiate，Design，Deliver），即：

- 识别需要：分析和识别目标顾客最看重的利益或要素。
- 决定形象：决定要向选定目标市场推出的形象。
- 辨别优势：识别竞争者的情况并确定本企业的产品和服务如何有别于竞争者。
- 传递设计：将这些有别于竞争者的长处纳入产品或服务之中，运用营销组合手段将这些不同之处传递给目标市场。
- 落实承诺：将所承诺的利益提供给消费者。

实际上，一个企业的定位战略可有多种不同的考虑途径。很多企业的营销实践表明，企业定位战略的制定大致可有以下六种可供选择的方法：

（1）根据产品特色进行定位。这是最为常见的一种定位方法，即根据自己产品的某种或某些优点，或者说是根据目标顾客所看重的某种或某些利益去进行定位。例如，对于饭店企业来说，这些优点或利益的基础可以是本饭店的建筑风格、坐落地点、服务项目、服务质量、房间和装潢的设计与质量，或者这些方面产品特色的任何组合。

（2）根据价格—质量之间的联系进行定位。国际上有些饭店则是根据这种方法来考虑自己的定位。采用这种方法进行定位的饭店将其产品的价格作为反映其质量的标识。众所周知，战略价格的重要作用之一便是象征产品的质量。产品越具特色，即产品的性能越好或者提供的服务越周到，其价格也就越高。对于一个提供全方位侍应服务的高档饭店来说，为自己的产品制定高价，本身就会对顾客起到一种知觉暗示的作用，即他们可在这里得到周到的高等级服务。

（3）根据产品的用途进行定为。这一方法尤其是指根据产品的某种特别用途去进行定位。例如，如果一个饭店拥有足够的会展场地和健全的会议设施，则可以围绕适合接待某些类型的会展或演出活动这一长处去树立形象。这样，当会议和会展组织者或者某些演出活动的主办者寻找场所时，这种定位的饭店就有可能因此而受益。

（4）根据产品使用者进行定位。例如，如果一个饭店通过营销努力，特别是通过公关活动，与某一社会阶层或社会名流建立起较为经常的主顾关系，则会变得为某些类型的顾客所关注。在莎士比亚故乡的莎士比亚剧场附近有一家餐馆。

该餐馆的规模很小，在服务方面也谈不上有什么值得令人称道之处。但由于同莎士比亚戏剧演员关系较好，这些演员经常光顾该餐馆，以致很多对莎剧特别是对其演员感兴趣的人也纷纷前来光顾，从而使该餐馆在当地很有一些名气。同样，有些饭店因被某些著名的运动队视为“福地”而经常光顾，因而在定位上也受益非浅。

（5）根据产品的类别进行定位。这一方法是指企业可通过变换自己产品类别的归属去进行定位。工业企业中有许多运用这种方法进行定位的成功案例。例如，西方国家中的一些酿造厂商所生产的本来是酒精含量较低的啤酒类产品，但是它们不是将其产品定位于啤酒，而是定位于软饮料产品。通过这样定位，可以使其产品吸引完全不同于啤酒饮用者的消费者市场，从而使其产品的市场规模有效地得以扩大。同理，有些度假地饭店可不必将自己定位为饭店，而是定位于例如温泉疗养中心之类的场所。通过诸如此类的做法，企业可扩大或控制自己的目标市场范围。

（6）借助竞争者进行定位。这种方法所指的是一个企业可通过将自己同市场声望较高的某一同行企业进行比较，借助竞争者的知名度来实现自己的形象定位。其通常做法是通过推出比较性广告，说明本企业产品与竞争者产品在某一或某些性能特点方面的相同之处，从而达到引起消费者注意并在其心目中形成印象的目的。例如，在20世纪90年代初，奥迪公司多次通过做广告，将自己生产的汽车同奔驰公司和宝马公司同类型号的汽车进行比较。广告中声称，德国的汽车专家们认为，奥迪车优于奔驰车和宝马车。奥迪公司这样做的目的，显然是要通过这种比较性广告去影响消费者对自己产品的知觉。

由于定位最终决定着消费者对某一企业或其产品的知觉，因此，产品定位在很大程度上便成为运用各种营销手段的指导基础。当然，在实现定位过程中，企业也需要通过运用产品、价格、促销和分销等营销手段，在目标市场心目中树立和造就本企业品牌的地位。麦当劳公司就是通过其一系列的营销组合手段强化其定位战略的，例如，麦当劳公司通过在其营业场址设立儿童游戏区、设置“麦当劳叔叔”塑像、设计儿童感兴趣的“开心乐园餐"、赠送迪斯尼动画片中熟悉角色的玩具以及接连不断的促销宣传，有力地强化了该公司所要树立的自身形象。

在此，有必要强调的是，为了保证定位战略的实施成功，很重要的一点便是所用营销组合中各项手段之间需要相互支持和配合。例如，如果你是一家决定以大公司商务人员为目标市场的高档饭店，提供豪华级饭店服务产品，你的宣传品就不能使用劣质的纸张、俗艳的颜色和难以阅读的密集排版，也不宜采用直接削价法去开展促销活动，不宜将经营廉价产品的中间商纳入你的分销渠道，否则便会混淆消费者对产品的知觉。总之，各项营销手段的应用都必须协调一致以创造本企业品牌的同一形象。

最后，旅游企业在其定位工作中还有两点必须引起注意的地方：第一，虽然定位工作涉及促成或改变消费者的知觉，但它并非仅仅是知觉问题；第二，企业所实际提供的产品或服务必须与经定位宣传而使顾客已经建立起来的期望值相适应。

3. 旅游企业定位的原则

旅游市场定位最主要的依据是产品的差异性。旅游市场营销要使自己的产品获得稳定的销路，则必须与众不同，创出自己的特色。因而，旅游市场营销定位最基本的原则在于运用竞争策略。具体包括：

（1）产品差异化：主要包括产品的质量、特色及产品形式等方面。

（2）服务差异化：当旅游产品难于区别竞争产品时，市场竞争致胜的关键往往取决于服务。旅游服务差异化主要体现在服务的种类、规格、质量等方面。

（3）人员差异化：旅游企业最根本的资源是人，任何差异化的竞争策略最终归结为人员差异。人员差异主要体现在能力、品德、知识、仪表等方面。

以上各种差异策略最后构成旅游市场营销的市场形象差异，使旅游市场营销以鲜明的个性、生动的形象奠定了旅游市场营销定位的基础。

此外，旅游市场营销的定位还须考虑如下原则：

- 垄断性。旅游市场营销的形象定位策略等应难以被竞争者模仿。
- 传播性。旅游市场营销的形象易于为大众媒介所传播，以尽可能减少旅游市场营销形象的传播成本。
- 赢利性。旅游市场营销的形象有利于产品的销售，使企业可从中获得一定的赢利。

4. 旅游市场定位战略

旅游市场营销产品和服务的不同组合是旅游市场营销定位的主体内容，因而，如何组合旅游市场营销的产品和服务成为旅游市场营销定位的战略，大体上，旅游市场营销的市场定位战略主要包括以下四种：

（1）市场领先战略。旅游市场营销要在目标市场中始终保持第一位的优势，无论在产品质量、规格及服务上要先声夺人，始终以领袖地位引导着这一市场消费需求的发展方向。旅游市场营销应从以下几方面做出努力：①扩大总需求，寻找新消费者；②保护现有市场份额，可通过扩大或缩小经营范围来实现这一目标；③继续提高市场占有率，提高营销数量。

（2）市场挑战战略。旅游市场营销致力于改善自己的市场地位，争夺领先者市场，则可采用如下策略：①正面进攻——集中力量向竞争对手的主要强项挑战；②侧面进攻——集中优势力量攻击竞争对手弱点；③围堵进攻——当进攻者比对手具有资源优势时，可深入到竞争对手领域，向市场提供更多的产品和服务；④迂回进攻——发展有差异的产品和服务。

(3) 市场追随战略。旅游市场营销为避免在市场竞争中损失增大而自觉维护与领先者共存的局面。追随并不意味着单纯模仿。追随者设法给自己的目标市场提供特殊利益，培养自己的优势，降低成本，保持较高的产品和服务质量。

(4) 市场补缺战略。精心服务于市场某些细小部门的专业性旅游市场，根据市场和消费需求而变化，寻找市场“空白”或薄弱环节，通过专业性经营占据有利的市场位置。

➢ 关键术语

市场细分（Marketing Partitioning）　地理区域变量（Geographic Variable）
人口统计变量（Vital Statistics Variable）心理变量（Psychology Variable）
行为变量（Behavior Variable）
单变量细分法（Unit-variable Partitioning）
多变量细分法（Multi-variable Partitioning）
差异市场营销（Differentia Marketing）
集中市场营销（Centralize Marketing）　产品定位（Product Positioning）

案例回顾与讨论

1. 案例中对旅游市场细分的几点分析，您的看法是什么？
2. 从案例出发，分析旅游业的市场细分较之于其他行业有怎样的特点？

复习与思考

1. 解释下列概念：
   市场细分　单变量细分法　多变量细分法　顾客赢利能力细分法　目标市场　旅游目标市场营销战略　市场定位　旅游市场定位战略
2. 为什么要进行旅游市场细分？你认为一个旅游企业不进行市场细分能否获得成功？
3. 怎样进行旅游市场细分？
4. 试描述旅游目标市场的选择的过程。并评价各环节的作用。
5. 如果你为一家旅游企业选择目标市场，你有什么样的选择策略？
6. 旅游目标市场的选择是不是一个旅游企业的市场定位？为什么？
7. 旅游企业的市场定位有哪些常用的方法？你认为这些方法都很实用吗？为什么？
8. 你认为如何才能做好一个旅游企业的市场定位？

第2篇

旅游市场营销战略

第5章

旅游市场营销战略

学习目的：掌握旅游市场营销战略的概念；掌握旅游市场营销战略的制定过程；掌握旅游市场定位的内涵、基本过程与方法；掌握旅游产品——市场战略的分类与内涵；熟悉旅游市场竞争战略的类型；掌握旅游市场营销组合的内容、意义；熟悉市场营销组合的发展。

市场营销战略起源于早期的西方管理理论。20世纪60年代以后，市场竞争日趋激烈，商业环境发生了巨大的变化，而社会、技术、经济和政治等环境因素变得越来越复杂和难以预测，这使得人们更加意识到营销战略对企业重要意义。

前面我们对旅游市场营销环境进行了分析、调研，并进行了旅游市场的细分，之后我们要具体讲述实现旅游企业的营销过程，这实际上就是在各种环境因素的影响下，旅游企业为达到企业营销目标所做的一系列努力。本章就从旅游市场营销战略的制定、类型及组合等方面来说明如何进行旅游市场营销战略指导。

案例 5-1

营销南宁——“中国绿城”之战略

南宁在实施创建“中国绿城”战略中，将城市的规划建设与旅游发展相结合，把整个城市建设作为一个大景区来绿化、美化，以注重打造生态型的旅游景点和城市基础设施，主要体现在建设城市的旅游观光功能，构筑城市的旅游风貌。现已逐步建成一批以南亚热带植物景观为特色的旅游精品景点及城市精品景观。如青秀山风景旅游区是国家AAAA级旅游区，建有世界上最大的苏铁园以及热带雨林大观、棕榈园等景点；金花茶公园拥有享誉世界的茶族皇后金花茶和各类茶科植物，并建立了世界上最大的金花茶基因库。2002年11月，邕城又一新的标志性园林景观——南湖南广场建成，绿地率达到90%以上，被誉为“都市森林”。这些精品城市景观不仅使“绿”真正融入了南宁市民的生活，营造了高档的人居环境，而且还成为南宁吸引海内外游客新的强势旅游产品。在整合旅游线路方面精品旅游线路，南宁发挥其枢纽地位，借助周边的旅游资源，构建大南宁旅游圈，推出了一批生态型的，展现绿城风貌、民族风情和异国风光为特色，受到海内外游客的青睐。

南宁旅游紧紧围绕“中国绿城”这一主题，制定旅游项目构思及建设内容，逐步构建“中国绿城”的旅游支撑体系，培育南宁旅游多层次的产品体系。包括：计划建成中国唯一植物品种超过5 000种的植物园、中国最大的青少年冬令营青秀山风景旅游区；集高科技农业开发、农业观光、休闲度假于一体的广西农业示范园、凤凰绿都、九曲湾农业观光度假村等项目以及邕江观光风景线。

一、推广计划

南宁市确定了“中国绿城”战略后，根据南宁旅游的实际情况，制定了“走出去，请进来”的推广计划，从而提高“中国绿城”的知名度和美誉度。

（一）针对重点国内外客源市场，展开持续不断地的叠加推广。组织旅游企业参加历年的中国国内旅游交易会、中国国际旅游交易会和香港国际旅游交易会等，向海内外旅行商推介南宁的旅游资源和旅游特色，开展专业渠道的宣传促销；根据国家旅游局的年度宣传促销主题，组织策划了'98华夏城乡游——百人自行车旅游活动、'99生态环境游——中越自行车跨国游活动、2001体育健身游——摩托车八桂游活动等。通过举办这些主题活动开辟精品线路，加强区域旅游合作，促进市场互动。为开拓重点客源市场，还策划组织了南昆旅游专线市场促销活动、“2001走进南宁”泰国促销活动等，运用举办推介会、公众演出、旅游咨询等多种形式展现南宁的旅游形象，吸引国内外游客，开拓市场。此外，邀请泰国、越南、广东、上海、港澳台等主要客源国（地区）的旅行商回访，促进双方的合作。

（二）制作了VIS执行手册，运用推广VI成果。先后制作完成《南宁旅游画册》、《绿城南宁游折页》、《南宁旅游指南》，以及南宁旅游VCD、南宁旅游形象片、广告片、专题片和多媒体电脑演示、活动展架等多版式、多语种的推广资料。并把这些推广资料应用到每次促销活动中，使“中国绿城”的旅游品牌形象更鲜明、更深入人心。

（三）定期举办大型主题活动，打造亮点。如南宁国际民歌艺术节、广西（南宁）旅游美食节、南宁国际学生用品交易会等。

（四）用生动活泼的形式推广绿城。南宁邀请了徐沛东、卞留念、雷蕾、黄淑子等著名词曲作家创作了十几曲歌颂绿城南宁的优秀歌曲，如《大地飞歌》、《绿城绿，红豆红》、

《绿都情》等，并邀请宋祖英、白雪、阎维文、郁钧剑等著名歌手来演唱，制作 MTV，在中央电视台反复播放，这些脍炙人口的歌曲使绿城南宁乘着歌声的翅膀传遍大江南北。

经过多渠道、全方位的推广活动，南宁旅游逐步形成“绿城美，壮乡情，南国风”三大特色，并逐步形成多条精品旅游线路，主要有：绿城风光游（青秀山—广西博物馆—广西民族文物苑—良凤江国家森林公园—广西药用植物园）；壮乡风情游（武鸣伊岭岩—灵水—明秀园—扬美古镇）；边关揽胜游（南宁—隆安龙虎山—德天瀑布—凭祥友谊关—宁明花山崖壁画—崇左斜塔）；桂西探奇游（南宁—靖西通灵大峡谷—百色—乐业天坑）；八桂精华游（桂林—柳州—南宁—北海）；中越跨国游（南宁—东兴或凭祥—越南下龙—海防—河内）；民歌节庆游（观赏大型开幕式晚会、中外经典民歌之夜、壮乡歌坡夜、广西南宁旅游美食节、大型花车、少数民族民间艺术游演）等。

二、“中国绿城”战略的经济价值

自南宁市政府把创“中国绿城”作为一项系统工程来抓后，短短几年内，南宁就发生了翻天覆地的变化，以下数据可从侧面反映其经济价值：

1. 国民经济持续快速增长，整体效益不断提高。2002 年全市完成国内生产总值 356 亿元，比上年增长 11.50%。

2. 旅游产业发展迅速，成为新的经济增长点。全市旅游总收入年均增长 14.59%。2002 年旅游总收入相当于全市 GDP 的 16.74%，相当于全市第三产业产值的 29.33%。

3. 绿色效应成为拉动房地产开发的重要因素，南宁市每开发出一块公共绿地，都随之引发了周边房地产的开发热潮，房产价值也随之提高。

4. 城市建设改善了投资环境，多个大型生态旅游项目落户南宁。由美国威利达公司投资建设的“凤凰绿都”，规划面积 72.8 平方公里，致力于建设成中国第一个生态谷。

三、“中国绿城”战略的社会价值

1. 南宁市先后获得“全国城市环境综合整治优秀城市”、“国家园林城市”、“中国优秀旅游城市”等光荣称号，2002 年又赢得“中国人居环境奖”——全国几百个城市中能获此殊荣的只有五个城市，而南宁是中国西南部地区唯一榜上有名的城市。

2. 2002 年底，南宁市绿化覆盖率达 31.8%。如今的南宁已形成“城在绿中，绿在城中”的现代化园林城市风貌特色，“中国绿城”的形象初步凸现。

3. 绿化对环境的生态效益发挥了作用，南宁市城市各类环境质量指标都达到了国家要求。

（南宁市旅游局．麦旭）

5.1　旅游市场营销战略概述

5.1.1　旅游市场营销战略的概念

战略是指企业为生存和发展而确定的企业目标与达到此目标所采取的各项政

策的有机结合体。企业经营战略是一个多层次的逻辑体系，它可以分为决策层战略和操作层战略，前者是站在企业总体发展的高度来选择企业处于不同环境条件下或发展、或维持、或防御等不同战略，后者则是在企业总体经营战略所规定的框架内，各个职能方面应采取的相应的子战略，如人力资源战略、组织战略、市场营销战略、财务战略等。因此，市场营销战略是企业经营战略的一部分，并受企业总体经营战略的制约。

由于旅游行业的特殊性，旅游市场营销战略通常有着更为广泛的内涵，有宏观、微观两个层次。从宏观上讲，旅游市场营销战略是指一个国家（或地区）在现代市场营销观念的指导下，为了实现该国家（或地区）发展旅游业的目标，为旅游业内制定的、在一个相当长的时期内市场营销发展的总体设想和规划。其目的是使该国家（或地区）旅游业的产业结构、资源规划和发展目标，与市场环境所提供的各种机会取得动态平衡。从微观上讲，旅游市场营销战略是指一个旅游企业的领导人在现代市场营销观念的指导下，为了谋求旅游企业的长期生存与发展，根据外部环境和内部条件的变化，对旅游市场所做的具有长期性、全局性的计划与谋略，它是企业在一个相当长的时期内市场营销发展的总体设想和规划。本章着重介绍旅游企业的市场营销战略。

此外，根据美国市场营销专家菲利普·科特勒的定义，营销战略是一个企业单位用以达到目标的基本方法，它包括目标市场、营销定位和组合、营销费用水平中的主要决策等内容。因此，企业的市场营销战略既包括确定企业市场发展战略的基本形态，也体现在企业市场经营组合的各项决策之中，而且要使市场经营组合的各种决策相互协调起来，作为一个整体来发挥作用。

有效的市场营销战略，应该是目标与手段的有机结合。旅游市场营销战略，既要规定企业营销的任务和目标，又要围绕这些任务和目标的实现来确定营销计划和营销手段。

5.1.2 旅游市场营销战略的特点和意义

（一）旅游市场营销战略的特点

1. 全局性

旅游市场营销战略是研究旅游企业带有全局性、整体性的重大问题，规定旅游企业今后较长时期内营销活动的指导思想和行动方向，对企业的生存与发展有着决定性作用。旅游市场营销战略的全局性特征，要求旅游企业的决策者打破狭隘的眼界，从大局出发，重视市场营销中出现的局部问题，从局部与全局、部分与整体之间的互动关系中，对营销系统加以全面把握，使各个局部在营销战略整体中得到协同发展。

2. 长远性

营销战略的制定，是为了谋求企业长期的生存与发展，着眼点在未来，而不是在眼前。例如，旅游企业对某一客源市场开展声势浩大的市场促销活动，短期（一年或两年）内可能收效不大，而以后可能会有明显的成效。因而这些活动是具有长远性战略意义的。相反，为了增加客源，提高市场占有率，采用欺骗性的广告宣传，不顾企业长远的声誉，就是缺乏战略眼光的行为。旅游市场营销战略的长远性，要求企业决策者放眼未来，对旅游市场营销的目标、重点、对策进行长远谋划，不要盲目追求短期内接待人次和销售额的高速增长。

3. 适应性

旅游企业经营管理活动均受到外部环境和内部条件的共同作用和综合影响。有效的市场营销战略应对变化的环境做出正确的反应，利用环境变化所带来的市场机会，保证企业的有效经营。

4. 风险性

战略决策是对未来发展的预测性决策。由于外界环境的复杂多变，不确定性因素较多，因此，旅游市场营销战略的制定具有一定的风险性。

（二）旅游市场营销战略的意义

为适应市场环境变化，旅游企业应该争取经营主动，积极制定市场营销战略，协调企业营销活动，以便实现企业的既定目标，因此，旅游市场营销战略有着重大意义。

(1) 使旅游企业营销活动有一个统一规划。若没有统一规划，只是单方面的市场营销活动搞得出色，对于提高企业市场营销活动的成效，可能毫无意义。

(2) 提高经营的稳定性。旅游市场不断变化，旅游企业的具体营销活动也需相应地变化。营销战略的制定就使营销策略可在战略规划的约束下，通过灵活的战术、策略，实现全局的既定目标，减少盲目调整营销策略产生的混乱，使企业临变不惊，稳步前进。

(3) 有利于调动群众的积极性，增强企业的营销实力。旅游市场营销战略是企业的长远发展规划，体现了广大职工的意志，职工通过战略规划了解到企业发展的方向、领导的意图，就会创造性地主动贯彻上级要求，使企业组织产生极大的凝聚力和向心力，提高士气。

5.1.3 旅游市场营销战略的制定与控制

（一）战略分析

战略分析是制定旅游市场营销战略的准备阶段。它包括三个内容：企业地位分析、企业环境分析和企业能力分析。

1. 企业地位分析

旅游企业在对本企业的地位进行分析时，一般需要回答以下问题：

- 国际市场中对本企业产品的需求前景如何。
- 本企业独特而有利于销售的商品特点（Unique Selling Points）是什么。
- 目前的旅游产品是否适销对路，应朝着哪个方向发展。
- 本企业旅游产品的价格是否适中，价格构成是否合理。
- 如何使中国旅游价格在国际市场具有竞争力。
- 本企业旅游产品的销售渠道是否合理、畅通，拓宽、疏导渠道的方法是什么。

……

在制定战略前，首先对企业的地位要有正确的认识，一般根据企业在某一特定的市场上所占的份额，而将其地位划分为主导地位、挑战地位、追随地位和夹缝（利基）地位。

2. 企业环境分析

企业营销环境中各种因素的变化都会对企业营销产生直接或间接的影响，旅游企业必须适应营销环境的要求，所以一定要进行环境分析。企业营销环境是一个多主体的、多层次的、发展变化的多维结构系统，在旅游企业面临的营销环境中，机会和挑战往往同时并存。营销者应能及时准确地识别它们。在本书第二章中对此已有较为详细的说明，此处不再赘述。

3. 企业能力分析

在对旅游企业的营销环境进行分析后，应对本企业的能力进行评价。

旅游企业内部能力的分析包括企业组织效能与管理现状分析、企业资源分析和企业产品市场营销能力分析。企业资源分析包括人员结构、资金结构、劳动生产率、资金周转率、资金和利润率、设备利用率等。组织效能与管理现状分析包括对管理体制 、管理方式、经营机制、领导体制、决策方式、职能部门设置与工作方式、总公司与分公司及子公司的关系等问题进行分析。

为便于分析和发现问题，可以把旅游企业的市场营销能力分解为四种能力，即产品的市场强度、销售活动能力、新产品开发能力和市场决策能力。这四种能力自成系统，彼此紧密联系，相互产生影响。市场营销能力分析也应与市场环境分析结合在一起进行。旅游企业市场营销能力的分析体系如图 5-1 所示。

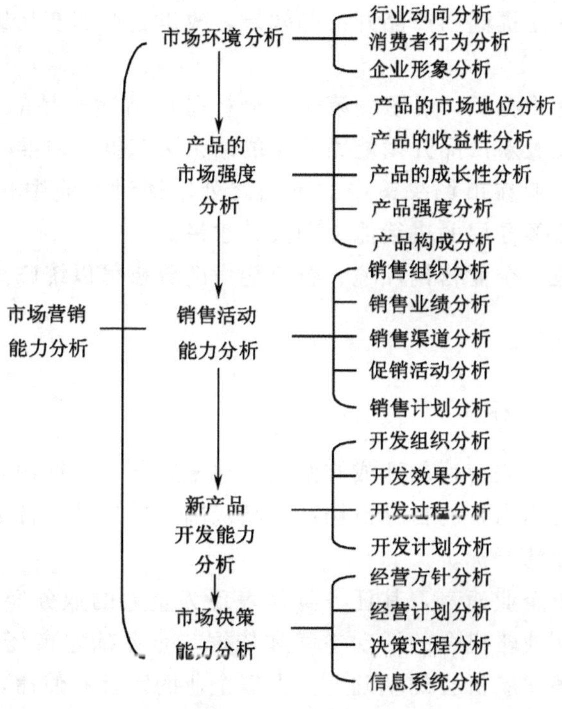

图 5-1 旅游企业的市场营销能力分析体系

(1) 市场环境分析。市场环境分析的目的在于掌握企业的市场营销特征，预测今后市场变化对企业的影响，为分析市场营销能力和制定市场营销战略提供依据。市场环境分析之前要进行市场调查，然后根据调查结果，从行业动向、消费者行为和企业形象三个方面进行分析。

(2) 产品的市场强度分析。产品的市场强度分析是对企业当前销售的各种产品自身的市场地位、收益性、成长性、竞争性以及产品组合等方面进行分析。分析的结果将为改进产品和产品组合、加强销售活动和开发新产品指明方向。它包括产品的市场地位分析、产品的收益性分析、产品的成长性分析、产品强度分析和产品构成分析。

(3) 销售活动能力分析。销售活动能力分析是在产品的市场强度分析基础上，以重点发展的产品或销路不畅的产品为对象，对其销售组织、销售业绩、销售渠道、促销活动、销售计划等方面进行分析，发现销售活动中存在的问题及其原因，为制定销售战略、有效地开展销售活动提供依据。它包括销售组织分析、销售业绩分析、销售渠道分析、促销活动分析和销售计划分析。

(4) 新产品开发能力分析。新产品开发能力分析是在现有产品的市场强度分析的基础上，着重从新产品开发组织、开发效果、开发过程和开发计划四个方面进行分析。其目的在于提高新产品开发的效果，改进企业的产品组合，增强企业的应变能力。

(5) 市场决策能力分析。市场决策能力分析是以前述产品的市场强度分析、销售活动能力分析以及新产品开发能力分析的结果为依据，对照企业的经营方针和经营计划，指出企业在市场决策中的不当之处，探讨企业中长期市场营销战略，以提高企业经营领导层的决策能力和决策水平。

以上对企业地位、企业营销环境、企业能力的分析可以统归为SWOT分析。

(二) 营销战略制定

1. 制定营销战略目标

战略目标是指一个旅游目的地或旅游企业在未来某一时期内在其市场中所要占据的位置。通常是指未来的目标市场、产品范围、销售量、计划增长率、市场份额和利润额等方面的指标。

对于具体的旅游企业而言，其任务具体表现为企业的业务经营范围和领域，这是企业寻求和判断战略机会的活动空间和依据。企业确定市场营销战略目标，必须在确定市场营销发展机会的基础上，根据企业的宗旨和使命，来建立一个具体可行的战略目标。

在确定市场营销战略目标时，旅游企业应根据以下六个问题的答案来进行：①我们从事的业务是什么？②谁是我们的顾客？③我们将满足顾客什么要求？④我们拥有的资源和具有的能力是什么？⑤我们怎样才能最有效地满足顾客的要求？⑥对哪些环境力量以及变化要予以考虑？

2. 旅游市场战略目标要求

旅游市场营销战略目标，是企业使命的具体化，对于不同的企业，其具体内容有很大不同，但从战略制定的角度出发，目标应符合以下要求：

(1) 突出重点。企业必须确定某个重点的要求，使之成为目标，其他方面的要求服从这一目标的完成。

(2) 可以测量。市场营销战略目标必须具体，可以有效测量并尽可能具体化、定量化。目标过于笼统或模糊，既无法判明战略执行情况，也会造成企业内部管理混乱。

(3) 一致性。营销战略目标涉及到旅游企业营销活动多方面的要求，互相协调一致，否则，一方面的要求与另一方面要求相互抵触，就无法完成目标。

(4) 可行性。战略目标对企业管理人员和职工不仅应有一定的挑战性，而且要保证它的可行性。目标的挑战性和可行性，是企业及职工经过努力并必须经过努力就可以达到的。

（三）营销战略方案的选择

营销战略方案选择的目的在于确定各个备选战略方案的有效性，比较各方案优缺点、风险及效果，以便从中选择。企业战略选择应考虑以下几个方面的问题：①现行营销战略的继承性；②企业对外部环境的依赖程度；③企业领导人的价值观及对待风险的态度；④时间因素；⑤竞争对手的市场地位。

旅游企业内部的人事和权力因素等。

企业在最后做出战略选择时应采取权变的态度，如果营销战略的基本假设条件发生变化，旅游企业就要调整或修改已选定的战略。

（四）营销战略的监督与控制

营销战略监督与控制的目的是确保旅游企业的目标、政策、战略、措施与市场营销环境相适应。营销战略的监督与控制主要包括营销审计、年度计划控制和赢利控制。

营销审计是对旅游企业的营销环境、目标、战略和营销活动诸方面进行的、独立的、系统的、综合的定期审查，以发现营销机会，找出问题所在，提出改善营销战略的行动计划和建议，供旅游企业的决策者参考。年度计划控制主要是检查在营销战略指导下的营销活动是否达到年度营销计划的要求（从销售额、市场占有率、费用率等方面），并在必要时采取调整和纠正措施。赢利控制主要是确定本旅游企业的各产品、地区、顾客群、分销渠道等方面的活动能力，通过对财务报表和数据的一系列处理，把所获利润分摊到产品、地区、渠道、顾客等方面，从而衡量出每一因素对于企业最终获利的贡献大小和获利能力如何，赢利能力分析的最终目的是找出妨碍获利的因素，以便采取相应措施排除或削弱这些不利因素的影响。

5.2　旅游产品—市场战略

旅游市场营销战略是旅游企业为实现自己的营销目标，适应不断变化的市场环境，并充分利用环境变化所带来的新的市场机会，以保证企业的有效经营。从不同的角度考虑，可有众多的战略决策，最主要的有三种战略，即旅游产品—市场发展战略、市场竞争战略和营销组合战略。

产品—市场战略首先是由美国加利福尼亚州美国国际大学的战略管理教授安索夫提出的，他在讨论企业应采用多角化经营战略时，提出了“产品与市场配合”的概念。他认为企业经营战略的四项要素（即现有产品、未来产品、现在市场、未来市场）有四种组合，即市场渗透（现有产品和现有市场的组合）、产品开发（现有市场与未来产品的组合）、市场开发（现有产品与未来市场的组合）和多角化经营（未来产品与未来市场的组合）。具体见图 5-2。

现有市场	市场渗透战略	产品发展战略
新市场	市场发展战略	多角化经营战略

图 5-2　产品—市场战略 2×2 矩阵表

对安索夫矩阵四种战略的研究表明，该矩阵并未完全包括企业新开拓型发展战略的所有类型。传统的企业发展战略都只不过是渐进式增长战略，而不是创新开拓性战略，为了完整地表达企业全方位的发展战略，将安索夫 2×2 矩阵扩展成为 3×3 矩阵，这样，企业的产品—市场战略就由 4 种类型发展为 9 种类型，如图 5-3 所示。矩阵中的相关市场是指企业进入其他企业的目标市场；矩阵中的相关产品是指企业生产其他企业正在经营的产品。

原有市场	市场渗透战略	产品发展战略	产品革新战略
相关市场	市场发展战略	多角化经营战略	产品发明战略
新兴市场	市场转略战略	市场创造战略	全方位创造战略
	原有产品	相关产品	全新产品

图 5-3　产品—市场战略 3×3 矩阵表

（一）市场渗透战略

市场渗透战略是由旅游企业现有产品和现有市场组织所产生的战略。旅游企业战略研究人员应该系统地考虑市场、产品及营销组合的策略以促进市场渗透。在市场方面应如何扩大现有产品的销售量呢？一个企业要增加其产品的销售量取决于两个因素，即：销售量＝产品使用人的数量×每个使用人的使用频率。首先，可以从扩大产品使用者的数量着手。旅游企业可通过努力把非使用人转变为本企业产品的使用人。例如，飞机货运服务公司的发展就要不断寻找新的用户，说服他们相信空运比陆地运输有更多的好处。同样，旅游饭店可开发更多的适于当地人使用的服务项目，以吸引当地居民在淡季时享用饭店的服务。

其次，可以从扩大产品使用人的使用频率着手，通过说服旅游者增加使用次数、增加每次使用的使用量、增加产品的新用途。

另外，可以从改进产品特性着手，使其能吸引新用户和增加原有用户的使用量，其方法有：提高产品质量（即增加产品的功能特性）；增加产品的特点，使旅游产品具有更多的特色。

总之，市场渗透战略希望通过对现有旅游产品进行小的改进，从现有市场上赢得更多的顾客，这种战略风险最小，如果市场处于成长期，在短期内此战略可能会使企业利润有所增长，但是当市场日趋成熟时，企业必然会面临激烈的竞争，对使用渗透战略的企业最致命的打击是市场衰竭。

（二）产品发展战略

产品发展战略是由企业原有市场和其他企业已经开发的而本企业正准备投入生产的新产品组合而产生的战略，即对企业现有市场投放新产品或利用新技术增加产品的种类，以扩大市场占有率和增加销售额的企业发展战略。从某种意义上来说，这一战略是企业发展战略的核心，因为对企业来说，市场毕竟是不可控制的因素，而产品开发是企业可以努力做到的可控制因素。

采用此战略的前提条件是：企业要对它原有顾客有透彻的了解，能够提供满足顾客需要的其他产品。这种战略具有一定程度的创新开拓性，新产品的开发鼓励企业从事新的探索，可以提高企业的适应能力。但是，这种战略仍然是企业束缚了自己，企业的潜能仅仅被用来在原有市场的顾客群中寻找新的投资机会，这可能会因为没有寻找到其他市场而导致较大的机会成本，因为其他市场尤其是正在成长的新市场可能会比企业现有市场更加有利可图。

（三）市场发展战略

市场发展战略是由现有产品和相关市场组合而产生的战略。它是通过发展现有产品的新顾客层或新的地域市场，从而扩大产品销售量的战略。

市场发展战略比市场渗透战略风险性更大，这种战略迫使管理人员放开眼界，拓宽视野，重新确定营销组合，但此战略仍是一个短期战略，它仍然不能降低因客户减少而导致的风险性。

（四）产品革新战略

产品革新战略是企业在原有目标市场上推出了新一代产品，这种战略比传统的产品发展战略向前迈进了一步。企业的重点虽然是原有的目标市场，但产品性能有了显著的提高。例如，旅行社对现有旅游线路进行较大的改进。

（五）产品发明战略

产品发明战略要求旅游企业发明别的企业从未推出过的新产品，并进入到别的企业已成熟的市场。例如，原来针对观光旅游市场的旅行社重新开辟一条全新的特种旅游线路。这种战略具有创新开拓精神，体现了创新开拓型战略高风险—高收益的特征。当企业向别的企业已经形成的市场推出自己第一代新产品时，企业的风险来自两个方面：一是新产品不一定正好适合该市场顾客的需要；二是企业对新市场缺乏第一手资料和实践经验。当企业从事这种风险投资时，它就是在运用全方位创新战略上跨出了成功的第一步。

（六）多角化经营战略

多角化战略是指旅游企业利用现有资源和优势，向不同行业的其他业务发展的营销战略。根据所利用的资源的不同，多角化战略可分为技术关系多角化、市场关系多角化和复合关系多角化三种类型。

1. 技术关系多角化

技术关系多角化是指以现有业务领域为基础，利用现有的产品线、技术、设备、经验、特长等，增加产品的种类，向行业的边缘业务发展的战略。例如，旅游车船企业可以从事车船检测、维修保养、水陆运输等业务；旅行社可以经营商业、贸易等；旅游饭店可以侧重食品加工、饮食服务，承接装潢装修工程、电器修理等。这种战略能充分发挥原有的技术优势，而且投资少、风险小、见效快，容易取得成功。

2. 市场关系多角化

市场关系多角化是针对现有目标市场的顾客的潜在需求，发展其他行业的有关业务的战略。例如，民航机场、火车站或汽车站增加为旅客服务的商店、旅社、餐馆及金融机构等。这种战略目标顾客集中，可以充分利用企业的声誉、销售对象、销售渠道、促销方法及知名度等方面的较强的市场关联性，使现有业务与新业务相辅相成，相互促进。

3. 复合关系多角化

复合关系多角化是利用企业的人才优势、资金优势或根据联合经营的需要，发展与原有业务无明显关系的新业务的发展战略。如中旅集团成立以后，除了经营长短线旅游线路以外，还从事商贸、信贷、快递、民航代理、BP 机寻呼台服务业务等，在商贸旅游者领域积极拓展，经营实效显著。

这种战略的特点是：分散经营风险，具有西方不亮东方亮的特点；把多向发展新产品和多个目标市场有机地结合起来，多方面地长久地占领市场，提高了企业的应变能力，这种战略的产生是市场扩大化和竞争复杂化的结果。但是，多角化战略的运用也不能不顾自身条件盲目发展，一哄而上，而必须依据一定的外部条件和内部条件。

运用多角化战略的外部条件为：社会需求的发展变化，给企业带来了新的发展机会；新技术革命提供了新的技术基础，为新业务的发展创造了条件；竞争局势的不断变化，要求企业以变应变，不断扩展业务，以求得企业的生存与发展。

运用多角化战略的内部条件为：企业资源未能充分利用；企业本身具有拓展业务的实力；企业高层领导富有开拓、创新精神。

（七）市场转移战略

市场转移战略是指旅游企业将现有产品投入到别的企业尚未进入的、刚刚开始形成的处女市场，这种战略尤其适用于第三世界国家和新兴国家的旅游企业。

市场转移战略最主要的优点是：早期投资少，企业对现有产品无需做大的改进，就可以进入正在形成的新兴市场，如果市场前景看好，企业会进一步调整自己的市场营销组合以适应市场的特点。另外，也可以通过建立营销网络或与别的企业合作投资进一步增强实力。

（八）市场创造战略

市场创造战略是指企业在新兴市场上投放别的企业已经在成熟的市场上经营的产品。市场创造战略比市场转移战略风险更大。市场转移战略的风险是单方面的，因为企业向新兴市场提供的是企业原有产品，企业只对新市场不了解，而市场创造战略的风险是双方面的，即企业对新兴市场和准备投放的产品都缺乏经验。

某旅馆集团就成功地运用了市场创造战略，该集团的管理层认为：由于飞机票飞涨和恐怖主义、交通不便等原因，今后将用电报会议取代面对面的会议。到1995年美国很大一部分商务旅行将被电报电话会议所取代，该集团的电报电话会议市场营销总额将从目前的10亿美元上升到80亿美元。

（九）全方位创新战略

全方位创新战略是市场创造战略和产品发明战略的组合，当市场变化非常快时，企业只有运用该战略才能立于不败之地，这种战略是企业向一个新兴市场推出别的企业从没生产过的全新产品。

5.3 旅游市场竞争战略

旅游市场竞争战略是旅游企业根据竞争者分析和市场中的竞争地位分析而采取相应的战略。根据旅游企业在市场中的竞争地位，可以将企业分为：市场主导者（处于支配地位）、市场跟随者（能坚守阵地或抵抗竞争）、市场挑战者（与支配者抗衡）和市场利基者（竞争力软弱但有机会改变处境）。

5.3.1 竞争者分析

为了确定有效的竞争性市场营销战略，企业要尽可能了解其竞争对手。它必须定期将自己的产品、价格、分销渠道和促销与其主要竞争者进行比较。这样，企业才能找到自己潜在的竞争优势，向竞争者发出更有力的挑战，同时也对竞争者的攻势做出积极的反应。那么，企业应当从哪些方面了解其竞争对手呢？其主要步骤如图5-5所示。

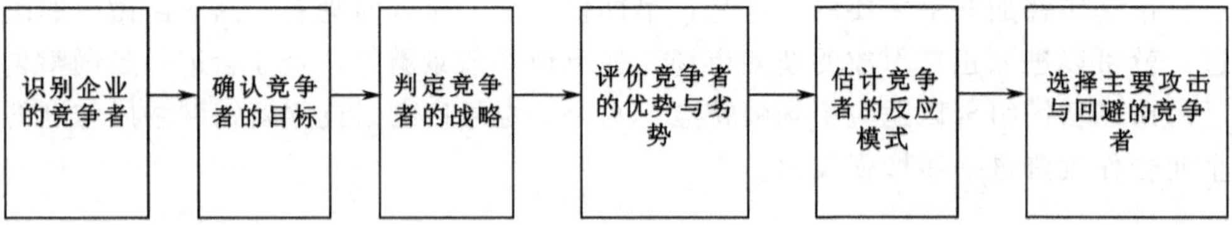

图5-5 分析竞争者的步骤

（一）识别企业的竞争者

识别企业的竞争者常常被看做是一项简单的任务。但是，在识别竞争者时，很多企业并不能做到准确、全面，他们往往只注意到最接近的、提供价格相当的相同产品或服务给消费者的竞争者，而忽略了潜在的竞争者。企业识别竞争者时体现出两种不同的竞争观点。

1. 行业竞争观点

许多企业以行业竞争观点识别其竞争对手。一个行业是由一组生产相同产品或密切可替代同类产品的企业组成，任何企业若想在本行业卓有成效，就必须充分了解同行业的竞争伙伴。

2. 市场竞争观点

另外一些企业不是以行业竞争者观点去识别竞争者，而是遵循市场竞争观点，即企业不仅仅在行业内识别竞争者，而是把竞争看作是所有那些力求满足相同顾客需要，或服务于同一顾客群的企业，甚至还有那些满足消费者不同需求的企业。此外，企业还应注意那些力图以更有吸引力的产品满足消费者不同需要的企业，它们有可能使消费者的消费倾向发生变化。

（二）确认竞争者的目标

在识别了主要竞争者之后，企业经营者接着要回答的问题是：每个竞争者在市场上寻求什么？什么是竞争者行动的动力？不同的企业对长期利益和短期利益各有侧重，有些竞争者更趋向于获得“满意”的利润而不是“最大利润”。尽管有时通过一些其他的战略可能使他们取得更多利润，但他们有自己的利润目标，只要达到既定目标就满足了。也就是说，竞争者往往并不把利润作为唯一的或首要的目标，在利润目标的背后，竞争者的目标是一系列目标的组合，对这些目标竞争者各有侧重。所以，应该了解竞争者对目前赢利的可能性、市场占有率的增长、资金流动、技术领先、服务领先和其他目标所给予的重要性权数分别是多少。了解了竞争者的这种加权目标组合，就可以了解竞争者对各种类型的竞争性攻击会做出什么样的反应等等。

企业必须跟踪了解竞争者进入新的产品细分市场的目标。若发现竞争者开拓了一个新的细分市场，这对企业来说也可能是一个发展机遇；若企业发现竞争者开始进入本公司经营的细分市场，这意味着企业将面临新的竞争与挑战。对于这些市场竞争动态，企业若了如指掌，就可以争取主动，有备无患。

（三）判定竞争者的策略

一家企业的战略与另一家越相似，它们之间的竞争就越激烈。在大多数行业，通常竞争者可以分为实行不同战略的群组，每个群组由那些实行相同或相似战略的企业组成。区别这些战略群组有其特殊的价值，企业必须认真考虑这些群组成员的实力与战略特征，以求突破障碍而进入。

虽然在同一战略群组内竞争最激烈，但不同群组之间的抗衡也同样存在。首先，各群组之间的目标顾客群本身就有一些交叉；其次，顾客不会主动去分辨这些战略群组，在他们看来也许这些企业并无多大差别；再次，每个企业都想扩大自己的市场范围，所以，在不同群组中的企业实力相当、流动障碍较小的情况下，也会进行非常激烈的较量。因此，企业应当搜集各个竞争者的更详尽的资料。

（四）评价竞争者的优势与劣势

是否所有的竞争者都能实行其战略，并且达到其目的呢？这主要取决于竞争者的资源与能力，企业需要进一步确定竞争者的优势与劣势。

企业首先要收集有关竞争者过去几年经营活动的重要数据，包括竞争者的目标、战略与业绩。企业可以进行顾客价值认知分析，即要求顾客按不同的属性及其重要性程度来评价本企业与竞争者提供的产品或服务的价值，从中可以看到竞争者的弱点，同时也发现本企业的薄弱环节，这将有利于企业在竞争中取得主动地位。

在寻找竞争者的弱点时，企业应保持客观态度，不能盲目相信自己的假定。在瞬息万变的市场上，竞争形势不可能一成不变。只有根据市场变化不断对竞争形势进行新的分析，企业才能做出较为准确的判断，而不至于盲目乐观。

（五）估计竞争者的反应模式

一个竞争者的目标、战略及其优势与劣势还不能完全决定它的行动方式和它对企业的降价、加强促销或推出新产品等营销活动的反应模式。除了这些因素外，还应该注意到另外一个重要因素，那就是每个竞争者都有它自己的经营哲学、企业文化和信条，这将对该竞争者的行动产生影响。因此，企业经营者要想估计竞争者的行动与反应，就需要深入了解竞争者的心理状态。

由于面对其他企业的行动每个竞争者的心理状态可能不一样，企业的反应模式也就各不相同。常见的反应模式有以下四种：①从容不迫型：竞争者对其他企业的行动不做出迅速反应或反应不强烈。②选择型：竞争者只对某些类型的攻击做出反应，而不理睬其他类型的攻击。③强烈型：竞争者对所有的攻击都做出迅速反应。④随机型：竞争者不表现出固定的反应模式，即对于其他企业的攻击行动可能做出反应，也可能不做出反应。

（六）选择要攻击和要回避的竞争者

各企业在事先确定了它的目标顾客群及营销组合以后，就大致上确定了它的竞争者。它进一步考虑的是，在这些竞争者中，企业与哪个主要竞争者的竞争将最为激烈，这样，企业就能集中精力，有效作战。

1. 强竞争者与弱竞争者

大多数企业喜欢把目标瞄准实力较弱的竞争者，这种做法无须太多的时间和资源。但相应地，企业也不会有很大的成效。因此，企业也应当与一些实力强大的竞争者较量一番。一方面，企业若想与实力强大的竞争者相抗衡，就必须在很多方面努力提高，这将增强企业的整体实力，使企业长期受益；另一方面，即使再强的竞争者也有弱点，只要企业策略选择与实施得当就能获得成功。

2. 近的竞争者与远的竞争者

大多数企业都会与那些跟它们极相似的竞争者竞争，但与此同时，企业应注意避免企图“摧毁”这些最接近的竞争者，因为即使“摧毁”了最接近的竞争者，也会引来更多更难对付的竞争者。

3. “好的”竞争者与“坏的”竞争者

每个企业都需要竞争者并从竞争者那里获得利益，竞争者的存在带来了几方面的好处：可对增加总供给有所帮助；可以分担市场与产品开发的成本，并有助于推广新技术；可以为一些吸引力不大的细分市场服务或促使产品差异化等。

但并非所有的竞争者都会给企业带来益处，每个行业都含有“好的”和“坏的”竞争者。好的竞争者遵守行业规则，他们希望有一个稳定、健康的行业，合理定价，推动他人降低成本，促进差异化，接受为他们的市场占有率和利润规定的合理界限。坏的竞争者破坏行业规则：他们试图花钱购买而不是靠自己的努力去赢得市场占有率，冒大风险，超额投资等，总的来说，他们打破了行业的平衡。所以，一个明智的企业经营者应当支持好的竞争者，攻击坏的竞争者，尽力使本行业成为由好的竞争者组成的健康行业，这将有利于行业中所有企业的健康发展。

在识别与评价主要竞争者之后，企业必须设计竞争性战略。应该说，没有哪一种战略对所有的企业都适合，不同的竞争战略对产品或服务有不同的要求。企业必须认清自己在本行业的竞争位置、企业的目标、发展机会和资源优势，并以此为基础制定有效的竞争战略。

可以根据各个企业在目标市场上所起作用的不同将它们的竞争位置分为领导者、挑战者、跟随者和拾遗补缺者四类。以下分别说明市场主导者、挑战者、跟随者及市场利基者所使用的各种营销策略。

5.3.2 市场主导者战略

占据统治或支配地位的企业是旅游市场的主导者，这类企业不仅能控制其他竞争者的行为，而且在营销战略上有较大的自由。市场主导者营销战略通常有三个重点：开拓市场总需求、保护企业现有市场份额和扩大市场份额。

（一）开拓市场总需求的战略途径

如果市场总需求得以扩展，在市场上占主导地位的企业当然是最大的受益者，这是市场主导者将拓展市场总需求列为营销战略重点之一的根本原因。

拓展市场总需求的途径有三个：开发新的目标市场；开发现有旅游产品的新内涵、新用途、吸引回头客；增加特定旅游产品的使用次数。

案例 5-2

南航深圳公司的市场战略

1992 年 3 月 28 日，南方航空(集团)（以下简称南航）深圳公司诞生在深圳特区改革开放的大潮中，适逢国内航空市场迅速向买方市场转变，先后有 26 家航空公司杀入深圳，在安全、服务、销售等方面大展拳脚，各出高招，竞争十分激烈。各航空公司间的竞争，不仅是量上的竞争，更是质上的竞争。怎样才能在众多航空公司中脱颖而出，使南航在未来竞争中处于不败之地?

作为深圳首家基地航空公司，南航深圳公司一成立就引进了 5 架波音飞机。次年，公司拥有飞机 12 架，成为全国实力最强、飞机最多的航空子公司。1994 年，该公司将 4 架飞机调整出去，优化了飞机结构。公司从追求生产规模向注重效益转变，在经营管理上下工夫，充分挖掘自身潜力，及时调整航班时刻，优化航线结构。公司加大了热线、旅游线航班的密度，并跟踪航班销售情况，及时调整机型，1996 年，仅此一项就增加收入 1 000 多万元。在客源充足时加班和包机，并根据部分航线物品长期缺载的情况，中转其他航线的物品，使 8 架飞机的客座率和载运率大大提高，飞机的使用率达到 7.6 小时，高于民航同类飞机日利用率的平均水平。经营思路的转变使公司业绩连年大幅度增长：1992 年，完成旅客运输量 93 万人次，货运邮件行李运输量 1 万吨；1996 年，两项指标分别达 148 万人次和 2.92 万吨，年增长率分别为 12%和 58%，而此间，公司的飞机却减少了 4 架，生产成本大大降低。

由于深圳特区特殊的地理位置，国内先后有 25 家航空公司在深圳设立办事处，开辟新航线，而深圳自身就有南航和深航两家基地公司，航空运输市场竞争比内地任何城市都更激烈，由卖方市场向买方市场转变也早于其他地区。南航深圳公司专门成立市场促销领导小组，转变“皇帝女儿不愁嫁”的思想，主动走出柜台，走访政府、企事业单位，加强与旅行社、旅游点的联系，多方开辟客源，运用灵活的促销方式，如在国庆佳节、中秋节开展“乘机抽奖”活动，吸引了不少旅客。借助社会力量促销，与中国建设银行合作推出“持龙卡购票”，参与南航“民惠卡”优惠活动，给旅客以方便和实惠。积极参与社会公益活动，比如，向深圳市优秀环卫工人无偿赠送旅游双程机票和万元经费，树立了公司良好的形象。

在竞争激烈的航空市场中，只有依靠优质的服务才能立于不败之地，南航深圳公司几年来走出了一条依靠精品服务占领市场的新路子。公司先后在民航率先开展免费送票上门、免费上门开票和收货，根据深圳这个移民城市的特点，推出“无人陪伴儿童、老人免费特别服务”，让没有父母（子女）陪伴乘机的儿童（老人）得到悉心照顾，并将他们护送到亲人手中。1996 年起，公司在通往北京的早班上推出了“四免一代”专项服务，乘坐此航班的旅客可享受免费送票上门、免费乘专车去机场、免费住宿宾馆、免费早餐、代办乘机手续的服务，大大提高了客座率。货运业务推出“普货快运”服务，即以普通运价收费，通过缺载航线中转，大大缩短了货运周期。针对鲜活产品，推出“海鲜一条龙”服务，做出了“您只要交来海鲜，其余的事情我们来办”的承诺，货主早晨 5 点交运的海鲜，下午就出现在北京、上海的餐桌上，公司海鲜运送量占整个深圳空运市场的 90%。

1997 年，公司又接收了原来由机场代理的值机、配载、行李分拣、旅客服务等业务，现在旅客只要乘南航航班，就可享受从购票到办理登机手续、托行李、领登机牌、隔离区服务、引导上下飞机、空中服务等“一条龙”式的便利服务，这一系列举措使公司的航班客座率提高了 15%，主营收入和利润连年增长。

1992～1997 年，公司的机队规模由 12 架减为 8 架，而经济效益却大幅提高，1992 年公司主营业务收入为 4.26 亿元，1996 年达 13.4 亿元，这正是靠加强市场营销管理、强化市场竞争战略意识来实现的。

（二）保持市场份额的战略途径

处于市场主导地位的企业，必须时刻防备竞争者的挑战，保卫自己的市场阵地。防御策略的目标就是减少受制的可能性，削弱其攻势，以下有六种防御策略可供选择：

(1) 阵地防御（Position Defense)。阵地防御就是在现有阵地周围建立防线。这是一种静态的防御，是防御的基本形式。但是，如果将所有力量都投入这种防御，很可能最后导致失败，就像法国当年的“马其诺防线”一样。这说明单纯采用消极的静态防御是绝对不够的。对营销者来说，只保卫自己目前的市场和产品，是一种“营销近视症”。

(2) 侧翼防御（Flanking Defense)。侧翼防御是指市场主导者除保卫自己的阵地外，还应建立某些辅助性的基地作为防御地，或必要时作为反攻基地。特别要注意保卫自己较弱的侧翼，防止对手乘虚而入。

(3) 先发防御 (Preemptive Defense)。这是一种“先发制人”式的防御，即在竞争者尚未进攻之前，先主动进攻他。具体做法是，当竞争者的市场占有率达到某一危险的高度时，就对他发动攻击，或者是对市场上的所有竞争者全面攻击，使人人自危。

(4) 反攻防御 (Counteroffensive Defense)。当市场主导者受到攻击时，一种有效的防御是反攻入侵者的主要市场阵地。

(5) 运动防御 (Mobile Defense)。这种策略是，不仅防御目前的阵地，而且还要扩展到新的市场阵地，使之作为未来防御和进攻的中心。市场扩展可通过两种方式实现：市场扩大化和市场多角化。

(6) 收缩防御 (Contraction Defense)。在所有市场阵地上全面防御有时会得不偿失，在这种情况下，最好是实行战略收缩——收缩防御，即放弃疲软的市场阵地，把力量集中到主要的市场阵地上去。

(三) 扩大市场份额的战略途径

市场主导者营销战略的第三个重点是设法扩大市场份额以增加企业利润。增加市场份额不仅可以使企业获得更多的销售利润，而且可以提高企业的投资效益。

5.3.3 市场挑战者营销战略

在市场中排位第二名以后的旅游企业中，有些实力非常强大，有些实力一般。这些企业在市场竞争中有两种姿态或角色可供选择：一是攻击市场主导者及其他竞争者以夺取更多的市场份额，此为市场挑战者；二是参与竞争但不颠覆其他竞争者的市场地位，此为市场跟随者。首先介绍市场挑战者的营销战略。

(一) 选择战略目标和挑战对象

市场挑战者面临的首要问题是界定战略目标和对手。如前所述，大多数挑战者都将扩大市场份额列为主要战略目标。根据这一目标，多从下述三类企业中选择攻击对象：

(1) 攻击市场主导者。这属风险大但吸引力也大的战略行动，特别是当被攻击对象在满足市场需求方面做得不太好，够不上真正的市场主导者时，这种战略行动更具有意义。攻击目标要选择用户需求未被充分满足的地方。通过创造新产品从主导者手中夺取部分市场。

(2) 攻击实力相当者。挑战者也可从实力相当的旅游企业中挑选经营不善或财务困难者作为进攻对象，直接夺取其市场份额。

(3) 攻击地方性小企业。对一些当地小企业中经营不善、财务困难者，可夺取它们的顾客，甚至把其收购或兼并以获得其全部市场。

总之，无论在何种情况下，如果要发动攻势，进行挑战，就必须遵守军事上的一条原则：每项军事行动都必须指向一个明确的、肯定的、且可以达到的目标。

（二）进攻战略选择

在进攻对象和战略目标均已确定的情况下，挑战者还需选择有效的进攻方式或进攻战略。通常可供选择的进攻战略有如下五种：

(1) 正面进攻。集中优势兵力攻击对手的强项，在产品质量、价格、分销渠道和促销力量上全面压过对手。所以，正面进攻的实质是攻守双方力量的全面对比。正面进攻的另一种策略是，大量投入研究与开发经费，彻底改进产品，降低成本，进而与对手展开"价格战"，在相持中战胜对手。

(2) 侧翼进攻。集中优势力量攻击对手的市场弱点，如销售力量薄弱的地区或主导者尚未覆盖的细分市场。侧翼进攻最符合现代营销观念——发现需要并设法满足它，因此可视做最文明、最有效的进攻方式。挑战者可采用"声东击西"策略，佯攻对手正面，实攻对手侧面或背面。

(3) 围堵进攻。这是利用突然袭击方式夺取对手大片阵地的一种进攻战略。当挑战者拥有优于对手的资源，并确信围堵计划的完成足以打跨对手时，可采用这种战略。

(4) 迂回进攻。这是最间接的一种进攻策略，完全避开对手现有市场，旨在争夺新市场。如发展与目前产品系列无关的产品，实现产品多元化；以现有产品进入新的领域，实现市场多角化；发展新产品、新技术，取代现有产品；开辟新市场等。

(5) 游击进攻。这是适用于实力较弱的小企业的一种进攻策略。由于小企业一般无力发动正面或有效的侧翼进攻，只有向大企业占据的某些市场角落发动小型、偷袭式的促销或价格攻势，才能逐渐削弱对手实力和占据某些立足点。

需要指出的是，上述五种进攻战略各有所长，挑战者不可能同时运用各种战略，但也很难靠某一种战略取得成功。通常要设计一套组合策略，通过策略上的相互配合，保证进攻行动的成功。

5.3.4　市场跟随者营销战略

产品模仿可能像产品创新一样有利。因为一种新产品的开创要花费大量投资才能取得成功，并获得市场主导者地位，而其他从事仿造或改良这种产品的厂商，虽然不能取代市场主导者，但他们无需花费大量投资，也可获得很高的利润，这些旅游企业为市场跟随者。市场跟随者与挑战者不同，它不是向市场主导者发动进攻图谋取而代之，而是跟随在主导者之后自觉地维持共处局面。这种“和平共处”的情况普遍存在。在这种态势下的企业，通常采取市场跟随策略，即效仿主导者为市场提供类似的产品和服务，因而竞争结构相当稳定。这并不是说市场跟随者就无所谓策略，模仿和跟随也须讲究策略。一方面，跟随者要确保自己不丢掉某些方面已存在的竞争优势，这样才能保住现有市场和进入新市场。另一方面，跟随者常常是挑战者打击的主要目标，要想不被对手打跨，跟随者也必须注意保持相对低廉的制造成本和优质的产品服务。总之，跟随主导者不是指亦步亦趋地照搬主导者的一切做法和策略，而是以不引起竞争性报复为前提的企业成长战略。

具体做法有以下三种：①紧紧跟随。在尽可能多的细分市场及营销策略上均效仿市场主导者，但避免侵犯主导者敏感的领地，避免任何直接的冲突。②有距离跟随。在市场营销的各主要方面上跟随市场主导者，但又与其保持某些差距，这种做法易为主导者接受。③有选择跟随。在某些方面紧紧跟随主导者，在另一些方面仍保持独立性，这类做法使企业学习竞争者的长处，同时发挥自身的创造力，有助于获得成为未来挑战者的实力。

5.3.5 市场利基者战略

市场利基者专门关注市场上被大企业忽略的某些细节部分，在这些小市场上通过专业化经营来获得最大限度的收益，也就是在大企业的夹缝中求得生存和发展。市场利基地位不仅对小企业有意义，而且对于某些大中型企业中的较小部门也有意义，他们也常设法寻求一个或几个这种既安全又有利的市场位置。如何取得有利的市场位置呢？进取有利市场位置的主要战略是专业化营销。

可供旅游企业选择的专业化战略有：按旅游产品的最终使用者专业化，专致力于为某类最终使用者服务；按顾客规模专业化，专门为某一种规模（大、中、小）的客户服务，如有些小旅游企业专门为那些被大企业忽略的小客户服务；按特定顾客专业化，只对一类或几类主要客户服务；按地理区域专业化，专为国内外某一地区或地点服务；按服务项目专业化，专门提供某一种或几种其他企业没有的服务项目；按分销渠道专业化，专门服务于某一类分销渠道，如专门生产适于小型旅游代理商销售的产品。在选择有利市场位置时，多重位置比单一位置更减少风险。因此，通常选择两个或两个以上的有利位置，以确保企业的生存和发展。总之，只要营销者善于经营，小的旅游企业也有许多机会，可在获利的条件下很好地为顾客服务。

5.4　旅游市场营销战略组合

5.4.1　旅游市场营销组合的概念

营销组合策略简称营销组合，是现代营销学理论的一个重要概念，是 1964 年由美国哈佛大学的鲍敦教授首先提出来的，此后受到学术界和企业界的普遍重视和广泛运用。

市场营销受诸多因素的影响和控制。营销因素的有机组合是制定营销战略的前提，这些因素可分为两大类：一类是企业不能控制的因素，称为不可控因素，主要包括政治、经济、法律、人力、技术、竞争以及社会文化等宏观经济社会环境因素。这类因素决定了市场需求的性质和容量。另一类是企业能够控制的因素，称为可控因素。

所谓营销组合，就是企业的综合营销方案，即企业对自己的可控制的各种营销因素（产品质量、包装、价格、服务、广告、渠道和企业形象等等）的优化组合和综合运用，使之协调配合，扬长避短，发挥优势，以便更好地实现营销目标。

5.4.2　旅游市场营销组合因素

企业可控制的营销因素是很多的，市场学有几种分类方法，其中 E. J. 麦卡锡分类法是最常用的一种分类方法，它把各种营销因素归纳为四大类：产品、价格、地点和促销，简称“4Ps”。所谓营销组合，也就是这四个“P”的适当组合与搭配，它体现着现代市场营销观念指导下的整体营销思想。4Ps 中的每一个 P 都是可以调整和变动的，因而，它们可以形成许多不同的组合方式，适应复杂多变的营销环境。事实上，企业营销优势的形成，不仅与单个策略的优劣有关，而且在更大程度上取决于策略变量组合的优劣。

此外，针对旅游企业的分类方法有考夫曼分类法和雷诺汉分类法。

（一）*考夫曼分类法*

考夫曼是美国著名旅游市场学家，认为营销组合是旅游企业力图使用的几个变数的综合，能更好满足顾客群不同的需要。例如，对旅馆来说，是指适当的设施、服务、地点，适量的促销，合理的价格等方面的综合，更具地体说，包括下列 12 种因素：产品计划，定价，品牌，分销渠道，人员推广，广告，促销（如各种能增加企业利润的措施），组合（指能建立旅游形象的风格、设计、主题等），陈列展示，服务，贮存，市场调查（指要了解市场、消费者、市场发展趋势等）。

考夫曼在《旅游销售》一书中，又将上述12种组合因素概括为六个"P"：①人。指旅客或市场。企业通过市场调查确定本企业的消费对象，再详尽了解他们的需求与愿望。②产品。指企业向顾客提供的使其能完全满意的商品与服务，以及旅游建筑、设备等。③价格。指商品订价。一要符合旅客愿望，二要满足企业利润需要。④促销。为使顾客深信本企业产品是他们所需的产品，促使他们增加购买量。⑤实施。指产品的传递，使顾客再来购买的方法，使在店旅客花费最大量金钱，并使其离店后能为本企业做好的口头宣传。⑥组合。旅馆产品的"组合"和商品包装不同，它是指产品和服务的结合，使旅客心目中形成本企业独特的形象，其中，又包括：外观、风景、内部布局、维修、清洁卫生、服务人员的态度和仪表、广告与促销印刷品的设计以及分配渠道等综合内容。

（二）雷诺汉分类法

美国康纳尔大学旅馆管理学院市场学副教授雷诺汉认为，鲍敦等人提出的多种营销组合概念都不能充分体现服务业的特点，服务业经营策略与制造业应有区别，这就是要显示出服务经营策略的各个要素及其重要性，并表明各要素之间的关系。他认为旅馆营销组合由下面三个次组合组成：

1. 产品与服务

旅馆通常同时提供产品与服务。旅游者往往把产品与服务混为一体，从得到的产品实体和服务中获得满足，而不是仅仅通过占有产品实体获得满足。因此，与过去从工商业引入的营销组合（侧重于有形产品即实体推销）有很大的不同，旅游企业应把所有的产品和服务次组合连成一体，而不应把产品或服务当作孤立的营业推广手法。

2. 表象

影响表表象的因素包括使企业产品和服务员表现为有形现象的所有因素。这些不同的因素使消费者区别出各个不同的餐馆和旅馆。表象次组合一般由下列因素组成：①建筑。②地理位置。③气氛。这可使服务更形象化、具体化，影响购买者决策，加深对无形服务的了解。例如：企业提供"优雅"的气氛，通过家具、灯光、空间、面积、音乐、装饰等布置，可使消费者加深印象，促进销售。④价格。服务值多少价格，消费者事先亦不知道，往往是以价格来推断服务质量。⑤服务人员。旅游业服务具有无形性的特点。旅游者消费的是服务人员的服务，因而服务人员仪代表和态度对旅客而言直接影响其对服务质量的感受。优秀的服务人员就是"活广告"，就是"企业的拳头产品"。

3. 信息传递

信息传递有两个作用。一是向消费者提供无形服务质量的形象，并使之有形化，例如让旅客观看闭路电视、图片都可使无形服务有形化；二是造就顾客对服务的质量期望，便于企业了解其意向。因每次服务“友好”的含义不同，形象化的信息传递，有助于刺激顾客的购物欲望，达到促进销售本企业产品的目的。

5.4.3　旅游市场营销战略组合

旅游市场营销战略组合是有效的策略设计与各种营销手段的综合运用，即在组织营销活动时，针对不同的旅游市场环境和内部条件，将以上因素进行最佳组合，使它们相互配合，产生协同作战的综合作用，而不是互不相关甚至是相互矛盾而抵消其作用。从某种意义上讲，现代旅游市场学基本上就是以对旅游市场营销组合各因素的决策和以它们为核心的旅游市场营销战略为主要内容的，由此可见旅游市场组合营销战略的重要意义。

旅游市场营销组合是旅游企业可以控制的经营手段的组合，旅游企业可以根据自己的调研分析，设计旅游产品的特征、价格、质量、数量等，自由选择促销手段、销售方式和渠道，制定销售预算，形成自己的企业形象等，但因为旅游企业处于不可控的营销环境中，种种不可控的外部因素仍会对旅游企业的营销组合产生制约和影响。因此，在进行营销组合时应善于适应外部不可控制的因素，以便灵活及时地调整内部可控因素。

5.4.4　市场营销组合理论的发展

4Ps 组合这一经典理论，是 20 世纪 60 年代在买方市场条件下形成的，当时的立足点是：企业只要善于发现和了解顾客需求，更好地满足顾客需求，就可能实现企业的经营目标。因此，过去营销理论的重点都是强调在外部环境对企业的制约和影响下，如何调整企业的可控因素的经营策略，使其尽量与外部环境取得协调一致，而忽视了企业是否可通过自己的经营手段去努力改变外部环境，使其朝着对企业有利的方向转化。在大市场营销观念指导下，菲利普·科特勒于 20 世纪 80 年代提出市场营销的 11Ps 组合，对 4Ps 做出了补充和完善，丰富了市场营销组合的内涵，形成一种营销战略决策体系。

在 11Ps 组合中，传统的 4Ps 组合称为战术性（Tactics）营销组合，为了正确地确定战术营销组合，首先必须做好战略性（Strategy）营销规划。

战略性营销规划也是一个 4Ps 组合，企业在投入市场前，最重要的是正确选择目标市场，要通过认真的市场调研分析，了解市场的需求与竞争态势，将市场细分后，根据企业条件选择自己的目标市场，优先满足目标市场的需求，为本企业产品进行市场定位，并强调企业形象及产品特色。因此，战略性营销规划是一个具有先后顺序的过程。首先是探查（Probing），即市场营销调研；其次是分割(Partitioning)，即市场细分；第三是择优（Prioritizing），即在市场细分的基础上，确定企业要优先满足哪些顾客群，实际上就是选择目标市场；第四是定位(Positioning)，即进行市场定位和产品定位。另外，由于当今带有保护壁垒的市场随处可见，为了有效地打开产品进入目标市场的通路，还要增加权力（Power）和公共关系（Public Relation）两个P。也就是说，要通过灵活运用政治权力和公共关系两种营销技巧，确保营销取得成功。

最后一个P，指的是人（People），即要理解人、了解人。它包含两层意思：一是调动企业员工积极性，即所谓内部营销（Internal Marketing）；二是满足顾客需要，即所谓的外部营销（External Marketing）。为了搞好外部营销，满足顾客的需要，首先要实施内部营销，调动企业员工的工作积极性。因此，人的因素贯穿于营销活动的全过程，是实施其他10Ps的基本保证。

11Ps组合状况如图5-6所示。

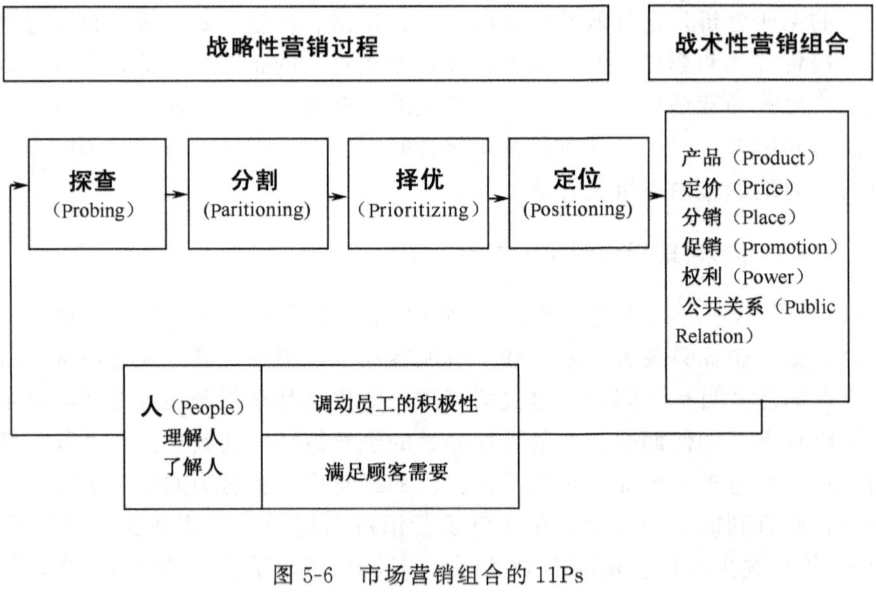

图5-6　市场营销组合的11Ps

5.4.5　市场营销组合的意义

市场营销组合理论是现代市场营销学的主要内容之一，它对市场营销的发展具有重要的意义。企业市场营销管理的主要任务，就是要确定营销目标和制定实现目标的战略。而制定营销战略的核心内容就是正确确定各营销变量，并将它们合理地组合，以形成最佳的整体效果。具体说来，市场营销组合的意义主要在于以下三个方面：

（1）它提供了一种科学地分析和运用各种营销因素的思路和方法，指导企业经营者把影响营销效果的各种因素有机地结合起来，达到企业营销整体效果最优化。

（2）它把营销战略决策和营销战术决策有机地结合起来。制定市场营销组合，需要确定各个营销策略变量，这是战术性决策。但是，市场营销组合并不是追求每一种营销策略达到最优，而是追求全部营销策略所形成的整体效果最优。因此，不能只是孤立地研究每一个营销策略的优劣，必须研究如何使各个营销策略变量协调配套，形成整体最佳的组合方案，这就需要战略性思维。

（3）它为企业参与市场竞争提供了有力手段。如企业竞争的传统手段是价格竞争，但价格竞争是一把双刃剑，既会伤害竞争对手，也会伤害自己。而采用合理的营销因素组合，则有利于企业充分利用非价格因素来形成差别优势，提高企业的竞争能力。

➢ 关键术语

旅游市场营销战略（Tourism Marketing Strategy）
旅游市场定位（Tourism Marketing Positioning）
旅游产品——市场战略（Tourism Product-market Strategy）
旅游市场竞争战略（Tourism Competition Strategy）
旅游市场营销组合（Tourism Marketing Mix）

案例回顾与讨论

1. 试总结南宁的旅游产品—市场战略。
2. 市场旅游营销组合战略在案例中是如何体现的。

复习与思考

1. 解释下列概念：
   旅游市场营销战略　SWOT 分析　市场渗透战略　产品发展战略
   市场挑战者　市场营销组合　雷诺汉分类法
2. 选择某一旅游企业进行 SWOT 分析，并拟定几种战略备选方案，评选出最优方案，估计该方案会为该企业带来何种收益？
3. 作为市场利基者的旅游企业可以采取哪些营销策略？

4. 旅游企业可以控制的营销因素有哪些？权力与公共关系如何影响旅游企业的营销绩效？
5. 哪些战略属于旅游产品—市场战略？企业依据什么来确定自己采取何种战略？
6. 什么是市场营销组合的4Ps？11Ps组合对4Ps组合做了哪些完善和补充？你认为其在现代营销环境中有何意义？

第 6 章

关注消费者的需求——旅游产品策略

学习目的：掌握旅游产品的基本内涵及产品体系；了解旅游产品生命周期原理，并能够依据产品生命周期特点将不同的旅游产品归类；掌握旅游新产品开发的基本策略；了解旅游产品如何合理注册商标；熟悉旅游产品的组合。

从本章开始，将逐一对旅游市场营销组合的四大策略进行详细介绍，即关注消费者需求——产品，比较成本与收益——定价，为消费者提供便利——渠道，有效沟通——促销。作为旅游市场营销组合四大要素之一的旅游产品，不仅是旅游企业赖以生存和发展的基础，也是旅游企业开始其经济活动的出发点。如何制定合理、有效的旅游产品策略，直接决定着价格策略、销售渠道策略和促销策略。换言之，直接决定着旅游企业的市场营销成败。

本章将对旅游市场营销组合的四大策略中的第一个策略——旅游产品策略展开介绍。在详细介绍了旅游产品的概念、内涵、特点以及产品体系之后，介绍了产品生命周期原理，并明确了不同生命周期的旅游产品所应采纳的营销战略。与此同时，介绍了旅游新产品的开发技巧和旅游产品商标策略的基本内容。在前面介绍的基础上，本章最后进行了综合性的总结——旅游产品组合策略。

案例 6-1

广西旅游资源与特色旅游产品开发

一、广西旅游资源与区位优势得天独厚

广西是以喀斯特地貌景观为主体，以桂林山水、北海银滩、民族风情、边关风貌为主要特色的旅游资源大省。与其他省（区）、市比较，其旅游资源有种类、多分布面广、等级和品位高等特色。除了拥有丰富的旅游资源外，优越的区域位置更是广西发展旅游业得天独厚的地理优势。广西位于华南与西南经济圈、港澳与内陆经济圈、东南亚与南亚经济圈、国内市场与国际市场的结合部，是中国大西南的重要出海通道，是环北部湾经济区域合作的重要基地之一。独特的区位优势，不仅有利于广西在更大范围的旅游区域经济格局中找准自己的定位，而且极利于广西旅游客源市场的开拓、旅游区域经济的联合和人流、物流、资金流、信息流的汇聚。

二、广西特色旅游产品建设取得重大的进展

近几年，广西始终坚持以特色旅游产品开发为中心，以特色资源为依托，以市场为导向，突出建设旅游精品，改造提高传统旅游产品，大力开发新的特色旅游项目，逐步推进新的旅游热点和特色旅游线路，不断丰富旅游产品的内涵，增强旅游产品的吸引力和竞争力。

在旅游项目开发建设过程中，广西一贯推行“政府主导、部门协同，企业运作、专家管理”模式，坚持“谁投资、谁受益”的原则，通过政府引导性投入、招商引资、股份合作制、企业和社会投入，争取旅游国债和旅游发展资金等多形式，多渠道筹措建设资金，突出重点，集中力量开发了一批特色突出、主题鲜明、吸引力强、上规模、上水平的重点旅游项目，如资江八角寨、南宁青秀山、大新德天瀑布、靖西通灵大峡谷、阳朔世外桃园等。

在大力推进特色旅游资源开发和旅游项目建设的同时，近几年广西还加大了旅游产品结构与布局的调整优化和传统旅游产品的完善提高。一方面，在丰富和完善观光型旅游产品的同时，着力开发休闲度假、会议商务、生态旅游、修学旅游、探险旅游等新旅游产品，从总体上增强广西旅游产品的吸引力。另一方面，着力调整优化广西全区旅游产业布局，充分发挥广西龙头—桂林市的辐射带动作用，努力形成南北对接、东西呼应，客源互流的大旅游、大市场格局，延长游客在广西的停留时间，增强旅游消费、提高广西旅游业的整体效益。其次，近两年广西大力开发旅游区（点）质量等级评定工作，以此促进现有旅游景区（点）环境、管理、服务质量的提高，逐步使广西旅游景区（点）迈入标准化、规范化管理的轨道，逐步与国际惯例接轨。目前，广西已有14个景区列入国家4A级旅游区（点）名录，10个旅游景区荣获国家3A级旅游区（点）称号。

三、构筑广西特色产品体系的战略构想

广西紧紧围绕旅游产业“四区一带一龙头”的总体战略布局和“一个中心，四大支柱、四大体系”的战略构架，以全新的理念、创造性的思维、宽广的视野，以资源为依托，市场为导向，通过实施资源集约、产品整合、区域联动等策略，按照突出特色、提升品位、丰富内涵、扩大规模、增强竞争力的总体要求，集中力量建设一批特色鲜明、内涵丰富、上规模、上水平的特色旅游产品，并以“板块式、点轴式”等形式组合提升，形成广西山水风光、滨海休闲度假、民族风情、边关风貌为主体的特色旅游产品体系。继续推进“411—5103840”工程，建设和完善桂林山水民俗旅游线、南国边关风情旅游线、环北部湾滨海边境旅游线、桂东历史文化宗教名胜旅游线和南昆铁路奇山秀水生态风情旅游线五大旅游线路以及桂（林）一海（北海）高速公路旅游带、中越边境公路旅游带、滨海公路旅游带、黔东南—桂林、桂林—贺州—广州等特色旅游线路。突出开发桂林山水风光游、北海银滩休闲游、南国边关揽胜游、壮乡文化风情游、瑶苗侗乡采风游、千年灵渠寻古游、花山崖画探奇游、金田名胜古迹游、百色小平足迹游、巴马寿乡探秘游等 10 大旅游精品；建设 38 个重点旅游项目；完善 40 个重点旅游市、县。将这些项目建设成为 21 世纪广西新的旅游精品和参与国内外旅游市场竞争的主要载体。

（摘自：广西旅游局. 袁铁象. 发布人：阿　毛.）

6.1　广义的旅游产品

旅游产品作为旅游企业的经营对象，遍及旅游产业，甚至存在于旅游产业以外的其他行业。旅游市场上某一需求的形成，就意味着一种旅游产品的即将问世。饭、菜作为饮食服务业的主要产品，满足旅游者出游时吃的需求；宾馆的客房作为一种直观的旅游产品，满足旅游者宿的愿望；旅游交通使旅游者出外旅游时发生空间位移以实现他们对行的需求；旅游景点、旅游商品和娱乐设施满足旅游者游、购、娱的需求；至于邮电部门的通讯，保险业的各类保险及金融、医疗卫生等都可作为一种旅游产品供应于旅游市场，从而满足旅游者的多种需求。摆脱传统的实物产品观念，旅游产品不仅包括有形实物，而且还指无形劳务。随着现代旅游产业的发展，旅游产品中实物部分的比例会越来越小，而无形劳务的比例会越来越大。

6.1.1　旅游产品的概念及内容

（一）旅游产品

旅游产品有广义和狭义之分。狭义的旅游产品是指旅游商品，是由物质生产部门所生产，由商业劳动者所销售的物品。它包括旅游者旅游期间购买的生活用品、纪念品等各种实物商品。它仅满足旅游者出外旅游时购物的需求，不是本书的研究对象。广义的旅游产品是指旅游企业经营者在旅游市场上销售的物质产品和活劳动提供的各种服务的总和。它以旅游路线为主体，与各部门、各行业结合，从而满足旅游者伴随旅游所产生的吃、住、行、游、购、娱六大基本需求。它既能满足旅游者的物质需求，又能满足精神方面的多种需求。

（二）整体产品概念

整体产品概念是通过交换以满足消费者某种需求和利益的有形物体和非物质性的无形服务。从这一角度出发，可将旅游产品理解为核心产品、形式产品和延伸产品三个层次，如图 6-1 所示。

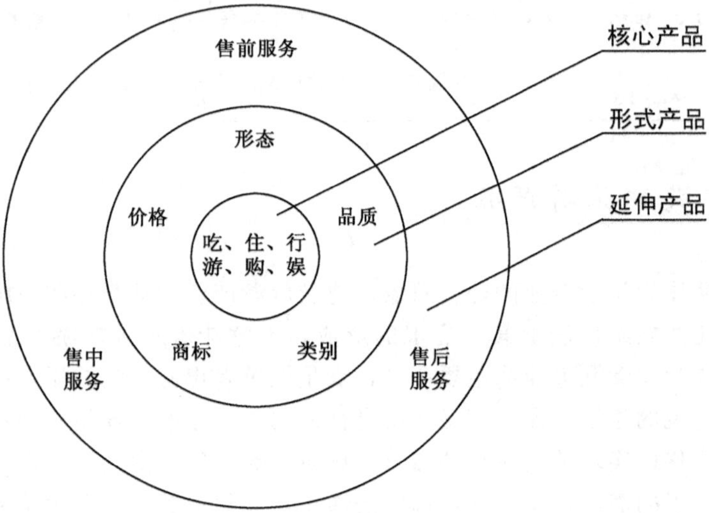

图 6-1　旅游产品的三个层次

（1）核心产品。向旅游消费者提供的、基本的、直接的使用价值，以满足其旅游需求。具体来说，吃、住、行、游、购、娱六大要素构成一件旅游产品的核心层次。

（2）形式产品。核心产品借以实现的形式——在市场上出售旅游产品的实物或劳务的外观。在旅游市场上，产品的基本使用价值必须通过某种形式得以承载，在市场上实现交换，即使纯粹的劳务商品，也具有相类似的形式上的特点。因而，任何一件旅游产品总具有某种确定的外观。形式产品包括：品质、形态、商标、价格、旅游类型——观光旅游、度假旅游等等。

（3）延伸产品。在购买者购买之前、之中和之后所得到的任何附加服务和利益。诸如售前咨询、售后服务及销售过程中的其他服务。

由此可知，任何一种旅游产品的消费都是一个整体系统，它们不仅要满足一定的基本需求，还能满足与此有关的一切辅助性利益需求。相应的旅游企业所出售的旅游产品也应是一个整体系统，在激烈的竞争中，只有向游客提供更完善的服务，才能更完美地满足其所需的延伸产品。

（三）旅游产品的内容

为了更能准确地理解旅游产品，从事旅游生产，我们应研究旅游产品的构成要素。旅游产品既然能满足旅游者吃、住、行、游、购、娱六大基本需求，因而，它的内容也就由相应的行业提供的实物或劳务组合而成。它包括下面的要素：

1. 旅游餐饮

作为满足人们饮食基本需求而由饮食服务业提供的饮食及各种服务，构成了旅游产品不可缺少的一个基本要素。随着旅游活动的发展，餐饮服务不仅满足人们的物质需求，而且成为一种饮食文化，其本身构成一种旅游资源，出现了“饮食旅游”、“烹调旅游”等，它已上升为满足人们的精神享受了。

2. 旅游住宿

旅游者近三分之一的时间在饭店、宾馆里度过，因而，饭店、宾馆所提供的产品和服务成为旅游产品的另一个基本要素。中国在旅游业发展初期，由于受到饭店的限制，旅游接待能力受到很大影响，这种现象到 20 世纪 80 年代末期才有好转，1988 年才实行房价单列。因此，饭店产品的结构、档次是否合理，严重影响着旅游产品质量。

3. 旅行

旅游的内容是由“旅行”和“游览”构成，因此，旅行构成了旅游活动的前提。由交通部门提供的客源地到目的地的位移及景点之间的位移成了旅游产品的重要内容。历年来旅游交通的收入在旅游总收入中占有很大的比重，充分说明了旅游交通是旅游产品一个最基本的构成要素，现代化、安全、准点的旅游交通成为一件好的旅游产品的保证。

4. 旅游景观

如同旅行一样，旅游的另一主要内容是游览，而旅游景观则是满足这一需求的主体产品。景观是否丰富、独特，直接决定着旅游产品的质量好坏。对于旅游者而言，总是期望以最小的旅行去获取最大的游览。旅游景观就成为了旅游产品的吸引物，这一吸引物构成了旅游产品最直观也是最核心的部分。

5. 旅游购物

旅游期间，在旅游地购买旅游纪念品、美术工艺品、土特产品、生活用品、食品及药材等活动均为旅游购物。它是旅游产品设计、生产中不可缺少的一个重要内容。据统计，国际旅游市场中旅游购物占旅游支出的70%左右，而中国不到30%。香港、新加坡更是以购物天堂而享誉旅游业，旅游购物不仅能直接增加旅游收入，满足旅游者的需求，更能起到意料不到的宣传效果。

6. 旅游娱乐

娱乐项目是旅游产品的基本构成要素，也是现代旅游——综合型非观光旅游的重要内容。只有娱乐项目的多样化、知识化、趣味化、新颖化，才能广泛地吸引各类旅游者。娱乐应因地制宜，充分发挥资源优势，体现现代科技。

以上是旅游产品的基本构成要素，一种旅游产品缺少其中任何一种要素，便是一个残缺不全的产品，不能在旅游市场上交换。而以上要素并非是旅游产品的最终形式，旅游产品最终表现为旅游路线。旅游产品生产者以时间日程为经，以空间路线为纬，编织的是各种旅游实物和劳务，来满足旅游者的不同需求。

6.1.2 旅游产品的特点

旅游产品作为一种商品，同样具有价值和使用价值二重属性。它的价值构成不仅包含人们过去的物化劳动，而且包含人们的即时劳动。其使用价值体现在满足人们的旅游及相伴产生的其他需求。旅游产品具有一般商品的基本属性，但它又有自身的特殊性。这种特殊性主要体现在以下几个方面：

（一）旅游产品的综合性

旅游者的需求是多种多样的，从而决定旅游产品使用价值的内容十分丰富，在旅游产品的生产过程中涉及到的行业非常多，满足旅游者吃、住、行的需求，就要涉及到饭店业、饮食服务业和旅游交通业，而这些行业的延伸则为农副业、商业、建筑业、制造业等部门，它们间接地为旅游者提供旅游服务；此外，还涉及到一系列间接的部门，诸如海关、邮电、公安、银行、保险、医疗卫生等。据美国工业标准分类（SIC）系统的一项调查表明，有30多种主要工业部门为旅游者服务，而涉及到旅游业的其他行业和部门多达270多个，由此可见，旅游行业是一个综合性的行业，而这种综合性则来自于旅游产品的综合性。这种综合性同时也就决定了旅游产品生产的脆弱性，只要所涉及的行业稍有波动，旅游产品的数量和质量便会有相应的波动。因此，要使旅游产品的价值和使用价值得以顺利实现，就要求在旅游企业的规划建设中协调发展。

（二）旅游产品的非实物性

旅游产品的非实物性可从生产、交换和消费三个环节中体现出来。旅游产品的价值构成来自于两个方面：一方面，它包含了旅游生产者过去的物化劳动，如客房、菜肴等，都是物化劳动的具体体现；另一方面，旅游产品的价值更多地由旅游生产者的即时劳务所构成，从点菜、上菜一直到结算等过程中所有的人工服务，包括就餐环境的营造（诸如灯光、背景音乐、空调、餐具等）都构成这一旅游产品的具体内容。

进入到旅游市场流通的旅游产品并不以实物形态出现，它是根据旅游生产部门所提供的各种信息来完成其交换价值的转移。在这一转移过程中，多数旅游产品会出现使用权与所有权的分离。旅游者购买的仅仅是旅游产品的使用权，而其所有权仍停留于生产者手中。这就决定了旅游产品的生产以旅游者需求为依据，而旅游产品的消费则由于其地域限制而产生异地现象。

（三）旅游产品的不可贮存性

由于旅游产品的价值内容有相当大一部分是由生产者提供的即时劳务构成的，因而它决定了旅游产品的生产和消费具有同步性特征。当实物部分的旅游产品生产出来后，并不意味着产品的生产已经形成，从生产转向消费这一过程所包含的各种劳务都构成旅游产品的价值内容。如同商品是价值和使用价值的统一体一样，旅游产品同样是物质产品和劳务的统一体，而劳务具有一个最突出的特点——其生产和消费的同步性。光有劳务的消费而没有生产，好比画饼充饥，不成为商品；而光有劳务的生产而没有劳务的消费，其价值得不到社会的承认，没有实现的前提。只有在生产和消费同时进行中，才实现了劳务价值。旅游产品的这种同步特征决定了自身的不可贮存性，旅游产品的不可贮存性最突出地表现在它受时间和空间的双重限制。生产和消费的同步性要求旅游产品从生产到消费之间的时滞很小，更无仓储一说，更不可能将淡季多余的客房留待旺季时出售。这种客观性决定了旅游产品在时间上的不可贮存。另一方面，旅游产品的不可贮存还体现在空间上的不可转移，旅游产品的生产受到自然条件的限制，因而在地域上体现出极强的垄断性。旅游产品的这种地域性决定了在旅游产品的生产过程中，不可能将旅游热点地区的产品迁移到旅游温点甚至冷点地区，进行人工调配。

（四）旅游产品的高附加值

与物质产品相比较，旅游产品是一种经过较深度加工的产品，原来分散存在于各行业的产品经过旅游生产者的设计、开发和经营，大幅度提高其原有价值，其产品价值中所包含的有形原料的转移价值比重很小，而加工过程中所付出的人类劳动力创造的价值很大，具有很高的附加值，这一附加值中劳务性比重相当大。旅游产品的高附加值这一特征决定了现代旅游业是一种劳动密集型产业，与其他产业比较，旅游产业耗费资源少，产出效益好，换汇成本低。

（五）旅游产品具有较大的需求弹性

由于旅游产品满足于人类较高层次的需求，从而决定了其具有较大的需求弹性，具体表现在旅游者对旅游产品的需求强度小而且极不稳定，旅游消费还受到政治、经济、文化、战争等各种因素的影响。这种高弹性的产品决定了人们的消费习惯具有较大的选择性。换言之，旅游产品具有较强的替代性，当某一旅游产品的价值上升时，消费者会购买其他旅游产品予以取代，这就决定了旅游者选择的余地很大，且这种选择带有较强的随机性。

6.1.3 旅游产品体系

世界旅游产品的品种丰富多样：夏威夷的浪漫、喜马拉雅山的雄伟、金字塔的神秘、迪斯尼的喧嚣、长城的古老、桂林的秀美，无一不丰富着人们的旅游活动。旅游产品的物质基础是旅游资源，世界各国和各地区由于各自不同的发展进程，形成特异的民俗风情，加之因地理条件的差异而出现的独特的地貌，这些都构成了旅游资源。各不相同的资源决定了旅游产品的独特性，开发旅游产品的基本原理就是要充分利用旅游资源的地域差异和季节差异，生产出最具民族性和地区性的产品。

（一）旅游产品分类

世界旅游业发展至今，旅游产品日趋丰富和成熟，其主要原因一方面来自于旅游生产方的激烈竞争，迫使旅游生产者不断运用新的技术开发新的旅游产品；另一方面来自于旅游消费方的市场需求。旅游产品由于以上的原因，数量和种类的增加十分迅速，形成了产品体系。对旅游需求市场的细分，产生了不同系列的品种丰富的旅游产品。

1. 依据旅游范围可分为国内旅游与国际旅游

依据旅游范围划分一种传统的细分标准。其区分标准依旅行范围是否超出国界为据。在常规旅游发展过程中，由于基础设施的建设和服务水平的不断提高，总是先开发国内旅游产品，后开发国际旅游产品。而大多数发展中国家由于投资能力有限，发展本国旅游业走的是先国际旅游后国内旅游的非常规途径。中国属于后者，但国内旅游发展很快，1996 年国内旅游收入达 1 600 亿人民币。

2. 依据旅游的规模大小可分为团队旅游和散客旅游

由于团队旅游不仅同行人数多，相互照应而且价格适中，实行包价后减少了游客很多不便，因而，传统旅游产品多以团队旅游为主。随着人们旅游次数的增多，人们对旅游的需求更趋向于个性化，近几年来，散客旅游的比重日趋提高。世界旅游产品更趋向于灵活性和独立性，来华散客旅游的比例也增加到50%以上，与团队旅游相比较，散客旅游更随机，更自由，而且价格也更趋合理，更能够体现旅游消费个性。

3. 依据产品生产方式可分为人工旅游产品和自然旅游产品

旅游产品的传统生产方式是以自然物质为体现形式。大多数产品是在自然旅游资源和人文旅游资源的基础上增设一定的旅游服务配套设施，诸如旅游路线、餐饮、住宿等，旅游产品主要表现为自然实物，如尼亚加拉大瀑布（Niagara Fall)、埃及的金字塔（Pyramid）等。随着现代科学技术的发展，许多高新技术日益被引进到旅游产品的生产过程中，增加了旅游产品的人工部分，再辅以声、光、电等，产生出许多新奇的效果，诸如目前广为流行的微缩景观以及享誉全球的迪斯尼游乐场（Disney Land）等。

4. 依据旅游方式可分为传统旅游产品和专项旅游产品

由于人们最初的旅游活动主要是观光和度假，因而观光度假旅游产品成为传统旅游产品。而随着旅游产业的发展和成熟，人们追求特殊性、趣味性和有益于身体健康的多种专项旅游产品，逐渐成为一种潮流，诸如会议旅游、商务旅游、探险旅游、文化旅游、体育旅游、保健奖励旅游、购物旅游、教育旅游等。

其他旅游产品还有新婚蜜月旅游产品、家庭旅游产品、老年人旅游产品等。

（二）旅游产品质量

产品质量是企业竞争的基础。旅游产品质量是旅游产业的生命，旅游产品的质量内容一般包括以下几个方面：产品使用价值大小、产品持续时间长短、产品的可靠性及其安全程度、产品的价格。狭义的旅游产品质量仅指旅游服务质量。

1. 旅游产品的使用价值

旅游产品的使用价值是指能够满足旅游者需求程度的高低，即通常所谓的产品性能。旅游产品使用价值的大小直接决定于旅游资源的品位高低。因而在旅游产品生产中，如何合理安排旅游线路，恰如其分地满足旅游者的吃、住、行、游、购、娱等需求，是开发旅游资源，科学设计旅游产品的一个前提原则。

2. 产品的持续时间

产品的持续时间主要指产品在旅游市场中所存在的时间，亦即产品的生命周期。现代旅游产品的生命周期日趋缩短，一方面反映着旅游需求的多变，另一方面也加速了旅游产品的更新换代。

3. 产品的可靠性和安全程度

产品的可靠性和安全程度主要从旅游的接待能力和接待环境中体现。旅游目的地要有较高的可进入性，进得来，出得去。旅游地之间的衔接十分紧密，它要求旅游产品的主要组成部分诸如旅游饭店、交通、景点、购物等内容要协调发展，形成合理的产品结构。而旅游产品的安全程度，则要求旅游者的生命和财产有保障，因而任何政治运动、战争、社会动乱都将降低该地区旅游产品的质量。

4. 产品的价格

产品定价要合理，这种合理体现在两个方面：一是质与价相符。由于旅游产品的质量评定带有较大的主观性，因而增加了产品质量保证的难度，这种质量保证则更多地依赖于价格来体现。合理体现的另一个方面则要拉开价格档次。高质高价，低质低价，做到货真价实，拉开旅游产品的档次，以满足各种层次的旅游者的需求。

旅游产品质量，应在开发、设计中奠定，在生产过程中形成，在服务中显示，以旅游消费者的满意程度为衡量标准。提高旅游产品质量即可从以上四个方面着手，而质量的确立和维持必须有一定的物质基础——旅游企业的生产能力。

6.2 旅游产品生命周期理论及营销策略

古老的宗教旅游、商务旅游，慢慢为疗养、度假旅游所取代；从文人墨客游山玩水，到现代社会的多种专项旅游，一直在市场上体现出一种周期，只是这种周期对于不同的旅游产品有长有短罢了。正是这种市场周期性，成为旅游市场营销中产品生命周期理论的奠基石。

6.2.1 旅游产品生命周期理论

旅游市场的激烈竞争，使功能齐全、性能良好的旅游产品层出不穷，而每一件新产品的问世，则意味着旧产品遭到淘汰。这种淘汰会循环往复地出现，使每一件旅游产品都经历着投放市场到被市场淘汰这一过程。

旅游产品的生命周期是指某种旅游产品从投放市场，经过成长期、成熟期后到最后淘汰的整个市场过程。它不同于产品的使用生命，后者专指产品的耐用程度，即在使用过程中产品的寿命。旅游产品的生命周期从理论上可分为投放期、成长期、成熟期和衰退期四个阶段，如图 6-2 所示。

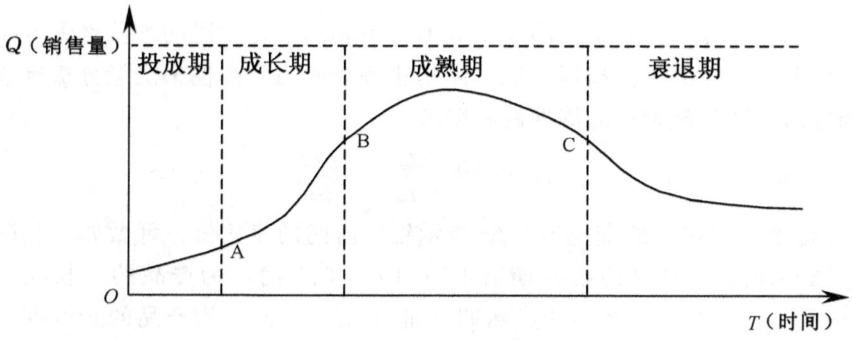

图 6-2　旅游产品生命周期曲线

在现代旅游市场中，由于激烈的竞争，旅游产品的更新换代很快，每一件旅游产品的生命周期并非一样，有的产品周期长，有的产品周期短，有的产品呈波浪型起伏，有的产品则比较平稳，呈现出来的市场现象各不相同，如图 6-3 所示。

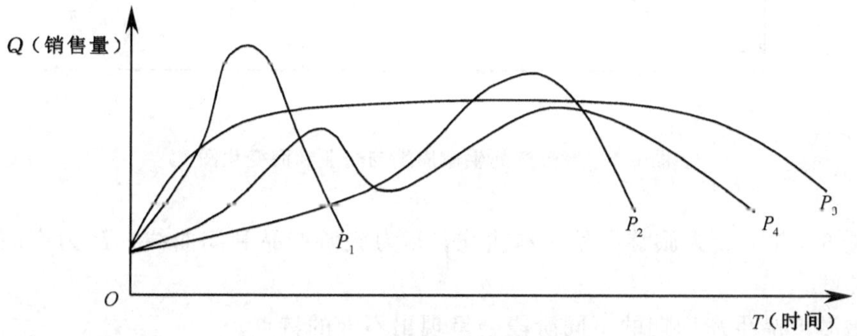

图 6-3　旅游产品生命周期种类示意图

P_1 所呈现的旅游产品周期很短，但销售量很大，成为旅游市场中时尚型的产品，诸如现代人们的春游、秋游或某些节日游（洛阳牡丹花会、国庆节、端午节等）。

P_2 产品成熟期很短，但研究费用很高，属于一种超前消费的旅游产品，对于中国人民来说，出境旅游属于这一类型，此外，还有太空旅游等。

P_3 产品投放期和成长期较短，而产品的成熟期较长，几乎看不出衰退期，这种旅游产品多为传统旅游产品，诸如观光旅游、度假旅游等。

P_4 所呈出的是一种波浪起伏的市场周期，是在旅游市场中具有很规律的周期，属于这一类的旅游产品，诸如会议旅游、宗教旅游、商务旅游及周末度假旅游等。

从以上分析可知，旅游产品生命周期各不相同，各阶段的划分也无定律，但我们可借助于一定的经济指标，以产品销售额对时间的弹性来定量分析旅游产品的市场生命，区分旅游产品周期的各阶段。

$$E_t = \frac{Q_1 - Q_0}{t_1 - t_0} = \frac{\Delta Q}{\Delta t}$$

式中：ΔQ 表示销售量的变化值，Δt 表示销售时间的变化值，可做如下判断：当 $0 < E_t < 10\%$ 时，为产品的投放期（Ⅰ）；$10\% < E_t$ 时，为产品的成长期（Ⅱ）；$0.1\% < E_t < 10\%$ 时，为产品的成熟期（Ⅲ）；$E_t < 0$ 时，为产品的衰退期（Ⅳ）。其旅游产品的生命周期与旅游企业利润变化如图 6-4 所示。

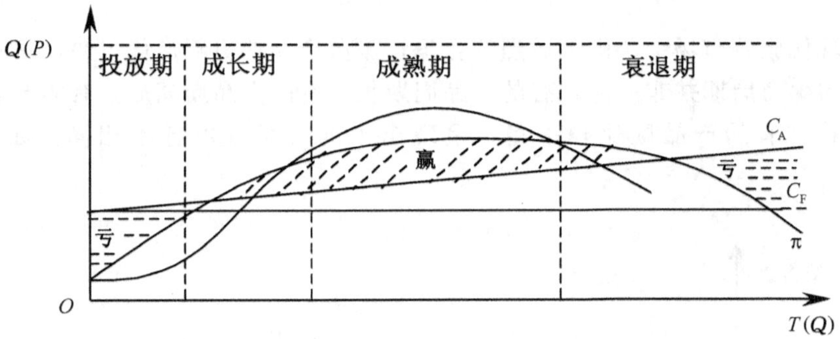

图 6-4　旅游产品生命周期与企业利润变化图

图 6-4 中，C 为旅游产品成本曲线；π 为旅游产品利润曲线；P 为产品生命周期曲线。

旅游产品生命周期的不同阶段会呈现出不同的特点。

1. 投放期

投放期是旅游产品进入市场的初始阶段。旅游产品的生产设计还有待进一步改进，基础设施急需配套、完善。吃、住、行、游、购、娱六个基本环节有待于进一步协调、沟通。同时，服务人员劳动技巧不娴熟，服务质量不高。旅游产品的知名度不高，因而销售额增长缓慢且不稳定。对外宣传，广告费用较高，旅游企业利润率较低，甚至处于亏损局面。

2. 成长期

新的旅游产品日渐被消费者所接受，旅游产品的生产设计已基本定型，主题明确。在这个时期，企业的基础设施已趋完善，六大基本环节相互之间联系紧密，处于正常运转状态。服务人员劳动熟练程度提高，服务趋于标准化和规范化，服务质量得到大幅度提高，旅游产品知名度渐渐提高，产品的销售额稳步上升，企业利润大幅度提高。但是与此同时，新的企业参与市场，展开竞争。

3. 成熟期

成熟期是旅游产品的主要销售阶段。旅游产品成为名牌产品或老牌产品，产品销售额渐渐达到高峰而趋于缓慢，年销售量增长率在1%～5%之间，旅游企业生产能力发挥到最大，产品拥有很大的市场占有率，企业利润也达到最高水平。旅游市场已趋于饱和，供求基本均衡，但企业间的竞争日趋激烈。

4. 衰退期

衰退期是旅游产品逐渐退出市场的阶段。这一时期更为先进的旅游新产品层出不穷，而现有的旅游产品基础设施老化，六大环节不能协调，经常出现某一环节的短缺，员工流失率很大，从而使企业的生产能力受到影响，旅游产品已不适应人们不断变化的消费需求，销售量锐减，许多旅游企业在市场竞争中被淘汰，从而转产退出了旅游市场。与此同时，市场出现新的换代产品或替代产品。

6.2.2　旅游产品生命周期各阶段的营销策略

如前所述，不同旅游产品在各阶段呈现不同的特点，也并非一切旅游产品都必须经历四个阶段。但是，无论旅游产品有什么样的市场周期，作为旅游生产者必须认真研究产品各阶段的特点来制定其市场营销策略。

（一）旅游产品投放期营销策略

根据旅游产品在投放期的特点，旅游企业所采取的营销策略都是新产品营销策略，有四种营销策略可供选择。如图 6-5 所示。

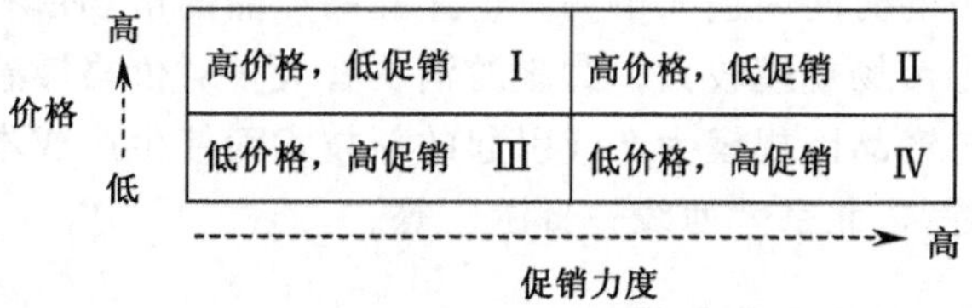

图 6-5　投放期旅游产品促销策略

1. 缓慢采取策略——高价低促销

以较高的价格树立产品的形象，以此来弥补在促销力度上的不够，从而把旅游产品投放到市场。高价格的目的在于获取更大的赢利。而低促销则是降低新产品的销售费用，旨在通过高价格来提高旅游产品的知名度。这种策略在短期内可获巨大利润，以回收旅游产品的生产投资。但必须具备以下基本条件：①产品的规格档次高，服务质量好，基础设施齐全；②旅游市场规模小；③旅游市场已基本了解这类产品；④潜在的竞争对手少，使旅游产品具有很大的垄断性，如近几年推出的“告别三峡游”等皆属此类产品。

2. 迅速采取策略——高价高促销

以较高的价格树立旅游产品市场形象，同时支出大量的促销费用，加大促销的力度，在市场上树立质量的形象，以弥补高价格的不足，从而扩大对市场的占有率。这种策略适应于以下类型的市场：①产品的知名度很低；②人们消费水平较高，市场上有一批重质量而轻价格的成熟消费者；③旅游产品更具个性化、趣味性和健康性，与同类产品比较，具有明显的优势。这类产品包括近几年推出的“东南亚十五（日）游”“新、马、泰十日游”及“太空旅游”等。

3. 缓慢渗透策略——低价低促销

企业以一种低姿态进入旅游市场，目的在于促使市场尽快接受这类产品，随着产品知名度的打开，慢慢地提高产品的价格，以收回企业的投资。采取该种策略的条件是：①市场上对该产品的价格弹性较大；②市场有较大的开拓余地；③基础设施能稳步配套建设；④市场有一定的潜在竞争者；⑤产品的知名度较高。如 1994 年起推出的“民俗文化游”、“烹调旅游”、“乡村旅游”等皆属此类产品。

4. 迅速渗透策略——低价高促销

迅速渗透策略就是以较低的价格加上较高的促销，全力推出该产品。这种策略常使产品在最短的时间内进入市场，迅速提高产品的市场占有率。采取该策略出于以下原因：①市场规模较大；②旅游消费者大多对价格敏感；③存在潜在竞争的威胁；④旅游产品因规模生产或引起的新技术而使生产成本大大降低。诸如西安“东线一日游”，北京“西线一日游”等。

（二）旅游产品成长期营销策略

成长期旅游产品的销售应包括两个方面：一方面巩固已有的销售成果，另一方面进一步扩大市场的占有率，尽快提高销售量。这一时期，潜在竞争者已经出现。企业在成长期的销售策略如下：

1. 改进旅游产品，进一步完善基础设施的配套建设，提高旅游地的可进入性

促使各行各业之间的协调，增强企业的接待能力（旅游产品的生产能力）。同时，根据旅游者的信息反馈，增减一定的旅游活动内容，规范服务技巧，努力培训员工，狠抓产品特色和服务质量，以吸引更多的潜在旅游消费者。

2. 加强市场促销

加强市场促销包含两个方面的内容：一方面开拓新的销售渠道，加强销售渠道的管理，搞好渠道成员之间的协调，尤其对旅游中间商给予相应的优惠，或提高佣金额，或改佣金为奖金，以此扩大销售范围；采取多种销售形式，增加新的销售渠道。另一方面，借助于媒介，对外宣传重点由介绍旅游产品转为树立产品形象，宣传产品特色，与此同时，增强旅游消费者对旅游产品和企业的信任感，提高产品的知名度，走名牌产品的销售策略。

3. 开拓新市场

在分析市场价格发展趋势和竞争者价格策略的基础上，努力提高旅游产品的规模生产能力，以此降低单位产品成本，可适当提高或降低原有价格，以吸引对价格敏感的潜在购买者，以此积极主动地寻找新的市场并占领它。

（三）旅游产品成熟期营销策略

这一时期旅游产品已基本定型，市场营销也日趋成熟，市场已趋于饱和状态，产品销售量已基本稳定，而同类产品的生产企业却不断增加，由此市场竞争异常激烈，企业为了保持产品的优势地位，可采取如下营销策略：

1. 市场改革

为了寻找机会市场，争取新的消费者，企业进行新的市场开发，进一步挖掘市场潜力，稳定和扩大产品的销售量。如深圳华侨城的几个大型旅游景区——民俗文化村、世界之窗、锦绣中华，最初的市场定位是港澳同胞，进入 20 世纪 80 年代末，随着特区建设步伐的加快，华侨城把目标市场由已经饱和的港澳市场转向内宾市场，一举在全国人造景观中出现轰动效应。

2. 产品改革

旅游产品的改革主要集中在两个方面：一方面是产品质量改革，根据消费者的反馈信息，哪些旅游活动较吸引人，哪些活动内容单调，现有的基础设施能否满足现有的旅游消费，给旅游地带来什么样的影响，如何改变这种影响，这些都

是旅游产品质量改革的基本内容。另一方面是服务质量改革，规范服务技巧，使旅游接待服务标准化，以此来稳定服务质量，同时，增设尽可能多的服务项目，以此吸引旅游消费者。

3. 营销组合改革

对原有的营销组合因素进行调整、变革，以刺激销售量。如降价或增加销售过程中的服务内容，开辟多种销售渠道等。但这种策略如处置不当，容易为其他企业模仿而加剧市场竞争，也可能因促销费用的增大而导致利润的损失。

4. 新产品的研制和开发

产品的市场营销进入成熟期，意味着市场营销工作开始下降。而旅游消费者日益变化的旅游需求，无法确知现有产品的衰退期何时到来，为使企业永远居于市场主动地位，旅游企业应着手研究新的旅游产品，加之成熟期的产品具有一定的代表性，能全面反映和预示旅游者的需求变化，因此，新一代旅游产品的研制和开发便不可避免地提上了日程。

（四）旅游产品衰退期营销策略

市场营销一旦进入衰退期，对于旅游企业而言，面临一次严峻的考验，企业能否果断地调整产品营销策略，直接关系到企业未来的生存和发展。一般而言，企业应尽可能地缩短产品的衰退期，其主要措施有：

1. 立刻放弃策略

如果旅游产品市场售价、市场销售量急转直下，甚至连变动成本也无法补偿，那么企业宜采用此策略。

2. 撤退和淘汰疲软产品

对于疲软产品，维持其生产成为企业发展的一个包袱，使企业的人、财、物得不到及时的转移，同时，疲软产品也会影响到企业的市场声誉，因而对于此类产品，企业应果断撤退和予以淘汰。

3. 逐步放弃策略

改善和扩充滞销旅游产品，滞销产品在旅游市场上仍具有一定的潜力可挖，面对同类产品或其他替代产品的竞争，市场销售量有所下降，对于这类产品，企业不应盲目放弃，打开一块市场毕竟不是件容易的事情，企业应当分析产品滞销的原因，对症下药，扩充产品的用途，提高产品质量，使产品销售量回升。

4. 自然淘汰策略

旅游企业不主动放弃某一产品，而是依据旅游产品的生命周期，继续用过去的市场、渠道、价格和促销手段，直至旅游产品的完全衰竭。进入市场的旅游产品多种多样，其生命周期各异，就算同时进入衰退期的同类产品，其旅游企业退出市场的时刻也不一样，有的企业较早退出市场，而继续留在该市场中的企业可以继承退出企业空闲的消费能力，由此获利。采用这一策略有较大的风险，因而对企业而言要求有较强的竞争能力。

同时，采用自然淘汰需进一步的策略抉择：①连续策略：企业继续维持过去的营销策略，直至完全退出市场。②集中策略：将原投入的资源集中于一些最有利的细分市场和销售渠道中，缩短经营战线，以做孤注一掷式的促销。③榨取策略：大幅度降低销售费用，以增加目前利润。这种细分有可能加速产品衰退。与此同时，因具备一定的销售面，即使大幅度减少促销活动，价格还可以维持不变甚至会略有提高。

因此，企业在衰退期应把握好“转”、“改”、“撤”三个基本原则，果断撤出市场，并着手新产品的投放，以完成旅游产品的更新换代。老产品的衰退期实际上成为了新产品的投放期或成长期。

6.2.3　产品生命周期的战略转移

产品生命周期不同阶段呈现各不相同的特点，因而各有相应的规律，企业应恰到好处地掌握四个阶段的转折时期。如图 6-2 所示，A、B、C 则分别为产品生命周期的转折点。而成熟期至衰退期的转折点则成为企业的战略转移点。对于企业的市场经营至关重要。

如果老产品在市场中处于衰退期，新的换代产品又不能及时问世，从而使企业错过 C 点继续下滑，则其他企业会乘虚而入，抢夺市场，造成旅游企业新产品的机会损失。同样，新产品替代较早，老产品市场销售没有滑至 C 点，新产品已问世，则会对老产品产生排挤，未能充分发挥其经济效益。产品生命周期的战略转移应如图 6-6 所示。

图 6-6 中的阴影部分则为旅游产品市场占有的空白，既是企业的机会市场，也是竞争企业的市场突破处，为了牢牢巩固企业的市场占有率，企业须不断推陈出新，图 6-6 中的 T_1、T_2 则为企业战略转移点而战略转移点实为企业的盈亏临界点。由于不同企业的经营宗旨不一样，因而战略点可高可低，并非一致。但不论战略点如何，企业至少要具备一定的战略眼光——新产品进入成长期后，就要研制开发第二代新产品或第三代新产品，对于旅游企业而言，应同时拥有二到三

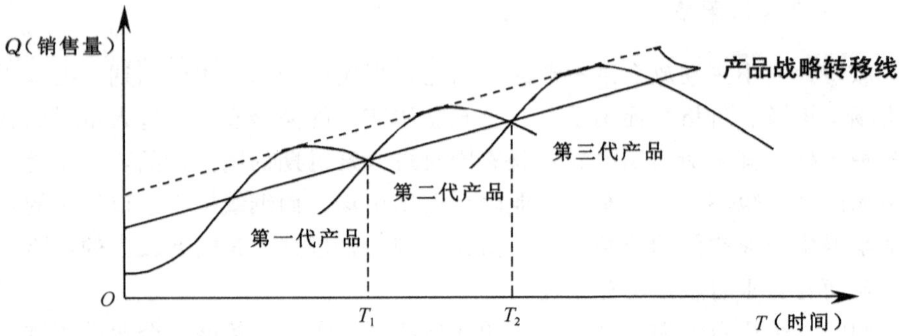

图 6-6 旅游产品生命周期战略转移

代新产品，方可使企业在市场竞争中处于主动地位。

6.3 旅游产品现状及新品开发

中国旅游业的发展，旅游产品的开发经过一条艰苦而曲折的途径，从无到有，不断地探讨，不断地摸索，终于使中国旅游产品在国际旅游市场上占有一席之地，享有良好声誉。只有对中国旅游产品的现状充分了解，才能生产出新的适宜的旅游产品以填补中国旅游产品的空白。

6.3.1 中国旅游产品的现状

中国目前的旅游产品结构以观光旅游为主，这是中国观光资源的优势给中国旅游业所提供的一个先天性的良好条件。经过十几年的发展，中国已形成了以城市观光为主的拳头产品。这种产品有其客观合理的一面，但也由此使中国旅游产品长期维持一种观光旅游的单一结构，很难适应国际旅游市场个性化和多样化的旅游需求。近年来虽然开发了一系列专项旅游产品，但并非严格意义上的非观光特种兴趣的旅游产品。长江三峡游、江南水乡游、少数民族风情游等专项产品仍属于一种观光产品，鲜有主动构思设计观光产品以适应和引导旅游需求。中国非观光旅游产品不但比重较低，而且尚处于欠成熟的初级阶段，据有关专家测算，中国非观光市场比例为 30%，东亚非观光市场比例为 81%，世界非观光市场比例为 77.5%，比较可见，中国旅游产品结构明显向单一观光型倾斜。

单一观光型产品结构不但限制了客源层次，而且产生低的经济效益，交通制约也十分突出。据国家旅游局第四次抽样调查结果显示，观光旅游在中国人均支出最低，为 934.2 美元，而其他旅游在华人均支出为：文化交流 1 003.8 美元；公务 1 150.7 美元；度假 1 194.3 美元；探亲访友 1 240.5 美元；商务 1 305.9 美元。同时，跟踪调查表明单一观光旅游还是重复旅游率低的直接原因。越是垄断性观光旅游，旅游者重复购买的可能性越低，而度假、购买等特种旅游，以人们某种消费定势为导向，重复消费率比较高。

中国旅游产品结构的另一个特征就是团体旅游比重高，散客旅游比重低，产品结构向团体型倾斜，这也是中国旅游产品初级性的表现。一个国家旅游业越成熟，它接待的散客旅游比重就越高。欧美旅游发达国家以经营散客旅游为主，而目前发展中的旅游国家，其散客比重也逐步提高。中国进入 20 世纪 90 年代后，散客旅游的比重逐年提高，标志着中国旅游业已开始走向成熟。但由于为散客服务的系统功能残缺，尤其是旅游信息系统亟待建设，因而，散客旅游的增长十分缓慢。固定的团队产品模式与旅游散客化的发展趋势之间日益尖锐的矛盾，大大局限了中国的客源层面，减少了产品的市场机会，使来华旅游客源增长的潜力降低。

6.3.2 现代旅游产品的发展趋势

随着人们生活水平的提高，旅游逐渐成为人们的生活必需品。现代旅游产品层出不穷，旅游需求也多种多样，面对未来人们的消费习惯，旅游产品的发展趋势呈现以下几个特点：

1. 产品多样化，形成一定的产品体系

现代旅游业的发展不仅生产出丰富的旅游产品，而且激发了人们的旅游需求。传统的观光度假产品具有不衰的魅力，而新的专项旅游产品不断涌现。欧洲大陆上具有百年历史的“东方快车”仍在行驶，而打网球、高尔夫球或潜水、滑雪正成为新旅游度假吸引物。度假旅游、商务旅游等非观光产品的增长，体现出旅游产品多样化的趋势。

与此同时，对旅游需求的市场细分，产生了不同系列、品种丰富的旅游产品。针对不同旅游目的、不同客源国、不同年龄、不同性别、不同职业等设计的各种旅游产品，构成了一个庞大而完善的旅游产品体系。

2. 主导产品明确，整体形象鲜明

世界旅游市场的竞争日渐集中到旅游产品的竞争上。这促使各国根据自身旅游资源特点选择本国主导旅游产品或拳头产品，突出特色，扬长避短，在国际旅游市场上树立鲜明的整体形象。西班牙以“Sun，Sands，Sea”为特色，以海滨度假作为主导产品；香港、新加坡则以城市观光、购物、商务见长；埃及金字塔，希腊雅典山，中国万里长城、兵马俑，印度泰姬陵，皆为世人熟知，成为各国的拳头产品。同时又有多样化的产品体系，以点带面，相得益彰。

3. 旅游新产品不断涌现，产品生命周期缩短

旅游消费求新求异，传统旅游目的地不断翻新产品来吸引回头客，新的旅游目的地也以崭新面貌出现。新产品不断出现的一个直接原因就是现代旅游产品的开发周期缩短。在旅游发达国家，基础设施日益完善，不存在这方面的建设和投资，产品设计、资本的流向更为灵活，因而更注重于软件开发——旅游项目的编排和路线的组合，注意投资效果。而新的旅游开发区，则可直接吸引先进的旅游产品，学习产品开发创意和模式，使旅游产品的设计、生产事半功倍。这种国际市场的竞争不断缩短旅游产品的生命周期。

4. 旅游产品大型化和集中化，注重于产品深层次内容的挖掘，以求产品的灵活组合

旅游产品的大型化和集中化体现在近年来各国纷纷提出主题旅游年。这种产品最早出现于新加坡，中国在1992～1997年间连续推出六个主题旅游年。旅游年的推出更有利于旅游生产者的对外宣传。其实质是举办系列吸引旅游者大型旅游活动，丰富新的民族文化节庆，为旅游者提供清新的感受。

除了在产品设计上注重创新和开发外，旅游产品的开发更注重于产品内部深层次内容的挖掘，更倾向于民俗、文化、科学知识上的开发。与此同时，旅游需求的个性化，促使旅游经营商推出更多适应散客消费的旅游产品，如组合式旅游既自由、又方便，尤其在交通、住宿等旅行条件不够完善的发展中国家，组合旅游是一种有发展潜力的新的旅游产品。

5. 注重产品的参与性，增加游客的消遣内容

参与性与消遣性明显增强是现代旅游产品一个明显的发展趋势。参与性越强的产品，给予旅游者的体现越生动、深刻。旅游产品日益大众化，使各阶层的旅游消费者都期望从旅游中获得轻松、愉快的消遣。不仅传统旅游产品参与性的内容在不断增加，而且新的各种专项旅游更刻意突出参与。以参与性的活动为基本内容，融合当地民情、民俗的消遣娱乐型旅游产品具有较高的成功率。

此外，旅游产品的市场竞争除以价格为手段外，越来越注重质量上的竞争，保证质量，建立国际信誉，成为众多旅游商和旅游产品生产者的信条。许多国家建立了质量评价反馈制度和旅游者投诉制度，由政府直接介入旅游产品质量控制工作。

6.3.3　旅游新产品的开发

在旅游企业经营中，市场瞬息万变，竞争日趋激烈。市场需求越分越细，旅游市场的容量日趋狭窄，旅游产品更迭周期越来越短，新的旅游产品好似昙花一现，由此迫使旅游企业重视新产品的开发。不断开发新产品是旅游企业生存和发展的关键，是企业取得竞争胜利的一个重要条件。

（一）旅游新产品及种类

旅游新产品是指旅游生产者初次设计生产的，或者原来生产过，但又做了重大改进，在内容、结构、服务方式、设备性能上更为科学、合理，更能体现旅游经营意图，与原有旅游产品存在显著差异的产品。旅游新产品的出现能明显影响人们的消费习惯，形成一种新的消费潮流。

旅游新产品按其自身所具有的新质程度可分为四类。

1. 改进型新产品

改进型新产品是指在旅游活动及其辅助项目，诸如吃、住、行、游、购、娱等方面所进行的改进，以提高服务质量，增加旅游活动内容，变化旅游路线，由此设计、生产出来的旅游产品。如三峡旅游，初期只有两艘豪华游轮，为适应市场需求，在游船的规模、等级、游线的安排上进行改进、提高，现在的三峡游又加进巫溪的小三峡，以此延长游客的逗留时间，提高吃、住、行、游、购、娱的规格档次。

2. 换代型新产品

在原有产品的基础上，充分利用其基础设施，局部采用新科技成果，扩点成线，扩线成面，设计生产出满足新的旅游需求的产品。如中国在最初观光型旅游产品的基础上，将旅游城市西安、兰州、张掖、敦煌、哈密、乌鲁木齐、喀什等连接起来推出大型专线旅游产品——丝绸之路游，这是一种经过组合的主题观光型产品。针对于观光旅游，这是一种换代产品。而在主题观光产品之后，中国又陆续推出的主题旅游年，也是一种换代型产品。

3. 创新型新产品

运用全新的科技原理，设计、生产出来的具有新原理、新技术、新内容等特征的旅游产品。类似于电话的发明、飞机的问世一样。诸如锦绣中华、民俗文化村的出现，在旅游产品的生产上带来一种新的革命。绿色旅游、森林旅游更是解脱了人们日常生活的压抑，使人们能完全、彻底地回归大自然。

一般而言，创新型新产品的设计、生产难度较大，把科学技术的最新成果转化为生产力，直接体现到旅游产品的生产中。这中间不仅受到企业的技术水平、资金等诸多方面的限制，而且研制开发的时间较长。换代型新产品是局部质的变化，创新型新产品则是在长期量变的基础上产生的质的飞跃。

4. 仿制型新产品

仿制型新产品是指企业仿制市场上已有的新产品，有时在仿制过程中又可能有局部的改进和创新，但基本原理和结构是仿制的。这种旅游新产品在旅游市场上极为普遍，仿照"锦绣中华"、"民俗文化村"而生产的北京"世界公园"等一批人造景观即属此列。

（二）旅游新产品的开发策略

在旅游新产品开发中，有四种主要因素影响到开发策略的选择，它们是产品与市场、开发目标、开发途径和控制协调。这四种主要因素又包括许多具体内容和类别，如果排列组合起来，将有数百种开发策略，企业在选择策略时应审时度势，根据具体情况选择切合实际的策略。

1. 长短结合策略

长短结合策略也称储备策略，既考虑到企业的短期利益，更考虑到企业的长期利益，着眼于企业长期、稳定、持续地发展。采取这一策略，旅游企业应有四档产品：一是企业生产和销售的旅游产品；二是正在研制或研制成功，等待适当时机投放市场的产品；三是正在研究设计的产品；四是处于产品构思、创意阶段，开始市场开发、调研的旅游产品。

2. 主导产品策略

任何企业都应有自身的主导旅游产品。主导产品是资源条件与客源市场双向驱动的产物，在一定时期内相对稳定。根据中国资源特征和市场竞争情况，中国主导产品应选择垄断性、高品位观光产品，如长城、兵马俑等，和明确已成熟又有特色的少量非观光产品，如保健营养学、文化、探险、烹饪等。通过主导产品树立东方旅游大国的独特形象。

3. 高低结合策略

高低结合策略是指高档产品与低档产品相结合，以满足不同消费层次的需求，提高企业经营的覆盖面。

4. 以旅游企业经营目标为导向的策略

以旅游企业经营目标为导向的策略包括：进入市场策略，扩大市场策略和保留市场策略。

5. 不同革新程度的策略

不同革新程度的策略包括：全部创新策略、拿来策略和模仿改进策略。

6. 掌握开发时机策略

掌握开发时机策略包括抢先开发策略、紧跟开发策略和后发制人策略。

（三）旅游新产品创意评价

所谓新产品创意，指通过旅游企业内部与外部各种因素所产生的旅游新产品的构思和发明，是企业开发新产品的起点。就旅游企业而言，新产品的创意越多越好，但并非所有的创意都能付诸实践。因此，旅游企业须对新产品的开发创意进行筛选，从征集到的许多方案中选择具有开发条件的新产品的构思创意。选择创意除了坚持新产品开发的正确方向外，还须兼顾企业长远发展和当前市场的需求，有必要的技术储备。因而，创意的筛选是旅游新产品开发过程的重要决策。要正确做好新产品创意选择，可借助于创意评价表 6-1。

表 6-1　旅游新产品创意评价表

创意评分因素	加权	创意评分等级 B										得分
	A	1	2	3	4	5	6	7	8	9	10	$A \times B$
1. 旅游市场需求	0.15								√			1.2
2. 旅游产品销售状况	0.15						√					0.90
3. 产品开发技术难度	0.15									√		1.35
4. 旅游企业形象（个性与信誉）	0.10					√						0.50
5. 劳动力资源	0.10				√							0.40
6. 投资规模	0.10										√	1.00
7. 原有生产能力利用	0.05							√				0.35
8. 资源状况	0.05				√							0.20
9. 今后五年的发展机会	0.05				√							0.20
10. 安全与环境保护	0.04	√										0.04
11. 旅游替代品代用程度	0.02										√	0.20
12. 发展变形产品的可能性	0.02		√									0.04
13. 竞争形势	0.02			√								0.66
合　计	1.00											6.44

在创意评分表6-1中，创意评分因素是指成功地推出新产品必须具备的各种条件，权数则体现各要素对旅游经营的影响程度，而创意评分等级则是对该产品的创意单个因素的评价。创意的好坏依最后的得分而言。一般而言，0.00～4.00分为平庸创意，4.10～7.50分为一般创意，7.60～10.00分为优秀创意。上例创意评价为6.44分，表明此创意是一般创意。此表是一个较系统的评价方法，能给旅游经营决策提供必要的依据，在实际运用中，可做适度的调整。

（四）旅游新产品的商品化

旅游新产品的商品化过程是指通过旅游新产品的小批量生产和试营销到全面投产的过程。这一过程即是该新产品开发研制的结束，又是下一代新产品开发的开始，在旅游新产品商品化的过程中，有两点要加以慎重。

1. 确定适当的投放时间和投放地区

如果旅游新产品的投放不利于企业其他旅游产品的营销，则推迟上市；若新产品尚有可改进之处，也不必仓促上市。在销售市场的选择上，要充分考虑新产品的特点。创新型新产品则可首先开发最大市场，再向中等规模市场发展，最后延伸到较小旅游市场。若换代新型产品和改进型新产品，一般不必全面投放，而应在主要旅游城市集中宣传，采取市场渗透的战略，由点而线，由线至面。

2. 及时反馈新产品的试销信息

旅游新产品试销信息的反馈不仅使旅游生产者能及时了解市场需求，以对该产品加以改进，更可为旅游企业决策者提供以下决策依据：①可靠营销预测数据；②不同地区进行不同促销组合的测试结果；③旅游消费者对新产品的满意率。

6.3.4 旅游产品的升级换代

在日益激烈的国际旅游市场竞争中，及时捕获市场需求信息，依据自身条件，不失时机地发展新一代的旅游产品，是对旅游业宏观、微观两方面提出的共同要求，也是对现代旅游企业市场应变能力的挑战。纵观世界旅游产品，经历了一般观光旅游—主题观光旅游—非观光旅游的阶段。旅游产品日益由单向参加型转为双向甚至多项参与型，这是世界旅游产品的发展方向。

中国旅游产品模式从主体上看，仍为第一代产品——一般观光旅游。这一代产品的主要特点是以自然文化资源为主，旅游方式以参观为主，旅游范围则以热点城市为主。由此，产生了一批国际知名度较高的旅游热点城市和地区，成为中国旅游产品生产基地和旅游创汇的重要基地。这些基地是通过大规模投资和充分发挥自身优势发展起来的。从产品生命周期看，这些基地目前已处于成熟期。这一代产品终归是“初级产品”，靠粗放经营来支撑收入的增长，在基础差的地区，只能靠“硬开发”——基建投资来支撑接待规模的扩张，这是一种对资源的破坏性利用和廉价出售。

第二代旅游产品仍以自然文化性资源为主，但改变了以往的旅游线路和规模。这种线路不同于第一代的机械连接和强行搭配。而是主题独特、集中的旅游路线，更具有文化性和历史性，经过细致的组合加工，具有较高的附加价值。如“丝绸之路”、“三国旅游”的开发利用，旅游方式已由单向参观逐渐过渡到双方参与，软开发的特点逐步明显。这一代产品的开发意味着旅游产品结构向高级阶段发展，而旅游企业由粗放经营向集约经营过渡。这类产品正处于投放期向成长期的过渡。

此外，根据产品的生命周期理论，还需设计和研制第三代旅游产品，这一代旅游产品应以面为主，加强对旅游资源的全面利用，旅游者以参与式旅游为主，在前两代旅游产品发展的基础上，集中考虑区域旅游的发展，强调人文资源与自然资源结合的一致性，特种旅游与专项旅游并重。属于非观光型的旅游产品，诸如度假、商务、保健、烹饪、体育、探险、文化、修学等，在旅游产品结构中，观光与非观光相结合的组合性旅游产品也将占一定比重。

中国旅游产品的升级与更新缓慢，在市场上难以改变十几年一贯制的陈旧形象，直接影响中国旅游产品的国际竞争力。其原因是中国旅游产品的开发较粗浅，主要依靠“硬开发”，靠对基础建设的投资来增加旅游生产能力，处于一种外延的扩大再生产。这种旅游产品属于较浅层次的初级开发，中国旅游业的发展一贯地遵循这样的开发方式，对软件的开发十分欠缺。而诸如宾馆、饭店等基础设施具有极强的刚性，一旦形成，要改变已有格局相当困难，从而使旅游产品难以更新升级。

国情基础的薄弱，产业的不成熟，使旅游企业缺乏足够的应变能力，更不可能以超越产品更新的阶段去实现旅游产品的飞跃，只能循序渐进，培养出较强应变能力的旅游企业，打好市场基础，从而再开拓市场。这三代旅游产品，在时间上是继起的，在空间上是并存的，相互补充，相互促进。总体而言，是从点到线到面的发展，从参观式旅游到参与式旅游的演进，从硬开发到软开发的推移，从旅游资源的粗放利用到集约利用的层层递进。完善第一代产品，开发第二代产品，设计第三代产品，需要同时着手，统一规划。

6.4 旅游产品组合

要想在国际旅游市场中争得一席之地，靠单一的旅游产品是达不到此目的的，旅游企业应同时生产许多产品以形成自己的产品体系。因此，旅游产品策略中对产品科学合理地组合便成为现代旅游经营者予以重视的一种决策。

6.4.1 旅游产品组合及其作用

（一）旅游产品组合

旅游市场营销学角度的旅游产品组合，是通过生产不同规格、不同档次的旅游产品，使一个旅游企业所生产的旅游产品更为科学、合理，旅游产品结构更能适应市场的需求，从而以最小的投入，最大限度地占领旅游市场，以实现旅游企业的最大经济效益。

（二）旅游产品组合对旅游企业市场营销的作用

如果说旅游产品的生产是一种“硬操作”的话，那么，对已经生产出来的旅游产品，通过一定的组合，再推向旅游市场则是经营管理中的“软操作”。这种“软操作”配以生产的“硬操作”促使企业向前发展。总体而言，旅游产品的组合对企业市场营销具有以下作用：

1. 满足旅游消费者需求，以确保市场营销的成功

任何一种旅游产品都是用来满足旅游消费者的需求的，不同档次的旅游产品满足不同档次的旅游消费需求，而不同数量的旅游产品则不同程度地满足旅游消费需求。在既定的旅游市场中，企业通过推出不同档次、不同数量的旅游产品的组合，便可进入旅游市场，实现企业的经济效益。同时，这种组合的科学与否，决定了企业进入旅游目标市场的成败与快慢。

2. 树立旅游产品形象

各种不同的旅游企业总是通过不同的旅游产品组合树立产品的整体形象。主导产品的推出使企业的形象更加鲜明，符合旅游企业的长远发展战略。例如，传统概念上国旅以经营国际旅游产品为主，中旅的产品主要面向港、澳、台、华侨四种人，青旅以经营国际青年旅游为主，而天马旅行社则以国内旅游为主导产品。但并非说主导产品的生产就已完成了企业的产品组合，在主导产品经营的同时，再配以一定数量、一定档次的副产品，从而完善产品组合。国旅也经营国内

旅游或组织出国旅游，青旅也经营体育旅游、修学旅游等。总之，旅游产品的组合使旅游企业的市场形象更鲜明，也更具有个性化。

3. 产生良好的经济效益

旅游产品的组合如果科学合理就能适应旅游市场的发展，分散旅游企业投资风险，使产品适销对路，取得较为理想的市场份额，否则，产品组合适应不了市场需求的变化，即便是高质量的新产品，也不能在短期内进入市场，需要花费较大的人、财、物，开展较多的营销工作，其结果往往事倍功半。

6.4.2　旅游产品组合策略

（一）影响旅游产品组合的因素

旅游产品组合在旅游市场营销中具有很重要的作用，因而旅游企业的经营则要选择合理的产品组合，而影响产品组合的因素主要有：

1. 旅游消费者的需求

市场上不同的消费者有不同的需求，不同时代和地区的消费者有不同的旅游需求，宗教和商务旅游成为远古时代的旅游需求，度假和疗养成为中世纪旅游的时尚，继而发展到观光旅游、非观光旅游，这些不同的旅游消费便成为旅游企业组合旅游产品的依据，需求是变化的，因而产品的组合也是动态的。

2. 旅游企业的生产能力

任何旅游产品的生产都是企业生产能力的体现，生产能力在很大程度上直接决定着旅游企业的产品组合，因而，旅游企业不能不切实际，盲目照抄，推出空洞的产品组合。

3. 旅游企业的目标市场

旅游产品组合不能无的放矢，先找到企业要进入的目标市场，根据目标市场再决定旅游产品的生产、组合，使产品适销对路，在尽可能短的时间内占领目标市场。

4. 竞争企业的状况

在进行旅游产品组合时，还须对旅游市场竞争企业予以透彻的了解，知己知彼，方能百战不殆，比较双方的优势和劣势，扬长避短，避实就虚，才能组合合理、科学的旅游产品以求得市场营销的成功。

此外，影响旅游产品组合的其他要素还有旅游产品生产技术的变动、旅游基础设施的状况、政府的政策、其他旅游产品的市场销售状况、旅游企业未来的预期等。

（二）旅游产品组合策略

旅游产品组合除要注意其影响因素外，还须注重组合策略，这种策略主要体现在以下三个方面：

1. 产品组合的广度

产品组合的广度是指旅游企业生产和经营旅游线路的多少。企业的旅游线路多则为宽产品线，反之，则为窄产品线。宽产品线的组合，可以从多方面满足旅游需求，拓宽市场面，增加销售额，提高经济效益，充分利用旅游企业的人、财、物，发挥潜力，适应竞争状况，减少旅游市场变化带来的风险，提高企业自身的应变能力。而窄产品线的产品组合，可使企业集中力量，提高旅游产品的质量，便于提高专业化水平，降低旅游企业经营成本。

2. 产品组合的深度

产品组合的深度是指某一旅游路线中旅游活动项目的多少。如果某一旅游路线中旅游活动项目多，游客逗留时间长，则谓之产品组合较深，反之，产品组合较浅。较深的旅游产品组合能在旅游市场细分化的基础上扩大旅游市场，满足不同旅游消费者，提高市场占有率，生产上实现批量少、品种多，有利于企业经济效益的提高。而较浅的产品组合，便于企业集中力量发挥专长，创名牌产品，吸引旅游消费者，增加旅游产品销售量，可进行批量生产以求得规模效益，降低企业成本。

3. 产品组合的相关性

产品组合的相关性是指旅游企业在进行各种旅游产品的生产时，对旅游生产设备——饭店、宾馆、交通、旅游景点、娱乐、旅游购物等方面的一致性。一致程度高则产品相关性就大，反之，相关性较小。相关性大，可使企业精于专业，提高旅游企业与产品的市场地位，有利于经营管理水平的提高。一般而言，中小型企业宜于产品组合相关性大。而产品相关性较小则使企业具有较强的垄断性。但由此所带来的成本也是十分昂贵的。

旅游产品的组合策略实质上就是针对目标市场，对产品组合的广度、深度以及相关性进行选择、决策以使组合最优。其基本思路：一是向旅游产品组合的深度发展，二是向旅游产品组合的广度发展。以此基本思路可采用多种策略：

（1）扩大产品组合策略。扩大产品组合的广度，增加旅游路线数量，扩大旅游企业经营范围，增加产品组合相关性大的旅游产品品种。

（2）缩小产品组合策略。缩小产品组合的广度，使之成为较窄的产品组合。缩小经营范围，求精、求专，实现旅游生产的专业化，淘汰已过时的旅游路线。

（3）改革现有产品的策略。这是向产品组合的深度发展，提高产品质量，改变旅游方式，扩大旅游者的参与，使产品以新的形式出现在市场上。

（4）高（低）档产品策略。高档产品策略指在原有的旅游产品路线中增加高档产品的项目，可提高同类旅游产品的知名度和企业的形象，增加销售量。相对应，低档产品策略则是在高档产品路线中增加低档产品项目，使旅游产品日益大众化，可利用高档产品的声誉吸引消费能力有限的低层次旅游消费者。

其他的组合策略还有产品差异化策略、产品大众化策略等。

6.4.3　旅游产品最优组合

衡量旅游产品组合优劣通常是以各项经济技术指标来显示的，主要有组合中各产品项目的产品销售率、企业利润率和市场占有率，以此判断各产品项目的发展潜力和趋势，开发旅游新产品，淘汰疲软产品，调整企业的产品组合。

在市场营销中，通常以三维图来分析旅游产品组合的优劣程度，如图 6-7 所示。

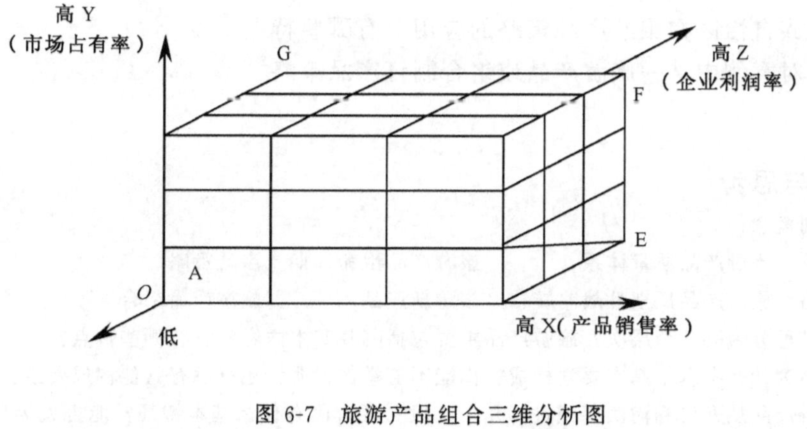

图 6-7　旅游产品组合三维分析图

图 6-7 分别以产品销售率、市场占有率和企业利润率为三个向量，建立三维坐标，从而得到不同的立体空间位置，将旅游企业的产品组合实际情况标入图中，可知其所处的空间位置，从而决定产品的组合策略。如图 6-7 所示，旅游产品组合 F 最优，相应组合 A 最劣，而 E 和 G 所达到的经济目标相似，由此可决定发展何种产品，保留什么产品，淘汰什么产品。

而现实经济活动中，任何旅游产品的赢利能力、市场占有率、销售率都是动态的发展过程，因而不能强求任何旅游产品组合都能达到最优状态，即便达到这一状态也不是永久的。因而，旅游产品组合的最优化是通过不断发展新的旅游产品和不断淘汰疲软产品来实现的，理论上的最优状态是不可能出现的。

➢ 关键术语

旅游产品（Tour Product）
旅游产品六要素（Six Factors of Tour Product）
旅游产品质量（Tour Product Quality）
旅游产品生命周期（Life Cycle of Tour Product）
渗透策略（Infiltration Strategy）
撇取策略（Skimming Strategy）
旅游产品战略转移（Tour Product Transfer Strategic）
旅游新产品（New Tour Product）
旅游产品商标（Tour Product Brand）
旅游产品组合（Tour Product Combination）

案例回顾与讨论

1. 广西壮族自治区在旅游产品策略的应用上有哪些特点？
2. 请你针对案例中某一旅游产品或组合制订产品策略。

复习与思考

1. 解释下列概念：
   旅游产品　旅游产品质量体系　旅游产品生命周期　渗透策略
   撇取策略　旅游产品周期性战略转移　旅游新产品　旅游产品组合
2. 旅游产品可分为哪几个层次？旅游产品主要包括哪些基本内容？它有哪些特点？
3. 旅游产品为什么有六个基本要素构成？你能不能举例说明？还有没有其他构成要素？
4. 一个旅游产品从开发到淘汰要经过哪几个阶段？各阶段有什么基本特征？能否人为地改变各阶段的时间长短？为什么？
5. 针对不同的旅游产品生命周期应该采取什么样的营销策略？
6. 为什么要实施旅游产品周期性战略转移？如何实施这种战略转移？
7. 现代旅游产品的发展有何新特点？针对这些变化，旅游产品应该如何调整？
8. 如何量化旅游新产品的创意？
9. 旅游产品的商标由哪些基本要素构成？给一个旅游产品进行商标注册有哪些方法？
10. 如何对一个旅游产品进行产品策略组合？

第 7 章

旅游产品定价策略

学习目的：掌握影响旅游产品定价的主要因素；掌握旅游产品差价体系和旅游产品定价的目标；掌握旅游产品定价的步骤；掌握旅游产品定价的方法；熟悉旅游产品或服务的定价技巧；能够分析旅游企业对竞争者变价行为的应对策略。

本章将论述市场营销组合的一部分——旅游产品的定价策略。旅游产品价格策略是旅游市场营销组合策略的重要组成部分。由于旅游产品价格相对于其他因素灵活性最大，所以，旅游产品价格制定是否合理，策略运用的恰当与否，直接关系到旅游企业市场营销组合的科学性、合理性，进而影响到旅游企业市场营销的成功。一般来说，旅游产品定价策略包括旅游产品的定价原理、定价策略和定价方法等内容。

案例 7-1

价格标准战略定乾坤

1995 年 7 月，深圳人纷纷打电话到深圳旅游集团海外部问："报纸广告上的盘子和刀叉是怎么回事?" 原来，这是该公司推出的庐山自助游的形象广告。这种表现方式在当时的旅游广告中还是挺稀奇的。

这年夏天，深圳计划开通庐山（九江）直航班机，面对这一商机，深圳旅游集团海外部成功地实施了一套保护自己的价格策略，从而保障了产品开发者的利益。

以往去庐山旅游，均由南昌进出，路上耗费不少时间，往往在山上住一晚就匆匆离去，现在，面对即将开通至庐山脚下九江的航班，如何做才能形成自己的相对优势，而不至于转瞬又陷入价格战的漩涡中呢？

经营者首先对目的地做了分析，庐山是一个很适宜休闲度假的地方，和黄山相比，虽然风景可能略逊一筹，但山上的度假条件却得天独厚，拥有各种档次的酒店，还有一个上万人的小镇，交通良好。同时，对市场作了分析：深圳人很忙，工作节奏快，喜欢直航，容易接受新事物；新概念，易被引导；对航空包机人而言，需要有市场推动人。

经过分析，经营者决定在市场上以“专业”和“全面”的形象出现，根据目的地特色和市场情况，设计出几种套餐：

1. 自助游。以庐山的接待条件，非常适合自助游，这在当时还是较新的旅游概念，对于平日紧张惯了的深圳人而言，早上不用按时起床，想走就走，想停就停，无疑是很有吸引力的。更重要的是，山上拥有从各类疗养院到星级酒店多种选择，适宜不同客人的需求，这样，只需要酒店派车到机场接送，无须增加地接成本。在价格上，从疗养院的1 380元起至三星级酒店的1 780元，形成了无敌价，竞争对手很难切入。

2. 同时推出的有各种全包团，由于在市场上率先推出，有酒店和航空公司的支持，其产品也就成了市场上的标准，而谁制定了标准，谁就有了优势。

有了一系列的策划和强有力的推广，该公司很快取得了庐山直航线的绝对优势，这样，1995年，该公司在庐山线上成了最大的赢家。

（资料来源：www. deeptour. cc）

7.1 旅游产品定价简介

旅游产品的价格是建立在对旅游产品价格形成的正确认识基础上的。旅游产品与其他产品一样，也是人类劳动的结晶，凝结了人类的一般劳动，但旅游产品的价格形成，还受到其他诸多因素的影响，并且受到一定的定价目标的制约和引导；同时，旅游产品或服务价格的确定有着严格的程序要求，客观上要按照一定的科学步骤进行。

7.1.1 旅游产品价格概念

旅游产品是人类劳动的结果，凝结了人类的一般劳动，并具有满足旅游者游览、观光、度假等物质需要和精神需要的使用价值，因而旅游产品在市场中也和其他商品一样要通过交换而表现出自身的价值。旅游产品价格，就是旅游者为满足自身旅游活动的需要而购买的旅游产品的价值形式，它是由生产同类旅游产品的社会必要劳动时间决定的。

由于旅游者对旅游产品的消费与对其他产品的消费不同，旅游者完整的旅游活动，就是在一定时间内，消费不同旅游企业提供的诸多不同产品或服务，旅游者购买旅游产品时就可按其需要，购买整体旅游产品或单个旅游产品。旅游产品价格也就表现为两种形式：旅游包价和旅游单价。在旅游活动中，旅游者通过旅游产品零售商购买的满足其全部旅游活动所需的旅游产品的价格，就称为旅游包价，它等于这些旅游产品单价之和再加上旅游零售商、批发商的自身经营成本和利润。但有的旅游者不通过旅游零售商购买旅游产品，而直接与旅游产品生产者接触，采取零星购买、多次购买的方式，旅游者每次购买的只是旅游活动诸多环节中的某一项或某几项产品，这种旅游产品的价格就称之为单价，如旅游者单独购买的车船票的价格、餐饮产品的价格、饭店客房的价格等。

7.1.2　旅游产品价格的特殊形式

旅游企业出于扩大客源或刺激旅游者消费等原因，往往还在一般旅游价格的基础上，采取了特殊的旅游产品价格形式。

1. 旅游差价

旅游差价是指同种旅游产品由于时间、地点或其他原因而引起的不同价格。一般情况下，旅游差价主要有地区差价、季节差价、质量差价、机会差价和批零差价五种。旅游产品生产经营者在不同的时间、设施、环境等条件下，提供的旅游产品质量、特殊吸引力等会有着显著的差异，而旅游消费者的需求在不同的时间、空间也各不相同，因而，反映旅游市场供求关系的旅游价格应有一定的区别，以便利用价格的升降调节市场供求关系，更好地满足旅游消费者的不同需要。

2. 旅游优惠价

旅游优惠价是指在旅游产品的基本价格基础上，给予旅游产品购买者一定的折扣价格。一般情况下，旅游优惠价主要有对象优惠价、常客优惠价、支付优惠价和购量优惠价四种。旅游企业实行旅游优惠价的目的是为了吸引旅游产品购买者，争取客源市场，努力使企业的经营状况保持相对的稳定。

以上这两种旅游产品价格的特殊形式，在旅游市场营销活动中，常常作为旅游企业价格调整的策略和措施，用以有针对性地适应市场的供求关系和开展市场营销。

7.1.3　影响旅游产品定价的因素

旅游产品的价格确定，要以生产旅游产品或提供服务的社会必要劳动时间为依据，但由于旅游市场供求关系的变化较大，而影响旅游市场供求关系的因素甚多，因而，旅游产品的定价一般要考虑到以下因素：

（一）旅游产品成本

旅游产品成本是由产品的生产过程和流通过程所花费的物质消耗和人力资本所形成的，它是构成产品价值的主要组成部分。不同的旅游产品，其成本构成也不相同。在一定的限度内，旅游产品的变动成本越大，对旅游产品总成本的影响越明显。因而，旅游产品的成本是影响旅游产品价格最基本、最直接的因素。

（二）旅游企业发展战略

旅游企业在市场经营中，由于所处环境、自身实力、对市场的判断等因素的影响，采取的经营发展战略不一，一般有密集性、一体化和多元化三种基本发展战略。旅游企业采取的经营发展战略不同，相应的旅游产品价格策略和政策也不一样。若旅游企业采取密集型发展战略，则企业可能通过降价来进一步占领现有的市场，或通过改进原有产品，相应地提高产品价格，从而增加在现有市场及新开发市场上的销售；若旅游企业采取一体化发展战略，以提高赢利能力和控制能力，则企业采取优惠价的形式，加强与供应商、销售渠道或生产同类产品企业的联系；若旅游企业实行多元化发展战略，则企业往往在实施战略的初期，保持旅游产品价格的相对稳定，在实施战略较为成功后才可能对旅游产品实施降价等政策调整。

（三）旅游营销组合的其他要素

与产品决策、促销决策、分销决策等营销决策相比，价格决策是营销组合中最具灵活性的一项。旅游营销人员在短时间内可以比较迅速地制定、调整或变更产品和服务的价格，但旅游产品的价格决策不能与其他营销决策相分离而单独进行。首先，定价体现着旅游产品的定位，因此，产品决策影响着定价决策。对具有高度象征意义的旅游产品的定价应符合规划中的产品形象及其象征意义。促销决策也往往要求以一定的价格变化作为辅助手段。许多航空公司和旅游企业在推出新产品时，常见的一种促销活动就是降低价格或免费为首批客人提供服务，以便使潜在顾客能够无所顾忌地积极加入，由此扩大产品和服务的知名度。同样，分销渠道的选择也影响到定价决策。对旅游产品和服务进行定价时，营销人员应充分考虑到为中间商提供的佣金比例，以保证制定出的价格既能够为目标市场及中间商接受，又可使本企业获得适当的收益。此外，旅游产品的价格还会使旅游者对旅游产品和服务的象征性和质量产生一定的预期，起着向旅游者沟通产品信息的作用，使旅游者对旅游产品和服务有所了解，从而影响其对产品的选择。因此，价格决策应与其他营销决策综合考虑，不应单独进行。

（四）旅游企业营销目标

旅游企业在市场营销中总是根据不断变化的市场需求和自身实际，选择一定的市场；并且，企业的短期和长期目标的不一致，其目标市场的营销重点也不一样。如果旅游企业为了尽早通过营销活动收回投资，把赢利作为企业营销的首要目标，则其确定的旅游产品及其价格会远远高于成本。但若旅游企业为了扩大市场的覆盖面，在较长时期内得到更大的发展，则会把提高市场占有率作为企业市场营销的首选目标。这样，确定旅游产品的价格就必须充分考虑到产品价格与价值的一致性、价格对广大旅游消费者的吸引力等因素，旅游产品或服务的价格将会在一定时期内保持不变，甚至表现为优惠价等特殊价格形式。

（五）旅游产品特点

旅游产品与其他产品一样，也存在着替代性问题，尤其是旅游购物、娱乐、住宿、交通等产品，出现同类产品的可能性较大。若在同一旅游目的地同类旅游产品并存，则旅游者对这类旅游产品需求的价格弹性也相应增大，为实现增加销售的目的，旅游产品生产者和经营者就有可能实行削价竞争；另外，单项旅游产品与包价旅游产品相比，往往具有更大的价格灵活性，旅游产品的综合程度越高，包括的单项产品越多，旅游企业和营销人员对价格的变动控制能力也就越低；此外，旅游产品在旅游活动中，其价格的高低经常与旅游目的地的形象相联系，若旅游产品价格过低，就有可能引起旅游者的怀疑而不愿购买。如法国的广大旅游者对中国传统文化的民俗、民族风情有极大的兴趣，认为是人类文化的精品、旅游资源的瑰宝，因而愿意接受较高的中国文化旅游产品价格，若价格偏低反而会使这些旅游者产生不信任感。

（六）非价格竞争因素

旅游产品价格只表明了旅游产品价值的多少，但在市场营销过程中，旅游者在做出购买决策时，不仅注重旅游产品的价格，还要考虑旅游企业提供的服务质量、消费者获得的额外利益等因素。因而，旅游企业为了实现较高价格的销售，一般都要施之以较高水平的服务，使旅游产品的价格和相应的服务一致，使旅游者加深对旅游产品价格的理解、认可；同时，旅游企业还向旅游者尽可能多地提供一些额外免费的服务项目，使旅游者认为是购买了旅游产品后而带来的额外利益，从而增强对购买较高价格的旅游产品的信心。这种非价格因素已越来越深入地影响了旅游产品的定价，国内外一些专家预测，21 世纪的旅游企业中，消费者是否获得额外的利益，将成为影响产品定价和销售的重要因素。

（七）旅游消费者的需求

旅游产品成本决定了产品价格的最低限度，而产品价格的的最高限度则取决于旅游消费者的需求程度，因而，旅游企业在对产品定价时必须考虑旅游消费者对价格的理解，以及这种理解对购买决策的影响；同时，旅游产品价格与旅游市场需求量成反比例，产品价格越高，市场需求量越少，当然，也有一些旅游产品例外，如世界名人曾下榻过富有传奇色彩的旅馆，在一定限度内其价格的上升反而会激发市场需求量的增多，原因就在于旅游消费者往往认为此类产品价格高，质量也就好；另外，不同旅游产品的市场需求量对价格变动的反应不同，也就是不同产品的需求弹性系数不同，旅游地点的游览、观光等主要景观产品缺乏弹性，而食、宿等产品则有较大的弹性，因而旅游企业在对旅游产品定价时要充分考虑到需求弹性的大小，对弹性大的产品可用降价来刺激旅游者的需求，扩大销售，反之，弹性小的旅游产品的价格变动，对旅游者的需求变化则没有多大作用。

（八）竞争者

在旅游市场中，旅游产品竞争的激烈程度对产品的定价有很大的影响，竞争越激烈，对定价的影响就越大。在完全竞争的市场中，企业没有定价的主动权，只能被动地接受市场竞争中形成的价格；在不完全竞争的市场中，由于旅游企业彼此提供的产品存在着差异，企业根据其“差异”的优势，可通过部分地变动价格的方法来寻求较高的利润；在寡头竞争的市场中，只少数几家旅游企业控制着产品的价格，其他旅游企业要进入这一市场会受到种种阻碍，而少数企业相互制约和垄断，市场中产品的价格不宜随意改变；在纯粹垄断的市场中，旅游产品或服务只是独家经营，没有竞争对手，垄断企业控制了进入市场的种种障碍，所以就完全控制了市场价格，这种情况在风景名胜区中较为明显，由于资源的独占性和政府对进入该区域的限制，因而特许经营风景名胜区的旅游企业所确定的产品价格基本上或很大程度上是垄断性价格。

（九）宏观管理

政府对旅游市场中旅游产品的价格管理，主要是通过行政、法律以及货币供给、工资和物价政策等手段来调控和体现的。政府对旅游产品价格干预和管理的目的在于通过法律限制旅游企业不正当竞争，牟取暴利，损害旅游消费者的利益，因而，政府主要以行政手段、法律手段制定旅游产品的最高或最低限价，如当旅游市场中削价竞争加剧而损害了企业的正常利益以及旅游业的效益时，政府就通过制定最低保护价而约束不良的市场行为。今后，中国随着行政管理体制改革的日益深化及旅游行业管理组织的建立和完善，对旅游市场中旅游产品的最高限价和最低限价，也主要由政府直接规定转由行业管理组织制定。

（十）汇率变动

汇率是指两国货币之间的比价，就是用一国货币单位来表示对另一国货币单位的价格。入境旅游是海外旅游者流入旅游目的地消费旅游产品“出口贸易”，因而汇率变动对旅游产品或服务价格的变动有着明显的影响。一般来说，汇率变动的影响主要是通过旅游产品或服务的报价形式出来的。外国币值上升对海外旅游者有利，有益于促进旅游者人数的增加。反之，若旅游目的地国家的货币升值，汇率上升，就有可能造成入境者人数的减少，尤其当旅游目的地的产品或服务的需求弹性较大时，旅游者就有可能转向其他旅游目的地购买、消费同类的替代产品。

（十一）通货膨胀

通货膨胀是在流通领域中的货币供应量超过了货币需求量而引发的货币贬值、物价上涨等现象。旅游目的地的通货膨胀会造成单位货币购买力下降，使旅游企业的产品生产、经营成本费用增加，因而就迫使企业相应地提高旅游产品价格，并且往往价格提高的幅度大于通货膨胀上升的幅度，这样才能保证企业不致亏损，但旅游产品价格的大幅度上升，客观上会在一定程度上破坏旅游目的地的形象，损害旅游消费者的利益，从而致使旅游者人数减少、旅游收入下降。如拉美国家为当今世界上高通货膨胀地区之一，虽有独特、诱人的旅游产品，但旅游业深受通货膨胀之害而难以快速发展。

以上几个是旅游市场中影响旅游产品定价的常见因素，除此之外，还有许多国内、国外的因素也对旅游产品的价格有着不可忽视的影响，如利息率的高低、企业的生产能力、财务能力等。通过上述分析，可以看出，确定旅游产品或服务的价格，尽管要考虑多方面的影响因素，但这些因素可分为旅游企业内部因素和旅游企业外部因素两类，其中，企业内部因素为影响旅游产品价格的直接方面，而企业外部因素则表现为影响旅游产品或服务价格的间接方面，其影响因素如图7-1所示。

7.1.4 旅游产品定价的目标

旅游产品在定价之前必须首先确定定价目标。定价目标是旅游企业营销目标的基础，是企业选择定价方法和制定价格策略的依据。由于企业营销目标有多种选择，旅游产品的定价目标也就多种多样。

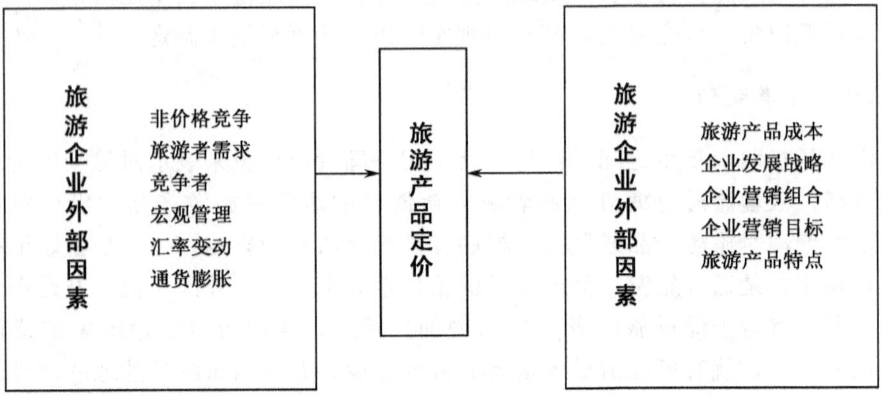

图 7-1 产品定价影响因素示意图

（一）获取理想利润目标

获取理想利润目标是指旅游企业期望通过制定较高价格、迅速获取最大利润为定价目标。一般说来，此类企业的产品或服务多处于绝对有利的地位，但由于旅游消费者抵抗、竞争者的加入、替代品的出现等原因，旅游企业某种有利的地位不会持久，旅游产品的高价最终要降至正常水平。因此，旅游企业尽管以获取理想利润为目标，其产品的价格高低也应适当，旅游企业的定价目标应着眼于长期的理想利润，兼顾短期的理想利润，这是因为企业追求长期利润的目标会促使其不断提高技术水平，改善经营管理，这对企业和旅游消费者都有利，但若企业只顾眼前利益，甚至不择手段地追求最高利润，必将使企业信誉受到损害而难以发展，最终有可能使企业的短期利润也无法实现。

（二）取得适当投资利润率目标

取得适当投资利润率目标是指旅游企业通过定价，在一定时间使旅游产品的价格有利于企业的投资获取一定的投资报酬水平。采用此类定价目标的旅游企业，一般是根据投资额规定的利润率，然后计算出各单位旅游产品的利润额，把它加在产品的成本上，就成为该产品的出售价格。采用这种定价目标的旅游企业应具备较强的实力，自己的产品是畅销产品，不怕竞争对手竞争，同时，预期的利润率应该高于同期银行的存款利息率，但又不能太高，否则就容易遭到同类产品的竞争或旅游消费者的拒绝，预期的投资利润也就不可能实现。

（三）维护或提高市场占有率目标

维护或提高市场占有率目标是指旅游企业从占领旅游市场的角度来制定旅游

产品的价格。市场占有率的高低，对于价格的高低有很大影响，一般来说，在占有率既定的情况下，为了维护或提高市场占有率，要运用低价格策略。采用这种定价目标，有时比采用投资利润率的定价目标更重要，因为一个企业的投资报酬率并不能反映该企业的市场地位，更不能反映与其他竞争企业的关系，而一个企业市场占有率的高低，则反映出该企业的经营状况和竞争能力，反映出企业的产品的在市场上的地位和兴衰，反映出企业长期经营效果的趋向。但在采用这种定价目标时必须量力而行，尤其当运用低价策略扩大市场占有率时，有可能会诱使旅游者的需求量急剧增加，企业必须有充足的产品或服务供应，否则，供不应求的市场态势必将导致潜在竞争者乘虚而入，损害企业的利益。

（四）稳定市场价格目标

稳定市场价格目标是指旅游企业为了保护自己，避免不必要的价格竞争，牢固地占有市场，在旅游产品的市场竞争和供求关系比较正常的情况下，以稳定的价格而取得合理的利润。这是因为激烈的价格竞争常常使企业之间两败俱伤，虽然从短期看可能会给旅游消费者带来一定好处，但是破坏了正常的市场供求格局，从长期来看，伴随企业低价而带来的低质量、低信誉产品等一系列问题终究会给旅游消费者带来灾难，因而，经营同一种或同一类旅游产品的主要旅游企业，相互默契地制定较为稳定的价格，以消除价格战，市场中的其他企业则往往与这些实力雄厚或市场占有率最大的企业保持一致的价格，而不轻易变动。

（五）应付与防止竞争目标

应付与防止竞争目标是指旅游企业通过服从竞争需要来制定旅游产品的价格，一般是将对旅游市场价格有决定影响的竞争者的价格作为定价的基础。对于实力较弱的旅游企业，主要采用与竞争者价格相同或略低于竞争者价格出售产品的方法；对于实力较强、又想提高市场占有率的企业，可采用低于竞争者的价格出售产品的方法；对于资产雄厚、并拥有特殊技术或产品品质或能为旅游消费者提供较多服务的企业，可采用高于竞争者价格出售产品的方法；对于为了防止别人加入同类旅游产品或服务竞争的企业，在一定条件下，可采用一开始就把价格定得很低的方法，从而迫使弱小企业退出市场或阻止竞争对手进入市场。

7.1.5　旅游产品定价的步骤

旅游产品的价格确定是建立在科学基础之上的，必须遵循一定的程序和步骤。一般说来，旅游产品定价可按五个步骤：首先对目标市场的购买力及倾向进行评估，然后对旅游企业的产品成本估测，再次对旅游企业的市场环境进行了解、调研，接着确定企业的定价目标，最后选择旅游企业定价的方法及相应策略，如图 7-2 所示。

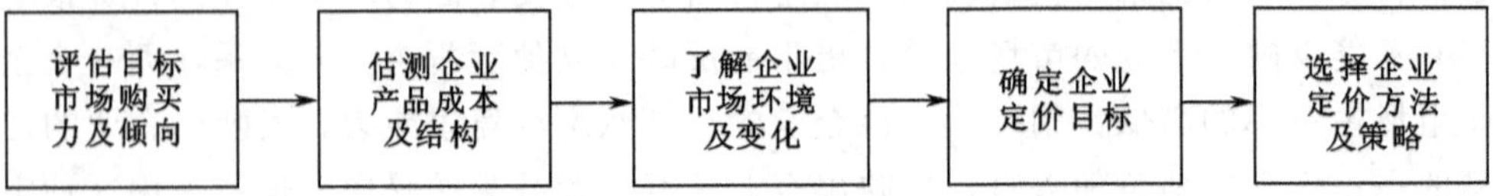

图 7-2 旅游产品或服务定价步骤示意图

（一）评估目标市场购买力及倾向

目标市场是旅游企业开展营销活动的空间和获取预期收益的来源，目标市场的大小及购买倾向就成为企业定价的前提条件。因此，旅游企业通过对目标市场的评估，可从中发现旅游消费者的现实需要的多少，了解到旅游者对旅游产品的价值理解程度和价格承受力大小，并从深层次上发掘出旅游者的潜在需要及消费偏好变化与可能，以便采取主动、灵活的价格政策，引导目标市场的成长。因而对目标市场购买力的评估，除要了解旅游者的总收入、纯收入外，更重要的是掌握旅游者可自由支配收入和可能用于旅游产品购买的比例，以及促进其旅游活动形成的其他费用来源，还要了解目标市场中的旅游者对旅游产品的喜爱程度和兴趣转移的可能，以及对价格的敏感性、所接受的非价格竞争方式等。评估目标市场购买力及倾向的方法主要采用问卷调查、面对面交谈和专家意见法等。

（二）估测旅游企业产品或服务成本及结构

通过评估目标市场购买力，就可以确定旅游企业产品供给的总量和价格的上限，进而对企业单位产品成本估测就可寻找到企业可以支撑的价格下限，从而使企业明确产品价格灵活变动的允许范围。对单位旅游产品成本的分析，就可找出其最佳规模时的最低成本，并从中看出旅游产品成本发展的趋向，从而为确定最佳的产品价格提供可靠的依据。

（三）了解旅游企业市场环境及变化

旅游产品价格的确定，还必须考虑企业内外环境要求及变化的可能。对于旅游企业内部而言，供货商的价格稳定性、供货的时间衔接性和供货的品种齐全性等，关系到旅游企业是否能顺利地控制原材料、燃料采购成本，从而为产品成本奠定良好的基础；对企业外部环境而言，政府规定的最高限价是旅游企业价格上扬的警戒线，国民收入水平、消费结构、产业结构、经济增长率、政府支出等经济环境因素的变化也会制约或促进旅游产品价格的升降；社会文化环境中的旅游者购买行为准则、道德规范与禁忌、风俗习惯等，限制了旅游者对旅游产品的购买规模和倾向，事实上也就规定了旅游产品价格的高低。

（四）确定旅游企业定价目标

目标市场购买力的大小、企业产品成本的高低和企业市场环境的走向决定了旅游企业定价的时间考虑、报酬取舍、市场占有率分析和防止竞争等目标的选择。因而，旅游企业确定定价目标关系到企业生存和发展的时间和空间。无论企业做何种定价目标决策，都必须考虑到自身的规模实力，考虑到市场拓展的有利因素和障碍，考虑到目标市场的转移、替换以及企业资源配置的可能和变化等，进而与旅游市场中现在和今后可能变化的最高限价和理想价格进行比较，从而在诸多的定价目标中选择出符合自己实际的定价目标。

（五）选择旅游企业定价方法和策略

旅游产品价格的确定要遵循客观规律的要求，在全面、准确的调查、预测基础上，运用科学方法确定价格，旅游产品的价格水平就易于与市场的需求相吻合。但是，由于旅游市场中竞争者的存在以及旅游消费者具有各种各样、千差万别的需要以及价格因素的灵活性，旅游企业定价过程中还必须充分考虑到定价的策略，要从竞争者和消费者的心理上、市场的差异上、需求差别上等方面巧妙地进行定价工作，即使定价工作与企业其他营销工作相配合，为企业的全面发展创造良好的环境和条件，又能在定价工作中充分体现出定价的科学性、艺术性和技巧性，更加增进旅游者对旅游产品或服务的价格理解和偏爱。

7.2　旅游产品定价方法

产品价格是由供需双方所决定的。对于旅游业这样以提供服务为主的行业，价格同样可以视为成本、利润的函数。旅游业是一个需求波动较大的行业，大多数企业，如饭店、旅游交通的成本结构中，变动成本比例高，旅游企业价格的灵活性较大。一般来说，旅游市场更多地由需求因素来决定，而不是供给因素。旅游供给以小企业居多，但由于服务、地理位置和质量等因素，使它们具有一定的垄断性，从而定价通常偏离完全竞争时的边际成本定价。

在实际工作中，旅游企业的定价方法多种多样、丰富多彩。企业为了在目标市场上实现预期目标，要从诸多的定价方法中挑选适当的方法，给自己的旅游产品确定基本价格水平。一般说来，无论采用何种定价方法，旅游企业必须分析市场需求、产品成本和竞争状况。因而，旅游企业的定价方法就可根据定价时侧重考虑的因素不同，分为成本导向定价、需求导向定价和竞争导向定价等方法。

7.2.1 成本导向定价

成本导向定价是指以旅游产品的成本为主要依据，综合考虑其他因素而制定价格。由于旅游产品的成本形态不同，以及在成本基础上核算利润的方法不同，成本导向定价又可分为以下几种具体形式：

（一）成本加成定价法

成本加成定价法是在单位产品成本的基础上，加上预期的利润额，作为产品的销售价格，售价与成本之间的差额即为利润。由于利润的多少总是呈一定的比例，人们习惯上称这种比例为“几成”，因而这种方法就称成本加成定价法。

成本加成定价法简便易行，应用历史悠久，在旅游企业市场营销中主要用于制定旅行社产品、饭店食品和饮料等产品的价格。但采用这种定价方法，必须事前准确地核算产品或劳务的成本，一般要以平均成本为准，另外，要根据产品的市场需求弹性等因素确定恰当的利润百分比。成本加成定价法在具体应用中又可分为两种方法，总成本成定价和变动成本加成定价法。

1. 总成本加成定价法

总成本是旅游企业在一定时期内生产经营产品时的全部费用支出，按照不同费用在总成本中的变动情况，又可分为固定成本和变动成本两部分。因而，单位产品成本加上一定比例的利润，就是单位产品的价格。用公式表示为

$$\text{单位产品价格}=\frac{\text{总成本}+\text{预期总利润}}{\text{预期产品产量}}$$

$$=\frac{(\text{固定成本}+\text{单位变动成本}\times\text{产量})\times(1+\text{预期成本利润率})}{\text{预期产品产量}}$$

$$=\text{单位产品成本}+\text{单位产品预期利润}$$

2. 变动成本加成定价法

变动成本加成定价法又称为边际贡献定价法，就是在定价时只计算变动成本，而不计算固定成本，在变动成本的基础上加上预期的边际贡献。所谓边际贡献，就是销售收入减去补偿固定成本后的收益。预期的边际贡献也就是补偿固定成本费用后企业的赢利。由于边际贡献会小于、等于或大于变动成本，旅游企业就会出现赢利、保本或亏损三种情况。这种定价方法一般在旅游企业之间竞争十分激烈时采用较为合适，尤其在产品必须降价出售时对企业的定价有着重要的指导意义，因为只要产品的销售价格不低于变动成本，说明生产可以维持，若产品

出售价格低于变动成本，则表明生产越多，企业亏损越大。这种定价方法用公式表示为

$$\text{单位产品价格}=\frac{\text{变动总成本}+\text{预期边际贡献}}{\text{预期产品产量}}$$
$$=\text{单位产品变动成本}+\text{单位成本边际贡献}$$

案例 7-2

荷兰旅游相关产业价格变化的一个计量经济模型

如果我们想知道，构成成本的各要素价格发生变化之后，对总价格的影响程度，或者想定量分析产品价格变化的影响因素，Dijk① 的研究提供了有意义的启示。Dijk 采用荷兰 1981～1991 年的时间序列数据，运用计量经济模型，将与旅游相关产业的价格变化设定为如下模型：

$$\Delta\log P = [\alpha_1 \Delta\log PL + \alpha_2 \Delta\log PI + \alpha_3 \Delta\log PO] + \Delta\log M \qquad (1)$$

其中：
$$\Delta\log M = [\beta_1 \Delta\log AT + \beta_2 \Delta\log OC + \beta_3 \Delta\log TT] + \beta_4 \Delta N \qquad (2)$$

这里，P 表示产品价格；PL 表示单位劳动力成本；PI 表示单位投入要素成本；PO 表示单位其他投入要素成本；M 表示单位利润；AT 表示平均销售收入；OC 表示平均客房出租率；TT 表示所有行业内企业的销售收入；N 表示行业中的企业数。

αi 可以定义为：$\alpha i = \gamma_{1i} \cdot \gamma_{2i}$。　(3)

这里，γ_{1i} 表示要素 i 在总成本中所占比例；γ_{2i} 表示表示要素 i 成本发生变化后，其影响价格变化的程度。

由于 γ_{2i} 应为小于 1、大于 0 的小数，因此，αi 应等于或小于 γ_{1i}，即该部分占总成本的比例。

表 7-1 和表 7-2 为有关分析结果。

表 7-1　荷兰与旅游相关的各产业 γ_{1i} 值

成本比例	普通饭店	酒吧	餐厅	野营	零售
劳动力费用	0.28	0.18	0.25	0.34	0.09
采购成本	0.38	0.50	0.49	0.31	0.83
其他投入	0.34	0.33	0.27	0.35	0.08

① J. C. van Dijk, Price Formation in Tourism Industry Branches, Annals of Tourism Research, No. 4, 1993

表 7-2 模型的回归分析结果

产业\参数	PL	PI	PO	AT	TT	N	R^2
普通饭店	0.206 (—)	0.383 (—)	0.168 (1.33)	0.332 (2.21)	/	/	0.59
酒吧	0.133 (—)	0.211 (1.25)	0.118 (1.47)	/	0.033 (0.21)	0.128 (1.18)	0.61
餐厅	0.185 (—)	0.388 (2.8)	0.068 (0.92)	0.248 (1.25)	0.02 (0.22)	/	0.71
野营	0.2 (—)	0.276 (0.54)	0.189 (0.72)	0.382 (0.45)	0.164 (0.24)	/	0.26
零售业	0.675 (—)	0.73 (4.41)	0.064 (—)			0.253 (1.18)	0.70

注：括号内为该参数的 t 统计量值。

（二）投资回收定价法

投资回收定价法是指旅游企业为确保投资按期收回，并获得预期利润，根据投资生产的产品成本费用及预期生产的产品数量，确定能实现营销目标价格的定价方法。所确定的这个价格在投资回收期内不仅包括了单位产品应摊的投资额，也包括了单位产品新发生或经常性的成本费用。

例 某旅游城市新建三星级饭店 1 座，共投资 8 000 万元，拥有标准间客房 350 间，预计投资回收期为 6 年。预计在 6 年中，年平均客房出租率的最好状况可至 70%，最差也可达 60%，每一客房分担的服务管理费为每年 8 000 元，同类饭店标准间客房的日销售价为 220 元/间天。试计算能保证投资按期收回的单位客房日收费标准。

根据上述资料，有关指标分别为

$$\text{该饭店单位客房每年经营费用（成本）}=\frac{\text{投资总费用}}{\text{客房数}\times\text{回收期}}+\text{单位客房年追加营销服务费}$$

$$\text{该饭店单位客房每年经营费用}=\frac{80\ 000\ 000}{350\times 6}+8\ 000=46\ 095.24\text{（元）}$$

$$\text{该饭店单位客房日收费}=\frac{\text{单位客房年经营费用（成本）}}{\text{年日历数}\times\text{客房平均利用率}}$$

$$=\frac{46\ 095.24}{360\times 60\%}=213.4\text{（元）}$$

验证：该饭店年收入＝213.4×350×360×60%＝16 133 040（元）

该饭店年净收入＝16 133 040－8 000×350＝13 333 040（元）

该饭店 6 年内净收入＝13 333 040×6≈80 000 000（元）

经验证：在客房出租率以最差情况即 60%计算，饭店 6 年内净收入恰好等于投资 8 000 万元。故该饭店单位客房回收费平均标准为 214 元，可保证按期收回投资。

从上例中可以看出，利用投资回收定价法必须注意产品销售设施利用率的保证，否则就不能确保每年的投资回收率，也就不能实现旅游企业既定的营销目标。从上例中还可看出，投资回收定价法一般为静态计算方法，未考虑资金投入使用的时间价值等动态因素，因而所计算的结果只能供旅游企业确定产品价格时参考，而不能作为唯一的依据。

（三）目标效益定价法

目标效益定价法是根据旅游企业的总成本和估计的总销售量，确定一个目标收益率，作为定价的标准，这种定价方法用公式表示为

$$\text{单位产品价格}=\frac{\text{固定成本总额}+\text{变动成本总额}+\text{目标利润}}{\text{产品数量}}$$

目标效益定价法在旅游企业中尤其是饭店业中广为应用，制定客房产品价格时使用的千分之一法和赫伯特公式法，实质上都是目标效益定价法的特殊形式和具体应用。

千分之一法，又称千分之一规则或四分之一经验公式。这是指饭店建筑所需投资通常占其总投资的 60%～70%，因此，饭店的房价与造价之间有着直接的联系，许多人认为饭店要想获取利润，房价就应占造价的千分之一。按这一经验公式要求，饭店要有一定百分比的举债和产权，并且在计划期内债务数额不变，饭店经营的其他产品如餐饮产品需达到一定百分比的利润等，否则应用千分之一法就难以制定出合理的房价。另外，千分之一法存在着明显的应用局限性，主要是旅游目的地一般物价上涨较快，而此方法把当前产品的价格与过去的建筑费用联系在一起，显然没有对旅游企业的运行费用和机会收益进行估计，因而往往只能作为简便、粗略的产品定价方法。

千分之一法的具体计算公式为：

$$\text{平均每间客房的售价}=\frac{\dfrac{\text{建造成本总额}}{\text{客房间数}}}{1\ 000}$$

例如一座饭店，有 500 个房间，总造价 5 000 万元，按照千分之一法可得

$$\text{每间客房的房价}=\frac{\dfrac{50\ 000\ 000}{500}}{1\ 000}=100\text{（元）}$$

7.2.2 需求导向定价

需求导向定价是指以旅游产品的市场需求状态为主要依据，综合考虑旅游企业的营销成本和市场竞争状态而制定或调整产品、服务的营销价格的方法。由于与市场需求相联系的因素较多，并且旅游企业对这些因素的重视程度不一，具体的定价方法也是多种多样。

（一）习惯定价法

习惯定价法是旅游企业依照长期被消费者接受和承认的已成为习惯的价格来定价的方法。某些旅游产品在长期的购买使用过程中，旅游消费者习惯上已经接受了这种产品的属性和价格水平，因而企业在从事新产品、新品种开发之际，只要产品的基本功能和用途没有改变，消费者往往只愿意按以往的价格购买旅游产品，经营此类产品的旅游企业不能轻易改变价格，涨价会影响产品的市场销路，降价会引起消费者怀疑产品的质量。如一些地方土特名产、名小吃以及旅游小工艺品等价格的确定，往往是由消费者习惯认定的。

（二）理解价值定价法

理解价值定价法是旅游企业根据购买者对旅游产品价值的感觉、理解而制定价格的方法。其实质是旅游企业利用市场营销因素组合中的非价格变数和产品的质量、广告宣传、额外利益等来影响、诱导旅游消费者，使他们对产品的功能、质量、档次有一个大致的“定位”，然后再确定价格。采取这一定价方法的旅游企业，必须正确估计消费者的“理解价格”，并对所定价格能带来的销量、成本以及利润进行核算，若此价格既能适应市场需要，又能为企业获取预期的理想利润，则所确定的价格就是合理的，反之，则需重新检验、评估。

（三）可销价格倒推法

旅游产品的可销价格是指消费者或中间商习惯接受和理解的价格。可销价格倒推法就是旅游企业根据旅游消费者可接受的价格或后一环节买主愿接受的利润水平而确定其销售价格的定价法。旅游企业为了在价格方面有实力与现有类似产品竞争，而设计出在价格方面能参与竞争的产品，或者在新产品推出时，先通过市场调查确定出购买者可接受的价格，然后反向推算出产品的最初销售价格。

（四）价格需求弹性定价法

一般说来，当旅游产品价格变动后，其市场的需求量或多或少地总会有所改变，价格需求弹性定价法就是利用价格需求弹性系数值的大小来判断产品定价的合理性，以便为企业提高价格或降低价格提供决策依据。这种方法的判断标准为：若价格需求弹性系数大于 1，说明这种产品富有弹性，即需求量变动百分数大于价格变动百分数，降价可以大幅度增加销售量或销售额；若价格需求弹性系数等于 1 或趋近于 1，称为单位弹性，即需求弹性变动百分数与价格变动百分数相同或相近，降低或提高价格会增加或减少销量，但对销售额影响不大，只是降低价格有助于企业提高市场占有率；若价格需求弹性小于 1，说明这种产品缺乏弹性，即需求量变动百分数小于价格变动百分数，在提高产品价格的同时，产品销售量有所下降，但下降幅度较小，销售收入却会增加。

若用 Q 代表需求量，P 代表价格，其中 Q_1、Q_2 分别为价格变动前后的需求量；P_1、P_2 分别代表需求变动前后的价格，价格需求弹性系数 E 可用以下弧弹性的中点公式表示为

$$E=\frac{\frac{\Delta Q}{Q}}{\frac{\Delta P}{P}}=\frac{\frac{Q_2-Q_1}{Q_1}+Q_2}{\frac{P_2-P_1}{P_2}+P_1}$$

例 某风景区门票价格为 30 元，日容载游客量为 50 000 人，但实际每天接待游客 40 000 人。根据历史资料知，该门票价格需求弹性系数为 0.9，为促使接待游客数上升，拟通过调整门票价格刺激游客前来游览。试确定该门票价格调整的水平。

根据价格需求弹性系数计算公式和上述资料所给条件，则

$$0.9=\frac{\frac{40\,000-50\,000}{40\,000+50\,000}}{\frac{P_2-30}{P_2+30}}$$

计算可得，$P_2\approx 23.4$ 元。可近似取为 24 元。

因而从题中可知，该门票价格由 30 元降为 24 元，才能使公园的客源量达到负荷状态。

7.2.3　竞争导向价格

竞争导向价格是指以同类旅游产品的市场供应竞争状态为依据，以竞争对手的价格为基础的定价方法。这种方法是以竞争为中心，同时结合旅游企业自身的实力、发展战略等因素的要求来确定价格。由于不同的旅游企业对旅游市场竞争有不同的判断，这种定价方法可大致分为如下两类：

（一）率先定价法

率先定价法是一种主动竞争的定价方法，一般为实力雄厚或产品独具特色的

旅游企业所采用。在制定价格时，旅游企业首先将市场上竞争产品价格与企业估算价格进行比较，分为高于、低于、一致三个层次；其次，将企业产品的性能、质量、成本、产量等与竞争企业进行比较，分析造成价格差异的原因；再次，根据以上综合指标确定本企业产品的特色、优势及市场定位，在此基础上按定价所要达到的目标，确定产品价格；最后，要跟踪竞争产品的价格变化，及时分析原因，相应调整本企业的价格。这种方法所确定的旅游产品的价格若能符合市场的实际需要，率先定价的旅游企业会在竞争激烈的市场环境中获得较大的收益，居于主动地位。

（二）追随核心定价法

追随核心定价法是根据旅游市场中同类产品的平均价格水平，或以竞争对手的价格为基础的定价方法。在有许多同行相互竞争的情况下，每个旅游企业都经营着类似的产品，若价格高于别人，就可能失去大量的销售额；若价格低于别人，就必须增加销售额来弥补降低了的单位产品利润，而这样做又可能迫使竞争者随之降低价格，从而失去价格优势。所以，在旅游市场营销活动中，“平均价格水平”易被旅游消费者所接受，认定是合理的价格，而且也能保证企业获得与竞争对手相对一致的成本利润率，从而使许多企业倾向于与竞争者保持一致的价格，尤其在少数实力雄厚的企业控制市场的情况下，大多数中小旅游企业由于市场竞争力有限，无力也不愿与生产经营同类旅游产品的大企业进行“硬碰硬”的正面竞争，所以只是制定大致相仿的价格并随其价格变化而相应地调整本企业的价格。

7.3 旅游产品或服务定价策略与技巧

旅游产品的定价，需要以科学的理论和方法为指导，同时，由于竞争和旅游消费者的需要，还必须有高明的定价策略和技巧。旅游企业的定价策略就是根据旅游市场的具体情况，从定价目标出发，灵活运用价格手段，使其适应市场的不同情况，实现企业的营销目标。一般来说，旅游企业的产品定价策略主要有新产品价格策略、心理价格策略、折扣价格策略、招徕价格策略和区分需求价格策略等。

7.3.1 新产品的价格策略

任何旅游产品都有着自己的市场寿命周期。由于旅游产品寿命周期各阶段的特点不同，旅游企业就应从市场需要和产品寿命周期的变化要求出发，有针对性地进行价格调整。新的旅游产品能否获得旅游消费者的欢迎，其定价策略起着十分重要的作用。

（一）撇油定价策略

撇油定价策略是一种高价格策略，即在新产品上市初期，价格定得很高，目的在于短时间内获取高额利润。这种价格策略因与从牛奶上层中撇取奶油相似而得名，因而所制定的价格称为撇油价格。

撇油价格策略不仅能在短期内获取大量利润，而且可以在竞争加剧时采取降价手段，既可限制竞争者的加入，又符合了旅游消费者对待价格从高到低的客观心理反应。应用这种定价策略，要具备以下相应的条件：目前市场需求较高；制定高价不会刺激更多竞争者进入市场，有助于形成新产品优质的形象；虽然有可能销售量不大且单位成本较高，但企业仍能获得高额利润。这种定价策略作为一种短期的价格策略，适用于具有独特的技术、不易仿制、生产能力迅速扩大等特点的新型旅游产品。

（二）渗透价格策略

渗透价格策略是一种低价格策略，即在旅游新产品投入市场时，以较低的价格吸引消费者，从而很快打开市场，这就像倒入泥土的水一样，从缝隙里很快渗透进去，因而称此种价格为渗透价格。

渗透价格策略由于价格偏低，有利于迅速打开旅游产品的销路，扩大市场销量，增加赢利，还能阻止竞争对手介入，易于旅游企业自己控制市场。但是，一般来说，在旅游市场中运用渗透价格策略，也有可能导致投资回收期较长。产品若不能迅速打开市场或遇到强有力的竞争对手时，会遭受重大损失等问题。因而，这种价格策略的运用要具备以下相应的条件：市场对价格高度敏感，低价有助于市场扩展；随着销量增加和经验的积累，企业能降低单位成本；可阻止竞争者进入市场。渗透价格策略作为旅游企业的一种长期价格策略，往往适用于能尽快大批量生产、特点不突出、易仿制、技术简单的新产品，如旅行社的观光旅游类产品、低星级饭店的客房产品等。

（三）满意价格策略

满意价格策略是一种折中价格策略，它吸取上述两种定价策略的长处，采取比撇油价格低但比渗透价格高的适中价格，既能保证旅游企业获取一定的初期利润，又能为旅游消费者所接受，因而，这种价格策略确定的价格称为满意价格，有时又称为“温和价格”或“君子价格”。

7.3.2 心理定价策略

旅游消费者，尤其是对价格较为敏感的消费者，对旅游产品或服务的认可、购买，主要是通过价格因素来判断的，因而就可在定价中利用旅游消费者对价格的心理反应，刺激消费者购买旅游产品或服务。

（一）尾数定价策略

尾数定价策略也称为非整数定价策略，即给旅游产品定一个零头数结尾的非整数价格。由于旅游消费者一般认为整数定价是概括性定价，定价不准确，而尾数定价可使消费者易于产生这是经过精确计算的最低价格的心理；同时，旅游消费者会觉得旅游企业定价认真，对消费者负责，即便是一些高价产品也觉得不太贵了。

一般来说，尾数定价策略主要适用于价值较低的旅游产品或服务，如价格为19.95元或19.50元就比标价20元的销路好，但是，在利用尾数定价策略时，要尽可能使价格保持在某一范围内，因为消费者常把某一价格范围看作是一个档次，如把0.86元至1.39元视为1元，把140元至179元视为150元，等等，如果旅游产品调价以后价格仍在原来的范围之内，就不易为消费者知觉，从而也就更容易为消费者所接受；并且，产品的调价频率不宜过快，幅度不宜过大，否则会引起消费者的反感；另外，提供的系列产品差价不应过大，要给旅游者留下价格合理的感觉，否则旅游者就有可能选择低价产品，这在饭店餐饮产品中的反映尤为明显，因而，许多专家认为，菜单上最高价与最低价之差一般不应超过1倍。

（二）整数定价策略

整数定价策略是指旅游企业在定价时，采用合零凑整的方法，制定整数价格。这是因为在现代旅游活动中，由于旅游产品或服务十分丰富，旅游消费者往往只能利用价格辨别产品的质量，特别是一些消费者不太了解的旅游产品，整数价格反而会提高产品的身价，使消费者产生“一分钱一分货”的购买意识，从而促进旅游产品的销售。旅游活动中的一些工艺品、字画以及高星级酒店的客房价格等就采用这种定价策略。如租金500美元一天的豪华套房不宜改标为495美元。

（三）分等级定价策略

分等级定价策略是指一些旅游消费者有时不大会感觉到价格的细微差别，消费者对许多旅游产品的需求曲线呈阶梯形状，因而旅游企业就可把产品分为几档，每一档定一个价格，这样标价就可使消费者觉得各种价格反映了产品质量上的差别，并可简化其选购过程。

在旅游企业中，旅行社经常采用这种定价策略，对同样的旅行线路产品分为豪华、普通和特价三种价格，分别以不同的价格吸引不同的旅游者；饭店也常常采用这种定价策略来确定房价结构，对客房分级定价，制定不同的价格。但是在对旅游产品分级中，级数不宜太多，档次的差别不宜过大或过小，并且要使不同等级的产品在质量、性能、额外利益等方面有着明显的区别，使旅游者确信房价的差别是合理的。

（四）声望定价策略

声望定价策略是指针对旅游消费者“价高质必优”的心理，对在消费者心目中有信誉的产品制定较高价格。这是因为价格档次常被当作旅游产品质量直观的反映，特别是旅游消费者在识别名优产品时，这种心理意识尤为强烈。因此，高价与性能优良、独具特色的名牌产品比较协调，更易显示出产品特色，使全企业的产品给消费者留下优质的印象或使消费者感到购买这种产品可提高自己的声望。一般来说，旅游企业采用这种定价策略所制定的价格，往往是本行业中同类产品中的较高价格甚至是市场中的最高价。当然，运用这种价格策略必须慎重，一般性的旅游企业及产品、服务不宜采用。

7.3.3　折扣价格策略

折扣价格策略，即：在旅游产品或服务的交易过程中，旅游企业的基本标价不变，而通过对实际价格的调整，把一部分价格转让给购买者，鼓励旅游者大量购买自己的产品或服务，促使旅游者改变购买时间或鼓励旅游者及时付款。

（一）现金折扣

现金折扣又称付款期限折扣，也就是指对现金交易或按期付款的旅游产品或服务购买者给予价格折扣。若买方按卖方规定的付款期以前若干天内付款，卖方就给予一定的折扣，目的是鼓励买方提前付款，以尽快收回货款，加速资金周转。如西方国家的旅游企业在交易合同中的付款方式上经常有这类字样：“2/15 净 28 天”，即表示付款期为 28 天，如买方在 15 天内付款，给予 2%的折扣。

（二）数量折扣

数量折扣是指旅游产品或服务的生产经营企业，为了鼓励旅游产品购买者大量购买，根据购买者所购买的数量给予一定的折扣。

1. 累计数量折扣

累计数量折扣是指在一定时间内，旅游产品或服务的购买者的购买总数超过一定数额时，旅游企业按购买总数给予一定的折扣。一般情况下，随着旅游消费者的购买数量增多而折扣随之增大。这种定价策略有利于加强旅游企业与旅游产品或服务购买者之间的业务关系。在旅游企业中，常见的累计数量折扣有团体价、会议价和公司价等。

2. 非累计数量折扣

非累计数量折扣是指旅游企业规定旅游产品或服务购买者每次购买达到一定数量或购买多种产品达到一定的金额时所给予的价格折扣，一次性购买数量越多，折扣就越大。如一次购买某旅游产品 100 件，则旅游企业按产品基本价格的 95%收款，若购买 200 件以上又按基本价格的 90%收款，若购买 1 000 件以上则按基本价格的 80%收款。采用这种定价策略能刺激旅游消费者大量购买，增加赢利，同时减少交易次数与时间，节约人力、物力等开支。

（三）季节折扣

季节折扣是指旅游企业在淡季时给予旅游产品或服务的购买者的折扣优惠。由于在淡季时，旅游企业普遍出现客源不足、服务设施和生产设备闲置的情况，因而为了吸引旅游者，增加消费，往往此时旅游企业就制定低于旺季时的旅游产品或服务价格以刺激旅游消费者的消费欲望。但是，这种折扣价格的最低优惠度不应低于旅游产品或服务的成本。

（四）同业折扣和佣金

同业折扣和佣金也称功能性折扣，就是指旅游产品或服务的生产企业根据各类中间商在市场营销中所担负的不同职责，给予不同的价格折扣。一般来说，旅游企业给旅游批发商的折扣较大，给予旅游零售商的折扣较小，这有利于促使批发商愿意大量进货，并有可能进行批转业务，因而使用同业折扣和佣金的目的在于刺激各类旅游中间商充分发挥各自组织市场营销活动的功能。但在旅游活动中，由于旅游市场营销的复杂性和多样性，同业折扣和佣金的具体形式也就迥然各异。如美国雷迪逊旅馆公司给予旅行社 15%的佣金，以便增加来饭店的公务旅行者人数；赫艾特旅馆公司规定，旅行社为旅游者每预订 24 间客房，该旅馆公司就可免费向旅行社提供 1 间客房；而希尔顿旅馆公司向旅游批发商收取净房价，若旅游批发商代替团队订房，则该旅馆公司给旅游批发商的价格低于一般团队价格的 15%。要注意的是，若旅游企业采用同业折扣和佣金，客观上会使旅游企业的平均价格下降，因而，实行同业折扣和佣金一定要使增加销售所带来的收入高于所需的成本支出，否则就应仔细研究是否实行同业折扣、佣金以及折扣、佣金的比例是多少为妥。

7.3.4　招徕价格策略

招徕价格策略实质上是发挥促销导向的作用，以特殊价格吸引旅游消费者，从整体上提高企业的销售收人和赢利。

（一）亏损价格

亏损价格是指旅游企业在自己的产品或服务结构中，把某些产品或服务的价格定得很低，甚至亏损，以价格低廉迎合旅游消费者的“求廉”心态而招徕顾客，借机带动和扩大其他产品的销售。例如，某些餐厅向消费者免费提供饮料，虽然旅游消费者享用这些饮料会使餐厅在饮料上亏损，但消费者必然会购买甚至增加购买菜肴等产品，餐厅就可通过菜肴等产品的销售弥补饮料上的亏损，还可提高总的销售收入和利润；有的旅行社在激烈的市场竞争中向旅游者提供的包价旅游产品中，其游、食、宿等分项产品仅以成本价计算，企业无利可图，但通过大量游客的增加，旅行社就依靠机票折扣获取利润。

案例 7-3

招徕价格定价的一个案例

在美国费城西部，有两家敌对的餐厅：一家是美味意大利餐厅，一家是美食墨西哥餐厅。两家餐厅虽然是邻居，但老板却是势不两立的死对头。他们常常开展各种各样的商战。当美味意大利餐厅贴出告示：“本店意大利面条味道鲜美，质量上乘，售价仅 29 元”时，美食墨西哥餐厅的窗口马上便会出现针锋相对的告示：“爱好美食的人们请到这里来，本餐厅墨西哥套餐极其丰盛，物美价廉，定价仅 27.5 元”。两家老板除了使出浑身解数争取顾客外，还经常走出餐厅，相互指责斥骂，甚至大打出手，引得大量顾客驻足围观。最后，他们中的一个会退出来，宣称另外一个老板是疯子，于是人们会跑到两家相互激烈竞争的餐厅竞相就餐。这两家餐厅的商业战一直打个不停，愈演愈烈。直到 30 年后，他们中间有一个老板去世了，竞争才停下来。过了几天，另一位老板开始停业拍卖，然后搬了家，从此便销声匿迹。当房子的新主人进行大清理时，无意中发现两位老板的住房有一条暗道相通。通过进一步查证，原来两位老板是同胞兄弟。

（二）特殊事件价格

特殊事件价格是指旅游企业在某些节日和季节在某地区举行特殊活动的时候，适度降低旅游产品或服务的价格以刺激旅游消费者，招徕生意，增加销售。这种定价策略往往在旅游淡季时受到旅游企业的重视。一般来说，采用这种策略必须要有相应的广告宣传配合，才可能将这一特殊事件和信息传递给广大的旅游消费者。

7.3.5 区分需求价格策略

区分需求价格策略是指相同的旅游产品或服务以不同的价格出售的策略，其目的是通过形成数个局部的旅游市场而扩大销售，增加旅游企业的赢利来源。

（一）地理差价策略

地理差价策略是旅游企业以不同的价格策略在不同地区营销同一旅游产品或服务，以形成同一产品或服务在不同空间的横向价格策略组合。这种差价的最主要原因是由于不同地区的旅游消费者具有不同的爱好和习惯，因而，各地旅游市场就具有不同的需求曲线和需求弹性。如国内旅游者与海外旅游者对行、宿产品的要求就明显不同；对同样的旅游工艺品，当地旅游市场和异地旅游市场的需求强度不一，前者弱于后者，甚至有可能前者的价格低于后者的价格。

（二）时间差价策略

时间差价策略是指旅游企业对相同的旅游产品或服务，按旅游者需求的时间不同而制定不同的价格。采用这种定价策略，有利于鼓励旅游中间商和消费者增加购买的频率和力度，尤其是在淡季时更为明显，同时可减少旅游企业仓储费用，加速资金周转，从而保证企业最佳的竞争位置。通常这种定价策略在不同时间的需求不一时使用，如旺季的旅游产品在淡季时出售等等。

（三）对象差价策略

对象差价策略是指旅游企业针对不同旅游者的需要和购买的数量等因素，对同一旅游产品或服务实行不同的价格。采用这种定价策略，目的在于稳定客源，维持旅游企业基本的销售收入，有时为了开拓新的市场，增加销售收入，也常常应用这种策略。如针对青年旅游者数量急剧上升的趋势，旅行社为争取客源，就会根据其收入偏低、支付能力较弱的特点，降低产品价格以吸引这些旅游者；再如饭店为了稳定客源，往往对常住客人按其住宿时间的期限，分别给予不同比例的优惠价，对一些团队旅游者按其规模的大小等又给予一定比例的价格优惠。

（四）产品差价策略

产品差价策略是指旅游企业生产经营的产品形式不同、成本不同，但旅游企业并不按照各种形式的产品成本差异比例规定不同的售价。这种定价策略之所以存在的原因就在于旅游者的需求是多种多样的，旅游消费者对旅游产品或服务价格的认可并不完全依据其生产经营成本，往往也与旅游产品或服务不同的偏好和需要程度紧密相关。如旅行社经营的同样的包价产品，对于中年旅游消费者，其中食、游等分项产品的价格就可能高一些，而对于老年旅游者而言，其中宿、行等分项产品的价格又较其他旅游者高一些，但包价产品总的价格都一样。这种定价策略的目的主要是为了以相同的价格、不同的产品形式组合来满足不同消费者的需要，使产品更具有针对性，以提高市场营销的效率。

在旅游企业的市场营销活动中，区分需求定价策略应用广泛，这是由于旅游者的需要多种多样，这就使得旅游市场细分有了可能，同时，旅游者的需要有可能聚合在一起，共同表现出一定的需求倾向，这就形成了旅游需求市场的容量和空间，区分需求就自然有着现实的市场表现。如就旅游消费者对价格的敏感性高低而言，旅游企业可区分出不同的市场需求，相应地采取不同的定价策略。针对旅游产品或服务的价格较为敏感的旅游者，旅游企业提供的产品质量、性能等方面的特征要与所制定的产品价格相符，否则，旅游消费者就会感到价格不实，甚至产生被欺骗的感觉；而对价格敏感度较低的旅游消费者，他们往往关心的是旅游产品或服务的质量、性能、消费方式等，只要产品或服务符合他们的需要，这些旅游消费者就会忽略价格因素，即使价格偏高，他们也有可能接受。所以，运用区分需求定价策略时，可按照对价格的敏感程度对消费者市场进行细分，继而就可形成相应的价格体系。在现代激烈的市场竞争中，一般情况下，旅游企业所经营的产品或服务，往往不再是单一产品的状况，为了适应旅游消费者多种多样的需要，旅游企业同时提供不同价格、不同内容、不同方式的产品或服务，即使同一产品也可能形成不同价格的系列产品或服务，如同一饭店中，饭店可能有总统套房、行政套房、标准间等不同标准、规格和价格的客房；有的时候，饭店还就同样标准的客房，由于客房的朝向不同，室外景色较佳的客房价格就会高一些，反之，则低一些；旅行社经营的产品服务也是如此，同一旅行路线，由于旅游消费者的需求不同，乘坐的交通工具、参观景点、食宿标准等有一定的差异，因而就会形成不同的价格。

（五）混合搭售

在餐饮业和旅行社中通常使用混合搭售方法，如肯德基餐厅既单卖汉堡包、炸薯条和饮料，也提供包括汉堡包、炸薯条和饮料的套餐。当然，购买套餐要比分别购买该套餐内的各项内容的价格要低。另如，旅行社既销售包价的旅游线路产品，也提供预定饭店、导游等单项服务。这里，可以做如下分析。

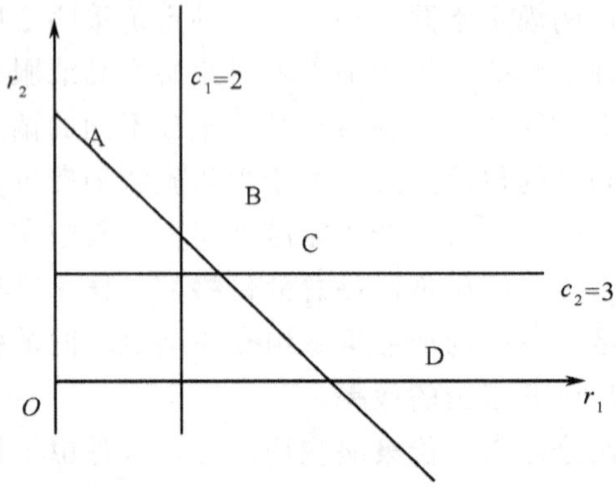

图 7-3 混合搭售

在图 7-3 中，混合策略是比单独销售更有利可图的策略。这里需求是负相关的，但存在产品不同的固定的边际成本（如生产薯条的边际成本为 2 元，生产汉堡包的边际成本为 3 元）。标为 A，B，C，D 的四个消费者反映在图中。

现让我们比较一下三种定价与销售策略：①以 5 元和 9 元的价格分别销售薯条和汉堡包；②只以 10 元的价格供应包括两种产品的套餐，也可称之为“纯搭售”策略。③混合搭售，其中，两种产品以相同的价格 $P_1=P_2=8$ 元的价格分开销售，或者以 10 元的价格供应套餐。

图 7-3 显示了标为 A，B，C，D 的四个消费者对两种产品的保留价格 r_1 和 r_2。消费者 A 最多愿意为产品 1 支付 1 元，最多愿意为产品 2 支付 9 元。

在本例中，有正边际成本时，混合销售可能比纯搭售更有利可图。消费者 A 有具有低于边际成本 c_1 的对产品 1 的保留价格，消费者 D 有低于边际成本 c_2 的对产品 2 的保留价格。采用混合销售，消费者 A 只会买产品 2，消费者 D 只会买产品 1。

表 7-3 列出了这三种策略及相应的利润。如当两种产品分开销售时，只有消费者 B，C 和 D 购买产品 1，而消费者 A 购买产品 2，则总利润为：3×（5－2）＋1×（9－3）＝15（元）。用纯搭售，所有四个消费者都以 10 元来买这个套餐，因而总利润为：4×（10－2－3）＝20（元）。这里，纯搭售的利润高于分开销售产品。但如果是混合销售，消费者 D 只以价格 8 元购买产品 1，消费者 A 只以价格 8 元购买产品 2，而消费者 B 和 C 都以价格 10 元来购买搭售，这样，总利润为：(8－2)＋(8－3)＋2×(10－2－3)＝21(元)。这里，混合搭售的利润是最高的。

表 7-3 餐厅的三种定价策略 （单位：元）

	P_1	P_2	P_m	利润
分开销售	5	9		15
纯搭售	/	/	10	20
混合搭售	8	8	10	21

因此，对一个餐厅，它既可以供应套餐（如开胃酒、主菜、甜点等），也可以点菜，顾客分开买开胃酒、主菜、甜点等。这可以使它通过菜单的定价从那些对某些菜点比对其他菜点偏爱得多的顾客那里夺取消费者剩余，即对应于图 7-3 中的消费者 A 和 D。与此同时，套餐则留住了对不同菜点的保留价格差异不大的顾客（如对开胃酒和甜点都有适度评价的顾客）。从本质上看，混合搭售也是一种区分需求的价格策略。

7.3.6　旅游企业的降价与提价

旅游企业处在一个不断变化的环境之中，为了生存和发展，有时候需主动降价或提价，有时候又需对竞争者的变价做出适当的反应。

（一）企业降价

企业降价的主要原因有：①企业的生产能力过剩，因而需要扩大销售，但是企业又不能通过产品改进和加强销售工作等来扩大销售。尤其是旅游产品不能库存，在这种情况下，企业就需考虑降价。②在强大竞争者的压力之下，企业的市场占有率下降。③企业的成本费用比竞争者低，企图通过降价来掌握市场或提高市场占有率，从而扩大生产和销售量，降低成本费用。在这种情况下，企业也往往发动降价攻势。降价以阻止进入，也是行业重要的进入壁垒。

（二）企业提价

虽然提价会引起消费者、经销商等的不满，但是一个成功的提价可以使企业的利润大大增加。

引起企业提价的主要原因如下：①由于通货膨胀，物价上涨，企业的成本费用提高，因此，许多企业不得不提高产品价格。②企业产品供不应求，不能满足其所有顾客的要求。在这种情况下，企业就必须提价。为了减少顾客不满，企业提价时应当向顾客说明提价的原因，并帮助顾客寻找节约的途径。

（三）竞争者对企业变价的反应

企业在考虑改变价格时，不仅要考虑购买者的反应，而且必须考虑竞争对手的反应。当某一行业中企业数目很少，提供同质的产品，购买者颇具辨别力与知识时，竞争者的反应就愈显重要。

1. 了解竞争者反应的主要途径

企业如何去估计竞争者可能的反应呢？首先，假设企业只面临一家大的竞争者，竞争者的可能反应可从两个不同的出发点加以理解。其一是假设竞争者有一组适应价格变化的政策；其二是竞争者把每一次价格变动都当作单一挑战。

假设竞争者有一组价格反应政策，至少可以通过两种方法了解它们，即通过内部资料和借助统计分析。取得内部情报的方法有好几种，有些是可接受的，有些则近乎刺探。此外，还可以模仿竞争者的立场、观点、方法思考问题。类似的情报也可以由其他渠道如顾客、金融机构、供应商，代理商等处获得。

2. 估计竞争者反应的统计分析方法

用统计分析方法来研究企业过去的价格反应，也可以得知竞争者适应价格变化的对策。从市场营销实践看，可以用“推测的价格变动”的概念（V），即竞争者的价格变动反应对本企业上次价格变动的比率来测定。用数学公式表示如下：

$$V_{A,t}=\frac{P_{B,t}-P_{B,t+1}}{P_{A,t}-P_{A,t-1}}$$

式中，$V_{A,t}$为竞争者B在t期间的价格变动与企业A在t期间的价格变动的比值；$P_{B,t}-P_{B,t-1}$为竞争者B在t期间的价格变动；$P_{A,t}-P_{A,t-1}$为企业A在t期间的价格变动。观察值可被企业A用来估计竞争者的可能反应。假如$V_{A,t}=0$，表示竞争者上次并没有反应。假如$V_{A,t}=1$，表示竞争者完全跟进企业的价格变动。例如，$V_{A,t}=\frac{1}{2}$，表示竞争者只跟进企业价格变动的一半。然而，如果仅仅对上次的反应进行分析，可能也会因此而误入歧途，最好是将过去若干个期间的V值平均，但对近几年的比值给予较大的权重，因为它更能反映竞争者目前的政策。

必须指出，只有在竞争者的价格反应政策相当一致的情况下，统计方法才有意义。否则，就必须以不同的假设来分析，也就是假设竞争者在每次价格变动时所采取的反应都不相同。

3. 预测竞争者反应的主要假设

企业可以从以下两个方面来估计、预测竞争者对本企业的产品价格变动的可能反应：①假设竞争对手采取老一套的办法来对付本企业的价格变动。在这种情况下，竞争对手的反应是能够预测的。②假设竞争对手把每一次价格变动都看作是新的挑战，并根据当时自己的利益做出相应的反应。

在第②种情况下，企业必须断定当时竞争对手的利益是什么。企业必须调查研究竞争对手目前的财务状况，以及近来的销售和生产能力情况、顾客忠诚情况以及企业目标等。如果竞争者的企业目标是提高市场占有率，它就可能随着本企业的产品价格变动而调整价格。如果竞争者的企业目标是取得最大利润，它就会采取其他对策，增加广告预算、加强广告促销或者提高产品质量等。总之，企业在实施价格变动时，必须善于利用企业内部和外部的信息来源，观察出竞争对手的思路，以便采取适当的对策。

因为竞争者对本企业降价可能有种种不同的理解，所以，实际问题是复杂的，如：竞争者可能认为企业想暗地里地侵占市场阵地；或者认为企业经营不善，力图扩大销售；还可能认为企业想使整个行业的价格下降，以刺激整个市场需求。

上面假设企业只面临着一个大的竞争者。而如果企业面对着若干个竞争者，在变价时就必须估计每一个竞争者可能的反应。如果所有的竞争者反应大体相同，就可以集中力量分析典型的竞争者，因为典型的竞争者的反应可以代表其他竞争者的反应。由于各个竞争者在规模、市场占有率及政策等重要问题上有所不同，因此它们的反应也有所不同，在这种情况下，就必须分别对各个竞争者进行分析；如果某些竞争者随着本企业的价格变动而变价，那么我们就有理由预料其他的竞争者也会这样做。

在现代市场经济条件下，企业经常会面临竞争者变价的挑战。如何对竞争者的变价做出及时、正确的反应，是企业定价战略的一项重要内容。

面对竞争者的变价，企业必须认真调查研究如下问题：竞争者为什么变价？竞争者打算暂时变价还是永久变价？如果对竞争者变价置之不理，将对企业的市场占有率和利润有何影响？其他企业是否会做出反应？

市场竞争者往往通过进攻性的降价来争夺市场主导者的市场阵地。在这种情况下，市场主导者有以下几种战略可供选择：

1）维持价格不变

因为市场主导者认为，如果降价就会减少利润收入。而维持价格不变，尽管对市场占有率有一定的影响，但以后还能恢复市场阵地。当然，在维持价格不变的同时，还要改进产品质量、提高服务水平、加强促销沟通等，运用非价格手段来反击竞争者。许多企业的市场营销实践证明，采取这种战略比降价和低利经营更合算。

2）降价

市场主导者之所以采取这种战略，主要是因为：①降价可以使销售量和产量增加，从而使成本费用下降。②市场对价格很敏感，不降价就会使市场占有率下降。③市场占有率下降之后，很难得以恢复。

但是，企业降价以后，仍应尽力保持产品质量和服务水平。

3）提价

提价的同时，还要致力于提高产品质量，或推出某些新品牌，以便与竞争对手争夺市场。

此外，受到竞争对手进攻的企业必须考虑以下因素：①产品在其生命周期中所处的阶段及其在企业产品投资组合中的重要程度。②竞争者的意图和资源。③市场对价格和价值的敏感性。

➢ 关键术语

旅游产品定价目标（Target of Tourism Product Pricing）
旅游产品定价的步骤（Tourism Product Pricing Procedure）
旅游产品差价体系（Differential Pricing System for Tourism Product）
旅游产品定价方法与技巧（Methods and Tactics for Tourism Product Pricing）
成本导向定价法（Cost-oriented Pricing Method）
需求导向定价法（Demand-oriented Pricing Method）

案例回顾与讨论

1. 案例中“庐山游”运用的是怎样的定价策略？
2. 怎样确保旅游企业定价策略的制定不以降低产品和服务的质量或损害企业本身利益为代价？

复习与思考

1. 解释下列概念：
   成本加成法　目标效益定价法　撇油定价法
   需求导向定价　折扣定价法
2. 什么是旅游差价？旅游差价在旅游定价中的作用如何？
3. 试述竞争对饭店定价的影响。具有不同市场地位的饭店应当采取何种对策？
4. 某市新建四星级宾馆，总投资1亿元，共有客房400间，预计投资回收期五年。每间客房平均年服务管理费为12 000元。若要定房价为240元/天，则客房年平均出租率到多少才能保证在5年内回收投资？
5. 你如何看待竞争对手的降价行为？
6. 运用微观经济学相关原理，分析下列问题：
   如果你想在纽约吃一份牛排，最好的选择是去属于棕榈树管理公司所有的棕榈树餐馆，它在10座城市拥有11家旅馆，并且所有餐馆的菜单都是相同的。11家餐馆一份牛排在1993年的价格如下所示：

地点	价格（$）	地点	价格（$）
纽约（两家）	27.00	芝加哥	22.00
东汉普顿	26.00	休斯顿	23.00
费城	24.00	达拉斯	23.00
华盛顿	24.00	拉斯维加斯	25.00
迈阿密	24.50	洛杉矶	26.00

(1) 根据棕榈树管理公司的合伙人布鲁斯·波兹所说："在芝加哥，人们对价格很敏感，我们那里的经理知道应使自己的定价具有竞争力。"假设餐馆食品的市场在所有的城市都是垄断竞争的，那么对棕榈树餐馆牛排的需求曲线在芝加哥和纽约是一样的吗？如果不是，有什么区别？

(2) 波兹先生认为："我们在纽约的劳动力成本是最高的，分摊到每位消费者身上的劳动力成本大约是 8 美元。这几乎是我们在其他一些城市成本的 2 倍。效用当然也是高的。每月清扫两个餐馆的垃圾要花费我们 7 000 美元。"棕榈树餐馆的边际成本曲线在纽约和芝加哥一样吗？如果不一样，有何区别？

(3) 如果纽约的边际成本比芝加哥高 20%，而且纽约的需求价格弹性为－3，而芝加哥的为－4，那么你预期纽约和芝加哥牛排价格差距的百分比是多少？

第8章

旅游产品营销渠道策略

学习目的：掌握旅游营销渠道的基本内涵；熟悉旅游营销渠道的类型；熟悉旅游中间商的类型与功能；掌握旅游营销渠道的基本策略；熟悉旅游渠道的管理和调整；了解旅游营销渠道的发展趋势。

旅游产品的生产经营活动与旅游消费者的购买、使用过程往往受到多种因素的制约，在时间、空间上存在一定的差异。同时，在客源量大、客源结构复杂的条件下，旅游企业除发挥自身的营销资源优势外，还必须运用旅游市场中的中介组织力量，与之形成较为稳定的营销利益共同体，促使旅游产品在广阔的空间内为广大旅游消费者所知晓、理解、认可和购买。本章从旅游产品的营销渠道类型，旅游中间商的选择，有关营销渠道的形式、管理、调整等决策及策略应用问题进行探讨。

案例 8-1

"佩珀"饮料怎样才能抓住消费者

佩珀公司在20世纪80年代初期，已由25年前的一家德州制造浓缩饮料的小公司，发展成为全美国非可乐饮料世界排名第一，而就整个饮料业来说，它位于可口可乐的后面，排名第三。1982年，该公司的总营业收入已超过5亿美元，而且创下了连续27年赢利的记录。

是什么原因使佩珀公司饮料获得如此光彩的赢利呢？佩珀饮料的质量很好，广告指放十分广泛，在全国很有影响，这些固然是成功的原因，但光有这些还不够，事实上，它成功的最主要原因在于销售渠道策略。佩珀将浓缩的饮料卖给瓶装厂商，瓶装厂商将饮料稀释后瓶装，再做广告促销，推销给零销商，零销商再卖给消费者，佩珀公司凭借上述销售渠道，不断地把产品卖到消费者手中。经过多年的苦心经营，佩珀饮料经由瓶装厂商分散到各地的市场。虽然这类瓶装厂商同时也经销可口可乐或百事可乐，但是他们大多数人也都把佩珀饮料看作是最佳品牌之一。

在饮料的营销中，销售渠道很重要。人们往往把生产厂商看作是创造消费者需求偏好，把零售商看作影响消费者选择饮料的重要力量，但常常忽略瓶装厂商的重要影响。其实，瓶装厂商的销售人员经常与零售商保持联系，他们制作本地的广告促销，要求零售商将他们批发的佩珀饮料放在顾客最易发现的陈列位置上；有时还运用折扣、特殊陈列品、优待券、免费样品等手段来推销佩珀产品。瓶装厂商了解各地市场的情况和零售商的需要，还能帮助佩珀制定各地区的营销方案。因此，佩珀饮料以前阶段的成功，确实离不开瓶装厂商的作用。

1982 年以后，佩珀公司一改依靠瓶装厂商在本地做广告促销的做法，变为佩珀公司在全国实行统一的营销方案。从而，公司削减了地方性的销售人员，减少了对瓶装厂商的业务支持，并用全国性的广告活动，取代了过去由瓶装厂商在各地开展促销的广告活动。

佩珀公司预计，采用全国集中营销方案，可以大大扩大公司产品的影响，从而增加消费者的需求。但是，全国性的广告虽然加深了消费者对佩珀的印象，全国的销售量并未增加，1982 年，佩珀饮料的销售量下降了 3%，到了秋季，亏损 4 000 万美元，其市场排名也由第 3 位降到第 4 位。公司与瓶装厂商的关系日渐疏远，他们开始采取防备态度，在瓶装厂商心目中，佩珀产品的特殊地位已经消失，它不过是一种普通的品牌而已。

一位瓶装厂商毫不客气地说，佩珀只有先抓住瓶装厂商，才能抓住消费者。这一说法非常正确。佩珀公司在 1983 年认识到了它的失误，放弃了全国性的营销方案，又想回到过去依靠瓶装厂商在各地推销的方案，他们试图弥补与瓶装厂商的裂痕。但是，佩珀公司能否成功，仍是一个未知数。

8.1 旅游产品的营销渠道综述

旅游产品从旅游生产企业到旅游消费者的过程，是通过一定的渠道实现的，即在“特定的时间”、“特定的地点”，以“特定的方式”提供给“特定的旅游消费者”。由于旅游企业的选择不同，旅游产品的营销渠道也呈现出不同的状态。

8.1.1 旅游产品营销渠道的概念及其产生发展

（一）旅游产品营销渠道的概念

旅游产品营销渠道又称为分销渠道，它是指旅游产品从旅游生产企业向旅游消费者转移过程中所经过的一切取得使用权或协助使用权转移的中介组织和个人，也就是旅游产品使用权转移过程中所经过的各个环节连接起来而形成的通道。旅游营销渠道的起点是旅游产品的生产者，终点是旅游消费者，中间环节包括各种代理商、批发商、零售商、其他中介组织和个人等。

它具体包含以下几方面的内容：

- 从旅游产品营销渠道的结构来看，旅游营销渠道是指旅游产品从旅游企业到旅游消费者所经过的一切组织机构，只有这些机构以及这些机构的相互配合，产品才能从生产者转移到消费者。
- 从旅游产品营销渠道的功能上来看，旅游营销渠道是指使旅游产品及其使用权从旅游企业到消费者转移的所有活动。
- 从旅游产品在营销渠道的转移过程来看，旅游销售渠道是指旅游产品由旅游企业到消费者所经过的途径。

（二）旅游营销渠道的产生及其发展

在旅游市场不断发展并逐渐成熟的条件下，大多数旅游产品并不是由旅游生产企业直接供应给旅游消费者，而是要经过或多或少的中介组织，即旅游中间商。旅游中间商是社会分工和商品经济发展的产物，在旅游市场营销活动中有着客观存在的必然性。由于旅游产品生产和消费之间在数量、品种、时间、地点等方面的矛盾，为解决这些矛盾并节约社会劳动，就需要中间商发挥生产与消费之间桥梁的作用。对于旅游产品的生产企业来说，旅游中间商是专门化的市场营销组织，市场接触面广、信息来源多、熟悉消费者并可实行规模化经营，因而旅游生产企业借助于旅游中间商，就可使自己的产品打入广阔的市场，节约资金占用，提高营销效率和投资收益率。旅游中间商的这一优势作用可用图 8-1 来表示。

从图 8-1 中可以看出，假定有两个旅游产品的生产企业和 10 个旅游消费者，若没有中间商，旅游生产企业和旅游消费者之间要进行 20 次产品的购销交易活动，而一旦有了中间商，则只要进行 12 次交易即可达到预期的营销目的。总之，旅游中间商是旅游活动更加社会化和客源市场不断扩大的产物，随着经济的发展，旅游产业的壮大，旅游营销渠道将更趋多样化、复杂化。

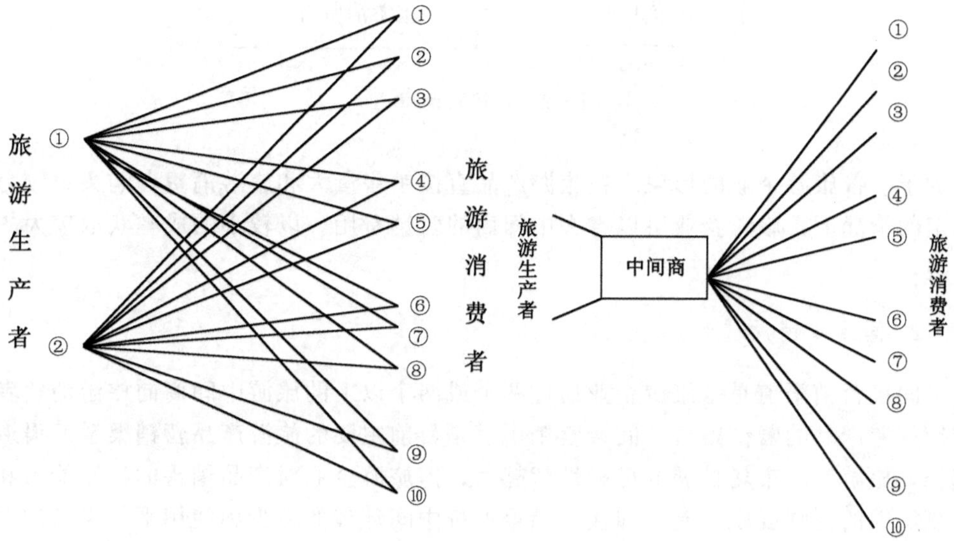

图 8-1　旅游中间商存在的必要性示意图

8.1.2　旅游产品营销渠道的类型

在市场营销中，由于旅游市场、旅游企业、旅游中间商以及旅游消费者等多种因素的影响，旅游产品营销渠道也就形成了多种多样的状态，即便是同一种旅游产品，也有可能通过不同的营销渠道销售。一般说来，旅游产品的营销渠道有直接、间接、长、短、宽、窄等多种类型。

（一）直接营销渠道和间接营销渠道

直接营销渠道和间接营销渠道的区别实际上就是旅游企业是否通过旅游中间商进行营销活动。

1. 直接营销渠道

直接营销渠道是指旅游企业在其市场营销活动中不通过任何一个旅游中间商，而直接把旅游产品销售给消费者的营销渠道。这种营销渠道没有介入其他成分，也无层次环节多少之分，只是一个结构单一的营销通道，如饭店出车到机场去拉客人而未经过旅行社等中间商，如图 8-2 所示。

通过这种营销渠道，旅游企业直接和顾客交往，有利于直接获得旅游消费者的信息，有助于提高旅游产品的质量，有利于控制旅游产品的成熟过程和程度，

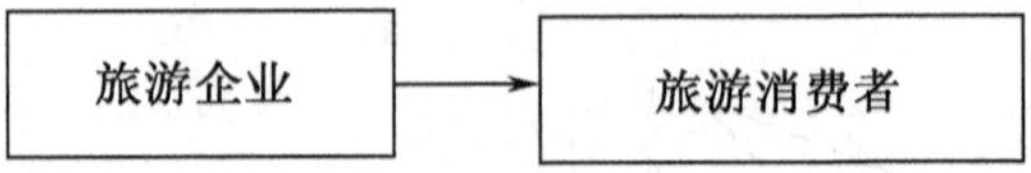

图 8-2　直接营销渠道

有利于改善旅游企业的形象。在旅游产品直接销售量大和旅游消费者购买力较为稳定的情况下，旅游企业可以省去中间商的营销费用，以较小的成本获取较大的收益。

2. 间接营销渠道

间接营销渠道是指旅游企业通过两个或两个以上的旅游中间商向旅游消费者推销旅游产品的营销渠道。间接营销渠道是目前主要的旅游产品营销渠道。渠道越长，旅游产品市场扩展的可能性就越大，但旅游企业对产品销售的控制能力和信息反馈的清晰度就越差。间接营销渠道按中间环节的多少和使用平行渠道的情况分为三种。

（1）一级营销渠道，如图 8-3 所示。这种营销渠道具有两个环节，旅游企业→旅游零售商为第一个环节，旅游零售商→旅游消费者为第二个环节，旅游企业通过这两个环节把旅游产品销售给顾客。这种营销渠道具有降低成本、减少开支从而提高旅游企业经济效益的优点，但仅适宜于营销批量不大、地区狭窄或单一的旅游产品。

图 8-3　一级营销渠道

（2）多级营销渠道，如图 8-4 所示。这种营销渠道具有三个环节，即旅游企业→旅游批发商为第一环节，旅游批发商→旅游零售商为第二环节，旅游零售商→旅游消费者为第三环节。这种营销渠道在国际旅游中使用最为广泛，由于大型旅游批发商的规模、手段、网点比零售商大得多，而且销售地区较广，具有较为

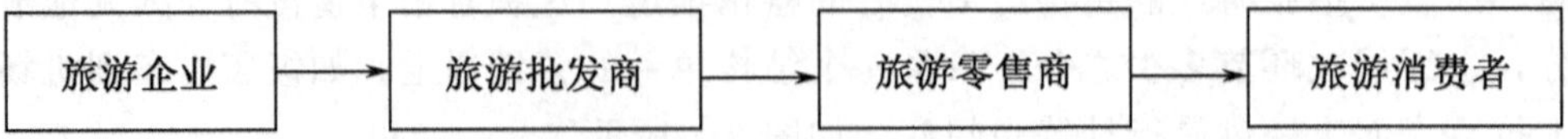

图 8-4　多级营销渠道

明显的优点。

这种营销渠道的同种变形如图 8-5 所示。

在国内外旅游业中，较为常用的是增加了旅游代理商，而代理商的选择是这种营销渠道的关键。代理商的营销能力、控制地域及其忠诚度关系到整个营销渠道的效果。

图 8-5　多种营销渠道的同种变形

（3）多级多层营销渠道。这种营销渠道很繁杂，共有五个层次、12 个中间环节。旅游企业→旅游代理商→旅游批发商→旅游零售商→旅游消费者为第一个层次；旅游企业→旅游批发商→旅游零售商→旅游消费者为第二个层次；旅游企业→旅游批发商→旅游消费者为第三个层次；旅游企业→旅游零售商→旅游消费者为第四个层次；旅游企业→旅游消费者为第五个层次，如图 8-6 所示。选择利用这种营销渠道时，必须注意旅游市场大小及结构的分析，选用一种或若干种营销渠道加以组合使用，同时也要注意调整充实现有的营销渠道，根据自己的需要慎重地选用新的旅游中间商。

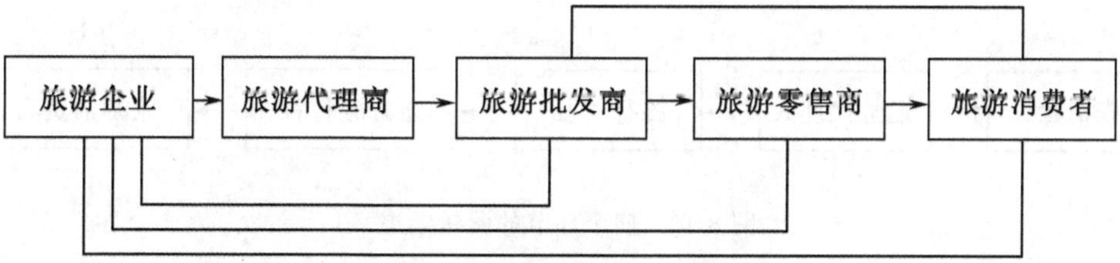

图 8-6　多级多层营销渠道

（二）长渠道和短渠道

旅游营销渠道的长度是指旅游产品从生产者脱手开始到消费者购买为止，整个过程中所经过的中间机构的层次数，产品在去营销渠道中经过的中间层次越多，营销渠道就越长；反之，营销渠道越短。我们可根据介入营销渠道中间商层次的多少，将营销渠道划分为长渠道和短渠道。例如，旅游消费者直接到旅行社购买该旅行社提供的某城市一日游，不经过任何中间环节，这样的销售渠道就比较短。又例如，旅游者在他常住地的地方旅行社购买了去异地的三日游，该线路产品又是地方旅行社从旅行总社处购买的，而旅行总社出售的该产品又是从旅游企业的旅游代理人处购买的，即消费者购买的旅游产品经过了多层中间渠道，这样的销售渠道就较长。具体形式如图 8-7、图 8-8、图 8-9、图 8-10 所示。

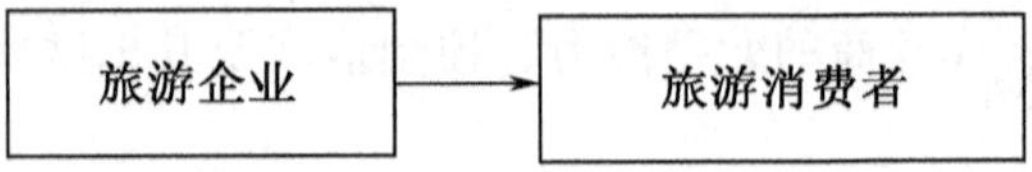

图 8-7　无中间环节的营销渠道

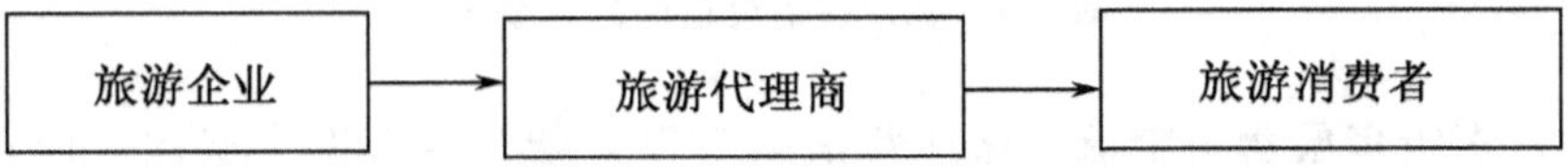

图 8-8　两个环节的营销渠道

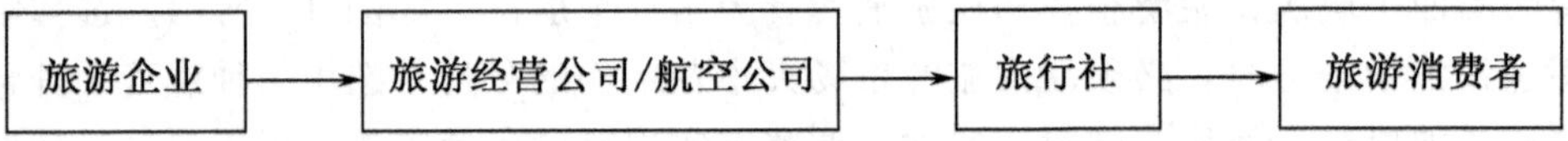

图 8-9　三个环节的营销渠道

图 8-10　四个环节的营销渠道

营销渠道短，生产者承担的销售任务就多，信息传递快，销售及时，能较为有力地控制营销渠道（如控制价格、提供服务、进行宣传等）；营销渠道长，批发商、零售商就要完成大部分营销职能，信息传递慢，流通时间较长，旅游企业对营销渠道的控制就较为困难。

（三）宽渠道和窄渠道

旅游营销渠道的宽度，一般是指一个时期内销售网点的多少、网点分配的合理程度以及销售数量的多少。这主要取决于旅游企业希望自己的旅游产品在目标市场上扩散范围的大小，也就是希望占据多少市场供应点以及什么样的供应点。通常所说的要多设销售网点，就是指加宽旅游营销渠道。有的大旅行社，如美国的运通、太平洋企业公司，在美国本土东部、西部、中西部、中南部各州都有分公司，还有几千个零售代理，这样的旅游营销渠道就相当宽。因而，宽渠道是指使用的同类中间商较多、旅游产品在市场上的销售面较广的旅游营销渠道。一般的、大众性的旅游产品主要是通过宽渠道进行销售的，通过多家旅游批发商或代理商批发给更多的零售商去进行销售，从而能大量地接触旅游消费者，大批量销售旅游产品，如近年来中国日益兴起的赴新加坡、马来西亚、泰国假日观光旅游等旅游产品。所谓窄渠道，就是使用的同类中间商较少，旅游产品在市场上的销售面较窄的旅游营销渠道。窄渠道对旅游产品生产企业而言，比较容易控制，但市场的销售面就会受到限制，因此，旅游窄渠道一般只适用于专业性较强的或费用较高的旅游产品的销售，如穿越塔克拉玛干沙漠旅游、攀登高原雪山旅游、环球旅游等旅游产品。

（四）单渠道和多渠道

根据旅游企业所采用的渠道类型的多少，旅游营销渠道又可分为单渠道和多渠道。有些旅游企业采用的渠道类型比较单一，如所有产品全部由自己直接销售或全部交给批发商经销，这称之为单渠道。有的旅游企业则根据不同层次或地区消费者的不同情况而采用不同的营销渠道。若在本地区采用直接渠道，对外地采用间接渠道，或同时采用长渠道和短渠道，这就称为多渠道。有时把采用多渠道的销售系统又称为双重销售系统。一般情况下，旅游企业生产规模较小或经营能力较强，可采用单渠道销售旅游产品，反之，则可采用多渠道，以便扩大产品的覆盖面，灵活地大量销售自己的旅游产品。

8.1.3　产品营销渠道的特性

（一）稳定性

一个企业的营销渠道系统是企业的一种重要组成部分，它不仅代表着企业产品的一种分销渠道，也代表着构成渠道系统的一系列政策和实践活动的承诺，而这些政策和实践将形成一个巨大的长期关系网。企业一旦选择了某种营销渠道，将在一定时期内依赖于该营销渠道，不会发生重大变化，所以，营销渠道存在着一种强大的保持现状的惯性，具有相对稳定性。因而，企业在选择营销渠道时，既要考虑企业的现状与市场环境，也要考虑今后企业的发展趋势与动态以及市场变化情况。

（二）协调性

在营销渠道系统中，执行不同功能的机构必须“分工不分家”，相互配合，协调一致，才能有效完成分销任务。任何一个中间环节的失误都会导致整个营销链条的断裂，甚至是营销目的的无法实现。在实践中，营销渠道的运营往往由于渠道组成成员的矛盾冲突或动作的不一致而导致失败。只有各层级步调一致，互相支持，互相配合，才能顺利达成整个营销目的。

（三）整体性

营销渠道与企业的所有其他营销是一个有机的整体。企业的产品决策、价格决策、促销决策都与营销渠道的决策息息相关，营销渠道的选择直接影响到市场上产品的最终价格、产品形式以及促销方式等诸多营销环节。为达成共同的营销目标，必须将渠道策略与其他策略相互配合，组成一个有机的整体。因而，要强调以系统的、动态的观点来看待营销渠道决策与其他营销决策的关系，而不应将渠道系统决策孤立起来。

8.1.4 旅游产品营销渠道的作用

在现代市场经济中，绝大多数生产商都是通过不同的营销中间机构将其产品出售给消费者。营销渠道不仅可以通过在适当的地点、用适当的价格提供适当数量和质量的产品来满足需求，而且还能通过营销中间机构的促销活动来刺激需求，从而提高旅游企业的经济效益。总之，旅游产品营销渠道对整个旅游产品的流通起着极大的促进作用，具体作用如下：

1. 旅游营销渠道是保证旅游企业再生产过程顺利进行的前提条件

旅游企业是旅游产品生产、经营的基本单位。旅游企业生产的产品，既要符合社会需要，又必须能够及时地销售出去。旅游营销渠道有利于产品的销售和顾客需要的满足，帮助实现旅游企业的战略目标，使旅游企业的再生产过程能够顺利进行。如果旅游营销渠道流通不畅，即使企业生产出再优质对路的产品，也不能保证能够顺利到达顾客手中，这必然会使旅游企业再生产过程受阻。

2. 合理选择旅游营销渠道是提高旅游经济效益的重要手段

旅游营销渠道的数量、环节多少以及容量等问题，对旅游产品的销售有着直接的影响。合理选择营销渠道、加强渠道的管理以及适时营造新的营销渠道，就能加快旅游产品的流通速度，加速资金周转，提高旅游企业的经济效益。

3. 旅游营销渠道策略直接影响其他市场营销策略的实施效果

旅游营销渠道策略与产品等营销策略密切相关，而且建立营销渠道需要较长的时间和资金，需要渠道成员间长期的合作和信任，所以，旅游营销渠道一经建立，一般不轻易变更。随着旅游营销渠道的确定，旅游企业的定价、促销等策略也就相对固定下来了。例如，旅游产品的广告宣传活动主要由旅游企业进行还是由中间商进行，或是双方联合进行；旅游企业的价格策略与中间商的价格策略如何相互配合，等等。

8.2　重要的渠道中介——旅游中间商

旅游企业按照是否方便旅游消费者购买和是否能取得预期经济效益的基本原则，对营销渠道进行科学、合理的设计、组织和决策，就必然要涉及到在营销渠道的营造中是否选用中间商以及中间商的质量如何等问题。

8.2.1　旅游中间商的类型

旅游中间商是指介于旅游生产者与消费者之间，专门从事旅游产品或服务市场营销的中介组织和个人。由于旅游中间商在旅游市场营销中的作用不一，旅游生产企业与这些中介组织和个人的责权利关系不同，因而旅游中间商的类型也就呈多样化形态。旅游中间商有两种划分方法：一种是根据产品在销售渠道中流动时有无所有权的转移划分为旅游经销售和旅游代理商，另一种是根据销售对象划分为旅游批发商和旅游零售商。该划分主要针对旅游经销商而言。

（一）旅游经销商

旅游经销商是指将旅游产品买进以后再卖出的中间商，它的利润来源于旅游产品购进价与销出价之间的差额。产品通过经销商交易一次，产品的所有权将进行一次转移。由于旅游产品的特殊性，购买者得到的只是产品的使用权，而非产品所有权的转移，所以，经过交易，旅游产品使用权得以转移。旅游经销商与旅游产品的生产企业共同承担市场风险，其经营业绩的好坏直接影响到旅游生产企业经济效益的高低。旅游经销商多种多样，最主要的有旅游批发商和旅游零售商两类。

1. 旅游批发商

旅游批发商往往是一些从事批发业务的旅行社或旅游公司，是连接生产者与零售商或最终消费者的桥梁。按照国外旅游学界的普遍看法，旅游批发商的业务是将航空公司或其他交通运输企业的产品与旅游目的地旅游企业的地面服务组合成整体性的旅游产品，然后通过某一销售途径推向广大公众。因而，旅游批发商通过大量地订购旅游交通运输企业、饭店、旅游景点等企业的单项产品，将这些产品编排成多种时间、价格的包价旅游线路，然后再批发给旅游零售商，最终出售给旅游消费者。一般来说，旅游批发商的经营范围可广可窄，有的旅游批发商可在全国甚至在海外通过设置办事处或建立合资企业、独资企业等形式进行大众化产品的促销工作，或者广泛经营旅游热点地区的包价旅游产品；有的旅游批发商也可在特定的目标市场中只经营一些特定的旅游产品，如专项体育活动、专项节日活动等产品；而有的旅游批发商则可就某一交通运输工具组织包价旅游，如中国的长江三峡豪华游艇包价旅游、汽车穿越塔克拉玛干沙漠包价旅游等。

在少数情况下，旅游批发商也对旅游消费者进行直接销售活动。此时旅游批发商要对旅游消费者的整体旅游活动负责，旅游者旅行所必需的费用须全部计入所报价格中，包括了旅游消费者的食、宿、行、游、娱等活动乃至行李搬运费、小费等费用。

2. 旅游零售商

旅游零售商是指直接面向广大旅游消费者从事旅游产品零售业务的旅游中间商，它与旅游消费者联系最为紧密。为适应旅游消费者的多种需要和要求，旅游零售商要熟悉多种旅游产品的优劣、价格和日程安排，要了解和掌握旅游消费者的经济支付水平、生活消费需要和方式等情况，以帮助旅游消费者挑选适宜于其要求的旅游产品。同时，旅游零售商在市场营销活动中应具有较强的沟通能力和应变能力，要与旅游目的地的饭店、餐馆、风景点以及车船公司、航空公司等接待旅游企业保持良好的联系，能根据旅游市场及旅游消费者的需求变化而相应地调整服务。一般来说，旅游零售商的主要职责为：向旅游者提供广泛的、正确无误的旅行咨询服务；做出包含海、陆、空在内的各种交通运输安排；做出旅游消费者在旅游活动过程中的食宿、观光以及音乐会、剧场入场券等特殊节目以至行李的运送等方面的安排；制定单独旅游、个人陪同旅游、团体旅游等旅游产品；对有特殊兴趣的旅游，如宗教朝觐、会议旅游、奖励旅游、业务旅游、学生旅游和体育旅游等做出安排、预定；对旅游活动中所涉及的一切琐碎事宜，如有关健康、保险、旅行支票、语言学习资料等事宜的处理和咨询。

从一定意义上来说，旅游零售商是代表旅游消费者向旅游批发商以及旅游产品供给的企业购买产品，为保护旅游消费者的应得利益，促进旅游零售业务的顺利开展，旅游零售商在与旅游批发商以及旅游产品的生产企业发生联系、签署有关购销协议时，一般要关心、注意以下问题：首先，对方的质量、信誉，也就是旅游批发商等企业提供的旅游活动是否可靠，各项活动的开展是否准时衔接，处理业务工作的效率如何，出现意外事故的抢救、处理制度和措施有无保障等，就其所提供的产品而言，往往包价旅游产品事前的调研工作较为扎实，产品开发、实施方案较为可靠，同时对市场的宣传促销力度较大，因此，在实际工作中旅游零售商愿意大量购进包价旅游产品，向旅游消费者推销；其次，要关心、注意对方提供的旅游产品的价格，其原因在于在市场竞争中若与同类产品的价格相比，若报价过高，对旅游消费者的吸引力就会降低，推销难度增大，旅游零售商的经济效益就不明显；若报价偏低，则会使旅游消费者产生对旅游产品质量的怀疑，客观上也不利于产品的推销工作。

旅游零售商一般是旅行社，旅游发达国家的超级市场、航空公司等往往也是旅游零售商。

与一般的生产企业不同，旅游企业不一定只是批发商或零售商。对于同一个旅游企业来说，在不同的营销渠道中，它可能担任不同的角色。如 A 旅行社为一个来自美国的旅行团组织了一次包价旅游活动，它是以旅游批发商的身份进行销售活动的；同时，它又为 B 旅行社的一个团队提供了当地导游的服务，那么又可以说它是旅游零售商。

（二）旅游代理商

旅游代理商是指那些只接受旅游产品生产者或供应者的委托，在一定区域内代理销售其产品的旅游中间商，它通过与买卖双方的洽商，促使产品的买卖活动得以实现，但从中并不取得产品的所有权。旅游代理商的收入来自被代理企业支付的佣金。旅游代理商的主要职能是在其所在地区代理旅游批发商和提供行、宿、游等旅游服务的旅游企业向旅游消费者销售各自的产品。

旅游产品生产企业利用旅游代理商，其原因在于在自己推销能力不能达到的地区，或是无法找到合适的销售对象的情况下，利用旅游代理商的营销资源而寻求营销机会，因而，对代理商的利用是对经销商合作的一种补充。一般而言，在旅游产品比较好销的情况下，利用旅游批发商等中介组织的机会比较多，而在新产品上市初期或产品销路不太好的情况下，则利用代理商的机会就比较多，利用代理商的风险转移程度比利用经销商要低得多。

在实际工作中，旅游代理商由于直接面对广大的旅游消费者，或以为旅游消费者服务为主，同时经营少量的旅游产品批发业务，因而旅游代理商往往又是旅游零售商，但其收入主要以收取佣金为主。

8.2.2 旅游中间商的功能

旅游中间商在旅游市场营销中占有特殊的地位，对旅游产品营销渠道的形成和运行起着重要的影响所用。一般来说，旅游中间商的功能主要体现在市场调研、促进销售、开拓市场和组合加工产品等方面。

1. 市场调研

旅游消费者是旅游企业生产经营成败的关键所在，其数量的多少、层次的高低、购买力的大小对旅游企业的经济效益有着直接的影响。旅游中间商就可以利用自己直接面向旅游消费者的有利地位，真实、客观、全面地调查、掌握旅游消费者的意见和需要，从而为旅游企业提供准确、及时的信息，帮助旅游企业对市场的变动做出及时的反应，使旅游产品和服务的供应能不断适应旅游消费者的需求。

2. 市场开拓

旅游市场需求的变化频繁和强有力的竞争，客观上要求旅游企业不断进行市场开拓，才能在市场中生存和发展。旅游中间商专门进行旅游产品的购销工作，对市场的变化及走向有着强烈的敏感性，能对市场的未来发展有较为准确的判断，并善于寻找市场的空隙，捕捉市场营销机会。旅游企业与旅游中间商之间友好沟通、协作，就能将旅游产品的生产优势与市场开拓的营销优势结合在一起，使旅游生产企业与旅游中间商都得以顺利地成长。

3. 促进销售

旅游产品要受到大量的旅游消费者的欢迎，一定要促进市场中潜在的旅游需求转化为现实的旅游需求。旅游中间商往往是旅游促销的专门人才，各自拥有自己的目标群体，与社会各方以及市场中各部分有可能形成良好的公共关系，它们依靠自身所特有的宣传、广告、咨询服务和其他多种形式的促销活动，来激发旅游消费者的购买欲望，促进市场需求的形成，沟通旅游生产企业与旅游消费者之间的联系。

4. 组合加工

任何一个旅游企业均不能提供旅游者在完整的旅游活动中所需的食、住、行、游、购、娱等环节的各种旅游产品。旅游中间商运用自身与多家旅游企业之间的联系、具有对多种旅游产品加工、组合的能力，为满足旅游消费者多方需要，将各种旅游产品组合起来，形成系列化的、完整的旅游产品，提供给旅游者，其内容包括了代售车票机票、安排接送、代订饭店、餐饮、观光游览、组织会议、提供导游、安排商务、文化体育等活动。这种组合还可按旅游消费者的不同要求，形成不同的组合方式和价格形式。

8.2.3　选择旅游中间商的原则

旅游企业在选择旅游中间商时，一般遵循以下原则：

1. 经济的原则

追求营销活动的经济效益是旅游企业一切营销决策的基本出发点，对旅游中间商的选择自然也应遵循这一原则，就是说应将旅游中间商选择所可能引起的销售收入增长同实施这一中间商选择所需要花费的成本做比较，以评价中间商选择的合理性。这种比较可从以下两个角度进行：

（1）静态效益的比较

静态效益的比较是指在同一时点对各种不同的旅游中间商选择方案可能产生的经济效益进行比较，从中选择经济效益较好的方案。若旅游企业认为自建营销系统的投资报酬率低于利用旅游中间商的投资报酬率，旅游企业就会放弃自建营销系统而利用旅游中间商来开展营销工作。

（2）动态效益的比较

动态效益的比较是指对各种不同的旅游中间商选择方案在实施过程中所引起的成本和收益的变化进行比较，以选择在各种不同情况下所应采取的旅游中间商方案，如图 8-11 所示。

从图 8-11 中可以看出，旅游企业自行营销系统在销售水平低于 M 点时，营销成本高于利用中间商的营销成本，此时利用旅游中间商较为有利；而当销售水平高于 M 点时，旅游企业自行营销系统的成本就开始低于利用中间商的成本，此时利用旅游企业自行营销系统就相对有利。

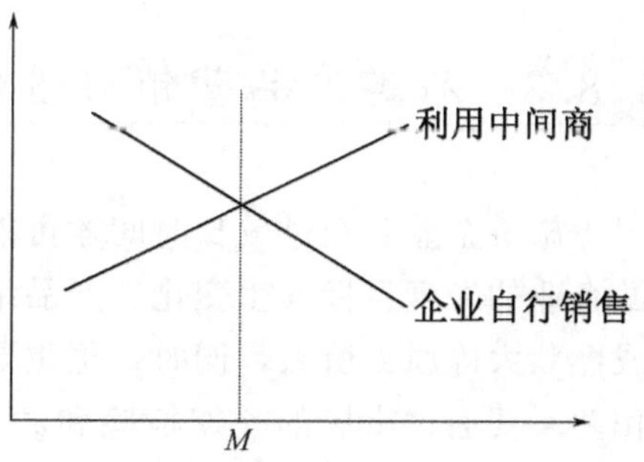

图 8-11　旅游中间商动态效益比较示意图

2. 控制的原则

从长远目标考虑，旅游企业对旅游中间商的选择不仅要考虑其经济效益，还应考虑旅游企业能否对其实行有效的控制。旅游中间商是否稳定，对于旅游企业能否维持其市场份额、实现其长远目标是至关重要的。然而除了企业自设机构外，销售渠道中每个成员都是一个独立的经济实体，其决策目标往往是本单位利润的最大化，从而不能很好地按旅游企业的意志行事。虽然旅游企业对于自行营销系统容易控制，但成本较高，市场覆盖面较窄，不可能完全利用自行营销系统来开展营销工作。所以有必要利用旅游中间商来进行市场营销，但应当充分考虑所选择的旅游中间商的可控程度。旅游企业对销售渠道的控制问题一般应考虑以下两个方面：一是旅游企业与中间商的利害冲突及其处理的难易程度；二是同一渠道层次中间商关系协调的难易程度，如同一地区的中间商是否会发生冲突，发生冲突能否有效协调解决。

3. 适应的原则

旅游中间商对旅游企业而言，属于不完全可控的因素，因而旅游企业在利用中间商时应讲究适应性。这一要求主要体现在三个方面：首先，表现为地区的适应性，即在某一地区选择中间商，应考虑到该地区的消费水平、购买习惯和市场环境，以建立与之相适应的旅游中间商体系，如西方旅游发达国家的旅游零售商往往是超级市场、航空公司、协会和一些社会组织等，而中国的旅游零售商则以旅行社为主，另外有一些经纪人、行业协会等；其次，表现为时间的适应性，即根据旅游产品在市场上不同时期的适销状况，旅游企业采取不同的中间商政策与之相适应；再次，表现为对旅游中间商的适应性，即根据各个市场中旅游中间商的不同状况而采取相应的营销渠道策略。

总之，旅游企业按照适应的原则，在选择旅游中间商时，应保留适当的弹性，根据市场及其环境的变化，对旅游营销渠道进行适当的调整，做到稳而不死、活而不乱，以便更有效地实现旅游企业的营销目标。

8.3 旅游产品营销渠道的决策和策略

旅游企业要经过较长时间才可能形成和完善旅游产品营销渠道。这是由于旅游企业的经营目标发生变化、产品结构重新调整、目标市场不断扩展、营销力量成熟壮大等原因所致，同时，更重要的原因在于旅游企业与旅游中间商的相互合作关系要通过市场的长期检验和磨合后，才能相对固定下来，形成利益紧密联系、思想观念统一、友谊深厚持久的市场营销整体。因而，旅游产品营销渠道在渠道形式、管理、调整等方面的决策及其策略运用就甚为重要。

8.3.1 良好的旅游产品营销渠道的特征

一般来说，良好的旅游产品营销渠道应具有下述特征：

1. 连续性明显

旅游企业所选择的营销渠道应能保证其产品连续不断地从生产领域、流通领域转移至消费领域，旅游中间商应尽可能不发生脱节、阻塞和不必要的停滞现象。这客观上要求旅游企业在选择和营造自己的营销渠道时，应注意到所选的渠道是否环环紧扣，与最终旅游消费者紧密联系。若旅游产品营销渠道的连续性差，旅游产品在营销渠道的某个中间商处发生了搁置，不仅旅游中间商要发生损失，丧失应有的经济效益，而且由于旅游产品不能迅速抵达目标市场中的旅游消费者，必然会使旅游企业失去销售良机，不能及时满足市场需求，使其市场竞争优势下降，还可能会影响到旅游企业长期的营销能力。因而，连续性明显是良好的旅游产品营销渠道的首要特征。

2. 辐射性突出

营销渠道的辐射性直接影响着旅游企业产品的市场覆盖面和渗透程度。旅游企业的营销渠道实际上是以企业为起始点向旅游中间商进行辐射，又由各旅游中间商为始点进一步向外辐射而形成的多层次扇面网络，如图 8-12 所示。

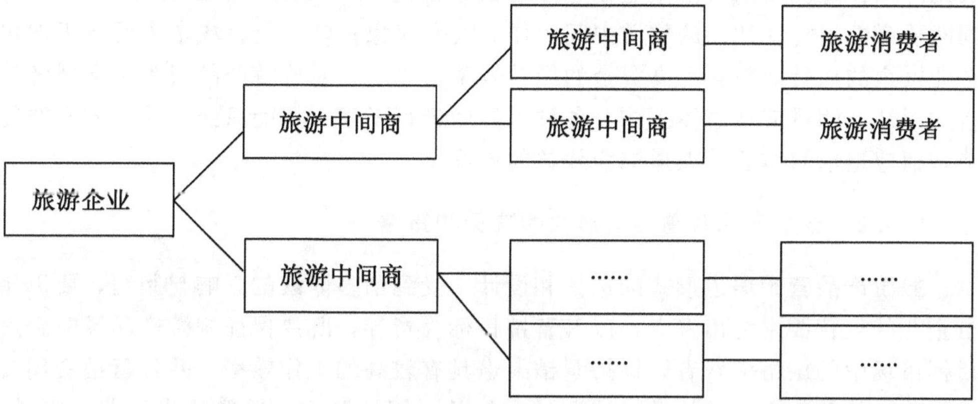

图 8-12　旅游营销渠道辐射扇面网络示意图

从图 8-12 中可以看出，旅游营销渠道的扇面越大，旅游企业产品的市场覆盖面就越广，市场渗透力也就越强，而且所形成的市场营销机会明显增多，旅游企业的市场风险也就相应下降。当然，在旅游实践中，由于旅游企业的性质不同、规模不一、营销目标不一等原因，即便是同一种旅游产品，对市场的覆盖也不可能完全一样。

3. 配套性全面

旅游产品的营销活动，不仅是物质产品的转移过程，也是相关信息等方面的流动过程，因而，旅游营销渠道若能同时兼有营销活动所需要的各种配套功能，就能更有效地保证旅游企业的产品顺利地完成由生产领域、流通领域向消费领域的转移。旅游企业所选择的旅游中间商，除具有买卖交易的能力外，最好还同时具有促销、运输、开发市场等配套功能。这样，旅游中间商在交易活动中，不仅能保证实体性的旅游产品顺利地进行流转，而且所具备的市场调研、信息收集反馈、运输等辅助功能，将会更有效地促使旅游企业的产品在目标市场中营销，更有针对性地满足多种旅游消费者的需要。

4. 经济效益理想

旅游企业所选择、确定的营销渠道应当尽可能以较少的耗费获得较高的收益，实现理想的经济效益。因而，这种具有良好经济效益状态的旅游营销渠道应能使旅游产品的流通、营销费用降低。这些费用包括交易成本、资金成本等。交易成本的降低主要取决于交易环节的减少和交易成功率的提高，因为交易环节的减少可使旅游产品流通的流转费用减少，而交易成功率的提高则可使无效的营销费用降低，这就要求旅游企业在选择营销渠道时尽可能减少不必要的中间环节，同时要谨慎地选择适当的旅游中间商作为交易对象；降低资金成本主要在于加快企业资金的周转次数，提高资金的周转效率。总之，对旅游产品营销渠道经济效益的评估、测量应从总体上综合各种因素后进行考察，不能只强调某一方面的优势，而应追求旅游营销渠道综合效益的最优化。

8.3.2 旅游产品营销渠道形式的决策和策略

旅游产品营销渠道形式的选择和设计，受到诸多因素的影响与制约，要以旅游企业的经营要求为出发点，以其营销目标为指导，既要保证旅游产品及时到达目标市场中的旅游消费者，保持营销渠道具有较高的工作效率，并且营销费用支出较少，能取得良好的旅游经济和社会效益，因地制宜，采取适当的营销渠道。因而，旅游产品或服务营销渠道形式的决策，要建立在对影响因素的系统分析、市场的认真调研、旅游企业的战略目标和营销因素组合策略的综合分析的基础上，确定营销渠道目标，从而制定相应的一系列决策，如直接营销渠道或间接营销渠道的决策、营销渠道长度的决策、宽度的决策、相关度的决策等等。

（一）选择旅游产品营销渠道类型的影响因素

旅游企业在进行营销渠道类型决策时，会受到许多因素的影响和制约，而旅游企业就必须在充分考虑这些影响因素的前提下对可供选择的营销渠道进行评估和决策。一般情况下，影响不同类型的旅游产品营销渠道选择的因素主要有旅游产品、市场、企业自身和环境等。

1. 旅游产品

旅游产品是旅游企业进行营销渠道类型决策时首先必须考虑的因素。其影响和制约作用主要通过旅游产品的性质、种类以及档次、等级等方面表现出来。一般来说，餐厅、旅游景点、商务性饭店、汽车旅馆、旅游汽车公司等旅游企业主要是采取直接营销渠道销售自己的产品或服务，而游船、度假饭店、机场旅馆、包机公司等尤其是经营跨国旅游业务的旅游企业，由于市场销售面广，则往往采用间接营销渠道开展市场营销活动。对于高档的旅游产品，购买者较少，并且多为回头客，因而这类产品的营销工作，往往采用直接营销渠道进行，如探险旅行社等旅游企业经营的特种旅游产品就是如此；而大众化的、较低档次的旅游产品，由于市场面较广、消费者较多，采用间接营销渠道的优点就很突出，易于在较大的空间内吸引、争取广大的客源。

2. 市场

旅游市场十分复杂，有多种因素对旅游营销渠道类型的选择产生不同程度的影响，其中最主要的因素为旅游消费者、中间商和竞争者。

旅游消费者对营销渠道的影响首先表现为产品消费面的大小。消费面大的产品要求能在市场上广泛分布，并具有一定的区域延伸性，营销渠道就应当既“长”又“宽”。旅游者的消费习惯对于营销渠道的选择也会产生很大影响。如旅游者购买频次较高，交易工作量就会相应增大，旅游企业一般应当多利用一些中间商开展销售活动；相反，如果购买频次低，每次购买量大，企业就可少利用一些中间商，而采用较短的渠道来进行销售。有的旅游产品的消费者分布比较集中，营销渠道就可短一些，直接一些，而如果旅游产品的消费者分布于全国各地，甚至于世界各地，营销渠道就应当长一些，宽一些。

旅游中间商的性质、功能及对各种产品的销售服务是旅游企业进行营销渠道选择的关键影响因素。如需要以高质量服务为保障的旅游产品，就必须拥有具备高水平服务或设备的中间商进行销售。零售商的实力较强，经营规模较大，旅游企业就可直接通过零售商经销产品；零售商实力普遍较弱，经营规模较小，旅游企业就只能通过批发商进行销售。

竞争者的销售渠道对企业销售渠道的选择也有极大的影响。随着经济的发展，旅游市场的进一步开拓，旅游产品生产者和供给者数量日益增多，竞争也随之加剧。旅游企业一方面可以以竞争者的销售渠道的选择为借鉴，利用竞争者已经成功使用的销售渠道，加以模仿，采用大致相同或相似的销售渠道，在同一销售渠道与竞争者的产品进行竞争。另一方面，独辟蹊径，尽量避开竞争者已使用的销售渠道，开辟新的销售渠道，以便争取更大的获利空间。总之，面对快速多变的环境，企业要根据竞争者的渠道选择，因地制宜，灵活采取合适的营销渠道。

3. 企业

旅游营销渠道的选择还必须考虑旅游企业自身的多方面情况，并进行实事求是的判断。

首先，旅游企业产品组合的广度和深度对营销渠道的决策有很大影响。一般情况下，零售商和旅游者对产品需求品种多，批量小，如果旅游产品组合面太窄，产品单一，就不能很好地适应零售商和旅游者的需求，而必须通过批发商进行营销；如果旅游产品组合面较广、较深，产品花色品种较多，就容易适应零售商和旅游者的需要，采用的营销渠道就可短一些、直一些。

其次，企业的规模、声誉、资金能力等对销售渠道的选择也有很大的影响。企业的规模越大，资金实力越雄厚，市场控制能力就越强，愿与之合作的中间商增多，企业选择销售渠道的灵活性增大；相反，企业在渠道选择时就受到限制。旅游企业的社会声誉越好，影响越大，就越有可能随意挑选和利用各种有利的营销渠道。

再者，旅游企业对自己产品的市场营销活动是否有相应的管理能力也会影响其营销渠道的选择。如果旅游企业管理营销业务的能力较强，就可自行组织营销系统；如果旅游企业缺乏营销管理方面的经验，就只能依靠中间商来开展营销。

4. 环境

各种政治、经济、自然的特征与变化都会对旅游企业的营销渠道决策产生影响。一个国家在旅游市场方面的政策及经济环境的变化对旅游企业的营销渠道影响很大。中国实行改革开放以来，旅游市场得到极大的发展，旅游产品的营销渠道大大拓宽，出现了多渠道流通的局面，极大地促进了旅游产品的市场营销。但是，各国政府对旅游业也有一定的法律、法规和政策方面的规定，旅游企业只能在所允许的范围内选择销售渠道。例如，为了保证旅游市场的正常秩序，国家规定国内旅行社不能到海外招徕、组织客源，只有国际旅行社才有此权利。所以，国际旅行社可在境外销售产品，广泛借助境外的旅游中间商，采取较长的销售渠道；而国内旅行社仅局限在国内销售旅游产品，由于业务范围小，多采用较短的销售渠道，直接面向消费者销售产品。同时，国家或地方一些政策的出台，极大地影响旅游客源市场的规模，从而影响企业对销售渠道的选择。

旅游市场的规模与世界各国及地区的经济高度正相关。经济越发达，客源市场越广阔。同时，经济的回升与起伏，也会引起客源市场相应的变化。在经济繁荣和经济景气的情况下，旅游客源市场就会扩展，反之，在经济不景气或经济危机时，旅游客源市场就会萎缩。作为旅游产品的生产者或提供者，必须根据经济发展形式和旅游客源市场的变化灵活地调整销售渠道。

自然环境对营销渠道的影响主要表现在地理条件方面，若旅游产品地处交通便利地区，开展直接营销的可能性就较大，而地处偏远地区的旅游产品限于地理条件的限制，则只能采用较长的营销渠道。

（二）确定营销渠道目标

确定旅游产品的营销渠道目标，其目的在于使营销渠道能与本企业战略目标和营销策略融为一体，从而与目标市场相适应。一般来说，确定营销目标可从以下方面进行分析：

- 旅游产品的种类有多少？生产经营的数量、质量如何？
- 目标市场的数目、位置、规模、购买总量如何？旅游市场需求的状态、特征、潜力等怎样？
- 旅游消费者购买旅游产品的动机和方式的类别、原因等如何？
- 旅游市场的结构及其变动趋势、竞争者的数量、规模、实力及竞争方式等如何？
- 旅游产品的发展趋势、变动方向及相关生产经营技术等影响因素如何？
- 旅游企业及其产品进入目标市场的策略和方法如何？
- 旅游企业的目标销售收入、目标市场占有率、目标利润为多少？

（三）旅游产品营销渠道形式的选择决策

当企业综合考虑了旅游产品销售渠道的影响因素以及销售渠道的目标后，根据行业情况、市场需求、企业实力等进行渠道选择的决策，主要包括直接销售渠道或间接销售渠道的决策，销售渠道长度、宽度的决策以及渠道的联合决策。

1. 直接营销渠道或间接营销渠道的决策

旅游直接营销渠道与旅游间接营销渠道的区别，实际上就是旅游企业在市场营销活动中是否使用旅游中间商的问题。一般来说，在旅游市场营销中，旅游企业对两种营销渠道兼而有之，这是由旅游企业自身的特性所决定。由于旅游产品的目标营销市场十分分散，旅游企业往往无力凭借自身单一的力量建立广阔的营销网络，因此，要获取充足的客源，就必须因地制宜，依托多种类型的旅游中间商进行营销工作。同时，许多旅游企业的产品具有边生产边消费的特点，其企业本身就是营销场所，有一定比例的产品要利用自己的销售力量或网络来完成。在实际工作中，旅游企业对是否采用直接营销渠道或间接营销渠道的决策，最终以两项标准来判断，即：销出本企业产品的数量或销售额；本企业为维护各种营销渠道所必须支付的营销费用，这一费用标准既可用单位产品销售量所耗费用来表示，也可用单位产品销售额所耗费用来表示。若旅游营销渠道销出的产品数量多，且单位产品销售量所耗费用低（或单位产品销售额所耗费用低），则该种类型的营销渠道就为理想的渠道。但是，若在此基础上选择的是旅游间接营销渠道，则还应针对旅游中间商在目标市场、经营规模、营销实力、偿付能力、信誉程度和合作意愿等方面的不同，准确地评估、挑选旅游中间商，使纳入营销渠道的中间商具有较高的质量。旅游营销渠道的选择还与旅游企业的实力和在市场上的地位有紧密的关系，实力雄厚的旅游企业，往往自身可以建立强大的营销网络，对旅游中间商的依赖性相对小些，实力较弱的旅游企业则对旅游中间商的依赖性就大一些；若旅游企业的目标市场广阔，或旅游企业欲进入新的市场时，就必须建立间接营销渠道才能取得良好的营销效果；另外，旅游企业欲提高产品的销售量或当市场竞争加剧时，也必须较多地依赖旅游间接营销渠道。

2. 营销渠道长度的决策

旅游企业营销渠道的长度取决于旅游产品从旅游生产企业至旅游消费者的途径中所经历的中间层次或环节的多少，若经过的中间环节越多，则营销渠道越长。一般情况下，短渠道由于中间环节少，自然就可减少中间环节所发生的营销费用，旅游消费者购买到的旅游产品的价格就有可能较为便宜；同时，短渠道还加快了旅游企业与旅游消费者之间的信息沟通速度，尤其是有可能减少或避免过多的中间环节导致的信息失真、误传等情况的发生。例如，中国近年来随着旅游业的发展，一些大型企业纷纷到海外客源集中地建立自己的办事机构或代理商网络，同时加大在这些旅游市场中的广告等促销宣传力度，以求以大量、直接的信息传递给当地的旅游消费者，促进旅游消费者的购买活动，据有关方面调查，1996 年度中国内地旅游业最为发达的前 10 个省、市、自治区，海外旅游者前来旅游的原因是由于从旅游企业在当地的代理商等处获得所需要的旅游资料后才参加旅游活动的，或者是获得广告宣传提供的信息后决定购买相应的旅游产品的；旅游短营销渠道还由于渠道的中间环节少，旅游企业的营销工作及时，并能较为有力地控制整个营销渠道的运作。然而，在实际工作中，由于多种因素的影响和制约，旅游企业最终所选定的营销渠道长度不一定为最佳理想状态，只能是在多种选择中确定较为合适的营销渠道长度。

3. 营销渠道宽度的决策

旅游营销渠道的宽度就是指在不同层次的营销渠道中利用同类旅游中间商数目的多少。旅游企业在选择、确定营销渠道的时候，往往由于各个目标市场情况不一，就有可能出现多种类型、级别的营销渠道形式同时并存的局面。归结起来，旅游营销渠道宽度的大小，主要因广泛营销、选择性营销和独家营销三种类型的选择而不同。

1）广泛营销

广泛营销也称密集营销。这是指在渠道层次中选择尽可能多的中间商，充分与旅游产品的营销市场相接触，以使本企业的产品取得最大的展露度。在旅游消费者集中的地方，或者企业的主要目标市场，就应采用这种渠道形式。例如，西班牙一个大的旅馆集团以英国度假市场为目标，通过尽可能多的旅游经营公司广泛销售自己的旅游产品，取得了良好的效果。中国的许多旅游产品生产供应商也往往通过中国国旅、青旅和中国旅行社等大型旅游批发商销售旅游产品。

这种销售渠道的优点是：可以扩大旅游产品生产者或提供者的销售面和销售量，但是使用这种宽渠道形式，旅游企业可能会碰到一系列不利的结果，例如，销售费用较大，同时双方没有什么约束性，易对产品营销失去控制，因竞争激烈而跌价，渠道成员服务质量滑坡以致旅游企业形象受到损害，因而旅游企业采用此种渠道时要充分考虑到其负面影响。

2）选择性营销

选择性营销指只选择那些有支付能力、推销经验以及服务上乘的旅游中间商在特定区域与层次推销本企业的产品。这种渠道形式适用于价格较高的产品。这是因为消费者购买这些产品要经过慎重考虑与选择，因而要求中间商具有一定的专业知识、服务水平以及较高的信誉。如英国的促进旅行社，专门经营中国旅游业务，具有较高的声誉，因而英国国内大型旅游公司组织的旅华豪华包价旅游产品，往往就选定其为旅游中间商。中国近年来出国旅游的人数逐年增多，许多旅游者经常选择在中国旅游业中享有良好声誉的中国国际旅行社等为旅游中介。另外，在旅游消费者较少但相对集中的市场，也可选用这种较窄的渠道。

使用这种营销渠道策略的优点是：第一，旅游企业只与少数中间商合作，可把精力集中在这些精选的中间商上，增强对渠道的控制。第二，旅游企业与旅游中间商联系紧密，有利于建立良好的关系，从而使中间商能够更好地完成旅游企业赋予的营销职能，扩大产品的销售。第三，经过认真挑选，旅游中间商都有着较强的经营能力与良好的声誉，有利于提高绩效，降低成本，建立产品声誉。但在激烈的市场竞争中，旅游企业与中间商的选择是双向的，如果旅游企业的规模不大，知名度不高，挑选满意的中间商就会受到限制。

3）独家营销

独家营销是指在一定的市场区域内仅选用一家经验丰富、信誉卓著的中间商来推销旅游企业产品。这是最窄的渠道形式。产销双方一般都签订合同，规定双方的销售权限、利润分配比例、销售费用和广告宣传费用的分担比例等。旅游企业开拓新市场时，这种营销渠道可以密切与中间商的协作关系，提高中间商的积极性，从而有利于旅游产品市场的开拓和信誉的提高。另外，一些特殊的高价旅游产品也常采用这种营销渠道。

独家营销的优点是双方关系紧密，利益互动，有利于双方真诚合作，共同开拓有利的市场机会，提高销售能力和企业赢利能力；其次，可以提高对销售渠道的控制。不足之处在于只与一家中间商合作，风险较大，如果选择不当，将失去这一地区的市场；再者，销售面窄，灵活性小，不利于旅游消费者的购买选择。

4. 营销渠道联合的决策

随着旅游市场的不断发展和完善，旅游市场竞争越来越激烈，旅游企业依靠单一的营销力量和手段进行市场营销，已显得越来越落后，旅游营销渠道日益复杂，出现了以旅游营销渠道联合化为主要特征的发展趋势。就其具体情况而言，大致有以下几种联合化倾向：

1）营销渠道的纵向联合

旅游企业营销渠道的纵向联合，是指用一定的方式将营销渠道中各个环节的成员联合在一起，采取共同目标下的协调行动，以促使旅游产品或服务市场营销整体经济效益的提高。这种纵向联合大致可分为以下两种形式：

（1）契约型的产销联合。这是指旅游生产企业同其所选定的各个环节的中间商以契约的形式来确定各自在实现同一营销目标基础上的责权利关系和相互协调行动，其主要特征为：营销渠道中的各环节成员共同为营销渠道整体利益的实现承担着相应的义务，有着统一的行动，同时，尽管各渠道成员保持着某种形式的长期合作关系，但基本上仍是相互独立的经济实体。

（2）紧密型的产销一体化。这是指旅游企业以延伸或兼并的方式建立起统一的旅游产品的产销联合体，使其具有生产、批发和零售的全部功能，以实现对旅游市场营销活动的全面控制。其具体形式主要有：自营营销系统，即拥有庞大资本的旅游生产企业自行投资建立自己的销售公司和营销网络，直接向目标市场销售自己的旅游产品；联营营销系统，即旅游生产企业与旅游中间商共同投资或相互合并建立起统一的产销联合体，共同协调旅游产品的产销活动。

旅游营销渠道的纵向联合可在一定程度上缓解和避免渠道成员间由于追求各自利益而形成的相互冲突，以及由此对营销系统所造成的损失，并且还由于整体协调功能的增强而提高市场营销活动的效率，从而使整体效益得以提高。

2）营销渠道的横向联合

旅游营销渠道的横向联合，是指由两个以上的旅游生产企业联合开发共同的市场营销渠道。这种横向联合又可分为松散型联合和固定型联合两类形式。其中，松散型联合往往是为了共同开发某一市场，而由各有关旅游企业联合起来，共同策划和实施有助于实现这一市场机会的营销渠道，如旅游包机公司与旅游目的地的旅游生产企业联合起来共同开发某一客源市场；而固定型联合则往往以建立同时为各有关企业开展市场营销活动的销售公司为主要形式，如旅游目的地的有关生产企业联合成立旅游公司。

旅游营销渠道的横向联合能较好地集中各有关旅游企业在市场营销方面的相对优势，如各企业都有自己的营销网络，联合起来就能同时扩大各旅游企业的市场覆盖面等等。

3）集团联合

旅游集团联合，就是以旅游企业集团的形式，结合旅游企业组织形式的总体改造来促使旅游企业营销渠道的发展和改造。由于旅游企业集团是由多个企业联合而成的，具有生产、销售、信息、服务等多种功能的经济联合体，它往往能通过集团内的营销机构为集团内各生产企业承担市场营销业务。

旅游企业集团的联合是一种比较高级的联合形式。它的市场营销功能比较齐全，系统控制能力和综合协调能力都比较强，对市场营销活动能进行较为周密的系统策划，并能建立起健全高效的运行机制，从而能促使旅游市场营销活动的整体效益有很大的提高。

上述旅游市场营销渠道联合化的发展趋势表明，旅游市场营销渠道越来越依靠合理的社会分工来享受、获取专门化效益，这客观上也表明了旅游市场的不断发展和进步。同时也要看到，旅游企业营销渠道的发展必须建立在公平、以秩序的市场竞争基础上，否则，旅游企业营销渠道的联合就难以形成和维持；另外，这一联合化的发展趋势还必须依赖于一定的物质技术基础和条件，如现代化的通讯设备将有助于各个企业的营销渠道汇集在一起，形成体系完整、覆盖面广阔的营销体系；此外，旅游营销渠道联合化的发展态势，必将使旅游企业经营的业务多样化，甚至有可能超越传统的旅游产品经营范围，扩展到与旅游市场相关的其他市场，还必然会由于市场面的扩大，使得旅游中间商复杂化，银行、超级市场、航空公司等企业也会经营旅游产品的销售业务，成为广泛的旅游中间商。对于旅游企业来说，旅游营销渠道联合化的发展趋势，要求旅游企业对传统企业制度进行改造和更新，以便扩大规模和实力，在旅游市场中处于主动、有利的地位，实现市场营销规模效益。

8.3.3　旅游产品营销渠道的管理

旅游企业决定了销售渠道的类型后，就应选择合适的中间商，建立起销售渠道，并加强旅游营销渠道的管理，调动各成员的积极性、主动性，及时解决渠道中的各种问题，促使销售渠道的畅通与高效，保证其运行活动按事先预定的方式和轨迹进行，达到选择、确立旅游营销渠道的目的，使旅游企业和旅游中间商获得应有的经济效益。此外，根据各种环境因素的变化，对销售渠道做出相应的调整，适应市场发展变化的需要。

（一）旅游中间商的选择

中间商的选择是指根据旅游企业的渠道结构决策，选择合适的中间商的过程。旅游企业在选择旅游中间商时要建立明确的标准体系，对中间商的销售能力、信誉、发展状况、历史背景、工作积极性、发展潜力等因素综合考虑。旅游中间商的销售能力包括从业人数、人员素质、一定时期的销售业绩等。旅游中间商的信誉包括对旅游消费者的服务、与其他企业的合作信誉、财务资金状况等。在进行中间商的选择时，尽量将销售实力强大、信誉良好、工作热情高的中间商纳入企业的销售渠道，作为企业产品的批发商。对销售能力较弱、信誉较好、工作激情较高，但不能大批量预定产品的中间商，可发展为旅游代理商或零售商。对信誉差、工作懒散、敷衍了事的中间商要认真对待，尽量排除在渠道之外。

企业在选择中间商时很难找到各方面都符合标准的合作伙伴，以满意为原则，只要中间商的主要标准符合要求即可。其次，在旅游企业选择中间商的同时，旅游中间商也在选择企业。对中间商吸引力弱的旅游企业，应对中间商提供更多的服务和更大的让利，以此来吸引中间商的加盟合作。对中间商吸引力强的旅游企业，主要是对中间商进行分析评估，从中选择最适宜的中间商销售产品。

（二）旅游中间商的合作与激励

加强与中间商的合作，调动他们的积极性，并能根据环境的变化灵活地解决与旅游中间商的矛盾冲突，这是营销渠道管理的重要任务。参加旅游营销渠道的成员，各自的需要和动机不一样，旅游间接营销渠道往往只是一个不稳定的联合体。在旅游营销渠道中，各组成员分别代表不同的利益集团，旅游生产企业旨在使营销渠道中的其他各方注重自己的产品，努力扩大自己产品的销售量，同时又希望尽量减少营销费用；旅游批发商在追求高销售量和高利润的同时，更加关心开发既能使自己减少风险、同时又能使旅游零售商愿意接受、代理的产品；旅游零售商一般很希望能得到多种旅游产品，以便更好地向旅游消费者销售，同时，这些产品又能带来高额利润；旅游消费者往往希望有多种旅游产品供选择，以便较为方便地挑选、确定自己愿意购买的产品。同时，旅游中间商与旅游企业是相互独立的，中间商可以是这家企业的代理，也可以是其他企业的代理，它既可以推销中国业务，也可以推销欧洲业务，有的中间商甚至同时销售两个竞争对手的同类产品。中间商一般对旅游企业不承担义务。

为缓解上述矛盾，增强中间商的合作精神，调动中间商的积极性、主动性，应充分重视对中间商的优惠与奖励政策，采取强有力的激励措施。首先，维护中间商的尊严，尊重中间商的利益，这是赢得中间商合作的首要前提。信守对中间商的种种承诺，严格按协议或对中间商的各种优惠政策的许诺办事。对不能实现的承诺，要提前说明理由并给予一定的补偿。其次，要帮助中间商增加收入，因为中间商收入来自旅游产品的差价或佣金，他们十分关心旅游产品的销售量和差价及佣金比例，旅游企业可以根据旅游中间商的组团能力、企业规模、计划销售和付款情况，有区别地对待，采取相应的折扣政策，提高旅游中间商的赢利能力，这是奖励中间商的重要手段。再次，优惠中间商的形式要多样，方法要灵活，可以采用如下一些形式：减收或免收预订金，组织奖励旅游，领队优惠，即按国际惯例，凡满15名付费旅客的旅行团，可以增加一名领队，享受免费旅游，颁发奖品以及进行其他物质和精神奖励。

（三）旅游中间商的评价

旅游企业要采取切实可行的办法，对渠道实行有效的管理，就必须定期对中间商的工作绩效进行检查与评价，才能达到对中间商激励、控制的目的。对企业影响作用大的中间商，往往应成为企业合作的重点。对于绩效一般或低于企业要求的中间商，要找出原因及补救办法，必要时改变现有的渠道结构，剔除绩效差的中间商，以保证渠道的效能。

对中间商主要从以下角度评价：①中间商历年的销量指标完成情况和水分大小。②中间商为企业提供的利润额和费用结算情况。③为企业推销产品的积极性。④中间商为企业的竞争对手工作的情况。⑤中间商对本企业产品的宣传推广情况。⑥中间商对客户的服务水平以及满足需要的程度。⑦与其他中间商的关系及配合程度。⑧中间商占企业产品销售量的比重大小。

（四）旅游营销渠道的调整

旅游企业的营销渠道在建立后并不是一成不变的，随着旅游市场行情的变化，要使渠道保持良好运行，就必须依据对旅游中间商营销行为的分析，针对环境变化及时调整渠道的构成。

旅游企业根据市场变化情况调整渠道的主要方式有以下几种：

1. 增减旅游营销渠道中的旅游中间商

对效率低下、推销不力、对渠道整体运作有严重影响的中间商，应予以剔除。如有必要，可另选合适的中间商加入渠道，例如，可能由于经济疲软或企业经营战略的调整等会引起渠道中间商的削减。有时会因竞争者的渠道宽度扩大，影响到自己的销售量或企业规模的扩大等，相应增加中间商的数量。旅游中间商的增减，一方面会影响企业的销售费用和销售收入；另一方面会影响到其他中间商或竞争对手。例如减少的旅游中间商，该中间商可能转向其他旅游企业，加剧与竞争对手的竞争；同时可能引起其他中间商的猜疑与抵触。所以，在增减旅游渠道中的中间商时应权衡比较，综合考虑各种正负面影响，慎重行事。

2. 增减某一旅游营销渠道

随着市场的变化，旅游企业有时会发现自己的营销渠道过多，有的渠道作用不大。从提高营销效率的角度考虑，可以适当缩减一些渠道。相反，当发现现有渠道过少，不能使产品有效抵达目标市场而影响了产品的销路，则应增加新的渠道。或者，随着时间的推移，原来效益较高的销售渠道效益可能下降，原来效益较差，而未被选用的渠道反而成为有效渠道，则应根据实际情况，动态调节，增减营销渠道，提高整体效率。在做增减某一销售渠道的决策时，亦类似增减某一旅游营销渠道的中间商，要通盘考虑，小心从事。

3. 改变整个旅游营销渠道

改变整个旅游营销渠道意味着取消原来的营销渠道，建立新的营销渠道。若旅游企业原有渠道产生了无法解决的矛盾冲突，造成了整个渠道的极大混乱及功能的严重丧失，或者由于旅游企业的战略目标和营销组合实行了重大调整，都可能对渠道进行重新设计和组建。在对整个渠道进行改变时，难度较大，且带有极大的风险，旅游企业必须进行认真细致的调查研究，权衡利弊，充分考虑各种因素才可做出此决策。

8.3.4 旅游营销渠道的冲突

旅游企业为了更有效地了解目标市场，为其提供服务，满足其需求，建立包括批发商和零售商在内的各种渠道，并希望通过渠道合作产生的整体渠道利润高于各自为政的各个渠道成员的利润。但竞争是永恒的话题，各个独立的业务实体将有不同的利益需求，一切竞争都围绕利益而展开。由于各经销商之间存在着利益竞争，因此，不管渠道设计如何精良，管理如何优秀，总会或多或少存在一些冲突。旅游企业的目的在于减少无谓的冲突，把竞争控制在良性范围内，引导渠道成员更好地开拓市场。

（一）冲突的类型

在旅游销售渠道中，中间商有不同的类型，各种类型的中间商与不同的旅游企业和消费者构成不同的销售渠道。而在旅游企业、中间商、消费者的结合中，由于其关系的不同，主要形成垂直、水平和多渠道三种销售渠道系统。由于这三种销售渠道中不同层级以及同一层级的不同中间商之间存在利益矛盾，便产生了垂直渠道、水平渠道、多渠道三种类型的冲突。

(1) 垂直渠道的冲突。垂直渠道的冲突是指同一渠道中不同层次之间的利害冲突，这类冲突最为常见。如一个旅游企业采用旅游企业→旅游批发商→旅游零售商→旅游消费者的销售渠道，在旅游产品上市时，批发商占主导地位，此时它可能压低对旅游企业的购买价，提高对旅游零售商的批发价格，这样就导致了垂直渠道的冲突。

(2) 水平渠道的冲突。水平渠道的冲突是指存在于渠道同一层次的成员之间的冲突。如旅游企业的各个零售商由于区域划分不清晰、价格参差不齐，便会产生恶意竞争，形成水平渠道的冲突。

(3) 多渠道的冲突。多渠道冲突产生于都已经在旅游企业建立两个或多个渠道，并且他们在推销给同一市场时产生的竞争。如旅游企业可以通过直销渠道向消费者销售产品，也可通过中间商销售产品，由于他们的目标、利益不同便会产生渠道间的冲突，即所谓的多渠道冲突。当一个渠道的成员或者降低价格或者降低毛利时，多渠道冲突会变得特别强烈。

(二) 冲突产生的原因

渠道冲突的根本原因是各独立实体的利益目标不同，具体而言主要是指目标的不一致、责任与义务划分的不清晰以及他们知觉的偏差。

(1) 目标不一致。例如，旅游企业想要通过低价迅速扩大市场。而旅游经销售的目标是赚取更多的利润和推行短期的赢利率。由于目标的不一致，他们会采取不同的行为方式，彼此间因此而产生冲突。

(2) 职权划分的不清晰。旅游企业往往采用多种渠道销售产品，不同渠道的成员任务与边界划分不清，造成经营混乱，以及同一地区的不同层级和不同渠道间的相互冲突。如旅游企业可通过直销渠道销售产品，它的经销商亦可销售该产品，形成不同渠道间的冲突。

(3) 知觉差异。不同的渠道成员因个人偏好、生活阅历、家庭背景以及个人经济实力的不同，对不同的决策、不同的绩效、不同的行业前景有不同的看法，从而引起他们的知觉差异，导致思维方式和行为的冲突。

(三) 冲突的解决方法

一定的渠道冲突能产生建设性的作用，它能带来适应环境变化的更多动力，防止渠道的僵化。但是，更多的冲突是失调的，有碍于渠道整体利益的最大化，甚至会产生破坏性的作用。我们要视具体情况而定，采取适当的措施，有效地管理冲突，将冲突控制在一定的限度之内。

1. 超级目标的制定

渠道成员以某种方式签订一个以他们共同追求目标为指导的协议，例如，市场份额的扩大、顾客的高度满意、提高产品和企业知名度等，使他们彼此间息息相关，利益互动，风险共担，从而有效地协调他们的行动，将冲突内部化。

2. 慎重选择经销商

经销商的市场观念和营销才能极大地影响着彼此间的合作。良好的营销素质和正确的市场观念，是减少冲突的“预防针”，为经销商与旅游企业之间建立共同目标打下了基础。选择那些与自己的观念、目标基本一致的经销商，有利于沟通与合作。因此通过选择，可以挑选合适的经销商，并适时加以培训，灌输旅游企业的理念。这对以后进行有效管理、控制冲突很有好处。

3. 制定完善的营销政策

制定完善的营销政策是有效管理冲突的保证。即使良好的经销商，也需要一套完善的政策来激励和制约，同时也能保护经销商的正当利益。这体现在各方面的措施要切实可行，主要是指经销商的区域划分与价格策略等。在区域划分方面，旅游企业应合理分配区域，经销商在指定的区域内销售产品，不许跨区销售。如果遇到特殊情况，经多方协商许可后才可跨区域销售。对跨区域销售现象严加监督检查，视情况而定，给予不同的处罚，禁止恶意竞争。价格策略是协调冲突的有力手段，但有时也会带来一定的负面影响，所以要正确利用价格手段。为了促进销售，应该理顺价格机制，对不同等级的销售商实行不同的价格策略，并辅以数量折扣、季节折扣等，形成公平、公正的竞争格局。

4. 人员互换

旅游企业的一些营销人员可到分销渠道中的某些销售机构工作，分销渠道的某些工作人员亦可到旅游企业或其他营销渠道工作，通过人员互换，双方更好地进行沟通交流，以便形成共识，减少知觉偏差和渠道冲突。

5. 协商、协调或仲裁解决

以上措施主要着眼于冲突的预防，当冲突发生时，我们必须采取强有力的措施来解决，使冲突得以有效地控制。解决冲突的方法主要有协商、调解和仲裁三种。协商是双方正面交涉，面对面磋商解决方案，以免冲突尖锐化。调解是指由第三方出面，根据双方的利益进行调停。仲裁是双方同意把纠纷交给第三方，并接受他们的仲裁决定。

8.3.5 旅游营销渠道的发展趋势

随着经济的发展、环境的变化，旅游渠道的形式与内容也随之发生相应的变化，就目前而言，旅游企业的发展趋势大致如下：

（一）营销渠道逐步“短化”和“宽化”

由于市场环境的变化，传统的渠道方式已经露出了许多弊端。分销渠道越长，取利者就越多，顾客就面临更高的价格，市场主体的竞争优势就会一步一步被削弱。分销渠道越窄，诸如一个地区只授权一家总经销，其拓销势力就越受限制，企业的依赖性就越强，市场主体就越易受制于代理商，竞争就会失去主动。随着市场竞争的加剧，越来越多的旅游企业开始注重销售渠道的重组，重新选择分销渠道，即采取“短宽型渠道”将分销渠道“短化”和“宽化”。随着市场竞争的加剧，生产者日益关注市场，希望直接面对顾客，掌握市场信息，进行更积极的营销。但是，旅游市场广阔，顾客众多，进行直销是不现实的。在这种情况下，企业必须使用间接渠道，但企业并不需要使用所有的中间商。减少中间环节，绕过批发商，部分获得直销的好处。由于旅游市场客源的广泛性、分散性，决定了旅游企业应适当地将渠道宽化，满足市场需求。这种营销模式的改变能使生产企业更主动、更全面地控制市场和开发市场。

（二）渠道成员加强合作，整合市场营销渠道引起关注

传统的旅游市场营销渠道是由相互独立的经营实体组成的，渠道关系是“我”和“你”的关系。渠道成员为了各自利益的最大化，有时甚至不惜牺牲整个渠道和旅游企业的利益，引起彼此间的相互冲突，导致整体利益的减小，连锁反应将最终导致整体利益与自身利益的共同丧失，为了有效解决这种矛盾，新型整合市场营销渠道应运而生。

1. 垂直市场营销渠道由交易型向伙伴型关系转变

新型整合垂直市场营销渠道内旅游企业、批发商和零售商联合成为一个统一体，即旅游企业与经销商由“你”和“我”的关系转变为“我们”的关系，从油水关系转变为鱼水关系，从交易型向伙伴型转变。在垂直市场营销渠道统一体中，其中的一个渠道成员（通常是旅游企业）拥有其他成员的所有权，或有其他足够的实力使别的渠道成员愿意合作。它能够使得旅游企业与经销商实现一体化经营，实现旅游企业对于渠道的集团控制，消除各个渠道成员为追求各自利益而造成的冲突，追求双赢乃至多赢。在紧密的伙伴关系中，旅游企业与经销商共同致力于提高市场营销网络的运行效率，通过规模经济、讨价还价的实力和减少重

复服务获得利益。

2. 水平型市场营销渠道从单独生存向共生性转变

在水平型市场营销渠道中，各成员由于资金和能力等的限制，难以独立开发市场或为了分散风险，他们便整合优势，相互结合，统一其资源和计划来开发新的市场营销机会，扩大原有的市场空间。由于这种合作会带来巨大的协同效应，因而传统的市场营销渠道从单独生存向共生性转变。新型的水平市场营销渠道也被称为“共生性市场营销”。

3. 网络营销日渐风靡

网络营销是指为实现旅游企业的营销目标，借助互联网络、电脑通讯和数字交换等系统进行的一系列商务活动。这主要包括网上的广告、订货、付款、客户服务和货物递交等售前、售中、售后服务，以及市场调查分析、财务核算及生产安排等利用互联网开发的商务。互联网作为信息技术发展的应用基础，使信息的交换和处理变得异常简单和便捷，而且突破时空限制，成本也越来越低廉。这样，旅游产品的生产者和消费者在互联网上直接沟通和交易便成为可能。网络的发展将导致产品价值链的重新构建，利润将重新分配，旅游企业将获得更高的利润，消费者将可以进行更多的选择和获得更低的价格；网络提供的直接交换的潜力将同时增加旅游企业和消费者的福利，因而，旅游生产者更愿意直接把产品销售给消费者，消费者愿意直接向生产者购买。随着信息技术的发展，旅游企业将逐步完善自己的销售网络，扩大对消费者的直销。

在网络营销条件下，传统的中间商机构将面临着旅游企业通过互联网能直达消费者所带来的威胁。他们必须调整相应的策略，转变角色，才会适应社会的需要。网络营销下的新中间商是指在电子信息网络上建立的、发挥着连接生产者和消费者的桥梁作用的一个系统，它通过互联网来实现传统中间商的所有功能，并具备一些传统中间商所没有的新功能。新中间商的存在和发展是电子商务发展的必然。它可以实现更高效率的信息流、资金流、商流和物流，降低交易成本，提高交易效率。新中间商可以利用电子信息网络，十分方便地收集生产者和消费者的信息，定期在生产者和消费者之间传送生产者和消费者的有关信息，让生产者和消费者能够方便地获取商务信息，使新中间商的市场运营形成一个良性循环。新中间商可以通过电子支付系统实现更高效率的资金流，从而为买卖双方节约交易费用，并加速资金的周转效率。同时，电子商务的直观性和透明性将大大增强新中间商的诚信度，有利于新中间商利用电子信息网络树立良好的形象。新中间商可以通过电子信息网络广泛、方便地开展商务活动，实现网上交易。电子商务将使新中间商能为全世界范围内的旅游生产者和消费者提供服务，从而为新中间商创造大量的商业机会。

总之，随着经济的发展，生活节奏的加快，人们消费观念的变化以及政府刺激消费政策的出台，人们对消费娱乐的需求将日渐增加，旅游市场前景看好。但同时对传统旅游消费渠道带来了一定的冲击，提出了新的要求。旅游渠道将向宽短化发展，零售商的地位逐渐强化，渠道成员间的合作将提上日程。旅游企业要抓住这良好时机和渠道发展动态，因地制宜，采取合适的销售渠道策略，从而提高运营能力。

➢ 关键术语

营销渠道（Marketing Channel）　　中间商（Broker）

营销渠道策略（Strategy of Marketing Channel）

营销渠道管理（Marketing Channel Management）

营销渠道冲突（Marketing Channel Collision）

整合市场营销渠道（Integration of Marketing Channel）

网络营销（Network Marketing）

案例回顾与讨论

1. 为什么说佩珀公司 1982 年以前的成功主要在于销售渠道策略？这个公司的渠道策略是什么？
2. 案例中最后所选择的营销渠道策略是否能够成功？理由是什么？
3. 如何设计饮料业的销售渠道？

复习与思考

1. 试列举几种旅游营销渠道的类型，并说出它们各自的优缺点和适用范围。
2. 若您是一名销售经理，试说明您将如何选择旅游产品的销售渠道？
3. 旅游零售商应怎样处理与旅游批发商和旅游者之间的关系？
4. 旅游中间商在销售渠道中起着什么样的作用？旅游企业要获得成功应该如何选择旅游中间商？
5. 模拟一个旅游企业，试制定一份营销渠道选择决策报告。分析说明该企业为什么要选择某种营销渠道。
6. 旅游营销渠道有哪些发展趋势？这些发展趋势会给旅游企业带来什么样的机遇？

第9章

旅游促销策略

学习目的

熟悉旅游促销的概念与作用；掌握旅游促销组合策略的制定；熟悉旅游营业推广特征、作用与推广方式；熟悉旅游人员推销的作用、原则与过程。

本章紧接上一章的内容，就旅游产品促销策略的有关内容展开。促销（promotion）是传统营销 4P′s 四个核心环节之一，即指创新营销 4C′s 中的沟通（communication），在旅游企业营销活动中具有极其重要的意义。

旅游促销，即旅游促进销售，是在旅游产品设计、定价、分销等策略的基础上，旅游企业营销必不可少的、且对旅游业经营尤为重要的四大车轮之一。它具体又包括对广告宣传、营业推广、公共关系、人员推销四方面策略的组合运用。这是旅游市场营销中最富有活力和创意的领域。

案例 9-1

广州旅游促销

本案例节选自广州旅游局某年度旅游促销报告，主要就国际市场和国内市场两方面进行旅游促销的研究。

一、重拳出击国际市场

接待入境旅游者人数和创汇，是衡量旅游业发展状况的两项最重要指标。年初，我们在《广州旅游市场推广工作思路概要》中就根据我市游客现状和结构全面分析了国际、国内两个目标市场，确定了“强化促销、突出重点、各个击破、进一步开发海内外客源市场”的市场开发总思路。同时明确：

（一）确立市场第一的意识，转移工作重点，集中精力打好海内外客源市场攻坚战。主要实现三个转变：果断地将过去把主要精力放在本地造节搞活动转变为面向海内外目标市场搞促销，除了已在国内外产生重大影响并具有品牌效益的重大活动外，主要精力都集中到研究、开发客源市场上来，抓紧、抓好开辟客源市场的重要环节，变“抓脚下”为“抓天下”；市场推广工作也从过去的应急、随机运作转变为按计划、有步骤、积极主动地出击目标市场，并注重研究客体，加强促销的针对性、系统性、科学性和有效性（如：针对日本市场，主推广受欢迎的近代历史文化、以粤菜为主的美食、广州及附近的温泉和高尔夫休闲游等；针对韩国市场主推商务旅游、高尔夫球等休闲旅游）；从政府部门自己动手的一个积极性，转变为发动全行业及整合社会资源一起来干的多个积极性，注重发挥政府的协调和引导作用，运用政策导向和信息导向引导和发动全行业各尽所能，全员促销，同台唱戏，一起推广广州，共同演绎广州旅游的新篇章，打造广州旅游的国际品牌。

（二）更新旅游促销观念，趋利避害，调整推广策略，整合广州旅游强大的推广攻势。主要策略是：

1. 逐步建立覆盖海内外主要客源市场的促销网络。

2. 注重品牌战略，把广州旅游的整体形象和旅游产品结合起来推广，扶持名牌企业的发展壮大，支持名牌企业走出去，到国际市场开拓发展，形成品牌效应。

3. 加强区域联合促销，建立大旅游市场，按照线路产品的组合思路，协同珠三角、港澳乃至海南、云贵等省（区）、市旅游业做好联动促销，资源共享，优势互补，互利互惠，联合促销。

4. 加强与旅游企业和相关行业联手开发客源市场的工作，协同航空公司（包括外国航空公司）、景区、酒店、旅行社等，针对特定目标市场，各尽所能，合作推出优惠线路、特惠周套票，吸引买家和游客。最近，已与中国最大的南方航空公司初步达成联合促销的长期合作协议，即南方航空公司的直达航线开到哪里，广州旅游就联合促销到哪里，同时还要与其合办旅游刊物，随机派送。这是中国最大的航空公司与地方旅游主管部门的首次合作，必将在我市入境游市场的开发中发挥重要作用。

5. 充分利用广州既是旅游目的地又是重要客源地的特点和毗邻港澳的优势，发挥广州国际旅游展销会和广州旅游交易推广中心的作用，采取双向传递市场信息和联合促销的方式，不失时机地宣传广州，促进双方客源互换，千方百计把市场搞活、做大。

6. 逐步引导旅游市场推广工作社会化，走以政府投入、吸引和争取社会力量投入相结合的多元化促销模式。

7. 运用市场整合传播策略，增强宣传促销工作的实效性，在主要目标市场注重对主流媒体、平面广告、推介会、民俗表演、中间商代理收客等促销方式的综合运用，以期扩大影响，增强效果。

（三）瞄准主要目标市场，调整产品结构，加大促销力度，进一步扩大海内外客源市场的占有率。对海外市场，在推销“花城、商都、岭南文化名城”这一整体形象时，注重宣传“食在广州”、“近代史迹游”、“休闲购物游”、“岭南风情游”以及“南越国博物馆”、“中国第一展——中国出口商品交易会”、“珠江夜游”、“广州长隆”等反映广州历史文化和独具岭南文化特色的著名品牌。我们的目标市场主要是指：日韩市场、港澳市场、东南亚市场、欧美及其他远程市场、俄罗斯等潜在客源国市场。针对这些主要目标市场，我们主要采取了“走出去”和“请进来”两条腿走路的办法。今年以来，共出动近200人次，行程数十万公里，派发画册和VCD光碟，推广单张、折页等资料数十万份，分赴日本、韩国、美国、德国、瑞典、瑞士、意大利、挪威、芬兰、丹麦、马来西亚、新加坡及越南、柬埔寨等10多个国家，参加在当地举办的花车巡游、旅游展销会及旅游节庆活动等，大规模地推广广州旅游的整体形象和著名品牌，在日本、韩国的推广促销更是规模空前，声势一浪高过一浪。本月底，又将派出一个约60人的代表团前往日本和韩国的四大城市进行为期半个月的大规模推广促销活动。在“请进来”方面，7月初，我们邀请了日本旅游、新闻界考察团一行46人来穗，对广州的旅游资源进行了为期6天的考察，其中朝日新闻、每日放送电视公司等主流媒体均对我市的旅游业进行了专题报道。年初，韩国汉城电视台在采访广州国际美食节的同时，对广州的旅游资源进行了全方位采访，在该台连续播放20集的专题报道，“食在广州”、“珠江美景”、“广州长隆”等著名品牌均在观众中引起巨大反响，在当地迅即掀起一股“中国热”，引起韩国游客来穗的新动向。近日，40人的韩国旅游、新闻考察团首次来穗进行考察访问活动，这也是史无前例的。总之，通过“走出去，请进来”的促销，造出岭南声势，千方百计将广州推向全国，走向世界，让世界注目广州！

二、牢牢抓住国内市场

国内市场也是我们的重要战场，广州每年接待游客总人数达6 000多万，其中过夜游客2 000多万，国内游客逾80%。

城市面貌的巨大变化，旅游资源的充分利用和“广州一日游”品牌的推出，使广州的知名度大大提高，影响力逐步增强，从而吸引了大量的国内游客前来广州旅游观光。参加“广州一日游”的外地游客已从该线路推出时的二成上升到八成，游客满意率达90%。游客遍布全国各地，其中尤以北京、上海、西安、重庆、武汉等大城市为中心，向周边地区辐射。

在国内旅游推广促销方面，我们主要是统一一个形象，即“花城、商都、岭南文化名城”的广州旅游城市的整体形象；注重两大市场：一是商务、会议及奖励旅游市场。随着经济的发展和中国加入WTO后国际经济文化交流的日益频繁，在国内进行商务考察、会议旅游和奖励旅游的游客逐渐占据较大的比例。二是家庭散客市场，自实行“双休日”和“黄金周”休假制度以来，以家庭为单位的游客已成为假日旅游市场的主力军。他们主要以休闲度假为主，兼顾游览和教育功能（对儿童），广州是中国民主革命的策源地，近现代史迹丰富，加上有众多的博物馆（院）、艺术殿堂（星海音乐厅、广东美术馆等）以及良好的文化艺术氛围和完善齐备的设施，主题鲜明的主题公园和娱乐休闲度假场所，对这部分游客都非常具有吸引力。今年以来，我们先后三次派出了数十人的促销队伍，以广州旅游大篷车、推介会、派送推广资料等形式，分赴东北、华北、华东、华中、西北、西南等地，足迹遍及 20 多个省、市、自治区，派送资料数十万份，以推广广州旅游的整体形象和著名品牌，所到之处均引起强烈反响，收到了良好的效果。

资料来源：让世界关注广州——广州市旅游局上半年加强对外推广促销．广州旅游局．李平）

9.1　认识旅游促销

旅游消费是分散的、理性的个人消费方式，开拓国内旅游市场不可能仅仅建立在零星的消费需求上，必须通过一定的推广促销方式对个体需求进行集结。因此，旅游企业加大推广促销、培育旅游消费意识已经成为企业生存发展的必然手段。它具体包括广告传播、营业推广和人员推销等几方面具体策略的组合运用。

9.1.1　旅游促销的概念与作用

促销（Promotion）这个词来源于拉丁语，原意是“向前行动”，而促进销售也正是要促使顾客采取购买行动。旅游促销的概念可表述为：旅游营销者将有关旅游企业、旅游地及旅游产品的信息，通过各种传播、吸引和说服的方式，传递给旅游产品的潜在购买者，促使其了解、信赖并购买自己的旅游产品，以达到扩大销售的目的。

旅游促销的实质就是要实现旅游营销者与旅游产品潜在购买者之间的信息沟通。旅游营销者为了有效地与购买者沟通信息，可通过发布广告的形式传播有关旅游产品的信息；可通过各种营业推广活动传递短期刺激购买的有关信息；也可通过公共关系手段树立或改善自身在公众心目中的形象；还可通过派遣推销员面对面地说服潜在购买者。广告、人员推销、营业推广和公共关系四种因素的组合和综合运用就称为促销组合。

旅游促销通过促销组合所起到的具体作用如下：

（一）提供旅游信息，沟通供需联系

旅游地或旅游企业在何时、何地和何种条件下，向何种消费者提供何种旅游

产品，显然是旅游促销活动所要传递的基本信息。潜在旅游消费者正是通过这些信息，了解、熟悉旅游地或旅游企业的何种旅游产品能够满足其需求，以及在何种条件下才能满足其需求。

（二）突出产品特点，强化竞争优势

相互竞争的同类产品往往差别不甚明显，尤其是作为无形服务的同类旅游产品的差别更不易被旅游消费者所辨别。旅游促销恰恰是传播旅游产品市场定位特色的主要手段，它通过对同类旅游产品某些差别信息的强化传递，对不同具体产品（服务）的特色起到聚焦、放大的作用；即使对于没有实际差别的同类旅游产品，也可赋予其不同的象征性形象差别，以使潜在旅游消费者认识到何种旅游产品更可能带给自己实际所需和精神所需的特殊效用和利益，并由此对某种旅游产品形成购买偏好。

（三）树立良好形象，加强市场地位

由于旅游是一种高层次的消费与审美活动，通过生动而有说服力的旅游促销活动，往往可以塑造友好、热情、安宁、服务周到以及其他人格化的良好旅游服务形象，赢得更多潜在旅游消费者的厚爱。旅游市场风云多变，一旦出现有碍旅游地或旅游企业发展的因素时，就可通过一定的宣传促销手段，改变自身的消极印象，重塑自身的有利形象，以达到恢复、稳定甚至扩大其市场份额的作用。

（四）刺激旅游需求，引导旅游消费

旅游产品作为高层次的非一般生活必需品，其消费需求弹性大，波动性强，具有一定的潜在性和朦胧性。通过生动、形象、活泼、多样的旅游促销手段，可以唤起旅游消费需求，强化旅游消费需求，甚至创造和引导特定旅游产品的消费需求。回归大自然旅游热、漂流热的兴起，可以说都与相应的旅游促销活动有关。如香港旅游协会印发的一份旅游传单——“怎样畅游香港”，就列出了73项参观游览项目，一些原本平淡无奇的香港日常生活现象，经其归纳渲染后，居然也使人感到有可品之处。如“漫游旧香港（西区），可以呼吸到奇妙的东方气息”、“到新界，可看到头戴垂帘竹笠的客家农民在田里劳动”等等。由于旅游市场的高度竞争性，旅游产品的无形性和产销同一性，使得促销在旅游市场营销中，比在其他有形产品的营销中发挥着更加突出且重要的作用。1993年，全世界总体旅游预算名列前10位的国家中，大多数促销预算占到旅游总预算的60％～80％，比例较低的墨西哥和韩国也都在40％以上。据印度尼西亚1995年统计，近年亚太地区各目的地旅游促销经费均有较大幅度增长。而旅游促销投入的效益对于大多数国家也是明显的。按每投入1美元获得的外汇收入计算，1992

年居世界第一位的是美国，所获外汇收入达 4 275 美元，近 50 个国家均在 100 美元以上。中国为 900 美元，居世界第七位。

9.1.2　旅游促销组合策略的评价

毫无疑问，世界在进入 21 世纪后，知识经济的大门已经向我们敞开了。知识经济建立在知识与信息的生产、分配和利用的基础之上，它以知识、信息和人力资源取代了传统的资本及资源而成为经济的推动性力量。知识经济为我们带来了新的市场竞争方式，旅游产业作为新兴产业也在这场生产力的革命中发生了深刻的变化。旅游业从传统的资源、客源竞争转化为知识、技术、信息的竞争。信息在知识经济体系中处于核心的地位，也是具有决定性意义的因素。信息的短缺、匮乏以及不完全将导致旅游经营活动的不确定性增加，最终将影响决策的经济技术可行性，给经济活动的主体带来严重的后果。旅游经营活动中由于信息的不充分而造成决策失误的案例不胜枚举。旅游促销活动作为旅游企业的重要经济活动，其投入的人力、物力资源占据了企业运营资本的相当比例，而且促销活动一经实施则无法挽回，所以，旅游促销活动相关信息的收集与深度加工处理在旅游促销活动决策中必须引起高度重视，并采取强有力的措施付诸实施。

关于旅游促销活动的决策与评价方式多种多样，在此，我们主要就在已有的促销案例或进行市场调查的基础之上，如何提取出更为深刻的信息的问题，介绍一种关于旅游促销活动的 Bayes 经济决策分析模型。

（一）旅游促销活动的定量与定性分析

长期以来，旅游企业的旅游促销方案的决策通常凭借历史经验惯性以及市场表象等定性分析进行判断，定性分析的优点在于耗用时间较少，决策程序较为简单，用于决策支持的人力、物力资源投入也较小。但是，旅游活动的多样性决定着旅游需求的多样性，加上旅游行业所固有的季节性与随政治、经济形势变化的多变性，使得旅游行业外部环境表现出了极大的市场信息不完备，简单地依据主观判断进行定量分析，并据此做出决策，其风险性是较大的。

定量分析是指依据外部收集的资料，运用运筹学、数理统计和系统分析的有关工具，对资料信息进行数学分析，在此基础之上提出适当的决策模型，再将促销活动的各备选方案进行规范模型分析，进而求出最优解或非劣可行解，以此作为决策依据。采用定量分析模型能够较好地排除主观因素干扰，且能够在建模过程中加入随机因素分析，这使得定量分析具有较高的安全性。但是，旅游企业通常缺乏可以进行深度定量分析的专业人员以及大部分人尚未意识到从旧经验中挖掘新信息的重要性，加之人力、物力资源投入远比定性分析高，因此，纯粹地应用定量分析无法广泛采用。目前，对旅游促销方案的评价多采用定性与定量分析相结合，即在运用简单数学分析的基础上，充分考虑外部新信息，做出较为科学的决策。

（二）Bayes 经济决策分析模型

1. 收集并分析数据

收集某企业以往促销方案的有关资料，若有可能，再收集一定量其他企业的具有可比性的促销案例进行统计。设所有案例构成集合 $F=\{f_i \mid i=1, 2, \cdots n\}$，依据市场长期国债利率或企业资本利润率，将案例分为两个部分，$F_s=\{f_{si}, i=1, 2, \cdots m\}$，$F_f=\{f_{fj}, j=1, 2, \cdots n\}$，对 F_s，F_f 再依据决策时的旅游市场背景进行划分，对促销有利的分别记为 F_{sa}，F_{fa}，对促销不利的记为 F_{sd}，F_{fd}，将这些数据列为统计表，则可以得到表 9-1。

表 9-1

促销案例数 F			
成功案例数 F_s		失败案例数 F_f	
市场背景有利的案例数 F_{sa}	市场背景不利的案例数 F_{sd}	市场背景有利的案例数 F_{fa}	市场背景不利的案例数 F_{fd}

2. Bayes 经验概率

将促销成功事件记为 S，失败事件记为 F，市场背景有利事件记为 A，市场背景不利事件记为 D。依据古典概型，可得如下经验概率：

$$P(S)=\frac{F_S}{F} \qquad P(F)=\frac{F_f}{F}$$

$$P(A \mid S)=\frac{F_{sa}}{F_s} \qquad P(D \mid S)=\frac{F_{sd}}{F_s}$$

$$P(D \mid F)=\frac{F_{fd}}{F_f} \qquad P(A \mid F)=\frac{F_{fa}}{F_f}$$

假设现在要开展新一轮旅游促销，市场调查分析费用为 M，市场预期服从两点分布：市场有利与不利。为了进行科学决策，我们需要知道在对旅游促销有利的市场条件下，成功与失败的可能性有多大；在不利的市场条件下，成功与失败的概率又将是多大。因此，我们需要求出下列条件概率：$P(S \mid A)$，$P(F \mid A)$，$P(S \mid D)$，$P(F \mid D)$，并以此作为决策依据。

依据 Bayes 公式，可得

$$P(S \mid A)=\frac{P(SA)}{P(A)}=\frac{P(S)P(A \mid S)}{P[(S+F)A]}$$

$$=\frac{P(S)P(A \mid S)}{P(S)P(A \mid S)+P(F)P(A \mid F)} \tag{9-1}$$

同理可得

$$P(F \mid A)=\frac{P(F)P(A \mid F)}{P(F)P(A \mid F)+P(S)P(A \mid S)} \tag{9-2}$$

$$P(S \mid D)=\frac{P(S)P(D \mid S)}{P(S)P(D \mid S)+P(F)P(D \mid F)} \tag{9-3}$$

$$P(F \mid D)=\frac{P(F)P(D \mid F)}{P(S)P(D \mid S)+P(F)P(D \mid F)} \tag{9-4}$$

3. 通过计算各方案的期望收益值与标准差系数对方案收益与风险进行综合评价

假设现有 n 个促销方案：A_1，A_2，……A_n。用 $F_s^{(i)}$ 和 $F_f^{(i)}$ 分别表示 A_i 方案成功与失败的案例数；$F_{sa}^{(i)}$ 和 $F_{sd}^{(i)}$ 分别表示 A_i 方案成功时市场背景为有利与不利的案例数；$P\ (F \mid A)^{(i)}$ 和 $P\ (S \mid A)^{(i)}$ 表示 A_i 实施时市场背景有利的条件下促销成功与失败的概率。一般地，对于促销方案 A_k，有关数据可如用表 9-2 所示。

表 9-2　方案 K 的有关数据

<table>
<tr><th colspan="4">经验案例数 $F^{(k)}$</th><th rowspan="2">预期销售收入 I^k</th><th rowspan="2">市场调研费用 M^k</th><th colspan="2">预期旅游收入增量 R^k</th></tr>
<tr><th colspan="2">成功案例数 F_s^k</th><th colspan="2">失败案例数 F_f^k</th><th rowspan="2">促销成功 R_s^k</th><th rowspan="2">促销失败 R_f^k</th></tr>
<tr><td>市场背景有利案例数 F_{sa}^k</td><td>市场背景不利案例数 F_{sd}^k</td><td>市场背景有利案例数 F_{fa}^k</td><td>市场背景不利案例数 F_{fd}^k</td><td>I^k</td><td>M^k</td></tr>
</table>

表 9-2 中，$K=1,2,\cdots\cdots n$，促销新增旅游收入 $Q^k=R^k-I^k-M^k$；促销方案成功时，收入增量 $Q_s^k=R_s^k-I^k-M^k$；失败时，收入增量 $Q_f^k=R_f^k-I^k-M^k$。依据表 9-2 的有关数据，可以计算出各方案的期望收益值 E_g^k 与标准差 σ^k。其中：

$$E_g^k=[P(S \mid A)+P(S \mid D)]\cdot Q_s^k+[P(F \mid A)+P(F \mid D)]\cdot Q_f^k$$

$$\sigma^k=\sqrt{(Q_s^k-E_s^k)^2[P(S \mid A)^k+P(S \mid D)^2]+(Q_f^k-E_g^k)^2[P(F \mid A)^k+P(F \mid D)^k]}$$

各方案的标准差系数分别为

$$V^k=\frac{\sigma^k}{E_g^k}(k=1,2,\cdots,n)$$

4. 决策规则

(1) 若不考虑风险，则选择期望收益值最大者作为旅游促销方案。

(2) 若要求旅游收入的增量百分比大于某一固定标准（长期国债收益率或公司平均利润率）C_0，则$E_g^k \mid I^k + M^k > C_0$ 的各方案均为可行，进一步选择标准差系数最小者为实施方案。

(3) 若要求促销方案的风险控制在一定水平 C_1 内，则所有标准差系数小于 C_1 的方案均可行，进一步选择期望收益值最大者为实施方案。

9.1.3 旅游促销组合策略的制定

旅游促销组合策略是旅游企业制定促销战略的基础，所谓“旅游促销组合策略”，就是指企业为了满足市场营销战略目标的需要，综合运用各种可能的促销策略和手段，组合成一个系统化的整体，使企业得以获取最佳营销效益，实现营销战略目标，谋求旅游企业的长期稳定发展。促销策略主要由促销目标与促销策略组合的各因素协调组成，制定促销组合策略，要求我们在充分进行市场调研的基础上，选择好本企业目标市场，以此确定促销组合各要素的综合运用，并视企业实力及市场变化，在某一两个重点要素上制定相应的促销策略。

制定旅游企业促销组合策略，既要有科学性，又要讲艺术性，犹如技艺高超的乐队指挥，既能发挥个别乐器的演奏才能，又能保障全队和谐悦耳的效果。旅游企业欲求经济而有效的促销组合，首先必须对不同促销方式的运用特点和成本加以了解。

(一) 四种促销方式的特点

1. 广告

广告是一种高度大众化的信息传递方式，其主要特点是：①传播面广而效率高，广告一经发布便能迅速铺开，利于实现快速销售。②可反复出现同一信息，利于提高被传播对象的知名度。③形式多样，表现力强，通过对文字、音响及色彩的艺术化运用，利于树立被传播对象的形象。④对于地域广阔而分散的消费者而言，平均广告成本费用较低，但电视这样的媒体一次性收费较高。⑤说服力较弱，不能因人而异，难以形成即时购买。

2. 营业推广

营业推广是一种短期内刺激销售的活动，如展销会、优惠酬宾活动等等，其主要特点有：①在点上的吸引力大，能把顾客直接引向产品。②刺激性强，激发需求快，能临时改变顾客的购买习惯。③有效期短，若长期持续运用，则不利于塑造产品形象。④组织工作量大，耗费较大，而影响面较窄。

3. 公共关系

公共关系是一种促进与公众良好关系的方式，如新闻报道、公益活动等等，其主要特点有：①有第三者说话，可信度高；有情节性、趣味性，可接受性强。②最可能赢得公众对企业的好感。③影响面广，影响力大，利于迅速塑造被传播对象的良好形象。④活动设计有难度，且组织工作量大。⑤不能直接追求销售效果，运用限制性大。

4. 人员推销

人员推销是一种与顾客面对面促销的方式，其主要特点是：①个人行动，方式灵活，针对性强。②易强化购买动机，及时促成交易。③易培养与顾客的感情，建立长期稳定的联系。④易收集顾客对产品（服务）的反馈信息。⑤费时费钱，传播效率低，往往成为平均代价最高的促销手段。

（二）旅游促销组合策略

旅游促销组合最基本的策略就是推拉策略（见图 9-1）。推式策略是着眼于积极地上门把本地或本企业产品直接推向目标市场，表现为：在销售渠道中，每一个环节都对下一个环节主动出击，强化顾客的购买动机，说服顾客迅速采取购买行动。这种策略显然是以人员推销为主，辅之以上门营业推广活动、公关活动等。拉式策略是立足于直接激发最终消费者对购买本旅游产品的兴趣和热望，促使其主动向旅行社或其他中间环节寻求指名服务，最终达到把旅游消费者逆向拉引到本旅游地或旅游企业身边来的目的。这种策略则是以广告宣传和营业推广为主，辅之以公关活动等。上述两种策略都不失为旅游营销者应兼顾的策略。虽然

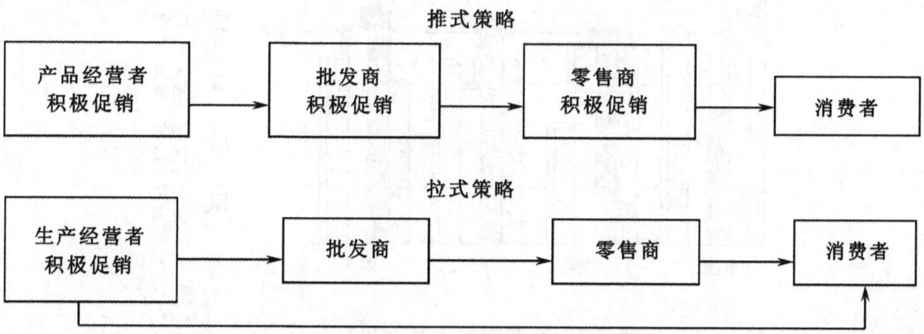

图 9-1　推拉策略

在总体上，从长期看，旅游促销组合应以拉式策略为主，但由于旅游市场的竞争性与异地性，为了打通异地销售渠道，取得市场快速突破，特别是在对市场进行“点射”和“锥形”突破时，完全适合采用推式策略。

在以推式为主的旅游促销组合策略中，锥形突破是一种很奏效的非均衡快速突破策略。它是指旅游地或旅游企业将自身的多种旅游产品排成锥形阵容，而以唯我独有、最具招徕力的拳头产品作为开路先锋（锥尖），以求其像锥子一样迅速突破目标市场，然后分梯级阶段连带层层推出丰富多样的旅游产品。这种策略就是采用以人员推销、营业推广为主，辅之以广告宣传的促销组合策略。

（三）影响旅游促销组合决策的因素

1. 市场状况

市场状况包括市场大小，竞争状况等等。一般而言，市场地域范围较广、潜在旅游消费者总量较大时，应以广告宣传为主；反之，则应以人员推销为主。显然，当旅游营销者直接面对广大潜在旅游消费者时，应以广告宣传为主；而面对中间环节市场时，主要采用人员推销。当市场竞争激烈时，则应同时利用推式和拉式策略，反之，则主要采用拉式策略。

2. 购买心理接受阶段

在旅游消费者所处的不同阶段，不同促销方式所起的作用也不一样（见图9-2），由此影响到不同促销组合的适用阶段。值得注意的是，由于旅游市场主要为大众消费市场，图 9-2 中的后三个阶段虽然人员推销所起作用属最大之列，但从经济与效率考虑，主要应在后期顾客上门时，如到旅行社咨询时，发挥销售接待人员的作用。

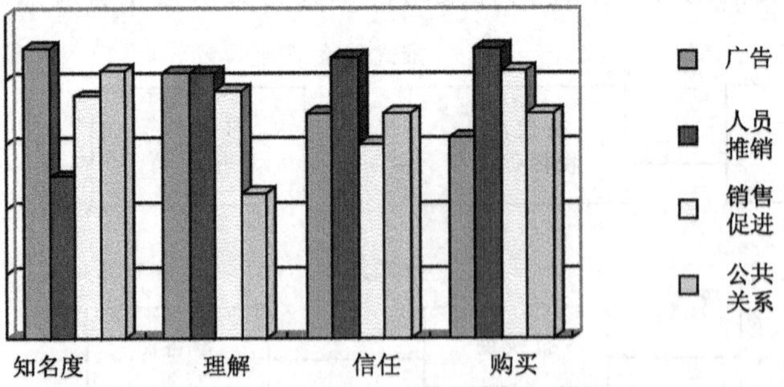

图 9-2 各种促销工具的相对利益

3. 产品生命周期

在旅游产品生命周期的不同阶段，由于促销的目标与重点不一样，旅游营销者所选取的促销组合形式也应该有所不同。在导入期，广告宣传和公共关系应放在最重要的地位，营业推广方面也应视情况而给予较大投入，以扩大产品知名度和鼓励试用，人员推销则对准中间环节。在成长期，应持续广告的力度，强化公关的作用；同时加强人员推销对中间环节的攻势，以尽快扩大销售量。此期营业推广可相对减弱。在成熟期，广告宣传可减弱，优惠酬宾等营业推广活动可加强，以稳定销售。在衰退期，公关宣传应消退，在全面缩减的促销经费中，保持提醒性的广告费用。

旅游促销组合策略的制定，最终还取决于促销经费的预算。如果筹集不到足够的资金，再好的广告计划和大型的公关活动、促销活动都难以实现；只能采用一次性花费不太大的其他促销方式对市场进行缓慢地逐步渗透。

就整体旅游产品和旅游地吸引物产品的促销而言，广告宣传和营业推广两种形式最重要（见表9-3）。

表9-3　1991年部分旅游目的地促销经费构成（按每美元获外汇数计算，%）

投入效益排名	国家/地区	广告	公关	促销活动	公众咨询	调研	其他
1	美国	13.8	0.8	11.5	52.4	21.5	
4	意大利	7.0	4.0	44.0	40.0	5.0	
10	印度尼西亚	37.5	2.5	18.8	2.9	1.0	37.3
12	日本	12.0	3.1	4.0	9.8	1.3	75.8
16	菲律宾	29.6	70.4				
17	法国	69.5	2.2	12.8	10.4	1.1	3.8
19	香港	60.5	9.6	27.3		1.2	1.3
24	加拿大	72.3	11.8	8.0	0.8	0.4	6.7
25	西班牙	51.9			2.2	1.8	

资料来源：国家旅游局国际市场司. 旅游市场. 第6期.

9.2　高效信息传播方式——旅游广告

9.2.1　旅游广告概述

广告（Advertising）从汉语字面上理解即“广而告之”的意思；其英文词

根源于拉丁文 Adventure，有“大喊大叫”、“注意”、“诱导”之意。作为促销手段的广告，是指由明确的广告主，以付费的形式通过媒体做公开宣传，达到影响消费者行为、促进销售相关产品目的的非人员促销方式。广告信息可以利用任何想象得到的形式来传播。根据使用媒体的不同，旅游广告可主要分为：报刊广告、电波广告（利用广播和电视）、户外广告（利用广告牌、灯箱、条幅等各种室外展示物）、自办宣传品广告（如招贴、地图、手册、音像材料、文化衫）等等。其中旅游宣传品广告，因其部分具有公关和营业推广的意义，加上其对旅游促销的突出作用，常常被单列于旅游广告之外。

广告以其大众化、重复性及表现力而成为一种富有大规模激励作用的信息传播技术。一方面，旅游地风貌、旅游服务设施的宜展示性和整体旅游产品的可感受性，为旅游广告的表现力发挥提供了更有利的基础；另一方面作为不可触摸、试用、测试和直接观赏的无形旅游服务产品，也影响到潜在旅游消费者将相对更多地依赖于旅游广告信息，尤其是利用旅游手册之类的宣传品来进行选择性购买决策。由此决定了旅游广告与宣传品在旅游促销中发挥着主体作用，尤其是旅游印刷宣传品无可置疑地成为旅游促销最基本、最主要的手段。

旅游地及旅游企业如何有效地发挥旅游广告的作用，取决于其对旅游广告运用的有效管理过程（见图 9-3），这一过程就是旅游广告主要在一定市场营销策略指导下，制定与之相适应的旅游广告策略，实施后评价其效果，再根据广告策略加以调整。

9.2.2 旅游广告目标与预算决策

（一）旅游广告目标的确定

旅游广告目标必须在相关旅游目标市场策略、市场定位及其他营销组合因素决策的基础上加以确定。旅游广告目标可分为以下三种类型：

1. 告知型广告（Informing）

告知型广告主要用于旅游产品市场开拓的初始阶段。具体又可分为两类情况：①介绍旅游新产品和新旅游服务项目。如新的旅游线路和新的饭店服务项目，其基本内容、价格及可能给旅游消费者带来的利益等，以触发潜在旅游者的初步需求。②宣传旅游地或旅游企业的市场地位及对旅游消费者采取的便利性措施，以树立良好的市场形象。

2. 劝导型广告（Persuading）

劝导型广告主要用于与同类旅游产品展开竞争的阶段。具体又可分为：①进

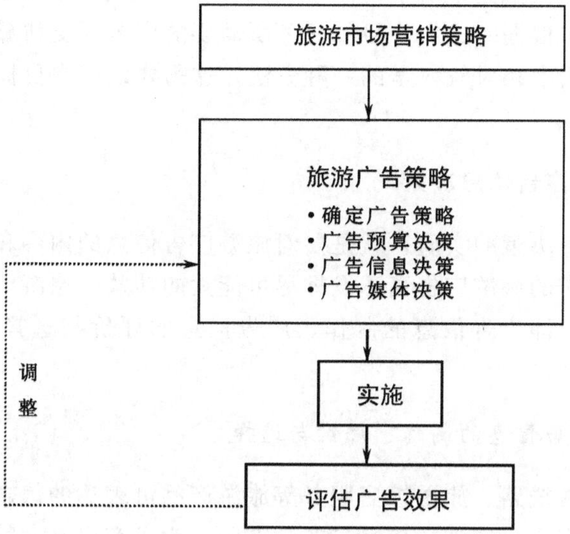

图 9-3　旅游市场管理过程

攻型：突出本旅游产品的优势特征和利益，激发旅游消费者的选择性需求，鼓励其偏向本旅游产品的购买。②防守型：努力改变旅游消费者对本旅游产品（服务）的不利印象，抵消或削弱竞争对手的广告影响。

3. 提醒型（Reminding）

提醒型广告主要用于本旅游产品的成熟期，随时提醒旅游消费者保持对本旅游地或旅游企业及其产品（服务）的记忆（尤其在淡季），以获得本企业尽可能高的知名度；适时提醒旅游消费者记住购买的时机、购买的地点，以促使意欲购买者完成购买行为，并刺激老顾客重复消费的欲望。

（二）旅游广告预算决策

旅游广告预算主要包括：市场调研费、广告设计费、广告制作费、广告媒体租金、广告机构办公费及人员工资、广告公司代理费等项目。其中媒体租金通常要占到 70％～90％。影响旅游广告预算的因素较复杂，包括旅游产品生命周期、销售量、利润率、市场范围、市场竞争状况、国家政策法规等方面。由于广告效果的难以预测性，尤其是对于非生活必需品的旅游产品广告更是如此，使得广告预算的科学决策很难做出。

常用的广告预算方法有：①量入为出法，即根据本旅游企业目前的财务支出来安排广告预算。②销售百分比法，即取销售总额的一个百分比作为广告预算。

③竞争对峙法，即根据竞争对手的广告费用开支来决定自己相应的广告预算。④目标与任务法，即根据完成广告目标任务所需要的广告开支估算数来制定广告预算，这是四种方法中相对较科学的一种方法，这需要以广告目标的具体化与科学化作为基础。

9.2.3 旅游广告信息决策

旅游广告信息决策的实质，就是要对旅游广告信息的内容和形式进行创造性的设计，以使相应的旅游广告真正发挥尽可能大的功效。旅游广告信息决策一般要通过三个步骤，即广告信息的制作、广告信息的评价与选择以及广告信息的表达。

（一）旅游广告信息的制作、评价与选择

旅游地、旅游线路、旅游饭店服务等旅游产品可表达的信息题材都是多方面的，而一种旅游广告可容纳的信息量非常有限，为了突出某一特征，一种广告往往只能强调某一方面的内容。因此，旅游广告往往需要选取有关同一产品（服务）不同角度的信息题材，制作多种广告信息提供选择。

在制作出备选的多种旅游广告信息后，广告主应该对其进行评价和筛选。国外专家科威塔建议，可根据信息的吸引力、独特性和可信度来加以评估选择。这三个方面的评估标准对旅游广告都别具意义。

1. 吸引力

吸引力是指信息必须对潜在旅游消费者有用或有趣。旅游产品作为高层次消费的无形服务产品，其广告信息更需要挖掘和激发人们内心深处的潜在需求和朦胧需求；同时，由于旅游消费的异地性和综合性，也更需要旅游广告，尤其是印刷宣传品尽可能提供旅游者所关心的旅游地的详细信息，以使之减轻购买的担忧与风险感。

2. 独特性

独特性是旅游消费者在所感兴趣的同类旅游产品中做出选择的依据。不同旅游地之间本身就存在着天然或人为的差异，旅游广告设计者就是要刻意寻找旅游消费者对旅游地或旅游产品所感兴趣的独特利益点。例如，西方人到中国来旅游就并非是为了娱乐、消遣和购物等目的，美国夏威夷大学旅游专家朱卓任认为，西方旅游者对中国感兴趣的因素主要有：文化和艺术、优美的风景、历史文物、人民的好客态度、中国菜肴等等，这些因素均不乏中国旅游产品的独特性。

3. 可信度

由于旅游消费的异地性和旅游服务的无形性，使旅游消费者会加倍感受到购买决策的风险，由此更加关注旅游广告的可信度。一些外国朋友批评中国的一些旅游宣传品充满了千篇一律的溢美之辞，极度夸张，失去可信度。从一定意义上说，旅游地或旅游企业通过广告出售给旅游消费者的实质上是对某种经历的承诺，如果旅游广告提供夸大或虚假的信息，使承诺不能兑现，反而激起旅游消费者更加激烈的反宣传心理。因此，旅游广告一定要真实可靠，多提供实实在在有价值的信息。

（二）旅游广告信息的表达

广告信息的表达是指对各种广告外在形式的组合运用和具体编排，既要达到使广告信息“以一种独特方式在喧闹中被发现”的效果，又要避免营销目标、广告目标被新奇的念头所压倒的情势。因而，广告信息的表达设计必须符合以下六方面的基本要求：

（1）焦点，就是要使广告信息有非常明确的中心和重点，有很强的凝聚力；这不仅要以一定的语言来表现，而且要尽可能做到视觉化、形象化，使人们在接触广告的瞬间便能对广告宣传的产品（或服务）产生认识，留下深刻印象。

（2）简洁，也即要以尽可能少的题材突出广告的焦点，使广告信息简明、单纯。这是由广告只能在有限的时空内与目标受众接触所决定的。

（3）魅力，是指广告设计不仅要对目标受众有一般的吸引力，而且要有触动他们情感的刺激力、感染力。

（4）统一，指以主题为中心，内容与形式的统一，信息与艺术的统一，广告设计五要素的统一，以及不同广告形式主题的统一、风格的统一；只有通过不同广告因素、广告形式的协调统一，才能充分体现出广告的力量。

（5）平衡，是指对不同广告表现形式和具体信息编排的合理布局，以使人充分感受到广告表现的完美、协调和诱人。

（6）技巧，是指广告设计形式变成真正的广告作品所需要的制作技巧，只有通过精湛的广告制作技巧，方能准确、完整地实现设计要求。旅游宣传口号就是要以凝炼、生动、易识、易记的一句话在旅游目标市场上树立起一个统一而富有魅力的旅游形象。例如，1994 年中国文物古迹游对外宣传的口号即是：“游东方文物的圣殿——中国；五千年的风采，伴你中国之旅。”

旅游宣传口号的写作要突出三点：①富有韵味，简明易记。如 1995 中国民俗风情游的对外宣传口号：“探寻中华风物，难忘神奇旅行”。②富有特色，亲切感人。如纽约州历时 10 年，动人心弦的口号：“一次奇妙的经历等待着你，我爱纽约”。③品名准确，利益明显。品名是指旅游地、旅游企业、旅游产品的名称。如美国对内旅游宣传口号即为：“旅游为美国制造美元”。

案例 9-2

广告文案：冬游九寨沟

冬天的九寨沟，虽没有春天的妩媚，夏天的清爽，秋天的妖艳，却另有一番情趣。那撩人心魄的飞雪，飘飘洒洒，纷纷扬扬，像春天的柳絮一 样，不停地飞舞着，放肆地亲吻着山峦，亲吻着湖水，亲吻着你的脸庞。

银装素裹，玉树冰花，把你带入洁白而高雅的世界，使人忘却了世外的纷争和无谓的烦恼，净化着人们的心灵。

九寨沟的海在冬季由于日照及走向的不同，只有长海、熊猫海冰冻厚达 60 厘米，人可以在上面活动；火花海、双龙海、箭竹海部分结冰。蓝色的湖水上各种形状厚薄不一的洁白的冰块、冰花，有的像丝锦，有的像哈达，有的像流云，有的像青纱，真是妙趣天成。

冬季九寨沟银瀑不再飞泻。诺日朗瀑布收起它那夏秋气势磅礴的阳刚之气，变成了一幅巨大的天然艺术冰雕，如飞禽，如走兽，有的似牛郎放牧，有的似仙女梳妆，奇异多姿，令人遐想；珍珠滩瀑布和树正瀑布大部 分结冰，冰瀑流水在阳光的照射下，冰凌闪亮，流水如丝；再看那熊猫海瀑布，山谷里挺立着巨大的冰柱，晶莹的冰帘，以及千姿百态的冰幔冰挂，好似一派璀璨耀眼的冰晶世界。

九寨沟景观五绝之一的雪峰，在蓝天的映衬下放射出耀眼的光辉，像英勇的武士，整个冬季守候在九寨沟的身旁。站在远处凝望，巍巍雪峰，尖峭峻拔，白雪皑皑，银峰玉柱，直指蓝天，景色极其壮美。藏族同胞的隆达、经幡、水转经为冬日的九寨沟增添了神秘而浪漫的色彩，游人在享受九寨沟冬趣的同时，不妨到藏家去作客，喝一口香喷喷的热奶茶，咂一口醇香清爽的青稞酒，再欣赏一下藏羌民族歌舞，消尽寒意，消尽忧愁。

九寨沟的冬天，是极具有诱惑的，将有更多的人去领略她的纯真，探索她的奥秘。九寨沟的交通：九寨沟的环线公路已畅通：成都——绵阳——江油——平武——九寨沟，全程 460 公里。

九寨沟的通讯：各宾馆有直拨电话，大部分宾馆可使用手机，11 月份景区可实现长途直拨。景区交通：全部提供空调中巴车，仍实行公交车运行方式；满足包车并到各宾馆接送；冬季车票价 68/人。景区午餐接待点设在则查洼餐厅。

冬游九寨沟的注意事项：

（1）九寨沟冬季每月气温：11 月 2.4 度，12 月 2.3 度，1 月－1 度，2 月 2.5 度，3 月 3.9 度。昼夜温差大，白天阳光明媚，景区四面高山，所以没有风，比较暖和，但早晚较冷，旅游者要带上毛衣、防寒服、手套、围巾等。

（2）极少路段有冰雪，旅行社要选择车况好的旅游汽车、有经验的驾驶员，并带好防滑链条。

9.2.4　旅游广告媒体决策与效果评估

无论多么富有创意的旅游广告信息，都必须在恰当的时间准确地传递给目标受众才可能实现广告目标。旅游广告媒体决策就是要寻找以相对最佳的成本效益，达到对目标受众预期显露目标的合适途径。

（一）旅游广告媒体类型选择

旅游广告可以利用的媒体分为两大类：一类是付费租用的大众传播媒体，主要包括电视、广播、报纸、杂志四大媒体和户外广告、直邮广告媒体；另一类是广告主自己购买制作的媒体，包括各类自办宣传物、宣传品。

旅游广告媒体类型的选择也主要基于四方面因素的考虑：①目标受众的媒体视听习惯，如高层商务旅游者与普通退休观光客对不同媒体类型的偏好程度就不一样。②旅游产品的特点。如风景旅游点就宜选择杂志彩页和电视做广告。③广告信息的特点。如时效性很强的旅游销售广告就比较适合以报纸为媒体，而绝不适合以杂志为媒体。④费用水平。这也是导致旅游宣传品广告远多于电视广告的重要原因之一。

（二）大众传媒的特点

各类媒体都有其适应性和局限性，主要大众传媒的旅游广告利用特点如下：

1. 电视

电视是最具有影响力的一种广告媒体，利用电视来传播旅游广告信息，具有显著的优势。首先，它集声音、图像、色彩、动感四种功能于一体，形、声、情并茂，可以直观、真实、生动地反映旅游景观的特点。特别是具有一定故事性、趣味性、知识性、艺术性的旅游广告，会给观众留下深刻印象，是最富有感染力的广告媒体，具有良好的宣传效果。其次，电视节目由卫星传递，全球大部分地区均可以接收，利用电视节目作为旅游广告载体，可以在大范围内迅速传播。此外，电视广告既有利于展示旅游地及其景点的特色和魅力，又较适宜旅游航空与旅游线路销售信息的及时发布。目前，没有任何传播媒体能够具有电视那样强大的力量来吸引观众并激发其对旅游的兴趣。电视广告的主要弱点在于其制作费用较高，驻留时间较短，干扰较大，观众选择性差，设计制作有一定难度。

2. 报纸

在四大媒体中，报纸是旅游广告利用率最高的媒体。报纸是最早使用、最为常规、最及时的“有案可查”的信息传递工具，可信度高，可选择性较强，本地市场覆盖面大，而费用远较电视为低，报纸读者层稳定，在一定时间内可反复查阅有关信息，尤其是在报纸旅游专栏上刊登旅游广告效果更佳。在美国，约50％～60％的旅游商首选报纸作为广告媒体。报纸的局限性主要表现在以下几个方面：一是印刷质量不理想，表现力较弱，一般不利于在上面做旅游景点的展示广告；二是针对性不强，注目率低，在登载条件方面的自由度较小，色彩较为单调；三是主要通过新闻、散记的形式间接传播旅游信息，而且宣传旅游景点时信息量不大，对具有实际意义的旅游路线、景观特征、季节特色等众多领域不能涉足。

3. 广播

调频广播的出现和近年经济台、商业台、信息台等的发展，使广播媒体恢复了一定的竞争力，并朝着较强的地区与人口选择性方向发展。广播信息传播最及时、最灵活，广告收费也较低；但缺乏视觉吸引力，一般较适合旅游交通与观光旅游销售信息的辅助广告媒体，尤其是地区性旅游信息发布的媒体。

4. 杂志

杂志的突出特点是读者的人口类别可选性很强，使旅游杂志广告容易对准目标市场；同时，杂志印刷精美，可图文并茂，阅读率高，保存期长，非常适合做旅游地、景点和饭店等的形象广告。专业性、行业性杂志还有利于细选读者群。杂志的短处是广告周期长，版面受限制，可作为非高频率的地区性旅游销售广告所选媒体。

5. 户外广告

户外广告固定设置在街道两旁、立交桥身、候车棚顶以及车站、码头、广场、运动场、地铁等公共场所，是目前常见的一种广告媒体。户外广告画面巨大醒目，保存时间长久，游客在都市观光、购物途中反复观看，必定能够留下深刻的印象。同时，旅游业主在户外广告的设置上还很灵活机动，可以选择适合其宣传的城市，租用最需要的场所，而且可以依据旅客客流的变化或景区季节特色及时更换户外广告。户外广告的局限性在于广告传播信息有限，只能将广告内容中最重要的部分，如旅游区名称、本地特产、购物商厦等加以突出，难以详细说明，广告的宣传范围有限，而且不能自由选择宣传对象。对于户外旅游广告应加强其图片和简洁文字的创意设计，着重于交通口岸和要道、景区、景点及饭店所在地点的户外广告媒体利用。

6. 直邮广告

直邮广告的长处是对目标顾客的针对性很强，非常灵活，受时空条件限制最少，人情味较重；而短处是精力、时间和经济投入相对较高，使用不当还易引起收信人反感。因此也需高度注重邮件从内涵到外表的创意设计，以引起收信人的兴趣。直邮广告在中国旅游广告中运用还不多，而在西方较常见，美国有不少旅行商采用这种方式做广告。

7. 新传播媒体在旅游广告中的运用

20 世纪 90 年代以来，信息技术和人工智能的更高层次的发展引发了传播媒体的巨大变化，这使旅游广告宣传面临着新的挑战和机遇。新传播媒体是指计算机、互联网、激光视盘以及电传通讯技术与旅游广告的结合，它具有迅速、准确、信息量大、反应灵活等优点。尤其是互联网的运用，完全打破了时间、空间界限，使得信息交换得以以空前的高速进行。随着新技术的运用，特别是计算机操作方式的简化以及互联网的普及，我们有望实现对旅游消费者的及时服务提供。例如，中国旅游家协会在网上开设了专门的网站，将中国载入《世界遗产名录》的 19 处景点，如万里长城、北京故宫、秦始皇陵及兵马俑、苏州园林、庐山等文化和自然遗产做了详尽介绍，其广告效果是不言而喻的。

（三）评价旅游广告效果

测评旅游广告效果主要有三方面的意义：衡量广告费用的投入是否获得了预期的效益；为修订广告计划提供依据；明确哪些外部因素是广告所无法改变的。

旅游广告效果可分为两方面：一是沟通效果；二是销售效果。

1. 沟通效果的测定

沟通效果的测定有两种方法：一是事前测定，也称预试；二是事后测定。预试主要通过直接评分和组合测试两种方法来进行。前一种方法由消费者小组或广告专家小组观看有关广告后进行全面评分，此法主要有助于筛选掉不良广告。后一种方法是请消费者看一组广告，然后加以自由回忆，主要测试广告的突出点和易懂易记处。事后测试也包括两种较流行的方法：回忆测试和识别测试。前者要求接触过某种媒体广告的人，回忆最近一次广告中所展露的广告产品，以表明广告为人注意和容易记忆的程度；后者主要统计在特定媒体上曾注意到、曾见过并进行过联想和深读过广告信息的目标受众百分比。

2. 销售效果的测定

由于旅游产品销售将受到诸如服务特色、价格、竞争状况等一系列因素的影响，因而测量旅游广告的销售效果比沟通效果更为困难。这里仅列出两个简单的计算方法作为参考。

(1) 当广告宣传的旅游产品是新产品（服务）时：

$$\text{广告效益}=\text{产品（服务）}\times\text{产品（服务）利润}\times(\text{广告后销售量}-\text{广告前销售量})-\text{广告费用}$$

(2) 当被广告宣传过的产品继续做广告时：

$$\text{广告增长比率}=\frac{\text{销售额增加率}}{\text{广告费用增加率}}\times 100\%$$

9.3 短期促销——旅游营业推广

9.3.1 旅游营业推广特征和作用

旅游营业推广是指旅游企业在某一特定时期与空间范围内通过刺激和鼓励交易双方，并促使旅游者尽快购买或大量购买旅游产品或服务而采取的一系列促销措施和手段。从这一定义中不难看出，旅游营业推广强调的是在特定的时间、空间范围内，采用一系列的促销工具，对供需双方的刺激与激励，其直接的效果是使旅游者产生立即或大量的消费购买行为。

(一) 旅游营业推广特征

1. 旅游营业推广的非常规性

典型的旅游营业推广不像广告、人员推销和公共关系那样作为一种常规性的旅游促销活动出现，而是用于短期和额外的旅游促销工作，其着眼点往往在于解决一些更为具体的促销问题，承担短时间内具有特定目的和任务的促销工作，以促使旅游产品购买者和消费者产生购买或消费行为，因此，旅游营业推广通常是针对旅游广告、人员推销的一种补充措施，以非常规性的和非周期性的使用形式而出现。

2. 旅游营业推广的灵活多样性

旅游营业推广方式多种多样，能从不同的角度吸引有不同要求的旅游产品购买者和消费者。例如，以赠送纪念品、旅游地特产、风情画册、各种价格折扣、消费信用、特殊服务等方式针对旅游者的营业推广；以批量折扣、现金折扣、特许经销、业务会议、联营促销、提供招贴画、小册子、录像带、推广津贴等方式针对旅游中间商的营业推广；以红利提成、推销竞赛、特别推销金、销售集会等方式针对推销人员的营业推广；以租赁促销、类别旅游折扣、定货会、配套服务等方式针对旅游生产经营者的营业推广。上述各类营业推广方式均有其自身的长处和特点，旅游企业可以根据经营的旅游产品特征，以及面临的不同市场营销环境加以科学的选择和有机的组合运用，从而大大增强旅游营业推广的灵活多样性。

3. 旅游营业推广的强刺激性

旅游营业推广是为寻求销售额的立即反应而设计的，并且常常在限定时间内进行，其追求的目标就是在使用营业推广手段之后，能达成即时销售，使本企业的旅游产品在特定的时间和地点与其他产品有所差别，增加实质价值。因此，必须从多种渠道和多种角度加强和加快旅游产品购买者、消费者对促销信息的理解，促进消费购买需求和行为的迅速产生，这也就决定了旅游营业推广必须具有强烈的刺激性，给旅游产品购买者以不同寻常的刺激，以诱使旅游消费者购买某一特定旅游产品，易于取得明显的短期效果，较快地增加旅游企业的销售额，巩固和提高旅游企业应有的市场占有率，实现企业短期的具体目标。

4. 旅游营业推广的短程高效性

在限定的时间和空间范围内，旅游企业经销，通过金钱、商业或为附加的服务来激励、旅游消费者进行购买，这种行为短程效益十分明显。

旅游营业推广的上述特征，体现了旅游营业推广手段的明显优势，有利于促进旅游产品的短期销售，激励更多的旅游消费需求和开拓旅游市场。

（二）旅游营业推广的作用

旅游营业推广以其自身特有的优势和不可替代的作用，成为众多旅游企业经营者乐于选用的重要促销手段。

1. 旅游营业推广可以有效地加快新的旅游产品进入旅游市场

新开发出来的旅游产品，绝大多数的旅游者或目标消费者对其还没有足够的认识和了解，也没有充分的理由对该旅游产品做出积极的反应和强烈的消费购买兴趣。通过一些必要的促销措施可以在短期内迅速地为旅游新产品开辟道路。实践证明，免费旅游、特价优惠旅游、新旧产品搭配出售以及退款优待等营业推广方式，对在短期内把旅游新产品打入现有市场是行之有效的措施。比如，采用特价优惠手段，将新旧旅游产品搭配出售，既可利用原有产品的消费者网络拓展或扩大新产品的市场，又可使旅游消费者更直接地感受到这种消费购买所享受到的特别优惠，从而激发对旅游新产品的购买热情。尽管这些促销方式分配成本较高，但往往收效也较快。

2. 旅游营业推广可以有效地抵御和击败竞争者的营业推广促销活动

有效地抵御和参与竞争是旅游企业求生存、谋发展的必由之路。当竞争对手大规模地发起营业推广促销活动时，企业若不及时采取有效的促销措施，常常会大面积地损失已享有的市场份额。因此，营业推广是旅游市场竞争中对抗和反击竞争对手的有效武器。诸如采用免费赠品、折扣优惠、服务促销、联合促销等方式来增强旅游企业经营的同类旅游产品对旅游者的吸引力，以稳定和扩大自己的消费购买群体，抵御竞争者的侵蚀。

3. 旅游营业推广有利于增加旅游产品的消费，提高销售额，并带动关联产品的销售

通常旅游企业运用旅游营业推广促销手段，即可向经销商提供交易折让，如购买馈赠、交易补贴、批量折扣、经销竞赛等方式来劝诱中间商更多地购买，并同企业保持稳定、良好的购销关系，促使中间商制订有利于自身的经营决策；又可向旅游消费者提供刺激与激励，如赠品印花、类别顾客折扣、旅游者竞赛与抽奖等方式来指明旅游产品新的利益，提高旅游者对该旅游产品的注意与兴趣，从而增加对旅游产品的消费，提高整体产品的销售额。同时，对于一定区域而言，不仅只增加某种品牌的销售，也能带动和提升关联产品的销售量。例如，美国田纳西州诺威西勒斯凯悦摄政饭店，为汽车协会每一个成员的家庭旅游提供价格为25美元的低价客房来吸引家庭旅游者。除具一张双人床外，还有儿童帆布床，并且房间里的住宿人数不受限制。尽管25美元一夜的家庭旅游房价是普通双人房价的一半，但提供的服务却是相同的。在推出这促销进手段的第一个月，这一项目就为饭店售出100间客房，第二个月售出200余间客房，使客房利用率迅速上升，并且使食品、饮料等关联产品的收入也有较快的增长。

9.3.2 旅游营业推广策划过程

对旅游企业而言，应采用旅游广告攻占市场，建立品牌忠诚度，从而使旅游消费者有长期的信心，这无疑是最理想的方式。但是旅游市场状况及行销战略并非如此简单，企业的品牌不一定就是优势品牌，有时旅游企业不得不使用直接的销售促进方式去与优势品牌竞争。正如有的营销专家所言，并非每一个企业都卖

广告，但任何企业无一例外都需要营业推广，时时处处都少不了营业推广。在运用旅游营业推广的过程中，必须首先策划旅游营业推广方案，然后实施和控制旅游营业推广方案，最后评估旅游营业推广效果。

（一）旅游营业推广方案策划

1. 确立旅游营业推广目标

旅游营业推广目标是从总的促销组合目标中引申出来的，从根本上讲，它在总体上受到旅游企业营销目标的制约，表现为这一总目标在促销策略方面的具体化。确定旅游营业推广目标就是要回答“向谁推广”和“推广什么”两个问题。因此，营业推广的具体目标一定要根据目标市场类型的变化而变化；针对不同类型的目标市场，拟订不同的旅游营业推广特定目标。例如，针对旅游消费者而言，目标可以确定为鼓励老顾客经常和重复购买旅游产品，劝诱新的旅游者试用等；针对旅游中间商而言，目标可以确定为促使中间商持续地经营本企业旅游产品和服务，提高购买水平和增加短期销售额等；针对旅游推销人员而言，目标可以确定为鼓励推销人员大力推销旅游新产品和服务，刺激非季节性销售和寻找更多的潜在旅游者等。

2. 选择旅游营业推广工具

旅游营业推广目标一旦确定，就需要选择实现目标的手段和措施。旅游营业推广的工具是多种多样的，每种工具都有其各自的特点和适用范围。一般来说，一种营业推广工具可以实现一个目标，也可以实现多个目标。同样，一个营业推广目标可以由一种推广工具实现，也可以由多种推广工具优化组合实现。

通常，旅游营业推广工具主要有：①免费。包括赠品、免费样品和赠品印花等。②优惠。包括折价券、折扣优惠、自助获赠、退款优惠、合作广告等。③竞赛。包括消费者竞赛与抽奖、经销商销售竞赛和销售人员销售竞赛等。④组合。包括财务激励、联合营业推广、服务营业推广、连锁营业推广以及会员营业推广利益等。

（二）制定旅游营业推广方案

根据确立的旅游营业推广目标，并选择了适当的营业推广工具，接下来就是着手制定具体的旅游营业推广方案。一般来说，一个完整的营业推广促销方案要考虑如下几个方面的内容：

（1）确定刺激的规模。营业推广的实质表现为对旅游消费者、中间商和推销人员的让利。旅游企业制定具体的推广方案首先要决定刺激的规模，即准备拿出多少费用来进行刺激。如果要取得促销的成功，一定程度的刺激是必须的。

（2）选择营业推广对象。旅游企业可以面向目标市场的每个人加以刺激，也可以选择某些群体加以刺激。这种促销主要目标范围控制的大小，直接影响到最终的促销效果。

（3）决定营业推广媒介。旅游企业必须明确通过什么途径向推广对象传递信息，如广告、直邮、新闻稿、广告传单等等。各种推广途径所需费用不等，信息传达范围不同，这就需要旅游企业权衡利弊，从费用与效益比中，选择最有效的推广途径。

（4）选择营业推广时机。推广期过短，由于这个时期内无法实现重复购买，甚至许多潜在消费购买者还没有购买，很多应获取的利益不能实现；推广期过长，又会引起开支过大和降低刺激购买的力度，给旅游消费者造成长期降价的假象，无法促使他们立即购买。

（5）营业推广预算分配。旅游营业推广是一项较大的支出，事先必须进行筹划预算。拟定推广预算通常有两种方法，一种是先确定营业推广方式，然后再计算其总费用；另一种是按习惯比例来确定在一定时期的各促销预算费占总促销预算的若干百分比。

（三）旅游营业推广方案的实施与控制

在旅游营业推广方案的实施与控制中，要留心注意和监测市场的反应，并及时进行必要的促销范围、强度、频度和重点的调整，保持对促销方案实施的良好控制。因此，旅游企业要尽可能地进行周密的策划和组织，估计到实施中产生一切问题的可能，并预先做好解决所有突发性事件的准备与安排。

（四）旅游营业推广效果评估

旅游营业推广活动完成后，对其效果进行评估，这是检验推广促销活动是否达到预期目标以及促销花费是否合算的唯一途径。详细收集有关营业推广活动开展前后一段时期内的资料信息，据此分析推广活动达到的效果以及产生的问题，包括未预计到的问题，或不能克服的问题，或将来可避免的问题，以作为今后是否有必要再开展推广活动的决策依据。

评估效果，既包括短期效益，也包括长期效益。但在很多情况下，长期效果的衡量，只能采用定性或定量预测的方法来判断估计，而且结果也较粗略。因此，效果评价多数侧重于短期效益的评估。尽管推广效益评估的方法有很多，而最普遍采用的一种方法是把推广之前、推广期间和推广之后的销售情况进行比较，因为短期销售量的变化幅度是衡量旅游营业推广效果的最好依据。

9.3.3　旅游营业推广方式

（一）免费营业推广

免费营业推广是指旅游消费购买者免费获得赠给的某种特定物品或利益。在提供短程激励的营业推广领域里，免费赠送这类营业推广活动的刺激和吸引强度最大，旅游消费者也最乐于接受。主要的工具一般有赠品、免费纪念品和赠品印花三种。

（二）优惠营业推广

优惠营业推广是让旅游消费者或经销商可以用低于正常水平的价格购买特定的旅游产品。其核心是推广者让利，接受者省钱。优惠营业推广工具十分广泛，重点是运用折扣衍生出的多种推广工具。例如折价券、折扣优惠、退款优惠等。

（三）竞赛营业推广

竞赛营业推广是利用人们好胜、竞争、侥幸和寻求刺激等心理，通过举办竞赛、抽奖等富有趣味和游戏色彩的推广活动，吸引旅游者、经销商或销售人员的参与兴趣，推动和增加销售。主要工具有旅游者竞赛与抽奖、经销商销售竞赛和推销人员的销售竞赛等。

（四）组合营业推广

组合营业推广是一种综合的促销手段，包括旅游企业或相关企业的联合促销，以旅游者满意为目的的服务促销，营业推广与广告、公关、事件等配合促销。它是免费、优惠、竞赛、抽奖等各类促销工具的综合应用与组合搭配。它包括：

（1）联合推广。如：举办旅游年就是世界各国普遍采用的行之有效的联合促销方法之一，国家旅游局与中国民用航空总局配合香港回归这一历史事件，在 1992 年成功地举办友好观光年的基础上，再度携手共同主办 1997 中国旅游年。

（2）服务推广。如通过售前服务、订购服务、代办服务、咨询服务、售后跟踪服务等多种服务形式，提高旅游企业的声誉，增加旅游产品的知名度和信任度，促成旅游企业市场渗透的顺利实现和更好地完善、更新旅游产品。

（3）包价旅游。作为最有效的旅游特殊促销方法，是各类营业推广工具的集成使用。包价旅游形式繁多，常用的有：会议组合包价旅游、商务组合包价旅游、周末组合包价旅游、节假日组合包价旅游、目的地组合包价旅游、特别主题组合包价旅游等多种多样的形式。

9.4 面对面沟通——旅游人员推销

旅游人员推销是旅游企业所有促销手段中唯一利用人员所进行的最直接的促销活动，是构成旅游促销策略的重要组成部分。旅游人员推销是最古老的一种传统促销方式，同时也是现代旅游企业的一种重要的促销手段。在本节中，我们主要通过运用社会心理学、信息经济学以及现代的系统理论的有关观点对人员推销过程中的心理的瞬时变化进行分析，在此基础上，进而讨论能够影响购买者的动机形成和确定行为指向的几种常用方法。

9.4.1 旅游人员推销的特点

所谓旅游人员推销，就是旅游企业从业人员直接与旅游消费者或潜在消费者接触、洽谈、宣传介绍旅游产品或服务，以达到促进销售目的的活动过程。简言之，就是旅游推销人员说服旅游者购买旅游产品的过程。推销人员、旅游消费购买者、旅游产品是实现人员推销活动的三个基本要素。没有推销人员，就没有推销活动，没有旅游者，便无法完成推销过程，因此，推销人员和旅游消费购买者构成了推销活动的主体，分别代表着买方和卖方，作为客体的旅游产品则成为买卖双方谈论和关注的中心，是双方讨价还价和显示智慧才能的主要依据及作用焦点。因此，旅游人员推销是一种人与人沟通的方式，在此过程中，实现旅游产品由推销人员向旅游消费购买者的转移，即：达成交易，销售产品，同时又能满足旅游者需求，帮助他们解决问题的双重目的。所以，旅游人员推销具有与旅游广告、公关、营业推广等促销手段不同的特点。

（一）信息传递的双向性与信息不对称

旅游人员推销作为一种双向沟通的促销形式，一方面，向旅游消费购买者宣传所推销旅游产品或服务的质量、功能、用途，为旅游者提供旅游产品信息、市场信息和技术信息，以此招徕顾客，促进产品和服务的销售；另一方面，通过与旅游消费购买者的交谈，了解他们对本企业及所推销产品的态度、意见和要求，调查产品的市场寿命周期和市场占有率等市场情况，以适应不同消费购买者个体的需要。在推销过程中，不断地传播信息、收集信息、反馈信息，为旅游企业的经营决策提供依据。同时，现代旅游业的外向性决定了旅游市场的信息不对称极其严重。现代旅游是一种跨地区、跨国界的、广泛的人际交往活动，具有明显的外向性或涉外性。就一个国家的旅游业来说，既要接待海外旅游者入境，又要组织本国居民出境旅游，还要组织国内居民在国内旅游。其中，前两项业务都属于国际旅游，具有显著的外向性。即使是经营国内旅游业务，就本地与外地的关系而言，也有外向性问题。由于社会制度、政治信仰、生活方式、生活习俗的巨大差异而引起的对游客信息不完全了解的现象相当普遍。

（二）具有推销目的的双重性

旅游人员推销的目的不仅是为了推销旅游产品，更重要的是为了帮助旅游消费者解决问题，满足他们的需求，具有满足旅游企业推销产品和满足消费购买者需要的双重目的。只有将帮助消费购买者解决问题、满足他们的需求作为推销的目的，才能不断地增进旅游消费购买者与推销人员之间的感情，成为本企业的经常顾客，从而更好地实现推销产品和服务的目的。

（三）具有满足消费购买者需求的多样性

旅游人员推销活动通过推销旅游产品或服务，不仅满足旅游消费购买者对产品或服务的使用价值的需要，而且还能满足他们对旅游产品与服务的各种信息需求、服务需求和心理需求。面对面的洽谈与沟通，便于交流感情，培养双方的友好协作关系，直接了解消费购买者的现实购买企图与态度，还能掌握他们的潜在欲求，以利于调整今后的推销目标和旅游企业的发展方向。这一点决定了人员推销是比其他促销手段更具亲切感和说服力的促销手段。

（四）具有推销活动的多层次性

旅游人员推销活动是一个复杂的过程。参与推销的部门既可以是专职推销部门的外部销售，也可以是旅游企业内部各部门、各方人员组成的内部推销；推销形式既可以是个人推销，也可以是小组推销或会议推销、电话推销；推销组织，既可以采取区域结构式、产品结构式，也可以采取顾客结构式或综合结构式等多种方式来组织推销活动。

（五）具有推销过程的灵活性

推销人员通过面对面的洽谈与观察，掌握旅游消费购买者的购买心理，能够根据时间、空间、环境及旅游产品的特点和功能，及时调整具体的推销手法，抓住有利时机有的放矢地开展推销活动，促成消费者的购买行为，提高销售效果。同时，在推销中还能及时发现问题，解释疑惑，清除购买者的不满意感，并把旅游产品购买者的意见和建议快速反馈到旅游企业，以促使企业适时调整旅游营销策略。但是，由于旅游人员推销的开支大、费用高，对推销人员的素质要求高，优秀外销人员培养期长等缘故，从而使人员推销的运用受到一定程度的限制。

9.4.2 旅游人员推销的基本形式

旅游人员推销属于直接促销，推销人员不通过任何中间环节，同旅游消费购买者面对面洽谈，直接介绍和宣传旅游产品和服务，充分展示旅游产品或服务的有用性，解答顾客的询问，说服消费购买者采取购买行为。

旅游人员推销主要包括以下形式：

1. 派员推销

派员推销是指派专职推销人员携带旅游产品或服务的说明书、宣传材料及相关材料走访客户进行推销的方式。这是一种古老的、存在时间最长的推销形式。特别适用于推销员在不太熟悉或完全不熟悉推销对象的情况下，即时开展推销工作。这种方式的特点主要体现在：推销人员主动向顾客靠拢，推销员同顾客之间的感情联系尤为重要；并要求推销人员既要有百折不挠的毅力，还要掌握寻找推销对象、把握恰当的推销时机、学会交谈艺术等推销技巧。

2. 营业推销

营业推销员是指旅游产品或服务的各个推销环节的从业人员接待每位旅游消费购买者，并销售产品的推销方式，从广义上讲，在吃、住、行、游、购、娱六个方面从事接待服务的所有人员都是推销员，包括营业员、服务生、导游等等。他们同样要与顾客直接接触，以谈话方式及行为方式向顾客介绍和展示产品与服务，回答询问，完成交易，担负着同专职推销员一样的职能；只不过形式独特，顾客主动向推销员靠拢，推销人员依靠良好的销售环境和接待技巧，完成推销，满足顾客需求。

3. 会议推销

旅游企业利用各种会议介绍和宣传本企业旅游产品或服务，开展推销活动的方式。如订货会、交易会、洽谈会、交流会、展览会、推销会、新闻发布会等等。会议推销也是较为常见的人员推销形式。这种方式的突出特点是：群体集中，接触面广，省时省钱，成交量大，而且推销员不必以推销员的身份出现在顾客面前，消费购买者的心理负担小，推销阻力也相应减弱，但对顾客产生的影响力却很大。

除以上介绍的三种基本推销形式外，还有小组推销、电话推销、书面推销、导购推销等多种人员推销形式。

9.4.3　旅游人员推销的原则与过程

（一）旅游人员推销过程中的心理博弈

推销人员在对一个购买者进行推销的时候，或者在一个购买者向推销员询问其商品价格的时候，每个人要达成的目标是明确的。但这一过程的动机是如何进行演进的呢？按照系统理论中的黑箱理论，我们通常将动机的形成和变化视为一个黑箱，它在人的大脑中进行运行。图 9-4 表示了这种理论观点。

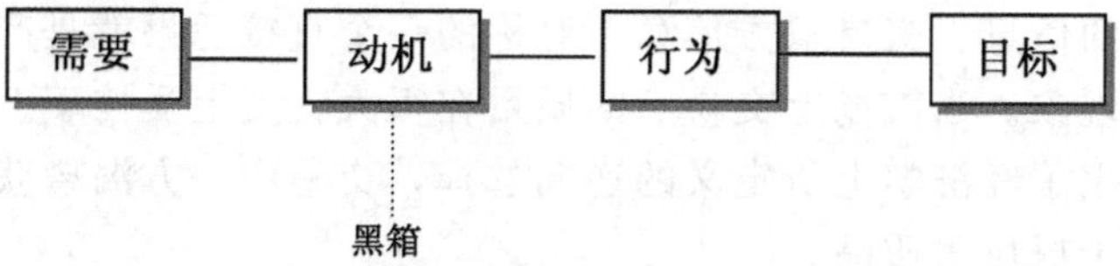

图 9-4

人在外界环境的刺激下形成了需要，又由于需要的原因而产生动机，进而在动机的作用下导致行为，这种行为的后果则通常表现出不确定性：达到目标或者未达到目标，进而产生一个新的循环。因此，可以认为在动机和需要达成的目标之间有一个代价的问题，即要冒一定的风险并承担可能的损失才能达到既定的目标，如图 9-5 所示。

图 9-5

我们可以这样认为，人们在进行平等交换的过程中，所获得的利益和所承担的风险及代价是一个等价交换的过程（此处所指的利益和代价涵盖了物质、生理与心理等因素）。如果收益大于或者等于代价，则正驱动力作用使行为得以发生，反之，则起负作用。而人们在交易没有成交之前对对方信息的掌握都是不对称的，这样，在一个交易达成之前，推销员与购买者之间的瞬间动机可以视作一个博弈过程，如图 9-6 所示。

	推销员	购买者
动机组合	能推销出去	决定购买
	不能推销出去	决定不购买

图 9-6

信息不对称是指在交易过程中，交易双方拥有的信息数量不相等，一方拥有比另一方更多的信息。交易双方信息不对称的一个直接后果就是产生了逆向选择和劣胜优汰的现象。当市场上交易品的质量在很大程度上受控于拥有隐蔽信息的一方时，就产生了经济学上所定义的逆向选择，交易中一方渴望获得优质品，而另一方却只乐于提供劣质品。

由图 9-6 得知，在推销员的动机中面临产品有可能被购买或不被购买而所要付出的代价问题：假设推销员预计产品能够推销出去，此时存在着产生不能推销出去的可能，同时，对于购买者还有购买与不购买两种可能结果。因此，推销员在行动过程中，始终面临这三个因素，同样的分析也适用于消费者。所以，在购买者和推销者的动机活动中，共有 12 个因素在不断地运动和变化着，这样就形成了一个极其复杂的博弈局面，在交易未成交前对之进行精确的求解是不可能的，但依据协同论的观点，在一个复杂的系统运作过程中，存在着一个快变量和一个慢变量，它们服从如下的微分方程：

$$\frac{\mathrm{d}Y}{\mathrm{d}X}=\alpha X-XY \qquad \frac{\mathrm{d}Y}{\mathrm{d}T}=-\beta Y+X^2$$

式中，X 表示慢变量；Y 表示快变量；α，β 表示给定参数。

其中，慢变量在整个系统中起着支配作用，而快变量则起着引发系统突变的作用，由于引发因素不同，系统尽管处在慢变量的支配作用之下，系统所呈现出来的终极状态也会各异。具体的说，推销员在进行推销的过程中，尽管是商品价格、质量和购买者实力等慢变量起支配作用，但是由于引发的快变量的不确定因素的作用，其结局具有不确定性。成功的推销除了商品的价格、质量等慢变量因素外，交易过程中推销员对快变量的瞬间变化的敏捷把握也是至关重要的原因。

如何促使快变量向推销成功的方向发展？现在我们来分析推销员和购买者在进行交易过程中的信息问题。依据信息经济学，谁掌握的信息准确、全面、及时，谁就能够掌握交易的主动权，也就是说，在信息不对称的情况下，信息掌握较少的一方将始终处于劣势。将旅游产品销售中的购买者动机活动视作一个系统，在购买过程中，不计由推销人员所提供的信息来源，则可以假定这一系统对购买商品的信息是混乱的、无序的。依据现代耗散结构理论的观点，若要使一个混乱无序的不平衡系统向着有序的方向发展，必须要对该系统输入新的有序且连续的能量（或信息），这样就能使系统在自组织的作用下，形成新的稳定态。我们要使购买者的动机活动系统向着有利于购买的方向发展，形成一个稳定的购买动机，很显然，推销员对购买者施加一系列新的、有序且持续的信息流是促成交易产生的关键所在。因此，我们可以得到如下结论：在进行具体交易过程中，谁掌握的信息多，谁就在交易过程中占据支配地位，推销员在推销的过程中，或者企业在进行营销策划的过程中怎样向消费者输入新的、有序的、持续的信息将是旅游营销成功的最根本因素。

（二）旅游人员推销的原则

在运用人员推销形式进行旅游产品促销的过程中，有许多取得显著成功的推销人员，尽管他们在不同的地点和时间，以不同的方式和技巧，推销不同的旅游产品，但他们都遵循一些共同的原则，这些原则是他们取得成功的法宝。

1. 互惠互利原则

惠，即好处；利，即利益。互惠互利意指交易双方彼此为对方提供利益和好处。互惠互利是双方达成交易的基础，是推销人员自信心的来源，是良好交易气氛形成的重要条件，也是赢得回头客、获得竞争地位的重要筹码。因此，搞清交易能给双方带来的利益，用能给旅游消费购买者带来的利益说服顾客，找出双方利益分配的最佳点，绝不做只对一方有利的交易。

2. 推销使用价值观念原则

使用价值观念就是旅游消费购买者对旅游产品有用性的认识。推销使用价值观念原则，即在推销旅游产品时，要利用或改变消费购买者原有的观念体系，想方设法使他们形成对旅游产品使用价值的正确认识，以达到说服和帮助顾客购买旅游产品的目的。推销人员必须找出旅游产品使用价值与消费购买者需要的结合点，使顾客形成正确的使用价值观念，最终决定购买，并产生良好的购后评价。

3. 人际关系原则

旅游推销人员推销旅游产品时，必须建立真诚、坦白、富于感情以及和谐人际关系。因为和谐的人际关系容易形成相互信任，导致彼此理解，产生信息的沟通。旅游推销人员通过利用各种交际方式，扩大其交际范围，使自己成为一个受欢迎的人，是取得旅游产品推销成功的重要法宝。

4. 尊重顾客原则

尊重顾客就是要敬重顾客的人格，重视他们的利益。其实质是对旅游消费购买者价值的承认，包括顾客的人格、身份、地位、能力、权益、兴趣、爱好、成就等等。推销人员尊重顾客，从顾客的立场出发，可以帮助消除疑虑，优化交易气氛。同时，推销人员善于换位思考，注意顾客所关心的事情，对消费购买者适时赞美，体现自己应有的胸怀和涵养，以获得旅游消费购买者最大限度的回报，如购买或重复购买你的产品，向别人宣传、推荐你的产品等等。

（三）旅游人员推销过程模式

推销过程是现代推销学的主要研究对象之一。其主要内容是对人员推销的过程进行阶段划分，并指出每个阶段的工作重点和各个阶段的内在联系及转换规律，以便推销人员能更清楚地了解推销活动的实质，避免工作中片面、孤立地开展推销活动。常见的推销过程模式有爱达模式、迪伯达模式、埃德帕模式和程序化模式。这里主要介绍程序化模式。程序化模式又称公式化模式。它是一种已经被大多数旅游推销人员所接受的、比较流行的、具有代表性的推销过程模式。它将推销过程划分为七个阶段，而且强调各个阶段相互联系、相互影响、相互渗透、相互转化，任何一个环节的失误都会导致整个推销过程前功尽弃。

1. 寻找顾客

旅游推销人员必须利用各种渠道和方法为所推销的旅游产品或服务寻找消费购买者，其中包括现有的和潜在的消费购买者。应用现有顾客挖潜法、停购顾客启动法、同类顾客推移法、连销介绍法、广告开拓法等方法，拟定潜在顾客名单。通过电话、邮件及其他调查方式，了解潜在消费购买者的需求、支付能力和购买权力，做出购买资格评价，筛选出有接近价值和接近可能的目标顾客，以便集中精力进行推销，提高成交比例和推销工作效率。

2. 接近前的准备

旅游推销人员在推销之前，必须进行充分的准备。包括：尽可能地了解目标顾客的情况和要求，确立具体的工作目标，选择接近的方式，拟定推销时间和线路安排，预测推销中可能产生的一切问题，准备好推销材料，如景区景点及设施的图片、照片、模型、说明材料、价目表、包价旅游产品介绍材料等。在准备就绪后，推销人员需要与准顾客进行事先约见，用电话、信函等形式向访问对象讲明访问的事由、时间、地点等约见内容。

3. 接近目标顾客

旅游推销人员经过充分准备和约见，就要与目标顾客进行接洽。正式接近顾客是推销面谈的必要前提，没有接近顾客，就不可能面谈，也就无所谓推销。接近顾客过程往往是短暂的，长的不过十几分钟，短的只有几分钟，在这极短的时间里，推销人员要依靠自己的才智，根据掌握的顾客材料和接近时的实际情况，灵活运用各种接近技巧，如：介绍接近、产品接近、利益接近、好奇接近、问题接近、搭讪接近等方法，引起消费购买者对所推销旅游产品的注意，引发他们对访问的兴趣，并引导顾客进入面谈，达到接近顾客的最终目的。

4. 推销面谈

面谈需要接近，接近是为了面谈。接近与面谈是同顾客接触过程中的不同阶段，两者之间没有明显的绝对界线，两者的本质区别在于谈话的主题不同。接近阶段多侧重于让顾客了解自己，有利于沟通双方感情和创造良好的推销气氛，而面谈阶段往往集中在推销旅游产品，建立和发展双方的业务关系，促使顾客产生购买欲望。一般来说，推销面谈需要推销人员利用各种面谈方法和技巧，向消费购买者传递旅游企业及产品信息，展示顾客利益，消除顾客疑虑，强化购买欲望，让顾客认识并喜欢所推销的旅游产品，进而产生强烈的购买欲望。

5. 处理异议

面谈过程中，消费购买者往往会提出各种各样的购买异议，诸如：需求异议、价格异议、产品异议、服务异议、购买时间异议、竞争者异议、对推销人员及其所代表的企业的异议等等，这些异议都是消费购买者的必然反应，它贯穿于整个推销过程之中，销售人员只有针对不同类型的顾客异议，采用不同的策略、方法和技巧，有效地加以处理与转化，才能最终说服顾客，促成交易。

6. 成交

成交是面谈的继续，也是整个推销工作的最终目标。一个优秀的推销员，要密切注意成交信号，善于培养正确的成交态度，消除成交的心理障碍，谨慎对待顾客的否定回答，把握最后的成交机会，灵活机动，采取有效的措施和技术，帮助消费购买者做出最后选择，促成交易，并完成成交手续。

7. 后续工作

要让顾客满意，并使他们继续购买，后续工作是必不可少的。达成交易后，推销员就应着手履约的各项具体工作，做好顾客服务，妥善处理可能出现的问题。着眼于旅游企业的长远利益，与顾客保持和建立良好的关系，树立消费者对旅游产品的安全感和信任感，促使他们连续、重复购买，利用顾客的间接宣传和辐射性传导作用，争取更多的新顾客。

➢ 关键术语

旅游促销（travel service promotion） 博弈（game）
信息不对称（information dissymmetry） 组合策略（fabricated strategy）
人员推销（person marketing）

案例回顾与讨论

1. 本章所提及的旅游促销方式在案例中是如何体现的？
2. 您认为在促销方式上还可以有怎样的创新？就案例而言，如何实施？

复习与思考

1. “推式”和“拉式”策略各自的应用特点如何？推拉策略的选择使用受哪些因素影响？
2. 旅游广告与宣传品在促销中具有什么样的地位？为什么？
3. 旅游广告目标有哪几种类型？如何对旅游广告信息进行评估选择？
4. 旅游营业推广具有哪些特征和作用？
5. 旅游人员推销具有哪些优点和缺点？

第3篇

旅游市场营销管理

第10章

旅游市场营销控制与管理

学习目的掌握营销活动管理过程中的五个步骤，尤其是市场机会分析、目标市场选择和营销战略制定；了解旅游市场营销计划的控制方式；重点掌握旅游市场营销计划的制定；和实施过程；了解旅游市场组织形式的分类

营销的控制与管理是针对市场营销活动中诸多复杂、多变的因素的。为保证企业的市场营销目标最终得以实现，旅游企业就必须对其市场营销的各种因素进行有效的控制。而这一控制的过程就是对旅游市场营销进行管理的过程，它的目的在于使旅游企业的市场营销活动与复杂多变的市场营销环境相适应，这是旅游企业经营成败的关键。所谓市场营销管理过程（Marketing Management Process）是指企业识别、分析、选择和发掘旅游市场营销机会，以实现旅游企业任务和目标的管理过程，也就是旅游企业与它最佳的市场机会相适应的过程。

案例 10-1

惠州市××旅游公司营销策划书

一、市场分析

- 市场营销环境分析：随着惠州市经济的迅速发展，人民生活水平的不断提高，现代交通工具的越来越普遍，再加上拥有天赋的旅游资源，惠州的旅游业的发展可谓是得天独厚。而且，市政府提出的创建“中国优秀旅游城市”的政策更是为旅游发展提供了一个良好的宏观环境。

- 市场潜在力分析：除了以上条件以外，由于惠州市是刚刚发展起来的城市，人们的生活水平一下子提高了起来，旅游业的发展使旅游这一概念深入人心，人们已不再满足于现在的生活方式，很想走出惠州，去外面的世界看一看，走一走。
- 竞争者状况分析：在惠州，旅行社有三十几家之多，而且彼此提供的服务都是大同小异，区别不大。因此形成了激烈的市场竞争，每个公司能得到的市场份额都很小。
- 服务分析：在惠州，旅行社提供的服务并不是很齐全，而且在广告宣传这一块更是远远落后于其他城市旅行社。
- 公司的市场表现：知名度还可以，但美誉度不高，产品价格偏高，品种不够多，可供选择性小，公司生存的基础在于其是国有企业，政府对其进行了大力的扶持。

二、公司诊断

该公司成立于1986年10月，已经运行了十几年之久，但美誉度却还在一个很低的水平上，公司规模一直未能扩大，到底是哪些因素影响了该公司的发展呢？经调查研究发现：

- 经营管理粗放随意，尤其在营销系统上，没能建立起一套科学的、专业高效的营销队伍。
- 营销人才短缺，由于营销人才不足，造成只知道提供服务，却不知如何打开市场；只知道节省开支，而忘了加大对广告宣传的投入等。
- 无市场调查，任何公司如果无市场调查，就像让瞎子打前战，战果不预而知。
- 营销乏术，由于营销人才短缺，造成服务的营销水平很低，没有市场研究，无战略策划，无长远规划，营销策划不系统，广告定位模糊，力度不够，手法落后，盲目开拓市场，无重点主次等。
- 服务的包装手法太过于落后，包装的品种不够多、不新颖，很难吸引旅客。

三、战略规划

- 战略思路：与其他旅游公司划清界限，不打价格战，采取包装的手法吸引旅客，给旅客提供更多的价值。同时要与其他的旅游公司发展战略合作，使资源达到最优化的配置。
- 战略步骤：树立品牌，做地方老大；强化品牌，做广东老大；延伸品牌，跻身全国旅游公司前列。
- 战略部署：以惠州城区为重点市场，延伸至周边县城，进而扩张至广东，稳住阵脚后，走向全国。
- 消费人群定位：以机关、企事业单位为主，以家庭、学生、个人为突破口。

四、营销策略

（一）营销理念

1. 品牌理念：提供安全、热情、舒适的服务，同时为您省钱。

2. 营销理念：以现代的旅游市场营销理论为基础，结合公司的实际情况，制定一套可行的营销方案。

（二）营销组合

1. 旅游产品/服务组合

- 产品组合：与其他行业不同，旅游产品有它自己的产品组合，提供的服务有旅游线路设计，导游服务，员工的行为、外表和制服，运输设备，以及与旅客和其他公众的沟通等。
- 产品组合的特点：仅仅提供旅行服务是不够的，要在员工对旅客的服务态度以及活动的安排方面突出个性，以进行差异化营销。
- 服务的延伸：除了组团旅游以外，还可以经营与旅游相关的飞机、火车等乘票的业务。

2. 人员

- 员工：员工是旅游公司发展的源泉，所以对应雇佣那些有很强的与人接触的技巧、行为比较灵活、具有感染力的人，并要激励和保留员工，加强对员工的控制以保证服务的质量。
- 客户：客户是旅游公司生存的根本，如何对其细分并赋予高质量、高品质的服务是关键所在，因为客户就是上帝。

3. 包装

- 包装种类：对不同的产品应进行不同的包装，同一品种也应进行不同的包装，以让旅客觉得它能带来更多的价值。具体可采用：全方位包装、陪同观光包装、特别事件包装、假日包装、季节包装、非高峰期包装、团体全方位包装等不同的包装。
- 包装定价：在考虑固定和可变成本、客户量和边际利润（最低获利点）的基础上，进行价格决策。

4. 分销渠道

必须与在分销渠道上担任旅游中介的各成员进行合作，如营运商、代理机构、旅游目的地等，以保证旅程的顺利。具体措施如下：

- 研究和选择贸易“细分部分”。
- 决定定位手段和市场营销目标。
- 为旅游中介设置促销组合，如贸易广告、贸易促销、交易展示和小册子等。

5. 广告与促销策略

(1) 广告计划：

- 设置广告目标以向旅客传达信息并劝说其进行旅游，同时形成“口碑”广告效应。
- 聘用广告代理机构做广告，使广告做到有专业化的效果。

- 设置广告预算，保证广告费用不会超过预算范围。
- 考虑合作的可能，利用优势与政府联合广告活动，扩大影响程度。
- 决定广告信息策略，保证广告有创意，以便通过广告传达信息观念，影响旅客的抉择。
- 选择广告媒体时，尽量采用报纸、电视、杂志、直邮广告等多种广告媒体相结合，以使各种媒体优劣互补，从而保证广告达到最佳的效果。

(2) 人员促销：主要面向的市场是各类旅游团体组织，通过业务人员扩大这块市场份额。

(3) 销售促进和交易展示：如进行订购数量多有优惠，与其他行业合作，与他们的公共活动结合起来，让他们利用销售派发旅游券。在交易展示方面，主要是举行旅游与观光交流会等以扩大影响力，对外展示公司良好形象。

(4) 事件营销：塑造公司形象，提高美誉度，引导消费者进行消费。

(5) 公关与宣传：举行特别事件公关活动，如庆典等，加大宣传力度。同时要有开展危机公关的准备，以保证能及时进行补救，从而不使公司的形象受损。

五、营销预算

- 预算能从公司得到的预算分配。
- 确定市场营销目标。
- 预算每个促销组合所需的费用以及其他的管理费用支出。
- 预算能取得的效果。

（作者：王立群）

10.1 旅游市场营销活动的管理过程

旅游企业对其市场营销活动实施控制的过程就是对其市场营销进行管理的过程。这一过程主要由以下五个步骤组成：分析市场营销机会；研究和选择目标市场；制定营销战略与策略；制定营销计划；实施控制营销计划。其过程见图10-1。

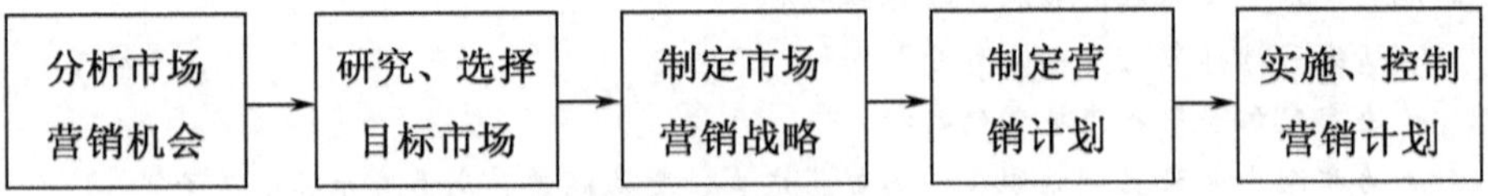

图 10-1 旅游企业市场营销管理过程示意图

10.1.1 分析旅游市场营销机会 (Market Opportunity)

分析市场机会是旅游市场营销管理过程的第一个步骤。所谓市场机会，简而言之，就是市场上未满足的需要，它又有“环境机会”和“企业机会”之分。市场上一切未满足的需要都是环境机会，但不是任何环境机会都能成为某一企业的营销机会。旅游企业的市场营销管理者必须重视市场营销调研（marketing research），及时开展市场营销调研，有条件的企业应建立市场营销信息系统，即专门从事收集、整理、分析和评估有关营销信息的机构。企业机会即旅游企业的市场营销机会，就是与企业实现最佳营销因素组合策略和营销目标相关、能享有竞争优势和获得局部或全局的差别利益，并能促成企业自身发展的环境机会。在旅游市场中，绝大多数市场营销机会对任何旅游企业来讲，都是平等的，关键在于是否能最早发现市场营销机会，并能结合旅游企业自身的资源和选准目标营销市场，及时作出营销策略决策。只有这样才能使旅游企业扬长避短，发挥优势，比现实的竞争者和潜在的竞争者获得更大的差别利益，在日益加剧的市场竞争中能居于领先地位。

（一）旅游企业市场机会存在的必然性

企业所面对的环境机会和企业机会的存在有其必然性，具体说来，主要表现在以下两个方面：

1. 旅游产品供求总量之间的不平衡状态，必然导致旅游市场营销机会的存在

旅游市场的形成和存在是与商品经济的发育程度紧密相关的。商品经济愈发达，人们对旅游的需求就愈强烈、愈丰富，因而，旅游市场为适应社会经济的发展而不停地运动、变化。在社会主义市场经济条件下，旅游市场已作为市场体系不可缺少的重要分类市场，并随市场经济的进一步发展，更为成熟和完善。因而旅游市场的竞争性日益突出，内外影响因素的作用逐渐明显，其中尤以旅游消费者需求变化为最重要的影响因素。当市场供不应求时，客观上旅游市场营销的环境机会极为明显地有利于旅游企业开展经营活动，大批量生产旅游产品，满足社会和广大人民群众的旅游需要，促使旅游供求总量之间的平衡；当市场供求平衡甚至供过于求时，旅游市场营销的环境机会仍客观地存在，因为从长期的市场变化趋势看，市场供求平衡或供过于求状况只是暂时的现象，由于人类的需求不断变化和发展，并且不断地由低级需要向高级需要发展，旅游市场中总有新的需求出现，如旅游发达国家的许多游客已不满足于多年来形成传统的高山滑雪、乡村度假的需要，纷纷做国际长程旅游，到亚洲、拉丁美洲等地区领略异地的民族文化。这种情况是原有旅游产品供求平衡的突破，为旅游企业提供了寻求和发掘市

场营销环境机会的可能。

2. 旅游消费供求特征之间的矛盾，必然形成市场营销机会。旅游消费需求与其产品供应并不总是一致，而各具相应的特征，而这些特征之间的不一致所形成的矛盾又必然产生大量的市场营销环境机会

因为旅游消费需求的广延性与其产品供应的狭隘性并存，在某种程度上，旅游产品设计、生产要有较长时期的准备，为满足新的旅游需求，旅游产品的生产要进行相应的调整、适应，才能提供旅游消费者所需的新产品。正由于旅游产品生产的滞后特性，只要旅游企业在这一时间差异中率先进行新产品的生产、供应，缩短旅游供求之间的时间差距，就能获得市场营销的环境机会。同时，旅游消费需求结构的易变性与产业结构的稳定性同在，即由于二者的影响因素不完全相同，使得二者之间也存在着突出的矛盾冲突。旅游消费结构的变动主要受旅游消费者收入水平和购买能力的制约，一般来说，当其收入水平较低、购买能力较弱时，旅游者的旅游消费支出中，饮食、游览、交通的费用比重较大，而当其收入水平较高、购买能力较强时，旅游消费支出结构中的住宿、购物等比重又会增大。而旅游产业结构的形成除受旅游消费导向的影响外，还受到资源、技术、资金、人员等多种因素的影响和制约，一旦形成，会保持较长时期的稳定性，不轻易改变。旅游消费结构与其产业结构的变化往往不能同步进行，这种变化中的时间差异，也为旅游企业提供了大量的市场营销环境机会。

（二）如何分析旅游企业市场机会

任何企业，不论规模大小，要想在竞争中立于不败之地，就必须立足于长期不懈地寻找和抓住市场机会这一基础之上。因此，寻找和识别市场机会在企业市场营销管理过程中占有非常重要的位置。对于企业来讲，必须注意以下几个方面：

1. 最大范围地搜集意见和建议

发现市场机会、提出新观念的人员可能有很多种。其中企业内部各部门是一大来源，但更为广泛的来源在企业外部，如中间商、专业咨询机构、教学和科研机构、政府部门，特别是广大的消费者，他们的意见直接反映着市场需求变化的趋向。因此，企业必须注意与各方面保持密切的联系，经常倾听他们的意见，并对这些意见进行归纳和分析，以期发现新的市场机会。在这方面经常采用的方法有询问调查法、特尔菲法、座谈会法、课题招标法、头脑风暴法等。

2. 聘请专业人员进行市场机会分析

旅游企业应经常聘用行业内的专职或兼职专业人员进行市场机会分析。例

如，美国的吉列公司（一家专营剃须刀和化妆品的著名公司）就聘用专业人士专门研究妇女地位的变化在今后几十年内会给家庭带来什么样的影响，给他们的任务就是提出各种问题，企业从他们提出的问题中寻找和识别市场机会。

3. 建立完善的市场信息系统和进行经常性的市场调研

旅游企业要时刻重视市场发展的动态和市场信息的收集，同样由此建立起来的针对本企业的市场信息系统在企业发展中占据着重要位置。如果企业没有一个完善的市场信息系统和进行经常性的市场调研，而只靠主观臆断或假设性的分析预测，要想发现适合于本企业的理想的市场机会，那是不可想象的。完善的市场信息系统为市场机会分析提供了大量的数据资料，分析人员利用这些资料，运用各种方法，才能从中寻找和识别各种市场机会。而经常性的市场调研，又是市场信息系统中信息资料得以补充的主要手段。

10.1.2 研究、选择目标旅游市场

正确地选择目标市场，明确企业应为哪些用户服务、满足他们哪些需求是企业在营销活动中的一项重要策略。为选择有效的目标市场，必须进行市场细分，即根据消费者不同特性，把某一产品市场分为若干子市场，每个子市场是具有相同需求的一个消费者群。通过细分市场，企业准备以相应的产品和服务去满足其需要的一个或几个子市场就是目标市场。在现代旅游市场营销中，任何一个企业不可能占领所有的细分市场，只能根据自己的任务、目标、资源和特长等，选择对自己当前和今后一段时期内最为有利的一个或几个细分市场作为营销重点。这一过程分为四个步骤，即测量和预测市场需求、进行市场细分、在市场细分的基础上选择目标市场和实行市场定位。

选择目标市场一般可以运用以下三种策略：

1. 无差别性市场策略

企业只推出一种产品来迎合消费群体中的最大多数人。这种策略只考虑需求的共性而不考虑差异，运用一种市场营销组合（产品、价格、分销、促销）吸引尽可能多的消费者。这种策略优点是产品单一、容易保证质量，但同类企业也采用此策略时，必然形成激烈的竞争。

2. 差别性市场策略

差别性市场策略是指把整个市场细分为若干子市场，针对不同子市场设计不同产品，制定不同营销策略，满足不同消费需求。这种策略可以满足不同消费者的需求，有利于占领市场、提高企业声誉。但由于产品差异化、促销方式差异

化，增加了管理难度，提高了生产和销售费用。

3. 集中性市场策略

在整体市场上选择一个或几个细分市场作为目标市场，实行专业化生产和销售，在个别市场上发挥优势，提高占有率。

要特别强调的是，在旅游市场营销中，旅游企业不仅要慎重地选择自己特定的目标服务对象，而且要更为慎重地选择自己的竞争者，尤其当旅游市场增长趋缓、市场竞争加剧时，针对竞争者来规划和实施市场定位与针对旅游消费者来规划和实施市场定位有着同等的重要意义，使自己的产品不仅在旅游消费者心目中占领一个明确的、与众不同的、有吸引力的位置，而且能扬长避短，在竞争中处于有利的地位。

10.1.3 制定旅游市场营销策略

旅游市场营销战略是为实现其市场营销目标所应遵循的主要原则，包括旅游市场营销因素组合、市场营销资源配置和市场营销费用等方面的基本决策。

1. 旅游市场营销因素组合

旅游市场营销因素组合是旅游企业用于追求目标市场预期销售量水平的可控营销变量的组合。旅游市场营销因素组合中的产品、销售渠道、价格、营业推广等各个要素各具特色，有着不同的运用范围、效用和条件，能否最佳组合运用，关系到旅游企业是否与外部环境保持充分的协调关系。一般来说，旅游市场营销战略的组合运用要保证营销活动的整体性，相互协调，相互配合，形成较强的合力；而且围绕不同的营销目标，面对复杂多变的营销环境，旅游企业市场营销战略要灵活多变地进行组合；另外，还应根据市场环境的变化，对营销战略组合进行积极的调整，变不可控因素为可控因素，减少外界因素的干扰，主动适应市场营销环境的变化。

2. 旅游市场营销资源配置

旅游市场营销战略的运用必须建立在一定的企业资源基础之上，营销资源包括企业拥有（可控的、可利用、可共享的）的人力、物力、财力的一切资源，同时旅游企业还必须进行资源分配的规划。一般说来，由于资源的有限性，在旅游市场营销中要有效地利用资源，首先要确定市场营销费用的总预算，其次要对营销组织各个方面的预算额进行决定，最后再进行年、季、月的预算分析。

3. 旅游市场营销总费用预算

旅游产品到达旅游消费者，必须要通过市场交易来完成。这一过程中的交易费用有很大部分要由旅游产品生产者和供应者来承担，即旅游企业的市场营销活动要有一定的营销费用支出为支撑，否则就难以达到预期的营销目标。旅游市场营销的总费用预算要充分考虑到旅游企业的历史、竞争对手的情况、企业所要占领的新的市场、计划中拟采用的营销策略等各方面的因素，在此基础上做出营销预算。从方法上来讲，一般主要按旅游产品预计的销售额的比例来进行计算、测定。

10.1.4　制定营销计划

为使营销战略得以贯彻落实，营销部门还须制定营销组合计划，具体包括：产品管理和产品发展计划；价格管理和定价计划；销售渠道管理和分销计划；促销和促销计划。营销组合计划亦称营销组合策略，简称营销组合或营销计划。

营销计划是营销管理系统最重要的一项输出。通常以计划书的形式提供给主管领导。规范化的营销计划书包括以下内容：内容摘要；目前营销状况；营销机会和问题分析及结论；计划期营销目标；计划期营销战略；营销战略的实施计划；费用预算和利润计划；营销计划控制措施。

10.1.5　实施和控制旅游市场营销计划

旅游市场所受影响因素日益复杂，旅游市场的变动也日益突出的，因而，旅游市场营销计划在针对未来不确定的市场环境拟定营销计划时，所制定的计划就难免与实际实施情况有一定的出入和偏离，为维护和保证旅游市场营销计划的严肃性和科学性，在计划实施过程中就应有相应的调控程序，对计划本身或计划的实施进行必要的调整，以保证旅游企业营销目标的实现。一般来说，对旅游市场营销计划的基本控制方式有以下几种：

（一）年度计划控制

旅游市场营销年度计划的控制目的是为了确保旅游企业实现年度计划所规定的销售、利润等营销目标。通常，年度计划的控制是与目标管理方法结合起来共同使用的，控制过程分为四个步骤，如图 10-2 所示。

其主要步骤为：首先，旅游企业高层管理者把年度计划按市场变化趋势分解为季度和月份的目标；其次，把季度和月份的计划进一步分解到企业内部各业务部门和成本、赢利中心，并落实相应的责任人；再次，对季度、月份中各部门以致个人落实的市场营销责任和目标，提出和采取相应的保障措施；最后，在计划

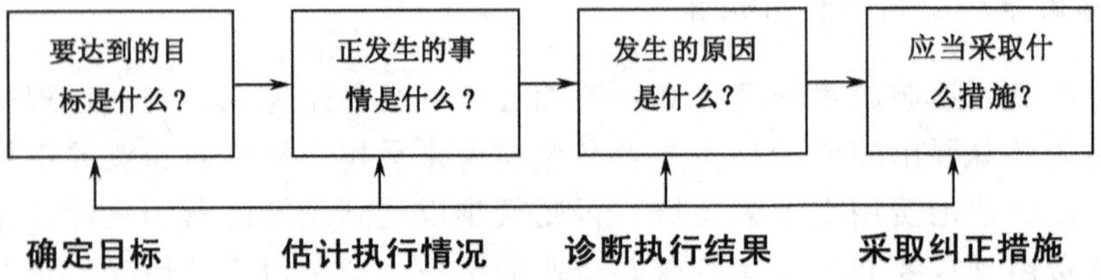

图 10-2　年度计划控制过程

实施过程中对营销实绩与计划的偏离行为做出分析、判断，改进实施方法或修正目标本身，尽可能弥合营销目标与计划实际执行结果之间的差距。

在年度计划控制中，企业高层管理者控制整个计划的总体执行、实施及进度掌握，而企业内的有关职能部门和人员则只控制各个局部计划的执行情况。这样，通过年度营销计划把企业内部各方面的责、权、利有机结合起来，就可充分调动广大员工的积极性，共同保证年度营销计划目标的实现。

（二）获利性控制

旅游企业的市场营销中心工作是紧紧围绕着经济效益展开的，企业的赢利来源于向社会和旅游消费者提供的产品和服务。因而，对企业的市场营销计划控制要落实在这些与营销目标紧密相关的产品和服务上，通过对其产品和服务赢利能力的控制，以保证营销计划及其目标的最终实现。由于不同的产品可能在不同的地区、细分市场、营销渠道进行销售，因而就应分别对产品进行获利性分析，以便在控制、执行营销计划中，对企业对产品的生产规模、市场的选取等进行决策。

例如，某星级饭店对其经营的餐饮产品的获利能力所做的简要分析，见表10-1。

表 10-1　该饭店餐饮产品获利能力情况表　　（单位：万元）

菜肴 / 指标	爱尔兰菜肴	法兰西菜肴	西班牙菜肴	川菜	鲁菜	粤菜
销售收入	80	150	110	90	70	200
生产成本	30	40	35	25	40	90
营销费用	10	20	18	11	15	19
净利润	40	90	57	54	15	91
销售利润率	50%	60%	51.8%	60%	21.43%	45.5%

从表 10-1 中可以看出，该饭店的餐饮产品营销在不同程度上都获得了成功，

其中尤以法兰西菜、西班牙菜两类产品的获利能力最强，占了该饭店全部餐饮产品赢利总额的 52.16%。按照该饭店餐饮产品销售利润率不能低于 30%的规定，鲁菜产品并没有达到营销计划要求。因此，必须对鲁菜产品、粤菜产品的营销进行调查分析。经了解，粤菜产品深受广大国内旅游消费者和东南亚游客的欢迎，销路最好，但由于原料运输距离较远，保鲜技术较为落后，因而废料较多，生产成本较高；而鲁菜产品在本地市场销售有限，光临本店的客人中大多为南方人，不熟悉隶属北方菜系的鲁菜。

从实际出发，饭店高层管理者采纳了营销人员的建议，即努力改进运输、贮藏技术，提高粤菜的原材料利用率，降低生产成本，进一步提高粤菜产品的赢利水平；而由于本店经营的餐饮产品较为复杂，要拓展鲁菜的营销市场不仅会加剧营销和日常餐饮管理的复杂性，还可能要增加 20 万元左右的营销费用，短期内鲁菜产品不可能获得较为明显的经济效益，为集中企业资源于扩大获利性较强的产品，鲁菜产品最好予以停产。

（三）战略控制

战略控制是旅游市场营销计划中的高层次计划执行控制方式，它主要是对企业的市场营销环境、营销目标、营销战略、营销组织、营销方法和人员、程序等方面进行系统、全面的客观评价，通过检查、分析，进而发现企业市场营销中存在的机遇和问题，从而为改进和完善其旅游市场营销活动提供战略性的决策依据。由于旅游市场环境变化迅速，因而旅游战略控制是一经常化的工作。归结起来，旅游市场营销战略控制的内容主要有以下几个方面：

- 旅游营销环境控制。即对市场、顾客、竞争者和其他直接影响企业营销活动的因素进行检查，同时对经济、技术、政治和社会等宏观间接影响因素进行分析。
- 旅游营销策略控制。即对旅游企业营销目标、战略以及当前执行现状和预期的营销目标进行检查、分析。
- 旅游营销组织控制。即对营销组织在预期环境中实施组织战略的能力进行检查、分析，包括营销部门、财务部门、采购供应部门的能力以及企业上下左右信息沟通的情况等方面。
- 旅游营销系统控制。即对旅游企业收集信息、拟定计划、控制营销活动过程的检查、分析。
- 旅游营销效率控制。即对旅游营销中有关单位、产品的获利能力和各项营销活动的成本收益进行检查、评价。
- 旅游营销职能控制。即对旅游营销中营销组织的每一因素及其策略运用的检查、分析。

10.2 旅游市场营销计划的制定

营销计划在旅游企业经营活动中的作用日益突出，营销计划不仅为企业经营提供了方向，还为企业实现营销目标乃至总体目标规定了具体的逻辑步骤。在制定市场营销计划前要进行市场营销研究。市场营销研究既是对内的又是对外的。收集和分析内部资料说明企业处于哪个阶段以及过去是如何做的。它揭示长处和短处。而外部资料提供机会和威胁的信息，表明企业未来的发展方向。对消费者研究特别重要，因为它揭示顾客和潜在顾客对企业的看法、他们的需要以及他们所追求的服务和产品。

10.2.1 旅游市场营销计划的制定过程

旅游市场营销计划的制定过程如图 10-3 所示。

（一）规定任务

制定市场营销策略计划的第一步是规定企业的任务是什么。规定任务，即说明企业的目的或企业的任务，企业任务决定了企业的发展方向。

企业任务解决这几个问题：企业是干什么的？企业应干什么？顾客是哪些人？顾客预想的价值是什么？总之，企业任务说明解决这个问题：企业试图为谁做什么？这可能是最难解决的问题。

（二）情况分析

制定市场销策略计划的第二步是情况分析，包括以下几个方面的内容：

- 背景情况，即对企业分析，包括总收入、市场占有率、顾客数、成本、利润以及其他类似的分析。
- 客观环境的强制性因素，即饭店业必须在外部环境中经营。这些因素发生变化可能带来新的机会或威胁。这六个主要的强制性因素是：人口统计因素、经济因素、生态因素、技术因素、政治因素和文化因素。
- 经营预测，即在设想客观环境没发生大变化的情况下预测市场规模和构成、成本因素和总收入。
- 分析竞争对手，即分析有哪些竞争对手，他们在哪些方面进行竞争，他们的优势与劣势。
- 分析企业的优势和劣势，即包括位置、有形设施、进入渠道、形象、声誉、财务结构、活力和劳力市场。

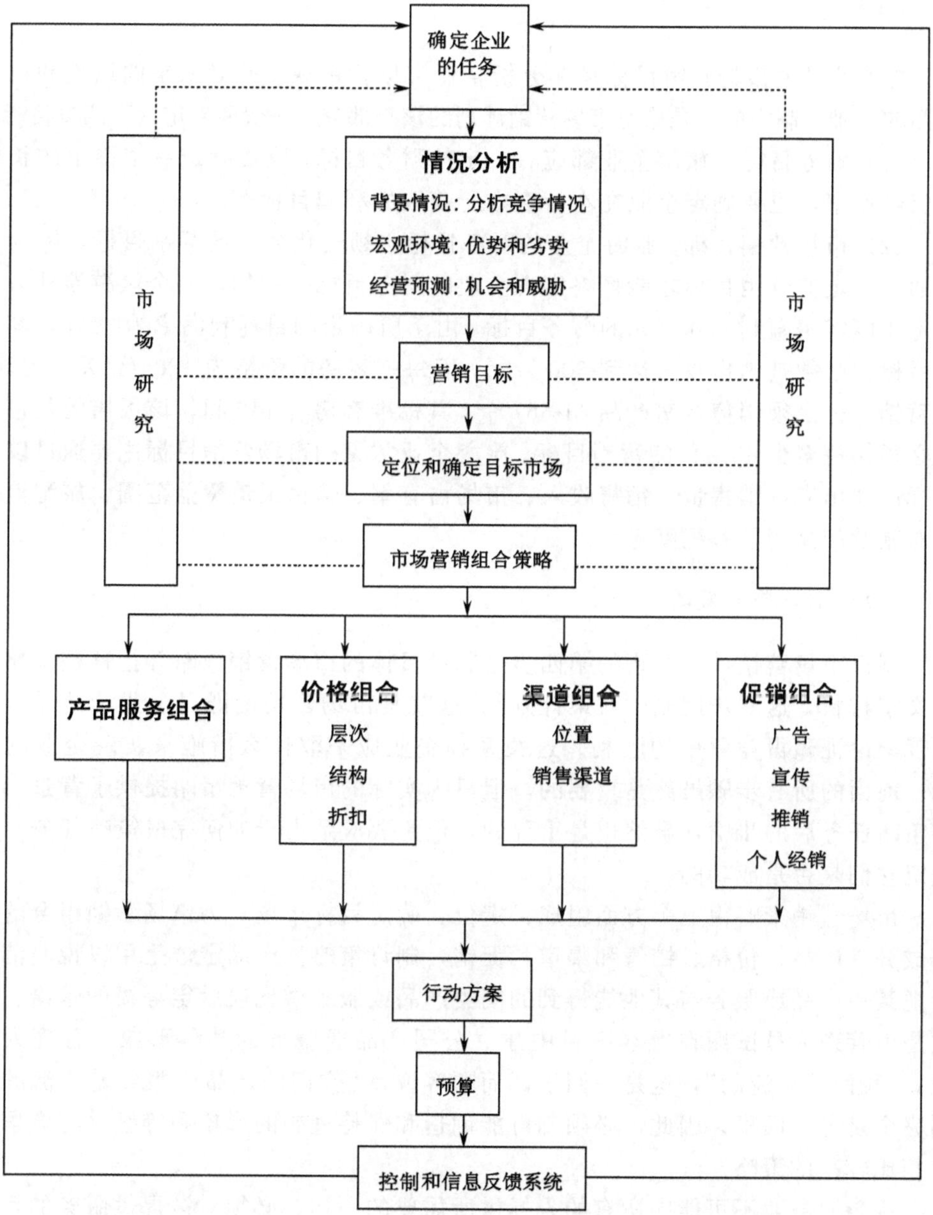

图 10-3　市场营销策略计划模式

- 在上述分析的基础上，确定机会和威胁，其目的是确定策略机会。就是在那个地点把市场环境发生变化的因素变为对旅游业有实际意义的因素。

（三）目标

旅游企业的市场营销目标是在分析企业市场营销现状并对未来的风险和机会预测的基础上制定的，是旅游市场营销计划的核心部分，一般要确定以下两类目标：

（1）财务目标。旅游企业都应有一定的财务目标，既要确定一个稳定的长期投资收益率，也要确定企业在本年度内所获取的利润目标等。

（2）市场营销目标。旅游企业的财务目标必须转化为市场营销目标，因为只有通过一定的营销目标才能最终实现企业的财务目标。例如，一个旅游涉外饭店确定年度客房赢利 150 万元的财务目标，由于所确定的目标利润率为 30%，其营销目标就必须是销售收入达到 500 万元，而每一客房的价格为 120 元/天，因而，其营销目标必须销售客房产品 41 667 个，其标准客房有 180 间，该饭店的住宿率就必须保持至少 63.4%的营销目标。旅游企业常见的市场营销目标主要通过以下指标体现出来：销售量、销售收入、市场占有率、营销渠道覆盖范围、旅游消费者对旅游产品的了解程度等等。

（四）市场营销策略

制订市场营销计划过程的第四步是制订具体的市场营销策略并把这些策略写成文字材料，这一步就是“对策计划”。这就是市场营销论证，企业希望通过市场营销论证赢得竞争中的胜利。这关系到企业应采取什么措施来实现企业的目标。前面的所有步骤虽然是重要的，但只为实际的市场营销策略提供了背景。确定策略任务后的步骤，虽然也是重要的，但主要应致力于如何完成策略任务，并确定它们是否是成功的。

市场营销策略由三个方面组成：定位，确定目标市场，为市场营销组合的每个成分（产品、价格、销售和渠道、促销）制订策略。产品定位是用以说明消费者把某一产品或服务与其他能得到的同类产品或服务做比较后定等级的术语。定位是由管理人员试图在顾客心目中建立公司产品或服务的某种形象。管理人员说，“我们是一流的”，这是一回事，而顾客说，“你们的产品或服务是一流的”，则完全是另一回事。因此，必须制订能创造和保持理想的形象和等级（与竞争对手相比较）的策略。

旅游服务业不可能向所有的人提供所需要的一切，必须对被提供服务的目标市场或市场作选择。根据对目标市场的认识，可以为市场营销组合的每个成分即产品、价格、渠道、促销制定策略。产品策略是针对所提供的产品和服务的数量和等级的决策。价格策略要求对价格的等级、定价结构和折扣做出决策。渠道策略考虑的是位置策略和对销售渠道的决策。促销策略是关于如何有效地通过广告、宣传、个人销售和推销组合把信息传递给消费者。

（五）行动方案

旅游市场营销战略计划内容确定后，还必须规定详细的行动方案，即活动程序，具体内容主要有：要做什么？由谁负责？什么时候做？什么时候完成？成本费用为多少？

（六）预算

市场营销策略计划本身意味着变化。新的策略要求比老的策略带来更大的利润。可是，新的策略需要经费开支。管理人员必须懂得这笔费用将获得多少利润。

市场营销策略预算基本上是计划中的赢亏说明。在收入方，它计划可实现的收入，在支出方，它表明贯彻执行策略所需要的支出。确定了差额或计划中的赢利，并一旦被批准后，它就成了执行策略和指导原则。

（七）反馈和控制系统

制订市场营销策略计划的最后一个步骤是有关跟踪、控制计划的进展过程。这是完成过程和提供继续执行策略计划依据的关键。反馈系统判断目标是否已经达到，一整套策略的成败为制定未来的策略确定指导原则。共同的反馈系统是：销售量和收入分析，市场份额分析，用于销售分析的市场营销费用以及对顾客态度的探索。

10.2.2　旅游市场营销计划的实施

旅游市场营销计划的实施是一个系统工程。营销计划的提出和制定仅仅解决了旅游企业的市场营销活动应该“做什么”和“为什么这样做”的问题，而要有效地调动企业的资源投入到日常业务活动过程中，将旅游市场营销计划变为具体的市场营销方案，才是解决企业市场营销“怎样做”的问题。

（一）旅游市场营销计划实施的条件

旅游市场营销计划实施成功与否并不完全取决于计划本身。计划只是诸多职能之一，计划职能作用的发挥，必须建立在其他职能相互配合、协调和共同作用的基础之上。旅游企业管理的职能如图 10-4 所示。从图 10-4 中可看出，计划不可能独立存在，而是与组织等企业管理职能并存，相互联系，共同形成了旅游企业管理职能的体系。

近年来，随着旅游市场营销计划中营销战略的地位和作用日益显现和突出，越来越多的人把市场营销战略看作是旅游市场营销计划和旅游企业经营管理成败的重要因素，认为成功的企业首先必须制定适当的市场营销战略以实现企业的目

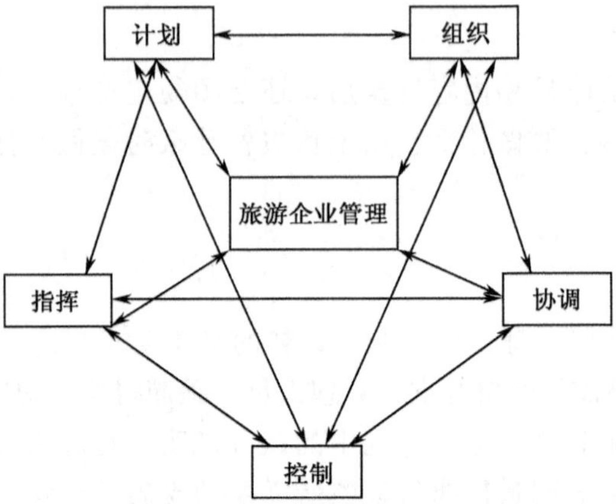

图 10-4 旅游企业管理职能示意图

标，然后还需要建立适当的组织结构和信息、控制与奖惩体制，以贯彻和实施市场营销战略。按照美国麦金斯的企业管理“7S”系统结构原理，与现代生活要求、经济发展紧密相关的企业经营管理，不仅需要管理的“硬件”支撑，还需要管理的“软件”配合。“7S”系统要素具体包括：经营战略（Strategy），组织结构（Structure），管理系统（System），用人之道（Staff），职工技能（Skill），组织行为（Style），凝聚力（Shared Values）。其构成如图 10-5 所示。

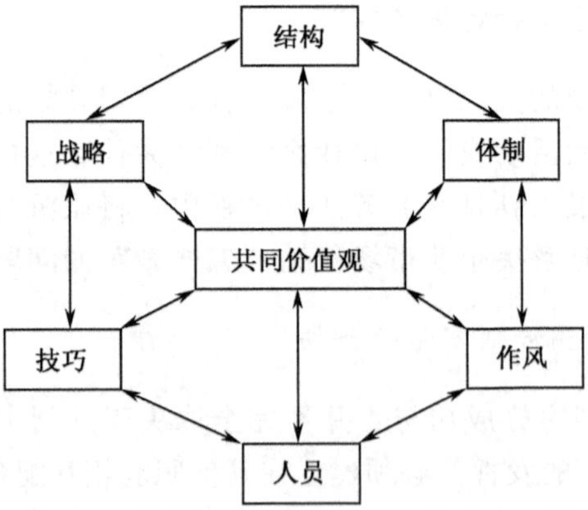

图 10-5 旅游企业管理要素构成示意图

从图 10-5 中可以看出，战略、结构和体制均为理性要素，较多地体现出物质的特征，而技巧、人员、作风以及共同价值观则为感情的表现，体现了企业内外的人际沟通、互动特征。前三者为管理的“硬件”，后四者为管理的“软件”，并且，这些系统要素共同围绕着共同价值观这一中心要素作用，使软、硬件要素有机结合，有形、无形要素相互配合。这一“7S”系统结构充分反映了市场营销战略贯彻实施的配合条件和支撑要素。因而，麦金斯“7S”结构对旅游企业市场营销计划和营销战略的确定和贯彻实施有着直接的启发、指导作用。

（二）旅游市场营销计划实施的过程

从影响旅游市场营销计划的诸多因素和若干方面出发，旅游营销计划和营销战略成功地贯彻实施的过程一般要经过以下步骤：

1. 制定详细的行动方案

此方案实际上是营销计划的具体执行计划，除在该方案中明确营销计划和营销战略实施的关键性要求和任务外，还要将这些活动内容的责任落实到个人或作业单位，并明确具体的行动计划执行时间表，在时间上有严格的规定。

2. 建立营销组织结构

旅游市场营销组织结构是旅游市场营销计划和营销战略贯彻实施的主要力量，建立和强化市场营销组织对推动旅游市场营销活动的开展起着决定性的作用。另外，旅游市场营销计划和营销战略贯彻执行的营销组织结构是企业内部的正式组织，由于非正式组织在企业中客观存在，因而，要在发挥正式组织作用的同时，还要重视非正式组织的作用，使正式组织与非正式组织紧密结合，提高企业员工对营销计划和营销战略的共同认识、理解，促进和保证旅游市场营销计划的顺利实施。

3. 设计科学、合理的决策和报酬制度

实行多角化经营或产品的市场覆盖面较广的旅游企业，不可能再实行高度集中统一的管理制度，而要适应市场变化的要求，实行分权管理，与此相应，还必须设计有利于市场营销计划和营销战略贯彻执行的报酬制度，不仅要调动企业员工实现短期营销目标的积极性，还要调动其实现长期目标的积极性，促使旅游企业员工行为的合理化。

4. 建设旅游企业文化

企业文化已成为企业的重要战略资源，成为市场竞争中的重要竞争手段，它对企业经营思想和领导风格，对员工的工作态度和作风等方面起着决定性的作用。通过企业文化建设，逐渐形成共同的价值标准和基本信念，保证旅游市场营销计划和营销战略在相应的企业文化和管理风格的氛围中得到强大的无形力量支持。

5. 开发旅游人力资源

旅游市场营销计划和营销战略的实施，最终要通过人员的推动和努力来体现，并且，营销计划的执行在不同程度上涉及到企业的所有员工。因而，只有充分调动职工的积极性，努力开发人力资源，实现人尽其才，才能实施预定的营销计划和营销战略。

上述几个方面必须协调一致，相互配合，才能有效地实施旅游市场营销计划和营销战略。

10.3 旅游市场营销组织

旅游市场营销活动是通过一定的组织机构来进行的。因此，有效地制定旅游市场营销计划，必须以完善的市场营销组织为基础。从一定意义上说，旅游市场营销组织就是为了实现市场营销目标而从整体上对企业的全部市场营销活动进行平衡、协调的有机器官和核心。

10.3.1 旅游市场营销组织结构的演变过程

旅游企业的市场营销组织是指旅游企业中负责管理和执行本单位市场营销工作的组织机构。现代旅游企业健全、有效的市场营销组织结构是随其经营思想的长期演变、发展和企业的成长而逐步形成的，一般经历了以下几个阶段：

（一）简单的推销部门

在这个阶段，由于旅游企业主要以生产观念指导自己的市场活动，企业的目标、规划、产品价格主要由生产和财务部门确定，推销部门的职能仅仅是推销生产出来的产品，对产品的种类、数量、规格等问题，销售部门几乎没有发言权，甚至在有的企业中，销售部门是从属于企业供销部门之下的职能小组，没有享有应有的独立地位。这一阶段的推销部门情况如图 10-6 所示。

（二）具有其他附属功能的推销部门

随着市场竞争日趋激烈以及市场营销观念的发展，旅游企业为实现营销目标需进行经常性的市场调查、广告宣传、为消费者服务以及其他促销活动，因此，在此阶段，推销负责人除了继续管理推销员外，还针对逐渐演化的多种促销专门职能，设置营销主管去计划、指挥、控制这些营销功能，如图 10-7 所示。

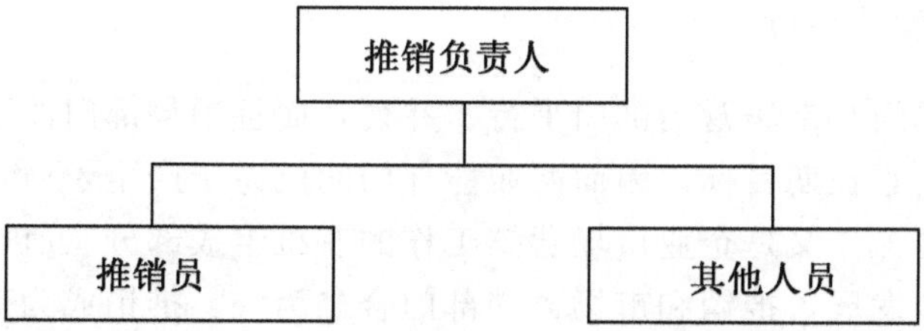

图 10-6　简单推销部门结构示意图

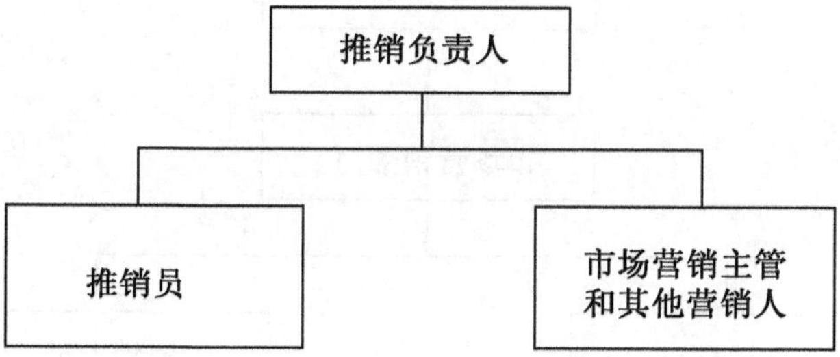

图 10-7　具有其他附属功能的推销部门

（三）独立的营销部门

随着企业规模和经营范围的进一步扩大，其他市场营销职能的作用显得越来越重要，市场营销部门独立存在的必要性日益体现出来，推销和市场营销成为平行的职能部门，如图 10-8 所示。

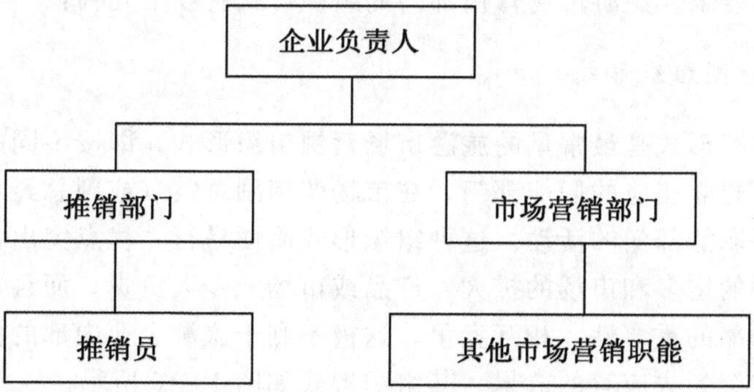

图 10-8　独立的营销部门结构示意图

（四）现代营销部门

由于销售部门与市场营销部门平行、并列，而且销售部门注重短期目标，市场营销部门则关心长期目标，因而两职能部门间就易于产生矛盾、冲突，但实质上这两个部门的工作又是企业市场营销工作的有机组成部分。所以，随着市场营销观念的进一步发展，推销和市场营销部门合二为一，推销成为市场营销过程的一部分，最终形成了现代市场营销部门的雏形，如图 10-9 所示。

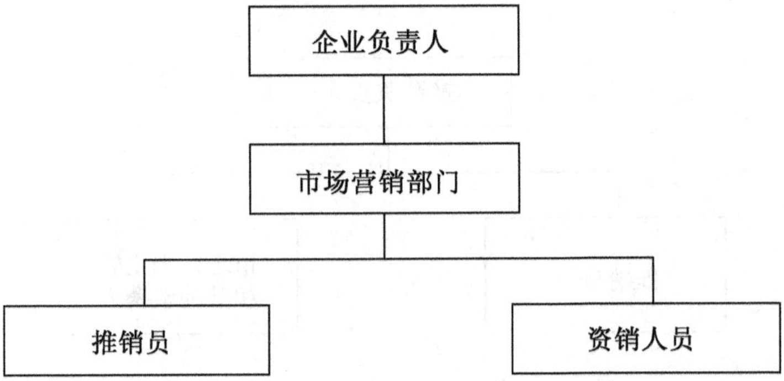

图 10-9　现代市场营销部门结构示意图

10.3.2　现代旅游市场营销部门的组织形式

现代旅游市场营销部门的组织形式都是以体现旅游消费者为中心的市场营销指导思想而设计的。按照市场营销活动的职能、地理、产品和旅游消费者市场四个方面的基本要求，旅游市场营销部门的组织形式有以下几种：

（一）功能型组织形式

功能型组织形式是最常见的旅游市场营销组织形式，即按不同的旅游市场营销活动功能而建立相应的职能部门，在市场营销副总裁（或副总经理）的统一领导下，协调各职能部门的活动。这种组织形式简便易行，优点突出，但随着旅游企业产品品种的增多和市场的扩大，产品或市场无专人负责，而且每个职能部门都强调自己功能的重要性，相互竞争，这极不利于旅游企业内部的协调，因而这种组织形式就会失去应有的效果。其组织形式如图 10-10 所示。

（二）地区型组织形式

旅游企业的市场营销范围通常是跨地区的，因而旅游企业常以地理区域安排

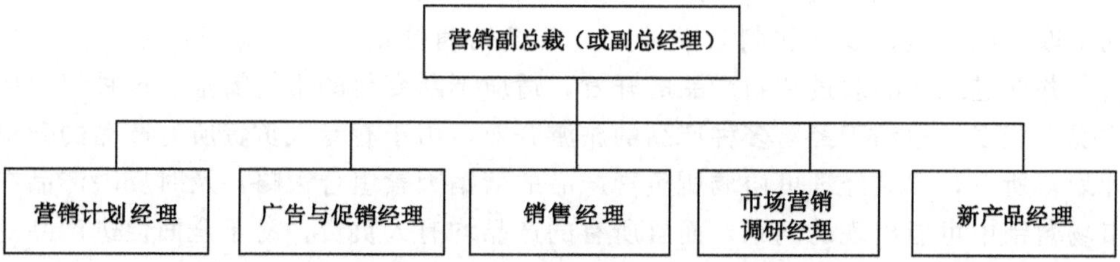

图 10-10　功能型组织形式示意图

自己的市场营销组织，从较大区域依次到较小地区设置，按一定的管理幅度增加推销人员，形成一个严密的销售网络。如果企业的销售范围较大，推销任务复杂，推销人员对企业的营销目标影响极大，这种营销组织形式的优越性就越明显，如图 10-11 所示。

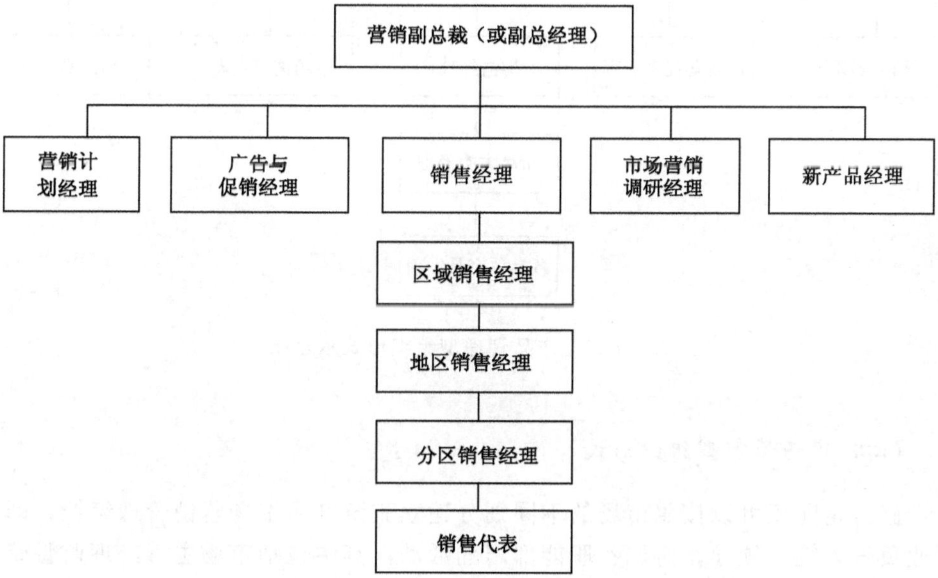

图 10-11　地区型组织形式示意图

（三）产品管理型组织形式

经营多种或多品牌的旅游企业，还往往按产品或品牌建立市场营销组织，即由营销副总裁或副总经理统一领导，协调各职能部门的活动，其中由一产品主管经理管理、监督若干个产品大类经理，产品大类经理又管理、监督各具体产品的经理。在这种组织形式中，产品经理的作用主要是对制定产品发展战略和营销计划采取相应措施，鼓励和刺激推销人员及经销商推销产品，监督产品计划的执行，并促进产品的改进和新产品的开发，适应不断变化的市场需求。这种组织形式优点较多，适用于经营多种产品的旅游企业，由于有专人负责所有产品的营销计划，所以，产品经理可协调所负责产品的营销因素组合策略，及时反映产品在市场营销中可能出现的问题，而且所有的产品均有人负责，易于全面促进产品的销售。但是，这种组织形式由于过多强调产品销售的个人负责制，有时就会造成推销与制造、促销等部门的冲突，不易协调；另外，由于产品销售人员增加，就会加大费用的开支，从而在一定程度上提高销售成本。产品管理型组织形式如图10-12所示。

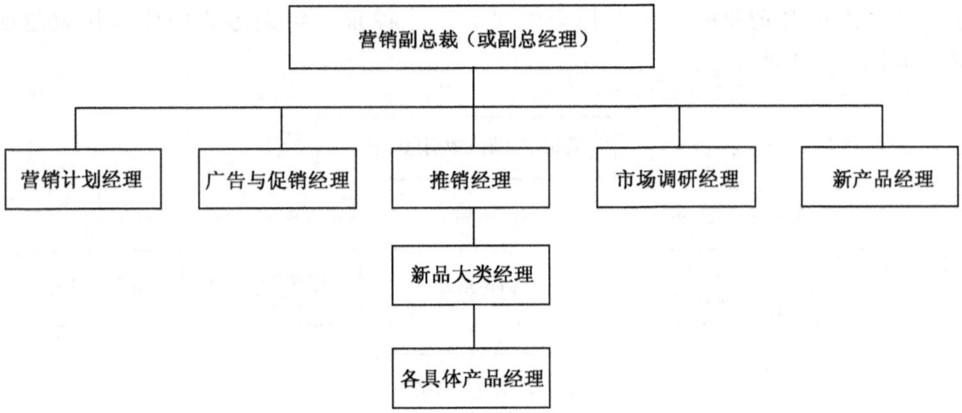

图 10-12　产品管理型组织形式示意图

（四）市场管理型组织形式

旅游企业还可以按照市场的不同划分建立旅游产品市场营销管理组织，即由企业负责人统一领导，协调各职能部门的活动，其中包括市场主管经理监督管理若干个具体的市场经理。这种组织形式与产品管理型组织形式相类似，只是由面对不同类型的产品改为面对不同类型的市场，市场经理要为自己负责的市场制定中长期营销计划和年度计划，分析市场趋势及所需要的新产品。这种组织形式的突出优点表现为：旅游企业克服了产品或地区彼此分裂的弊端，可围绕特定旅游消费者的需要开展一体化的营销活动；另外，这种组织形式的特点与以目标市场为中心开展市场营销活动的要求相吻合，可较为充分地体现出“以消费者为中心”的营销观念。这种组织形式如图10-13所示。

除了上述几种旅游市场营销组织形式之外，有些面向不同市场、生产多种不

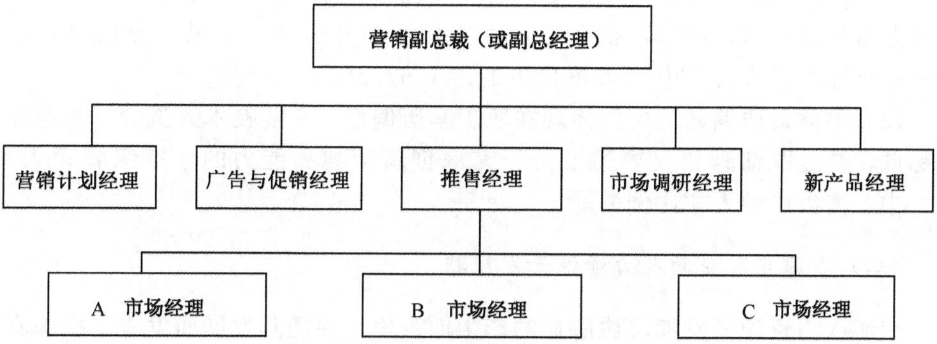

图 10-13　市场管理型组织形式示意图

同产品的旅游企业，采用既有产品经理，又有市场经理的产品/市场型组织形式，形成一种矩阵型组织形式。其中，产品经理负责产品的销售利润和计划，为产品寻找更广泛的销售对象；市场经理则负责开发现有和潜在的市场。这种组织形式适用于对旅游企业而言特别重要的产品和市场，但其不足之处主要是管理费用高，而且由于权力和责任界限较为模糊，若控制、协调不力，极易产生内部矛盾和冲突。

10.3.3　旅游企业市场营销经理的素质

在旅游企业的市场营销活动中，其组织结构设置和组织形式安排为开展市场营销活动提供了物质基础和保证，但旅游市场营销活动的成功在很大程度上还要求有相应的市场营销人员队伍作支持，尤其作为负责组织策划、实施、协调和控制营销工作开展的市场营销经理，对企业市场营销工作成败的影响极大。旅游企业市场营销经理的业务能力是由其基本素质所决定的。一般来说，营销经理的基本素质表现为决策能力、创造能力、竞争能力、沟通能力、管理能力。

10.4　人力资源管理

10.4.1　中国旅游业人力资源现状

（一）中国旅游业的人力资源现状

(1) 规模发展快。近 10 年来，中国旅游从业人员以平均每年高于 15％的速度递增，现已初步形成了一支能适应旅游业发展的、规模较大的旅游人力资源队伍。

(2) 年轻化。由于旅游业在中国起步较晚，大部分从业人员都是近年来从院校毕业直接进入的，所以，整个行业人力资源呈年轻化的态势。据统计，1999年旅游行业的正式员工中，35岁以下的占了67.2%。

(3) 整体素质偏低。主要体现在职工学历偏低，专业技术人员少，专业技术职称低，缺乏既懂外语又熟悉业务、充满创新精神和能力的中高级管理人员，低、中、高级旅游人才比例失衡。

(二) 中国旅游业的人力资源开发现状

旅游人力资源开发随着旅游业的产生而产生，并随其发展而发展。中国真正意义上的旅游人力资源开发是从1978年中国第一所旅游学校正式成立开始的，现在可以说进入了一种全方位开发的时代。

- 旅游行政管理部门在旅游人力资源开发中发挥着重要的推动和促进作用。
- 中国大多数旅游企事业单位已基本建立起一套比较完整、有效的人力资源开发模式。
- 行业资格认证体系逐趋完善，实施资格认证制度已成为中国旅游行业人力资源开发的一项重要而有效的措施，使旅游从业人员素质得到不断提高。
- 行业积累了不少适于中国旅游业发展的人力资源开发的好经验和好做法。

(三) 旅游人力资源开发存在的问题

- 旅游人力资源开发在诸多方面表现出较强的不均衡性，在一定程度上影响了开发工作的整体进程。
- 旅游人力资源开发工作者的专业水平尚存不足。
- 旅游行业人力资源开发整体效益未得到充分发挥。
- 旅游人力资源开发缺乏整体规划。
- 旅游人力资源开发投入不足。

10.4.2 国外旅游人力资源开发经验

作为旅游人力资源开发主要途径的职业培训要有法律保障。职业培训作为各国人力资源开发的重要内容和主要途径，许多国家都制定了专门的法律对其予以规范和约束，如日本的《职业训练法》、德国的《职业教育法》、美国的《成人教育法案》等。还有的国家是在《劳动法》或《普通教育法》中对职业培训进行规定。

10.5　危机管理

旅游行业的危机管理体现在两方面，分别是日常的危机管理和特殊时期的危机管理。本节分别以投诉管理和非典时期的旅游管理为例来阐述这两方面的内容。

10.5.1　旅游投诉管理

（一）旅游投诉概述

1. 概念

旅游投诉是指旅游者、海外旅行商、国内旅游经营者为维护自身和他人的旅游合法权益，对损害其合法权益的旅游经营者和有关服务单位，以书面或口头形式向旅游行政管理部门提出投诉、请求处理的行为。

2. 旅游投诉管理部门

旅游投诉管理机关是旅游投诉管理部门的一个内部工作机构，具体负责旅游投诉工作，代表设置它的旅游行政主管部门处理投诉案件，做出投诉决定。但旅游投诉管理机关不具有独立行政机关法人地位，不能以自己的名义做出任何行政行为，所做出的投诉处理决定后果应当由设立它的旅游管理部门承担。

在实际生活中，旅游者常因其合法权益遭受损害而直接向认为损害其利益的旅游经营者投诉。但旅游经营者是企业法人，不具有行政权力，无权处理旅游投诉，因此在接到旅游者投诉后，应及时调查核实，力争与旅游者协商解决纠纷；不能自行和解的，应当及时移送旅游投诉管理机关审查处理。

（二）旅游投诉管辖

1. 旅游投诉管辖的概念

旅游投诉管辖是指各级旅游投诉管理机关和同级旅游投诉管理机关之间受理旅游投诉案件的分工和权限。确定旅游投诉管辖主要遵循以下原则：效率原则、兼顾旅游行政管理部门的分工与案件性质的原则、原则性与灵活性相结合的原则。

2. 几个相关概念

• 级别管辖：指划分上下级旅游投诉管理机关之间对处理投诉案件的分工

和权限。

- 地域管辖：指统计旅游投诉管理机关之间横向划分在各辖区内处理旅游投诉案件的分工和权限。它以行为地作为确定管辖机关的标准。
- 制定管辖：指上级旅游投诉管理机关以决定方式指定下一级投诉管理机关对某地投诉案件行使管辖权。

(三) 旅游投诉的受理与处理程序

旅游投诉的受理与处理程序见图 10-14。

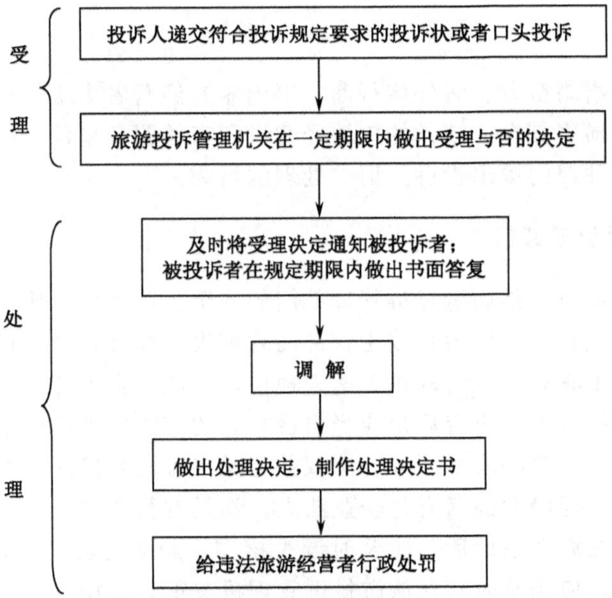

图 10-14

10.5.2 旅游营销中的危机管理

(一) 非典：中国旅游业遭遇的一次严重危机

自 2003 年 4 月中旬 SARS 开始在北京蔓延以来，中国的旅游业受到了严重的打击，属于服务业中的“重灾区”。由于服务业的特殊性，旅游产品不可能储存，因此，旅游业的损失是永久性的，不可能得到补救；在过去 20 多年间，虽然中国的旅游业也曾碰到过一些风险、挫折，但基本上是一帆风顺的，甚至在很多国际危机出现的情况下，中国旅游业仍得到了新的发展机会，“因祸得福”。因此，整个旅游产业的危机管理意识和机制十分缺乏，面对危机更显得不知所措。

1. 旅游业受到的打击是沉重的

中国旅游业由于 2003 年的 SARS 疫情所蒙受的打击是自它从 20 世纪 80 年代诞生以来最为沉重的一次。由于疫情的出现，人群的流动受到了阻隔，旅游活动停止了；国内、国际市场全面“冻结”，入境旅游、出境旅游和国内旅游三个市场同时被困。这是自改革开放以来的第一次，并且出现在一个最不该出事的季节——国际、国内旅游第一个大高潮到来的前夕，致使最重要的旅游“黄金周”期间出现了景区零游客、饭店零接待、旅行社歇业放假的现象。这次危机遭受打击最严重的是旅游业最为活跃的东部和中部地区，直接影响全局。

2. 旅游业的前景是光明的

旅游业的发展受到诸多外部因素的制约，而这种外部性往往是旅游业本身难以预料和控制的，因此，这个行业本身具有“含羞草”的特质，即它对外部因素的变化非常敏感，一有“风吹草动”就会立即做出反应，但一旦外部不利的环境消除，它很快就会恢复常态。过去半个多世纪的国际实践证明，旅游业从来没有出现过深度的、长期的衰退。这次疫情的出现，总的来说，旅游业赖以生存的资源和基础设施没有遭到破坏，人们的旅游需求和欲望仍然存在，旅游目的地的总体形象没有发生重大改变，只是中间环节受到了阻隔，人员的流动受到了限制，因此，旅游业虽然受到了严重打击，但是没有遭到根本性的破坏，没有动摇旅游业发展的基础，一旦疫情得到控制，疫情警告得到解除，旅游业将会迅速反弹。

（二）非典旅游业的影响

2003 年 SARS 的爆发对旅游业的冲击，可能引起旅游行业的一些变化，值得引起注意的有以下几点：

1. “三角债”可能再度出现

由于旅游业务突然全面“冻结断流”，旅游相关行业的资金流动停止，这将再次诱发旅游业的“三角债”，甚至最终会造成“坏账”。一些负债的旅游企业（尤其是贷款建造的大型饭店）债务加重，负担后移，到一定时期，可能会出现股权易手，资产重组。个别旅行社的暂时“出局”，不会对未来旅游业造成重大的影响，可能还会有利于旅行社业内部的机构调整。

2. 旅游企业集团调整经营战略

中国的旅游企业集团绝大部分是以国有企业或国有资产为主的企业集团，而且多为政府出面组建，规模偏小，市场覆盖面窄，并具有许多先天的不足，从而抗风险能力小。2003 年的 SARS 灾难可能促进一些旅游企业集团调整投资和经营战略。但国际经验证明，在全球经济一体化的宏观背景下，大型企业集团经营的专业化仍然是竞争力所在。

3. 企业依赖政府的苗头会增长

一场大的灾难出现，政府控制局面、赢得胜利的决心和信心是至关重要的。政府及时出台一些临时性的减负、援助政策对稳定大局、渡过难关、扭转局面是非常必要的。但政府并不能包揽企业已经出现或可能出现的经济负担，特别应该引起注意的是某些企业一味依赖政府救济求生存的倾向。

4. “黄金周”长假期制度应当完善

“黄金周”长假期制度的实施，也是一个创举，实行几年来，有其积极促进的作用，也有其难以克服的弊端。SARS 疫情的蔓延正好发生在 2003 年第一个黄金周之前，直接影响了这一制度的继续实施。从长远的观点来看，这一制度应当做一些必要的调整，使之更加完善。

（三）应对非典的危机管理措施

关于加快旅游业的振兴和谋求未来旅游业的发展，采取的策略是：紧急救援靠政府，行业自救是关键，筹划未来要抢先。

1. 关于旅游市场的启动

(1) 出境旅游首先“开禁”。SARS 疫情的出现，导致一些国家对中国公民入境实行了一些限制性措施，中国有关部门也公布了一些“禁令”。但随着形势的逐渐明朗化，中国公民出境旅游的健康威胁也在减少，一些针对中国旅游市场的宣传促销活动已经开始。中国公民出境旅游的“及时开禁”，一方面向世界表明中国人是健康的，中国的疫情是局部的，也为中国入境旅游的恢复创造条件。

(2) 国内旅游启动近距离的休闲旅游。从北京的情况来看，2003 年的“五一”之后，市区公园和近郊区开放的景区游人大增，这样的户外活动对减轻市民的心理压力、增强体质是有效的。一些城市推出城市公园免费开放的做法深得人心。非疫区恢复的情况则更好一些。在确定能够充分控制疫情的地方鼓励户外活动，并创造条件开放郊区自然景区和景点，开展有组织的休假或休闲活动，重点则是筹划好 2003 年 10 月“黄金周”的旅游活动中国成为旅游业迅速恢复的一个有力措施。

(3) 确定 2004 年“中国旅游年”的主题。为了启动国内和国际旅游市场，应当进行积极的策划，确定新的主题。通过向前看的方式，启动来年商场。

2. 非典事件对旅游营销危机管理的启示

（1）设立旅行社风险基金。鉴于 SARS 疫情对旅行社打击严重，当时采取了退还部分质量保证金的应急措施。现在应当研究新的基金或调整现有质量保证金的用途，建立旨在保护经营者利益的基金，以防不测。为了减轻企业的负担，应该设立一个基金，称之为“旅行社风险基金”。这个基金在不同情况下，应具有不同的功能。强调企业自救，行业互助，开辟更多分散风险的渠道。

（2）建立旅游行业风险监测和管理机制。风险管理是企业战略管理的一个重要组成部分，而它在旅游管理中则显得尤为必要。旅游业作为国内一个具有巨大潜力的行业，应当确立机构，建立机制，保证信息收集、分析、公布渠道通畅，对旅游全行业进行不间断的景气监测，以便能够及时发现险情，做出预警，最大限度地规避风险或消减风险。

（3）加大旅游信息网络和电子商务的建设。旅游电子商务在经济全球化、信息化的今天，显得尤为重要，而中国旅游业的网络建设、电子商务还非常薄弱，与世界先进国家相比，无论是在认识上，还是基础设施上，都有很大的距离，而 SARS 正是个良好的契机，通过公营和私营两个部门的共同努力，将旅游信息网络工程作为一项重要工程来建设，以使早见成效。

（4）强化旅游行业组织的职能。旅游行业协会的力量是比较薄弱，难以真正发挥在正常情况下的行业自治、自律和在特殊情况下行业自救的作用。随着旅游业规模的扩大，企业所有制多元化的发展，旅游业相关行业协会应当明确职能，健全机构，成为真正代表行业和政府与企业沟通并为之服务行业组织。

（5）加强旅游研究的机构和队伍建设。旅游业的高速发展和研究的严重滞后是中国旅游发展中的一个突出问题。因此，应当重视旅游研究，加强国际合作，首先组织人员研究旅游业对中国经济贡献的测算、完善旅游统计体系和国家旅游危机管理战略规划与体系的建立。

➢ 关键术语

营销管理过程（Marketing Management Process）
营销控制（Marketing Control） 市场机会（Marketing Opportunity）
目标市场（Object Market） 市场细分（Market Segmentation）
市场营销组合策略（Marketing Mix Strategy）
营销组织（Marketing Organization） 营销计划（Marketing Planning）

案例回顾与讨论

1. 请你根据案例中介绍的情况，总结出这份营销计划中管理过程五阶段的具体体现。
2. 你认为案例中的营销活动采取怎样的组织形式较好，为什么？

复习与思考

1. 为什么要分析旅游市场营销机会？
2. 如何制定旅游市场营销策略？
3. 对旅游市场营销计划的基本控制有哪几种，其控制要点是什么？
4. 旅游市场营销计划有哪些组成部分？
5. 旅游市场营销计划的制定是怎样完成的？
6. 实施旅游市场营销计划要经过哪几个步骤？
7. 现代旅游市场营销部门有哪几种形式，其优缺点如何？

第11章

旅游市场营销创新

学习目的：掌握旅游市场营销创新的相关概念；了解新的营销思路；分析不同类型的旅游市场创新源；认识几种创新模式

本章将介绍旅游市场营销创新，目的是扩展读者视野，让读者在前文的基础上了解新的营销思路。在本章中，我们首先对旅游市场营销创新的相关概念进行介绍，然后从不同的旅游创新组织和创新人员等市场创新主体的角度出发，分析各种不同类型的旅游市场创新源，接着引入社会市场导向营销观念作为旅游市场营销创新的基点，分析旅游市场营销观念创新和战略创新。

案例 11-1

高校学生旅游市场网络营销的新观点

◆自助餐厅

高校学生们大都不愿接受旅行社为他们设计好的现成线路。在出行前，他们往往会各抒己见地对线路的确定进行反复商榷，希望通过自己的筛选制定出能够满足自己各方面需求的线路。以往的旅行社固然有工作人员可以为学生们提供咨询，但他们掌握的信息量总是有限的，而且难免会在推荐的过程中倾向于自己的线路，而网络则完全可以利用自身信息容量上的优势将这种工作做得更好。

首先，网站可以在适当分类的基础上建立各种链接。链接的内容涉及到旅途中食、住、行、游、购、娱六大方面。在旅游景点的分类中可先按传统的分类方法进行设置，例如自然类与人文类，自然类又分为地质类、地貌类、气象气候类、水体类、生物类、宇宙类。这样，一位学生只需点击自然—水域—海三个层次，便可以看到可供游览的海洋的所有资料。

其次，网站应在链接基础上设置搜索引擎。学生们只需输入一定的条件，例如地理位置、名称等信息，便可搜索到符合要求的旅游信息。

再次，网站可为各旅游企业设置可定期更新的留言板。旅游企业可及时地将自己的近期节目安排，促销活动等等信息向版主进行提交，由版主进行编辑后予以公布。这样就确保了信息的时效性。

通过以上工作，旅游网站便为高校学生们提供了一份品种丰富，美味新鲜的自助餐。除此之外，还应提供周到、热忱而有效的服务。

学生们在搜索到相关的信息之后，将自己设计的线路提交给网站。网站按其要求制作出切实可行的实际方案。将地图标识、线路安排、可选价位反馈给学生，再通过一个回合的交流，旅行社便可为学生制作出一份具体的行程安排了。学生们可根据实际需要点击需要旅行社提供服务的环节，例如出票、订床位等等，线路便可顺利地进入实施阶段了。

◆营造温馨的家（网络社区俱乐部）

目前，OICQ这一聊天软件倍受学生们的亲睐，各网络社区也办得红红火火。学生们正是渴望通过这样一些网络工具扩大交际面，结识更多朋友，丰富自己的生活。旅游本是一个很好的话题，而且涉及面极广，完全可能办成一个人气极旺的社区俱乐部。可以考虑设置以下栏目：旅游散记共赏、旅行精彩瞬间（旅游照片）、旅友聊天室、旅游纪念品陈设与交换、旅游心得、旅伴征寻。通过这些栏目，爱好旅游的学生们可以通过俱乐部结交到更多的朋友，有更多的所得。同时通过俱乐部的凝聚，会有更多的潜在消费者成为现实的旅游者。

◆旅游用品租赁及纪念品“DIY”功能

探险、野营都是学生们热衷的，但很多的旅游用具并没有购买的必要，因此，旅游用品公司可以设置吊床、睡袋、野炊用具的租赁项目。除此之外，一些常用的旅游用品，例如，很帅气的旅行包，旅途随身携带方便的可外放的小型音响设备，摄像机等等。学生一般很难一次性支付较大的开支，旅游用品公司可以开设这种租赁业务。除此之外，网络还可以利用自己的资源进行各种旅游用品的个性化定制。这就和卡片定制的原理类似，例如，高校学生统一T恤的制作，学生们可以在网上选择T恤的质地、颜色、图案、设计后进行预览及修改，确定后再向企业发出定制信息，这样对学生而言既体现了个性追求又有预知的效果，对企业而言也提供了更好的定制服务。

◆让宇宙更小

通过合理的设计，可以使旅游者足不出户进行旅游。在这种网络旅游中可以吸收游戏中角色扮演的方法。学生们在集视、听于一体的电脑前，“报名参加”一旅游团，待团员“到齐”之后，由“导游”带领着开始游览。旅途中导游细心讲解，团员们可提问，可拍照留念，可互相交谈。通过三维动画及交互式的设计，让学生们感觉真正进行了一次旅游，如太空旅游，不可再现实况的历史事件等等，旅游形式都非常适合开发成虚拟旅游项目。试想你若可搭乘宇宙飞船和伙伴们步入太空，抵落月球，开始一次梦寐已久的旅行，你是否会跃跃欲试呢？

但凡成事，均缘于势，得势则事成，失势则事不顺。顺势而行，如顺手行舟；借势而动，如假梯登高；造势而为，如太空揽月。势者，长处、趋势也。旅游与网络的紧密联合必然是大势所趋。我们怎能不抓住这一趋势，让这片独好的风景更加美丽呢？

（《网络时代》杂志. 2001 年 09 月 06 日. 作者：王红）

11.1　旅游市场营销创新

11.1.1　旅游市场营销创新

信息时代的到来，使得企业经营环境的每一个方面都经历着快速和前所未有的变化：高科技的迅猛发展和应用，经济和竞争的全球化，环境保护和企业社会责任的兴起……所有这些既为企业的发展带来了机会，同时也提出了挑战。旅游企业作为服务性企业，要适应这种变化，在新的环境中谋求经营成功，就必须建立起新的营销理论，树立新的营销观念，应用新的营销战略与策略，不断进行营销创新。

在 20 世纪 50 年代和 60 年代，营销领域属于销售导向。70 年代到 80 年代中期，营销进入顾客导向时代，这时重视的问题有：市场细分化、目标市场的选择、产品定位以及营销组合等。80 年代至今，营销处于一个激烈变动的时期，出现了社会营销、生态营销、关系营销、后营销、资料库营销、利基营销、理念营销、逆思考营销、文化营销、4C’s 理论等等。这些理论各执一面，主要强调的内容有增强营销的顾客意识，将高科技文化融入现代营销，加强营销的环境保护和社会发展职能等。

从另一个角度看，熊彼特的创新理论是以企业的市场营销创新为其理论研究起点的。他在创新的定义中不仅阐述了创新的主体、实质，而且直接涵盖了市场营销的若干内容，演示了市场营销创新研究的基本方法，对市场营销创新研究有重要的指导意义。在熊彼特创新理论的基础上，中外学者对创新理论进行了多方位的深入研究和探讨，取得了丰硕的成果。其中，世界著名管理大师德鲁克对市场营销创新的定义有重要的指导意义。德鲁克认为，创新活动是“使人力和物质资源拥有更大的物质生产能力的活动”，“任何改变现存物质财富、创造潜力的方式都可以称为创新”，“创新是创造一种资源”。按照这一基本思路，德鲁克将

"市场营销创新"定义为"管理人员把社会需求转化为有利于企业的各种机会"。德鲁克对市场营销创新的定义之所以值得高度重视，是因为他对于创新和市场营销在企业管理中的地位有独到的见解，他认为，"关于企业目的的正确定义只有一种：创造顾客。""因为任何企业的目的是创造顾客，所以它有——也只有——两个基本职能：营销和创新。"

德鲁克对市场营销创新的定义十分精辟，他在继承和发展熊彼特创新概念及其含义的基础上，吸收现代市场营销原理和实践的成果，揭示了市场营销创新的实质、目的和结果。他的定义虽然简练，内容却很丰富，至少可以从以下方面加以理解：

（一）创新主体是企业管理人员

在熊彼特的创新定义中，创新的主体被认定为企业家，而在德鲁克的市场营销创新定义中，创新的主体被界定为企业的管理人员。这种变化主要基于两个原因。首先，由于熊彼特的创新是一般性的，涉及企业的全部生产经营活动，因此，他是从决策的角度界定创新主体的；而德鲁克的市场营销创新则是特殊性的，仅涵盖企业经营管理的特定职能，他侧重于从过程的角度界定创新主体。事实上如果从市场营销创新过程来看，企业家、中层管理人员和企业基层员工都是不可或缺的，可以将其视为一个整合的创新主体。其次，由于熊彼特和德鲁克所处的社会历史环境很不相同，企业家之外的管理人员的地位以及素质和能力都有很大的差别，这可能也是两者界定创新主体差别的原因之一。

（二）创新源于企业对社会需求的把握

社会需求对企业而言，直接表现为市场需求，包括消费者和组织用户的现实需求和潜在需求，以及市场需求的发展变化趋势。市场经济条件下的企业是通过满足市场需求实现自身发展的。正如德鲁克指出的："是顾客决定了企业的行知。因为正是顾客，也只有顾客通过付钱购买商品或服务，把经济资源转化为财富，把东西转化成商品。企业认为它应该生产什么并非是最重要的——特别是对企业的将来和成功来说。顾客想购买的东西，他认为有价值的东西才是决定性的。"因此，企业的市场营销特别是市场营销创新离开了对市场需求的科学分析和正确把握，只能是无源之水，无本之木。

（三）创新目的在于将社会需求转化为企业机会

按照现代市场营销原理，所谓企业的市场机会，就是市场上未被满足的需求。市场机会规定了企业发展的趋势和潜力。在激烈的市场竞争中，企业特别是企业家的根本任务是捕捉市场机会，而这一任务的完成首先在于能否正确分析和把握市场需求，它是企业是否能够发展以及发展程度的前提。同样，由于顾客决定了企业的性质，企业又是在激烈的市场竞争中生存的，只有比竞争对手更为卓越地满足顾客的需求，才能取得成功和持续的发展。与不断变化的顾客需求和竞争形式相适应，企业就必须不断创新，特别是进行市场营销创新。无论就企业整体创新还是市场营销创新，均是完整的创新体系，包括技术创新、产品创新、管理创新、组织创新、制度创新、文化创新等内容。

根据熊彼特的创新定义和德鲁克的市场营销创新定义的基本思路，并与现代旅游市场营销原理实践发展的实际相结合，现对旅游市场营销创新做如下定义：所谓旅游市场营销创新，是指旅游企业有关管理人员对所掌握的企业营销资源进行新的组合，将市场需求转化为有利于企业的各种机会，实现旅游市场创新的过程。而所谓“旅游市场创新”是指旅游企业进入并全部或部分地占领以前不曾进入的市场的过程。按照现代市场营销原理，“市场由一切具有特定欲望和需求的潜在顾客组成”，“市场规模的大小由具有需求、拥有他人所需的资源且愿意以这些资源交换其所需的人数而定”。因此，“旅游市场创新”必须是针对新的顾客和新的消费群而言的，并且一般而论，其结果应该是旅游企业总的市场规模的扩大。旅游市场创新的源头是顾客未得到满足或未得到充分满足的需求，也就是市场营销原理中所界定的市场机会。由于消费者需求是分层次的，并且总是在不断发展变化提升的，消费者的原有需求得到满足之后，新的需求又会产生，因此，市场上未被充分满足的需求总是存在的，而且随着社会科技进步、社会生产力水平提高以及人们收入水平提高速度的加快。市场上未被满足和未被充分满足的需求有急速加大的趋势，从而使旅游市场创新的必要性和可能性大为增加。因此，旅游企业对所掌握的企业营销资源进行新的组合只是旅游市场营销创新的表现形式，将市场需求转化为企业的各种机会是旅游市场营销创新的内容，而实现旅游市场创新是旅游市场营销创新的目的和结果。

11.1.2 旅游市场营销创新的意义与地位

从旅游企业的根本任务和基本职能来看，现代旅游企业是市场营销组织。离开了创造顾客这个根本任务，企业就失去了生存的根据和意义。一切现代旅游企业创造顾客的观念、文化、战略、策略、活动、组织等的总和就是现代旅游市场营销。与之相适应，旅游企业的一切管理活动实质上都是为创造顾客也就是企业的市场营销资源配置。旅游企业的一切创新必然是以市场营销创新为核心，以实现旅游市场创新为结果和标准的。在买方市场条件下，旅游企业实现创造顾客这一目的就必须比其他竞争者更为卓越地为顾客创造价值和实现顾客满意，而要比竞争者更为卓越，就需要创新。对旅游市场营销创新和旅游市场创新的概念进行界定，可以得出一个基本结论：旅游市场创新是现代旅游企业一切创新的核心，旅游企业的创新体系是围绕旅游市场营销创新建立起来的。

首先，旅游企业管理创新，实质上是为了比竞争者更好地满足市场需求。所谓管理创新，是指创造一种新的、更有效的资源整合及目标制定等方面的细节管理。而且，管理创新包含了组织创新和制度创新的内容，其根据和内在动力是有效地配置资源。配置资源的合理性是以效率和需求为标准的，而效率又是以需求为依据的。旅游企业更有效地配置资源的目的和标准，只能是实现旅游市场创新。在买方市场条件下，在日趋激烈的市场竞争中，旅游企业取得优势的根本途径是更卓越地为顾客创造价值，创造顾客满意，这就是旅游市场营销。旅游企业的市场实践证明，不仅资源配置及其效率的目的和标准是对市场需求的满足及其程度，而且企业管理创新只有围绕营销的需要才有意义，也才能称之为创新，不能适应企业市场营销需要的企业管理，包括其组织和制度无论多么理想化，也是不成立和必须改变的。由于市场需求和市场竞争形式在不断地发生变化，旅游企业有效地开展营销活动的要求和条件也在不断地发生变化，旅游企业管理包括组织、制度自然需要不断创新。

其次，旅游企业文化创新是旅游市场营销创新的途径和目标。最先进的企业文化是营销导向，亦即市场导向的文化。因此，旅游企业文化创新的基本趋势就是建立一套在企业中的每一个决策都始终将消费者利益放在第一位，始终以卓越地为顾客创造价值和创造顾客满意为基本价值观和信念，以及整个企业所有的部门、所有的环节、所有的员工都自觉地为创造顾客满意而分担责任的企业文化。一个旅游企业塑造了这样的文化或者说文化达到了这样的境界，即可以保证企业“创造顾客”的战略顺利实现，在竞争中建立和展示其核心或独特能力，也是企业上升到更高层次的标志，是现代旅游企业应该不断追求的目标。

由此可见，旅游市场营销创新是现代旅游企业一切创新的核心，旅游企业的创新体系是以旅游市场创新为目的、以旅游营销创新为核心、以顾客满意为归宿的完整的创新体系，旅游企业的其他创新内容都是围绕旅游市场创新建立起来的。

11.1.3 旅游市场创新源

要进行旅游市场创新就必须拥有相应的市场创新要素，包括各种新技术、新工具、新组织、新思想以及其他各种新的市场要素和资源等。所谓旅游市场创新源，是指产生各种旅游市场创新要素的源泉以及旅游企业获取这些市场要素的渠道。旅游企业没有必要的旅游市场创新源，就无法开展旅游市场创新活动。因此，了解产生各种市场创新要素的源泉以及获取这些市场创新要素的渠道，有助于认识和掌握旅游市场创新活动的基本规律，从而可以指导旅游企业积极主动地开展旅游市场创新。

下面从不同的旅游市场创新组织和创新人员等市场创新主体的角度出发探源，分析产生各种旅游市场创新要素的根本源泉以及创新企业获取这些市场创新要素的主要渠道，以了解各种不同类型的旅游市场创新源。

（一）技术型市场创新源

企业的研究与开发部门是一个主要的市场创新源，市场创新是实现各种新的科学技术成果商品化与市场化的过程，是各种新的生产要素和市场资源转化为商品的过程。因此，新的科学技术成果是一种重要的市场创新要素，而相应的研发人员就是产生、吸收与转化新科学技术成果的重要源泉和渠道，因而也是重要的市场创新源。

旅游企业作为服务性企业，无需研发部门和研发人员，但仍需要从事应用性研究的技术人员。通过从事应用性研究，技术人员可以及时吸收最新的科学技术成果，使企业迅速获取各种市场创新要素，并将这些新科学技术成果转化为新的商品、新的营销工具，并开辟新的市场。为了保持市场创新活动的先进性，创新企业既要重视开发企业内部的技术资源，又要充分吸收和利用企业外部的新技术成果。例如，迪斯尼乐园利用先进的现代科学技术建立起来的“鬼怪世界”、“未来世界”、“太空遨游”等，饭店集团采用的全球预定系统、互联网营销系统等，都是将先进的科学技术成果转化为新的产品、新的营销工具，从而开辟了新的市场。

（二）营销型市场创新源

旅游企业的市场营销机构与人员是重要的旅游市场创新源。旅游市场创新既是市场供给的创新，又是市场需求的创新。如果把旅游企业的技术人员所提供的旅游市场创新源看作是市场供给方面的创新来源，那么，市场营销人员所提供的旅游市场创新源则主要是市场需求方面的创新源。不过，这种划分并没有绝对的界限，因为只有当这两个方面的市场创新源汇合在一起时，才能导致成功的旅游市场创新。

从旅游市场创新源及其开发与利用的角度看，旅游市场营销人员既是企业内部产生各种市场创新要素的一个重要源泉，又是企业获取各种市场创新要素的一个重要渠道。

首先，旅游企业的各类市场营销人员直接面对市场，了解市场需求的发展现状及其变化趋势，可以提出更为切合市场实际情况的市场创新概念和思想。或者说，最具有市场创新发言权的是旅游企业的市场营销人员。事实上，现代旅游企业拥有多方面的市场营销人员，这些市场营销人员能够从各种不同角度提出有关新市场的构思，尤其是在改创型市场创新与仿创型市场创新活动中，绝大多数的新市场概念几乎都来自于企业的市场营销方面。由于商品科技化与市场科技化的不断发展，旅游企业市场营销人员的技术能力和技术水平也在不断提高。而随着市场营销人员科技化程度和水平的提高，市场创造力和创新水平也在不断提高，将逐渐成为一个更加重要的市场创新源。

其次，市场营销人员是旅游企业的外交人员，是旅游企业对外发展各种市场关系的代表，是旅游企业实现市场联系的重要纽带，因而也是旅游企业获取外部市场创新要素的一个重要渠道。许多企业都拥有自己的市场营销网络和市场营销人员，通过企业的经销商、代理商、广告经理、推销人员、公共关系人员及其他有关市场营销方面的人员，企业可以获得来自企业外部的、新的市场信息和市场资源，从而开发相应的市场创新源。

（三）用户型市场创新源

旅游企业的使命就在于服务社会、服务顾客。市场创新的目的是为了促进企业的发展，也是为了满足顾客日益增长的市场需求。作为市场需求的主体，顾客是一个重要的市场要素。顾客的市场选择权是决定市场创新发展方向的一个关键因素。顾客的需求、设想、意见等都是旅游企业进行市场创新的一个重要来源。

在不同的市场创新条件下，不同的顾客意见在市场创新活动过程中所起到的作用是不同的。这主要取决于有关顾客与市场创新者两个方面的条件，包括顾客的需求意识水平及其市场概念化的能力，以及市场创新者的技术开发能力及其市场概念化的水平等。总之，顾客是一个重要的市场创新源，关键在于旅游企业要善于开发和运用这个创新源，只要旅游企业能够充分开发并合理运用这个市场创新源，就一定可以有效地进行市场创新，既满足用户的新需求，又促进企业的新发展。

（四）竞争型市场创新源

在市场经济条件下，旅游企业不仅要面向众多的用户，而且要面对众多的市场竞争者。为了提高其市场地位和市场竞争力，获取更高的利润，这些市场竞争者本身也必须不断地进行市场创新。因此，市场创新者可以根据其市场竞争对手的市场创新行为，来开展相应的市场创新活动。事实上，市场创新竞争已经成为现代旅游企业之间开展市场竞争的一种基本形式，也是推动市场创新活动不断发展的一个重要动力。或者说，有关的市场竞争者及其市场创新行为和市场创新要素，也是旅游企业一个重要的市场创新源。只要市场创新者敢于并善于向自己的市场竞争对手学习，甚至向市场竞争敌手学习，就会找到一个更高的市场创新起点，并能开发出大量有用的市场创新源。近年来，在世界上兴起一种崭新的方法——定点超越法（Benchmarking），即将本公司的经营状况与竞争对手或行业内一流的领先者进行分析对比，并在此基础上移植并发展对手的领先手段。这就是从竞争对手那里获取市场创新源。

由于旅游企业要面对众多的市场竞争者，而创新竞争又成为一种基本的市场竞争手段和战略，所以，旅游企业就要面对众多的市场创新者。因此，这些富于创新精神的市场竞争对手也就成为一个重要的市场创新源。有些旅游企业甚至与其市场竞争对手进行合作，共同开发新产品，开展协作性市场创新。

（五）合作型市场创新源

一个旅游企业既有众多的市场竞争者，也有众多的市场合作者。社会化生产方式不仅使企业之间的生产分工越来越细，而且使企业之间的市场联系越来越紧密。在现代市场经济条件下，所有的企业都必须面向市场，都离不开必要的市场联系与市场合作，否则便没有一个企业能够成功地进行市场创新。为了有效地开展市场创新，所有的旅游企业都应该寻求企业外部的市场合作者所提供的创新来源。因此，对于市场创新者来说，旅游企业外部的市场合作者也是一个重要的市场创新源。

对于许多市场地位不高和市场竞争能力较差的旅游企业来说，可以通过合资、合营、合作开发等多种市场合作方式，来实现市场创新，以提高市场地位和市场竞争力，促进企业发展。对于具有较强市场竞争力的市场领先者来说，也需要从企业外部的市场合作者那里获取必要的市场创新条件。只要旅游企业善于开展市场合作，建立广泛的市场联系，就一定可以充分地开发与利用市场合作者这个市场创新源，找到一条适合于本企业实际情况的市场创新道路。

总之，旅游企业应利用各种市场创新源进行市场创新。旅游企业在市场创新过程中，当前要特别注重的几个原则是：一要重视市场调研，充分掌握市场信息；二要选择满足程度低或易被市场忽视的空档商品和负需求商品，拾遗补缺；三要考虑商品市场寿命周期。如此才有助于发现商机，找到市场“盲点”，从而有针对性地开拓目标市场。目前绝大多数旅游产品虽表现为买方市场，但供过于求是相对的，任何一种商品在市场上都存在时空上的空档。所以，旅游企业当务之急是要在消费市场需求结构升级换代中寻找机会，进行市场创新。因为中国当前的“经济过剩”主要是一种结构性过剩，是局部现象而非全局现象。部分商品过剩主要是由于市场开发跟不上消费变化，从而导致产品结构与消费需求结构相矛盾造成的。目前，旅游市场因“产品过剩”导致同行头破血流的竞争是存在的，然而真正的弊病却在于：一方面，有的事情没人做，“空白”没人填；另一方面，过多的人又争着去做同一件事。因此，在买方市场条件下，解决旅游商品供给“过剩”问题，除了需要政府改善宏观经济环境外，微观上对于旅游产品经营者来讲，需要以新观念拓展新市场，以新方法引导公众消费，不断进行市场创新，一方面积极开发需求未满足或根本就被忽视的旅游产品，另一方面努力培育能诱发需求或满足潜在需要的旅游产品。

11.1.4 旅游市场营销创新的基点——社会市场导向营销观念

观念是人们对客观世界的理性认识，观念创新是人们适应客观世界的发展和变化，并科学、准确地把握客观世界变化的规律和发展趋势，以正确的方式构建新的思维、新的理念、新的思想，并形成对变化的客观世界新的正确认识。旅游市场营销作为一种业务活动过程，是在一定的旅游市场营销观念支配下进行的。旅游市场营销观念就是旅游企业的经营思想，是旅游企业对市场的根本态度和看法。旅游市场营销观念作为企业经营行为的指导方针，决定着企业经营活动的方向、企业经营措施、方法、策略的制定和应用效果。因此，树立正确的旅游市场营销观念是旅游企业经营取得成功的主导因素。

旅游市场营销创新是基于社会市场导向的营销观念之上的。这种营销观念是指融旅游企业经营各方面为一体的、综合的价值创造与价值传递活动。具体地讲，就是旅游企业研究如何适应和刺激消费者需求，系统地组织企业整体经营管理活动，创造和传递既能有效满足消费者需求，又能符合社会长远发展利益的产品和服务，从而取得满意的经济效益和社会效益的行为过程。同以往的营销定义相比，它强调和突出了消费者需求与企业效益的同步满足，以及企业经济效益同社会效益的融合发展，把以往被割裂和对立的四个因素统一了起来。如果说以往的营销旨在努力创造利润，那么这一新的营销的努力目标在于创造价值，这种价值是将顾客价值、企业价值和社会价值融合在一起的价值。

强调重视社会价值对旅游企业来说具有特殊意义。旅游业虽然是一个“无烟工业”，但并非是无污染的产业。随着旅游活动的开展及大量旅游者的涌入，首先会对旅游目的地的环境和生态造成消极影响，如疾病的流传、环境的污染、生态平衡的破坏，从而使良好的自然景观受到影响。中国一些旅游点的废弃包装物随处可见，噪音污染亦十分严重就是例证。其次，会造成对传统文化、艺术及各种文物古迹的破坏和影响。例如，意大利古罗马广场有着数千年的历史，现在许多大理石装饰被一些不道德的游客凿得面目全非，他们把凿下的大理石当作纪念品带走。随着诸如此类旅游资源遭到破坏，它们对游客的吸引力也在下降。再次，会引导旅游目的地的消费超前增长，从而刺激通货膨胀，物价上涨，对社会经济增长和经济结构产生消极的作用。所以，旅游业的营销更应该重视创造社会价值，走旅游业的可持续发展之路。具体到每一个旅游企业来说，讲求社会利益，就是应该尽可能满足顾客正当的、健康的需求，对会给社会带来不良影响的不健康的需求，旅游企业必须采取反营销措施，降低甚至消除这种需求。比如，美国因酗酒造成交通事故的比例较高，美国法律则规定饭店、餐饮业不得经营酒类，包括啤酒。饭店、餐厅严格执行法律规定，本身就是在反营销。还有中国一些娱乐场所，禁止未成年人入内，这也是在反营销。因为这是一种社会责任，是企业应尽的社会职责。

社会市场导向营销包括四个要素：顾客导向、竞争焦点、社会协调和创新机能，这些要素都着眼于长期利益。

（一）顾客导向

营销的效益来自于企业的产品、服务同顾客进行相互满足的交换，而顾客需求能否获得满足则是这种交换关系的基础。要想有效地满足顾客需求就必须持续地为顾客提供优异的价值。因此，旅游企业应首先了解顾客现在和未来的整个价值链。旅游企业只有让顾客在旅游企业市场上发挥更大的效能，才能在顾客价值链的每一个环节上创造价值。

坚持顾客导向，要求旅游企业不仅应研究顾客、追随和满足顾客，而且应使顾客成为企业活动的向导，加强顾客参与，让他们启发企业人员的创新意识，从而开发出真正适合于顾客的产品。“只有当企业对市场上顾客的定义优于其对自身产品和服务的定义时，企业才能得到长久的优势和发展。”斯塔特勒和希尔顿是美国也是世界杰出的饭店经营管理人士。斯塔特勒被称为是“商业饭店之父”，他是第一个指出“宾客至上、服务第一”经营思想的人，斯塔特勒的“客人永远是对的”这一信条，开拓了商业饭店营销的先导。希尔顿被称为“饭店大王”，希尔顿饭店公司是目前世界上最著名的商业饭店联号之一。早在 20 世纪 30 年代，希尔顿就提出了“最小最大”（意思是顾客花最少的钱以取得最大限度的服务）的经营口号。希尔顿对饭店营销的主要贡献，在于他从宾客需要出发，大胆改革服务设施，提出将饭店办成一个“小社会”，提供全面服务，使饭店成为宾客的家外之“家”，而且更加舒适，更加现代化。纵观世界上经营成功的饭店，无一不得益于饭店经营者们以顾客为导向的营销理念的实践与探索。“顾客的声音是上帝的声音”，它指引着企业走向成功。

（二）竞争焦点

竞争是市场经济的特质，恩格斯曾指出，“竞争的实质就是消费力对生产力的关系”。这种关系既包括总消费力和总生产力之间的矛盾和不平衡，也包括消费结构与生产结构之间的矛盾和不平衡。随着社会经济的发展，这种矛盾和不平衡日渐分散和加剧，由此使竞争更为激烈。在市场上，商品生产者和资源需求者对市场份额的瓜分和争夺是竞争的集中体现。

科技发展和全球市场的整合，使得竞争日趋同质化，于是在大量生产之余，加上更好的品质、更多的品种、更低的价格、更完善的服务就造就了现代社会商品和服务的竞争利基。因此，要创造优异的价值，并非只把眼光放在顾客身上就够了，还必须考虑到：顾客认为哪些竞争者的产品可以同样或更好地满足他们的需求？一个企业要提供优异产品和服务，就必须了解主要竞争对手短期的长处和弱点以及长期的能力和策略。

当前，中国旅游业面临的竞争是国内和国际双重的竞争环境。从国内来看，企业面临的竞争形势的主要特点表现为：其一是全方位竞争。由于市场化进程的加快和市场化程度的提高，各市场主体对如何在市场经济条件下发展的认识在提高；需求者逐渐懂得如何维护自己的利益；商家懂得了"信誉为本"；企业认识到营销目的是满足需求者的需要，从而使竞争发展为全方位的竞争，包括产品的竞争、质量的竞争、价格的竞争、技术的竞争、人才的竞争等等。其二是双重竞争环境业已形成。外国资本的进入，极大地改变了国内市场的竞争环境，加剧了市场竞争的激烈程度，企业面临的不仅是来自国内的挑战，而且还面临来自国外的挑战。中国旅游企业与从发达国家来到中国的外国旅游企业相比，竞争实力相差十分悬殊。中国旅游企业对于这种竞争市场必须树立全新的竞争观念。

在竞争的同时也应具有开放与合作的观念。随着中国加入 WTO，中国旅游业对外将更加开放，更多的外国企业、产品进入中国。为此，中国旅游业在选择对外开放的同时，还须加快对内开放与改革的步伐，进行广泛合作。一方面是国内企业的开放与合作，另一方面是与国外跨国公司进行广泛合作，引入竞争机制，学习先进的营销方法，不断进行营销创新。

（三）社会协调

社会协调亦即跨职能协调。社会协调不仅包括旅游企业能力与外在经营环境各个层面的协调，还包括旅游企业内人力与各种资源的合理调配，只有对这两个方面进行有效的协调，才能创造出优异价值。顾客价值链上的任何一个环节都是旅游企业创造价值的机会，这表示旅游企业任何职能部门中的管理者和员工都能在价值的创造上有所贡献，而且也只有每个员工——无论他与决策过程有多远，都真正认识到并真正投身于这种创造价值的活动，企业才能维持和发展竞争优势。

（四）创新机能

旅游企业要有效地对迅速变迁的经营环境做出反应，就必须在营销中融入创新机能。创新可以使旅游企业成为一个具有选择能力与进化机制的活结构，从而在变动的环境中不断达到旅游企业内部状况与外部环境的协调与平衡，进而实现旅游企业整体的进化与变革。因此，创新机能是社会市场导向营销的一个重要因素。

值得注意的是，社会市场导向并不等同于营销导向，因为价值的创造是通过整个组织的核心能力而不是单纯的营销职能来完成的。当一家旅游企业培养出社会市场导向时，营销组织会趋于淡化，这并不是因为营销变得不重要，而是企业所有的职能部门和个人都已致力于创造和提供优异的价值，营销职能已化为一般的管理职能而融入企业日常的经营活动中。例如，无疆界管理就是指内部职能的划分变得很模糊，整个公司的各个部门会融成一个团体，共同进行公司的经营活动，至于顾客服务，它不是某一个人或部门的职责，而是每一个人的职责。

11.2 旅游市场营销观念创新

观念是行动的先导，没有观念上的创新，就不会有行动上的创新。营销观念不仅要求旅游企业掌握、了解市场营销和社会营销等一级观念，还应积极导入并采纳整合营销、关系营销、直复营销、绿色营销、知识营销、信息营销和文化营销等次级的营销新概念和竞争新观念，以不断更新企业的战略思维并从宏观上指导企业的全部营销活动。当今世界知识经济的兴起，比以往任何时候都更强烈地要求企业界不断更新观念，尤其是营销竞争观念。这是推进企业创新发展的动力，是企业营销取得成功的前提。下面介绍一些近年来兴起的营销新观念，它们虽然只是从一个侧面阐明某一观点，但会对旅游市场营销创新有所启发。

11.2.1 绿色营销

环保意识的增强和绿色浪潮的到来，要求我们对营销重新定位以适应消费型社会向可持续发展社会的转变。旅游绿色营销（或者称为旅游环境营销）正是基于这一要求而出现的一种新型营销概念。旅游绿色营销的含义包括两个层次：一是基于旅游企业自身的利益进行的绿色营销；二是基于社会道义而进行的旅游绿色营销。所谓基于旅游企业自身利益而进行的绿色营销，是指旅游企业实施绿色营销以满足旅游者的绿色消费需求，有利于降低成本，在竞争中获取差别优势，从而获取更多的市场机会，占有更大的市场份额，相应获得更多的利益；所谓基于社会道义而进行的绿色营销，是在营销的过程中与社会对环境保护的要求相适应，与社会可持续发展战略相一致，尽量减少对环境的污染，维护全社会的公共利益。

1. 旅游绿色营销概念

旅游绿色营销定义为：在旅游企业生产经营活动的各个阶段减少或避免环境污染，在市场营销过程中注重生态环境保护，旅游企业发展自己的竞争优势，利用各种营销方式赢得社会的认可，制造和发现市场机遇，通过长期满足现有和潜在游客的需求，来实现自己的目标。

从传统的市场导向型营销转变为环境导向型的绿色营销有其深刻的驱动因素：①环境污染的压力；②新的需求，新的市场；③追求自身利益；④树立良好的旅游企业形象。

2. 旅游绿色营销实施步骤

旅游绿色营销可分为以下几个环节：

(1) 分析影响旅游企业现状或将来可能影响旅游企业某些方面的问题。在这一步中，要分析旅游企业进行绿色营销成功的机会有多大，旅游企业进行绿色营销的优势和劣势以及竞争对手的威胁情况等。可以按下列因素进行分析：①新的竞争者进入市场的威胁；②替代品的威胁；③旅游供应商的价格水平；④同一行业旅游企业间的竞争；⑤旅游分销商的环保意识；⑥旅游分销商愿付的价格水平。

通过这些分析，为旅游企业实施绿色营销提供线索和行动依据。

(2) 明确旅游企业对待环境问题的目标与原则。在这一步中，旅游企业的各个部门，都应树立绿色营销观念并作为指导思想，从战略制定到实施过程中，都应贯彻这一理念。营销部门应该制定绿色营销计划，并以计划作为日常决策的指导。

(3) 营销定位。这一步主要是为了确定目标市场，为绿色营销找到正确的定位。各个国家的旅游者在环保意识方面的介入程度也是不相同的。绿色营销的目标在环保意识方面的介入程度是不相同的。因此，绿色营销的目标群体应建立在对人们的环保意识、环保承诺和环保导向购买行为等因素细分的基础上。

(4) 修正和整合营销工具，以使绿色营销进入到横向和纵向竞争的实践中去。这里所谓的整合各种营销工具，就是指利用营销组合手段，采取一定的产品、价格、沟通、促销策略来进行绿色营销的过程。

3. 绿色旅游产品

旅游绿色营销的产品开发目的是满足旅游者新绿色需求，改善旅游消费结构，提高人们生活品质，改进环境质量的物质基础。要使旅游企业的旅游产品在市场上具有竞争优势，得到旅游者的认可，满足环境保护方面的要求，绿色产品开发必须遵循以下原则：①节省原料和能源；②减少非再生资源的消耗；③旅游产品低污染或者没有污染（包括物质污染和精神污染）；④不对旅游者身心健康造成损害；⑤尽可能多的以劳务的形式体现。

11.2.2　品牌营销

产品是在工厂所生产的东西，而品牌则是消费者所购买的东西。一件产品可以被竞争对手模仿，但品牌是独一无二的。产品会很快过时落伍，而成功的品牌是持久不衰的。随着经济的发展和人民生活水平的提高，消费者的消费行为已经进入了品牌消费时期。所谓品牌消费是指消费者在购买行为中以市场认可的品牌产品为其购买决策的重要参数；其中部分消费者专一某偏好品牌并将其作为消费追求对象，整个市场上存在着较为明显的品牌消费者集群。在市场推进和拓展方面，往往显示出强烈的马太效应——强者更强，弱者更弱，从而使名牌产品在市场中占有绝大部分份额，取得垄断优势和主要地位。因此，企业应通过品牌营销获取竞争优势。品牌营销是指通过品牌的形象塑造、宣传和对其所依附的产品更新、质量提高等营销手段的运用创建消费者认可的品牌。

严格来讲，品牌本身不是财富，品牌忠诚才是企业的财富。品牌忠诚是指由于质量、价格、信誉等诸多因素的吸引力，消费者对某一品牌的商品情有独钟，形成偏爱并长期购买某一品牌商品的行为。品牌忠诚的营造要求企业始终树立以消费者为中心的观念，千方百计满足顾客需求，赢得消费者的好感和信赖。这是提高企业品牌忠诚的根本途径。具体可以通过洞察消费需求、提供长期的产品质量保证、为顾客提供满意的服务、塑造良好的企业形象等来塑造品牌忠诚。例如，湖南旅游业实施的旅游品牌营销新战略，使湖南逐步形成了以名人名山为品牌的全新旅游形象。未来 10 年内，湖南将推出一个旅游龙头张家界，四条旅游精品线路和十四大专项旅游产品。在旅游营销的总对策上，逐步实现旅游市场品牌营销的变革与创新。

11.2.3　关系营销

旅游关系营销将建立、发展同相关个人及组织的关系作为旅游企业市场营销原关键变量，把握住现代市场竞争的特点，被西方理论界誉为“对传统营销理论的一次革命”。

1. 旅游关系营销的概念和特点

所谓旅游关系营销，是以系统论和大市场营销理论为基本思想，将旅游企业置身于社会经济大系统中来考察旅游企业的市场营销活动，认为旅游企业营销是一个与旅游者、竞争者、供应商、分销商、政府机构和社会组织发生互动作用的过程，旅游企业营销的核心是正确处理与这些个人和组织的关系，将建立与发展同相关个人和组织的良好关系作为旅游企业市场营销成功与否的关键因素。

旅游关系营销的基本特征有：①双向交流；②协同合作；③互惠互利；④反

馈机制。

2. 旅游关系营销的内容

旅游关系营销所研究的具体内容如下：

(1) 旅游企业与游客的关系。这种关系应是双方共同的愿望，因而旅游企业必须采取一定措施，激发游客主动与旅游企业建立关系。旅游企业利用一组关系营销可在两方面使游客满意：一是给予游客优惠的特别照顾。例如，现在很多旅游企业推行的频繁营销计划出发点就是给予游客优惠。所谓频繁营销计划就是对那些频繁购买以及按稳定数量购买的游客给予奖励的政策。二是减少游客的购买风险。例如，旅游企业可采用退货保证制度、对损失进行经济补偿等手段来吸引游客。比如有不少旅游企业承诺，若游客对旅游企业的产品服务不满意，旅游企业将给予游客合理的经济补偿。

旅游企业与游客是二级关系营销的主要表现形式，即以某种方式将游客纳入到旅游企业的特定组织中，既能使旅游企业与游客保持更为紧密的联系，又能实现对游客的有效控制。游客组织分为有形的组织和无形的组织两类。有形的组织，是指正式的或非正式的俱乐部、游客协会等；无形的组织，是利用数据库建立游客档案，形成游客清单的方式。通过游客组织，旅游企业可以给予长期游客优惠和奖励，提供产品最新信息，定期举办联谊活动，以加深游客的情感信任，密切双方关系。

这种营销方式通过在旅游企业与游客之间建立结构性关系来密切二者的联系。所谓结构性关系，就是旅游企业要对游客提供某种服务，这种服务对于游客来说很有价值，但游客很难通过其他途径获得；这种服务一般是以技术为基础，游客借助于这种服务，可以获得高效率和高效益。

(2) 旅游企业内部关系。内部关系包括部门间的关系和员工间的关系。处理好内部关系，员工才能更努力地工作，关系营销的实施才能有一个好的基础。

旅游企业文化能吸引旅游企业员工，建立共同的目标和价值观念，使员工对旅游企业忠诚，从而使旅游企业具有很强的凝聚力和向心力。

旅游企业伦理是指处理内外部各种关系时应遵循的行为规范。伦理规范的和谐原则，要求旅游企业与利益相关者和睦相处，员工之间团结、友爱、互助，管理者与被管理者之间相互体谅、相互合作。旅游企业伦理能使旅游企业尊重员工、关心员工、公平对待每一个员工，员工也会投桃报李，认真努力地工作，忠诚于旅游企业。

此外，关系营销中还包括旅游企业与竞争者的关系、旅游企业与供销商的关系和旅游企业与影响者的关系。

3. 旅游关系营销原则

实行旅游关系营销必须遵循以下原则：

（1）正规性原则。即关系管理机构是旅游企业组织中的一个正式机构，如同计划、财务、生产、销售等部门那样，这便于关系营销活动的开展。

（2）针对性原则。即关系管理部门的设置应考虑自身状况、规模、所处环境、旅游企业性质等因素。规模小的旅游企业可不设该机构；规模大的旅游企业，可以设立该机构。服务性旅游企业，可设置游客关系部；生产性旅游企业，可考虑设置供销关系部。

（3）效益性原则。即关系管理部门在实际关系营销目标方面有较高的效率，在处理旅游企业内外部关系方面，也要有效益。

（4）整体性原则。即要求关系管理部门的设置与旅游企业内部各职能部门相协调，不能相冲突，要在各部门建立一条稳定的信息输出和反馈的通道。

案例 11-2

香格里拉的营销之道

香格里拉是国际著名的大型旅游企业连锁集团，它的经营策略很好地体现了旅游关系营销的内容。

香格里拉饭店与度假村是从 1971 年新加坡豪华香格里拉饭店的开业开始起步的，很快便以其标准化的管理及个性化的服务赢得国际社会的认同，在亚洲的主要城市得以迅速发展。其总部设在香港，是亚洲最大的豪华旅游企业集团，并被许多权威机构评为世界最好的旅游企业集团之一，它所拥有的豪华旅游企业和度假村已成为最受人们欢迎的休闲度假目的地。香格里拉始终如一地把游客满意当成旅游企业经营思想的核心，并围绕它将其经营哲学浓缩于一句话“由体贴入微的员工提供的亚洲式接待”。

香格里拉有八项指导原则：

- 我们将在所有关系中表现真诚与体贴；
- 我们将在每次与游客接触中尽可能为其提供更多的服务；
- 我们将保持服务的一致性，客人只需打一个电话就可解决所有问题；
- 我们确保我们的服务过程能使游客感到友好，员工感到轻松；
- 我们希望每一位高层管理人员都尽可能多地与游客接触；
- 我们确保决策点就在与游客接触的现场；
- 我们将为我们的员工创造一个能使他们的个人、事业目标均得以实现的环境；
- 客人的满意是我们事业的动力。

与航空旅游公司联合促销是香格里拉旅游企业互惠合作的手段之一。香格里拉与众多的航空旅游公司推行“频繁飞行旅游者计划”。入住香格里拉饭店时，客人只要出示频繁飞行旅游者计划的会员卡，就可得到众多旅游公司给予的免费公里数或累计点数，如：每晚住宿便可得到德国汉莎航空旅游公司提供的500英里的优惠，美国西北航空旅游公司、联合航空旅游公司500英里的优惠，其他航空旅游公司有加拿大航空旅游公司、新加坡航空旅游公司、瑞士航空旅游公司、澳大利亚航空旅游公司、马来西亚航空旅游公司、泰国航空旅游公司等。另外，香格里拉还单独给予客人一些额外机会来领取奖金和优惠，如：香格里拉担保的旅游公司选择价格。

在游客服务与住房承诺方面，则体现了旅游企业在承诺、信任原则上的坚持。香格里拉饭店回头客很多。饭店鼓励员工同客人交朋友，员工可自由地同客人进行私人的交流。饭店要在2000年前建立一个“游客服务中心”，这个项目与原来各件事要查询不同的部门不同，客人只需打一个电话到游客服务中心，一切问题均可解决，饭店因此也可更好地掌握游客信息，协调部门工作，及时满足游客。在对待客人投诉时，绝不说不，全体员工达成共识，即“我们不必分清谁对谁错，只需分清什么是对，什么是错”。让客人在心理上感觉他“赢”了，而我们在事实上做对了，这是最圆满的结局。每个员工时刻提醒自己多为客人着想，不仅在服务的具体功能上，而且在服务的心理效果上满足游客。

香格里拉饭店重视来自世界不同地区、不同国家客人的生活习惯和文化传统的差异，有针对性地提供不同的服务。如对日本客人提供“背对背”服务，客房服务员必须等客人离开客房后再打扫整理客房，避免与客人直接碰面。饭店为客人设立个人档案并长期保存，作为为客人提供个性化服务的依据。

11.2.4 直销

直销（direct marketing）起源于美国，是一种为了在任何地方产生可度量反应或达成交易而使用的一种多种广告媒体互相作用的市场营销体系。直销与传统营销的区别是：传统营销中的顾客以群体出现，而直销的顾客则是单个个体，因而它可以根据每个顾客的购买习惯、需求进行有针对性的营销活动。传统营销中的销售活动要信息传递出去一段时间后，在另外的场所发生；而直销在传递广告信息的同时就销售产品，媒体就是销售场所。传统营销中的广告重在树立企业和产品的形象，引起消费者的注意；而直销中的广告则是为了促成消费者的立即购买行为，以达到短时间内增加产品销量与赢利的目的。在直销中，顾客通过回复卡、电话等方式进行查询、订货和付款，相关信息得到反馈，使得营销效果很容易测量，而传统营销效果则很难测量。

11.2.5 大市场营销

市场营销的作用是满足目标买主的需要，并使他们获得利益。然而，也有必要在适当的时机向非顾客提供适当数量的额外鼓励和施加一定的压力，因此，从广义的观点来看，大市场营销就是进入特定市场开展业务经营所需要的那些技能和机智。除了向顾客提供具有吸引力的产品和劳务以外，大市场营销者还可使用诱劝和赞助等手段从“守门人”那里得到满意的反应。大市场营销可定义为：为了成功地进入特定市场，并在那里从事业务经营，在策略上要协调地运用经济的、心理的、政治的和公共关系的手段，以博得外国或当地各有关方面的合作和支持。

菲利普·科特勒指出：“壁垒森严的市场可成为封闭型的或保护型的市场。对这样的市场，除了营销组合四个‘P’之外，企业管理人员还必须加上另外两个‘P’——公共关系（Public Relations）和权力（Power）。我把这种策略思想称为大市场营销（Megamarketing）。”

当公司想要进入一个新市场时，就必须精通向当地有关集团提供利益的艺术，这比满足目标顾客的需求更加重要。这就要求营销人员不仅要为一般中介人服务并满足其需要，而且要为这一范围之外的第三方面服务。所谓第三方面是指政府、劳工组织和其他利益集团等，它们往往会单独或者联合起来阻止一个企业进入某一有利的市场，这些第三方面集团扮演着守门人的角色，其作用愈来愈重要。

大市场营销者为了进入某一市场开展经营活动，必须经常得到具有影响力的企业高级职员、立法部门和政府官员的支持，因此，大市场营销必须具有政治上的技能和策略，掌握高超的游说本领和谈判技巧，才能从其他方面得到预期的反应。权力是一个“推”的策略，公共关系则是一个“拉”的策略。舆论需要较长时间的努力才能起作用，然而，一旦舆论的力量加强了，它就能帮助公司占领市场。

11.2.6 形象营销

企业形象是公众对企业的综合评价，是企业的表现与特征在公众心目中的反映。塑造完整、健全、独特的企业形象并非易事。它不是对企业表面的装饰，而是企业由内向外认识自我、展示自我和发展自我的过程。因为设计包括由抽象理念到具体可视的行为、标志等诸多因素，企业形象塑造是一项艰巨的系统工程，必须借助企业形象识别系统（CIS 系统）来完成。

CIS 系统是企业形象识别系统（Corporate Identity System，以下简称 CIS 系统）英文名称的缩写。国内外许多案例表明，CIS 系统把企业经营活动引入了全新的境界。台湾 CIS 设计权威林碧耸先生曾将 CIS 系统定义为：将企业经营理念与精神文化，运用统一的整体传达系统（特别是视觉传达系统）传达给企业周边的关系者，使其对企业产生一致的认同感。即企业先对自身良好特质、经营理念、经营行为做出自我认识和确认，然后利用识别系统统一而整体地传达，努力向公众展示，使公众获得从视觉到理念上的反复认同感，从而在心中反射出企业的整体人格形象。可以说，CIS系统的建立就是人格化的企业表里如一的展示和认同。

案例 11-3

西双版纳打造旅游品牌

国家级风景名胜区的西双版纳傣族自治州，努力塑造旅游整体形象，如今已成为云南旅游业一个响亮的名牌。

西双版纳州在注重景区建设、实施生态保护的同时，全方位塑造“旅游名牌”形象。2000年4月，该州借“中国昆明国际旅游节”举办之机，加大旅游宣传力度，以每年近80万元的投资在昆明国际机场显著位置推出面积为600多平方米的“西双版纳民族旅游广告宣传长廊”，开创了地州旅游业在省会昆明作大型宣传的先河。

州旅游局还邀请各方人士对全州进行旅游CI形象设计，策划旅游营销方案，使西双版纳的旅游形象宣传更科学、规范和富有成效。

11.2.7 感性营销

感性营销就是以感性观点来分析人们的消费行为，把个人的感性差异的满足，作为企业营销战略核心的营销活动。感性营销来源于人们的感性消费。西方市场行销理论将消费者的需求分为三个不同阶段：首先是量的满足阶段；其次是质的满足阶段；第三阶段是感性消费时代。这三个阶段的演进是与社会经济发展密切相关的。从“量”到“质”到“感性”，实际上是社会经济的发展经历了从温饱型到富裕型再进入享受型的阶段。

在感性消费时代，过去那种单一的、大批量生产的产品已经远远不能满足消费者的需要，规模经济的生产方式愈来愈不能适应市场的变化。为了达到产品的差异化、多样化以及个性化，生产企业需要认真研究不同层次的消费心理，了解他们的欲望和需要。企业家必须从感性的新思路去从事生产经营、产品设计、制造以及销售，紧扣人们的感情消费心理，来维持和拓展市场。

感性营销之所以受到人们的青睐，根本原因在于企业站在用户立场上，以消费者满不满意、喜不喜欢作为产品设计和开发的准则，从而从情感上触动了消费者，使消费者产生购买的欲望，并最终形成购买行为。

11.2.8　CS 营销

CS（Customer Satisfaction）营销即是顾客满意营销。所谓顾客满意营销，其核心思想是企业的全部经营活动都要从满足顾客的需要出发，以提供满足顾客需要的产品或服务为企业的责任和义务，以满足顾客需要、使顾客满意为企业的经营目的。在美国，从汽车业到旅游服务业现在都已开始发布顾客满意度排行榜。在日本，据经济报业集团最新研究显示，提供顾客满意的产品和服务，已经成了未来日本企业最重要的优先考虑问题，许多大企业，无论是电子、汽车还是旅游业，都加强了他们的顾客满意职能。

CS 营销战略把顾客满意所引发的对企业的信任和忠诚视作企业最重要的资产。CS 营销开辟了企业市场营销的新视野、新观念和新方法，已被国外企业界人士看作是增强市场竞争能力、塑造良好企业形象的主要武器。

旅游企业将产品和服务提供给目标顾客之后，还必须了解顾客的满意程度。使顾客满意才能造就忠诚的顾客，而顾客对企业的忠诚和信任是企业实现利润的稳固基础。使顾客满意的关键在于增加顾客所获得的价值。如企业在同样的价格水平上，针对顾客的个人偏好提供个性化服务，就可为顾客提供更多的价值，必然提高顾客的满意度。因此，顾客的特殊偏好也是重要的信息。市场信息的获得需要借助于大规模的调查和一套成熟的调查技术。顾客个人偏好信息则要靠日常的积累，有赖于现代化的管理技术和管理手段，如电脑联网等。据报道，曾获美国国会巴德里治质量奖的里兹·卡尔顿饭店集团已储存了近 50 万客人的信息，当客人再次入住该集团的成员饭店时，成员饭店可以迅速地从信息中心调取客人的资料，从而提供客人所需要的服务。这是它成功的重要原因。国内知名旅游专家钱炜教授指出，饭店业不仅要提倡标准化、规范化的服务，还要提倡个性化服务，而大规模的个性化服务（集团化加电脑联网）则是 21 世纪饭店业发展的趋势。

11.2.9　文化营销

文化营销是指将文化因素渗透到企业营销活动及其过程中，通过价值观的认同或文化需求的满足而赢得消费者的营销活动。与传统营销相比，文化营销策略具有以下特点：

（1）在市场调研上，文化营销以满足大众文化需求为目标市场信息，因而市场调研的主题是消费者情感体验、价格认同、社会识别等文化需求，并密切关注消费时尚、消费方式的变化趋势。

（2）在市场定位上，文化营销市场定位的要点在于明确自己产品满足消费者什么样的文化需求，在满足这种需求上与竞争对手有什么文化层面上的区别。

（3）在产品策略上，文化营销视野中的产品不仅能满足用户的物质需求，更能满足用户的精神、文化需求。因此，文化营销十分重视产品的包装、命名、造型以及品牌中的文化品位。文化营销认为，尽管产品本身并无感情可言，但可通过别具一格的文化内涵设计赋予产品文化气息和情感氛围，使之与消费者心理需求相吻合。

(4) 在价格策略上，文化营销认为，产品提供的价格，既包括使用价值，也包括文化价值，商品定位应以顾客获得的总价值为准线，文化价值大小的确定以顾客的认知为基准。

(5) 在促销策略上，文化营销十分注重促销活动的文化内涵，并把这种文化内涵赋予商品之中，创造出商品的文化价值，并通过赋予商品文化内涵，创造产品—文化需求联系，呼唤顾客的心理需求。

11.2.10 整合营销

整合营销（Integrated Marketing Communication，简称 IMC）是欧美 20 世纪 90 年代以消费者为导向的营销思想在传播宣传领域的具体体现，其基本思想可以概括为以下两个方面：其一是强调营销沟通中的统一计划，即把广告、营业推广、包装、公共关系等一切与企业的对外传播和沟通有关的活动都归于一项统一的活动计划中；其二是强调统一沟通口径，即企业应当以一致的传播资料面对消费者，综合运用和协调使用各种各样的沟通手段，使营销沟通能发挥出最佳沟通效果。

整合营销与传统营销最大的区别在于重心的转移，从传统的消极、被动地适应消费者转向积极、主动地与消费者沟通交流。IMC 与传统的 4P’s 相对应，从全新的营销角度提出了 4C’s 主张。即在营销活动中，要考虑消费者的需求和欲望（Consumer wants and needs），消费者为满足其需求所愿意付出的成本(Cost)，怎样给消费者提供方便（Convenience），如何同消费者沟通和交流(Communication)。

整合营销的出现和发展是现代营销环境发展的必然产物，是营销传播理论在人们对广告不看、不信、不记忆的时期，为适应环境而进行的突破传统营销理论的一场自我革命。

11.2.11 网络营销

网络营销是建立在联网的基础上的，并借助联机网络、电话通信和数字交互式媒体的威力来实现营销目标。网络营销与传统营销相比，其独特之处在于：

(1) 互联网无所不及，其超越时空限制与具备传递文字、声音、动画和影像的多媒体能力，较之传统的媒体具有更强的表现力，可以充分发挥营销人员的创意。

（2）互联网可以展示商品样本，连接资料库提供产品信息的查询，可以和顾客做双向沟通，可以收集市场情报，可以进行产品测试与消费者满意调查等，是产品设计、商品信息提供以及顾客服务的最佳工具。

（3）互联网上的促销是一对一的、理性的、消费者主导的、非强迫的、循序渐进的，同时也是一种低成本与人性化的促销，因此符合分级与直销的发展趋势。

（4）互联网使用者数量快速成长并遍及全球，使用者多属年轻、中产阶级、高教育水平的人群，因此是一项极具开发潜力的促销渠道。互联网上的营销可由商品信息提供至收款、售后服务一气呵成，因此也是一种全过程的营销渠道。

互联网是一种利用通信线路，将全球电脑纳入国际互联网的信息传递系统，它必将是未来市场营销最重要的渠道。在消费者导向的时代，市场营销管理中的4P应该与4C，即顾客（Customer）、成本（Cost）、方便（Convenience）和沟通（Communication）进行充分的结合。而网络营销正好符合顾客主导、成本低廉、使用方便和充分沟通的要求，因而，必将成为未来企业营销创新的重要方式。

网络营销可以使营销企业实现双赢。例如，由新城科技公司创建的中国第一个旅游网站联盟雅途网（www. yahtour. com）在广州投入运营伊始，就获得来自境内外 700 家加盟旅游企业的 70 多万元广告收入。借助于网络营销创出网站和传统行业联盟迅速赢利的商业新模式。又如，中青旅收购了“上海大陆旅游资源信息网”，该旅游信息网为上海十大重点应用系统之一，目前是中国五大旅游网站协会的会长单位，已有数百家的酒店、旅行社客户资源。中青旅旨在组建网上旅游营销中心，实现公司旅游品牌、旅游资源与科技优势的有效嫁接，逐渐形成覆盖全国的旅游线路产品销售网络，全方位拓展网络营销。

按目前在互联网上的商业应用方式，旅游网络营销可分为以下几种：旅游网络广告、旅游电子商店和旅游网络服务。

1）旅游网上广告

网上广告可以说是网络营销中应用最多、技术也最为成熟的一种营销形式。目前已有大量的旅游公司在互联网上建立自己的服务器，即时向全球发布旅游产品信息。由于这些信息采用多媒体技术，集文字、动画、全真图像、声音、三维空间、虚拟现实等为一体，使旅游者如身临其境，大大吸引游客的注意力，激发其购买欲望。

旅游网上广告有很多特点。它可以跨越空间、时间的限制，将广告信息传播到世界各地去，只要那里有联结互联网的计算机。游客也可随时查询这些信息。它能在很短的时间内，完成广告内容的更换，配合旅游企业营销策略的更改。它具有互动性功能，游客掌握了浏览的主动权，旅游企业可以通过某种软件获得访问本广告信息的人数、访问的过程、浏览了哪些主要信息等内容从而得出广告发布的效果，而一般的大众媒介，如电视、广播、杂志却无法做到这一点。

旅游网上广告主要有三种形式：WWW 主页形式、电子邮件（E-mail）形式和其他形式。

2）旅游电子商店

所谓电子商店是指将商场的商品以多媒体信息的方式通过互联网络，供全球游客浏览、选购。

旅游电子商店有很多特点。由于旅游电子商店基本上是无店面店铺，无存货商店，其经营成本很低，而且这种电子商店同时具备促销的功能，其电子货架上的商品本身就是广告宣传的样品，经营者不需要再负担促销广告的费用，电子商店的成本主要来自网站的建设成本和软、硬件的维护费用。而且使用电子商店进行销售，可自动将客户信息汇集到用户信息数据库中，以便将来用于产品的促销活动。有些旅游电子商店还设立了在线收款服务，游客只需将自己的信用卡号码等信息输入计算机，即可收到所购的商品。旅游电子商店的游客也很有特色，他们多为高收入人群、受过高等教育、从事专业性或经理级工作的群体。

3）网络服务

近年来出现一批利用互联网络的资源为用户服务的旅游公司。这些旅游公司主要从事的业务包括互联网络访问、信息检索、软件开发以及用户咨询与培训四大类。

总之，营销创新的前提是观念的创新。许多人把“创新”看作技术上的重大发明创造，认为创新意味着科技进步、设备更新，似乎创新是一件规模浩大的工程，这样的认识直接导致人们将创新神秘化，把它当作实力雄厚企业的专利。其实，营销创新包括产品、市场、经营等多方面的内容，大到营销体制的变革，小到某些服务细节的改进，都应被看作营销创新的内容。还有许多人把营销创新当作企业管理人员的专利，认为普通员工就是按服务标准做好自己的本职工作，营销创新与已无关。实际上，营销创新关系到企业的生存和发展，进而直接影响到每个员工的切身利益。只有全体员工清楚地认识到这一点，才能保证营销创新的顺利实施，而如果所有问题都依赖少数的管理人员，不仅创新活动举步维艰，而且会使员工个人遭受损失。

11.3 旅游市场营销战略创新

呼唤创新，实现创新，是旅游业的灵魂。创新需要创造性思维。创造性思维是一种高级思维过程，一种通过脑力劳动获得新观念、新思想、新主意、新方法的思维过程。这种过程常以一定的经验和知识累积为基础，以解决现实生活中存在的理论或者实际问题为目的，以丰富的联想和大胆的想象作为催化剂，以具有社会意义的、新型的、独特的产物为终结。创造性思维贯穿在旅游市场营销的各个环节。

下面首先分析旅游市场需求的变化，然后在此基础上对通过创造性思维进行旅游市场营销战略创新进行探讨。

11.3.1　旅游市场需求的转变

早期的大众旅游可以追溯到工业革命时期。旅游业继承传统工业的大规模标准化生产模式的不成熟性以及经济技术等的不发达性，造就了大批要求低且需求类似的不成熟的旅游者。这时的旅游市场需求体现为对于内涵相似的标准化旅游产品的大规模无差异需求。这种需求基本上是大众化的、可以预测且缺乏弹性的，一定程度上可以由旅游产品生产者来创造和引导，因为不成熟的旅游者对于旅游产品并无严格标准和很高预期。随着旅游业最初沿袭借鉴的工业化生产方式的变革和旅游业自身的不断成熟，旅游市场开始由于不同类型需求的出现而经历了不同程度的“非大规模化”，旅游者追求变化和差异的需要使大规模同质旅游市场自然分割成多样化的微观市场。具有不同需求的群体在不同的分销渠道上追逐不同的旅游产品。尤其是进入 20 世纪 80 年代后期以来，以资本为核心资源的工业社会向知识经济转化过程中产生的生产交换模式变化、以互联网为代表的信息技术的飞速发展和以其为凭借的旅游者消费意识的转化和成熟度的提高，更加剧了需求的个性化和多样化趋势，相对于大众旅游时期来讲，旅游市场需求总体呈现出细分化、差异化、复杂化和个性多样化。虽然由于旅游者对于旅游的需求增加、有效需求转化为实际需求的过程也更为便捷等原因，总体需求水平相对于以前大幅地提高，但同时旅游者也在不断地创新自己高度个性化的需求，从而使这些需求分散于日趋超细划分的市场需求群中。

旅游需求向微观个性化转变的总体趋势在对旅游产品种类、旅游产品信息渠道和旅游产品交易渠道的需求上有以下具体表现：

1. 旅游产品需求变化

在对旅游产品的需求方面，现代旅游者出于对自主、灵活、发挥个性等的追求，在参加旅游的形式方面体现出对形态多样的散客自助式旅游的强烈需求。据美国《旅游与娱乐》杂志近年所做的一项关于非商务旅游特点与动机的调查显示：参加包价旅游的只占 24%，有 76%的旅游者以散客形式参加旅游。这一趋势还将由互联网的普及带来的旅游者自己设计线路、网上预订的便利性而进一步增强。其对旅游产品的需求总体上体现出个性、多样、自助、参与等特点。

对饭店业来说，随着跨国公司的发展和国际间经贸往来的增加，商务客逐渐构成中国许多高档豪华饭店的主要客源。商务客人的需求与以往的观光客人有所不同，他们往往对价格不很敏感，而需要省时、方便、准确、快捷的服务，并希望能在饭店内完成电文传递、印制文件、商务咨询、机票预订等事项。顾客需求的变化迫使饭店及时进行创新改造，提供其所需服务。

2. 旅游产品信息渠道需求变化

这种对于产品多样化、个性化的需求甚至会升级为通过自己设计组装产品来满足，这些都对接触和获得信息的渠道提出了更高的要求。多样化旅游产品信息在总量上不断增多，而单体规模日益减小，指向的市场日趋分散化和全球化。每个需求群都有其强烈的偏好和消费特点，只有通过越来越具差别性的媒介才能与其互相沟通。同时，旅游者对于这些分散信息的快速取得和易于整理的需求又不断提高，这一切都是分散地利用不发达信息技术的传统大众传媒形式所难以兼顾的。可以说唯独依靠以互联网为代表的信息技术的发展才能满足这种对信息渠道的广度、随意性和高速化的需求。

3. 旅游产品交易方式需求变化

在旅游产品交易方式的需求方面，旅游者对于交易的便利性、及时性、随时性、快捷高效性等都有了更高的价值取向。其常常愿意采用随走随买、零星分散的购买方式来进行交易。总体来讲，旅游者需要及时获得大量的旅游信息，通过自己加工整理和与旅游生产者互动的方式，针对自己的个性化需求定制适合自己的旅游产品，并通过快速高效的交易渠道随时进行旅游交易。

处于这一需求发展进程不同阶段的地区会体现出不同的个性化特征，其终极形式都为一定范围内几乎个个不同的需求的极端个性化。但由于旅游业的全球一体化运作，一定市场范围内的个人需求扩展到整个旅游市场的需求总体，则会形成一定规模的同质需求市场，从而使旅游营销战略的变革和实施成为可能。

11.3.2 旅游市场营销战略创新

对应于大众旅游时期的需求特点，大规模营销（Mass Marketing）战略的观念建立在旅游者对于单一产品有大量需求的假定上，认为采取大批量生产、促销和分销单一产品从而降低成本和价格来创造最大的潜在市场的无差别营销是最有效的。其运作中不考虑各种可能存在的细分市场间的差别，而致力于旅游者需求中的相同之处，推出单一的包价旅游产品来追求整个市场。即用相似的、标准化的、缺乏变化的包价旅游产品去满足常规的旅游需求。其采用以价促销并追求产品在销售数量上的规模扩张和最大化，凭借广泛的销售渠道、大规模的广告宣传在旅游者心目中树立某一产品的超级形象。在此战略阶段，产品设计、生产、促销和销售各环节之间联系很少，且在整体上可以不顾及旅游者的需求特点。

随着大众旅游需求因旅游业发展而必然体现出的非大规模化，旅游产品营销者开始关注需求的差异性，从而在经历了提供多种产品来扩大旅游者基数的差异营销战略后，转向目标市场营销战略的变革，即提供多样化旅游产品来针对性地满足日趋复杂多变的旅游需求。在目标市场营销中，营销者区分出构成旅游市场的各种不同群体间的差别，并从中选择一个或几个细分市场，为每个目标市场开发相应产品和制定营销计划。以有效市场细分为基础的目标市场营销战略造就了旅游产品种类、旅游方式、旅游交易形式等在近些年的极大丰富化，顺应了旅游者的多样化需求。同时，由于市场微观化导致的市场细分程度由原来的细分市场（Segmental Market）到超细分市场（Niche Market），又在向类似于“一对一”市场（One-to-one Market）的终极细分市场的转化，营销的着力点也从目标市场群的需求到超细分市场需求甚至将转向目标个体需求。这种目标个体需求在旅游活动全球化的强大市场基数下仍然具有其有利可图的运作规模，从而最终形成以批量为基础、从事大量的高度个性化产品生产以满足每个旅游者需求的“一对一”顾客定制化营销战略。

这一旅游营销战略运作中必然要贯彻以下思想：强调将单个旅游者都作为有独一无二个性的微观目标市场，凸显对其个性需要的终极关怀；从旅游产品生产上实现顾客定制化，让旅游者参与生产完全符合自己愿望的产品。一方面让旅游者通过互联网等方式自选自组体现自己个性的旅游产品；另一方面，即使在向旅游市场提供标准化旅游产品，如包价旅游时，也不仅限于生产某一标准的营销供应品，而是让旅游者有权对其中内容进行选择、剪裁和重组。即：即使产品不能顾客化定制，营销方法也可以顾客化定制。这种极富个性的定制化营销要建立在网络等技术手段的支持上。总之，相对于大众营销来讲，目标市场营销是针对若干个细分化程度不一的细分市场实施分散营销的战略。

11.3.3 旅游产品销售渠道创新

自从 20 世纪 80 年代中后期以来，随着全球经济技术的发展和旅游业的不断成熟，旅游营销战略正经历着由大规模营销向以“一对一”的顾客定制化营销为终极形式的目标市场营销的变革。相应地，作为旅游营销组合重要成员的旅游产品销售渠道也在不同程度上由原来的长宽并重走向日益短宽化。尤其是计算机的飞速发展，一方面促进了旅游产品供给方力图跨越中间环节的渠道最短化倾向，另一方面更为渠道的拓宽提供了无限的天地，从而进一步推动了渠道策略向以宽为主的变革。

旅游需求及其引导的旅游营销战略的变革必将引发旅游产品销售渠道策略的

变革。以长宽两个维度的组合来勾勒旅游产品销售渠道的框架可以总结出，在大众营销时期，旅游产品销售渠道决策坚持长宽并重的取向。首先，由于旅游需求是大规模同质的，旅游产品生产也是大批量的，因而对分销系统的最根本要求就是能否实现销量最大化，而这一点在当时的经济技术条件下是单纯依靠旅游产品生产者自身所难以实现的。从而以旅行社为代表的大量销售中介机构成为分销的生力军，每条间接销售渠道上所运行的销售量成为宽度决策中关注的焦点。同时，由于旅游需求的无差异性和旅游产品的标准化、专业知识含量低等特点，旅游产品生产者和最终消费者可以相互隔离而相安无事，不需要就产品进行大量的沟通。标准化的旅游产品经由大量中间环节到达最终消费者时不会有很大变化。这就为间接销售渠道的长度取向提供了可能，为达到自己难以直接到达的客源市场，旅游产品生产者可以尽可能延长和叠加中间环节。销售渠道策略的出发点即为以尽可能多的、销售能力尽可能大的旅游中间商的介入来形成长度上尽可能触及和分散到全球各地、宽度尽可能承载最大交易量的长宽并重的销售渠道结构。但是在此阶段，渠道在长度上有受国家间进入壁垒等限制而难以到达的市场，宽度上更有出于技术手段等的限制。

当旅游需求发展到高度个性化时，“一对一”的营销战略必然要求生产者实现包括交易在内的与旅游者的直接接触，缩短销售渠道直至实现面对面的销售。在旅游产品生产者不得不直接关注各种个性化需求从而有针对性地生产多样的非标准化旅游产品的顾客定制化营销时期，有效的销售渠道必然体现为旅游产品供需双方直接互动接触的渠道最短化形态。由于旅游中间商往往缺乏关于各种个性特色化旅游产品的专门信息和知识，由过多中间环节形成的过长渠道不仅会使旅游产品生产者的产品销售成本提高，也会使其对维持产品特色的控制力削弱，甚至导致高度个性化、附加价值高的旅游产品在到达最终消费者时已发生了个性上的改变和价值含量的降低，难以满足旅游需求对个性化的追求。再加上为了顺应旅游者对于交易的便捷度、灵活性、及时性、快速高效性的需求等原因，更产生了以计算机网络技术为支撑的跨越旅游销售中间环节的销售渠道短宽化趋势。

旅游产品销售渠道短宽化趋势的具体实现在总体上都是以计算机网络化为基础的。互联网络提供了巨大的信息量和交易便利度，从而作为强大的技术支撑为销售渠道的宽度决策提供了无限的扩展天地；旅游销售渠道长度决策中的短化取向的实现则依赖于信息网络化带动的规模经济效应和对应旅游需求多样个性化而采取的范围经营等途径。

首先，前者主要表现为销售渠道变革中的一体化趋势。计算机技术在问讯、预订、直至网络方面的发展和普及为旅游产品生产者在主要市场范围内扩大同顾客的直接接触提供了可能。其导致的垂直一体化是近年来旅游产品销售渠道发展中最重大的变革之一。传统销售渠道是由独立的旅游产品生产者、旅游批发商、零售商等构成的，每个成员作为独立实体追求自己的利润最大化，即使是以损害渠道系统整体利益为代价也在所不惜。垂直一体化的销售渠道系统则相反，它是由生产者、批发商、零售商形成的以产权为约束的统一联合体。如近年来美国旅游批发商为了对抗供应商越过自己的直销趋势，实行反向一体化，通过购买兼并等方式取得供应商，同时实行前向一体化，买进包括旅行代理商在内的国内外零售层次来控制零售点。正反向一体化使大批发商的规模更大，有的甚至成为大型垄断企业，通过同时拥有生产、批发、零售三个层次而控制整个旅游产品分销渠道，使渠道最短化。

其次，旅游营销战略向个性化的转变必然导致旅游产品生产者利用范围经济效应实现多样特色化的产品生产，而这种非标准化的产品必然要求采用已不单纯是作为交易手段的直接销售渠道，从而使销售渠道在长度上趋向于最短，而在宽度上由于多样化产品的生产而实现总销量上互相补充而呈现出的渠道短宽化。

➢ 关键术语

旅游市场营销创新（Tourism Marketing Innovation）
旅游市场营销创新源（Tourism Marketing Innovation Sources）
社会市场导向营销（Social-marketing Oriented Marketing）
观念创新（Conception Innovation）　　战略创新（Strategy Innovation）

案例回顾与讨论

1. 针对高校学生旅游市场的特点，你是否还能想出其他的营销方式。
2. 以此案例为蓝本，请你针对老年人旅游市场的特点，设计一些有效的营销方式。

复习与思考

1. 旅游市场营销创新的含义和意义是什么？
2. 旅游市场营销创新源的含义是什么？大致包含哪些类型？请举例说明。
3. 社会市场导向营销观念的组成要素包含什么？
4. 请举例分析旅游市场营销的观念创新。
5. 旅游市场需求目前发生了哪些变化？应采取什么样的营销创新战略与其相适应？

第 12 章

第五个“P”——旅游市场营销中的公共形象

学习目的：掌握旅游公共关系的概念和公共关系对旅游市场营销的作用；了解公共形象是市场营销因素的第五个“P”，并且了解公共形象的投入产出组合；了解旅游企业形象的概念和分类，并且熟悉旅游企业形象的调查；了解 CIS 战略的概念以及与旅游企业营销管理的关系；熟悉旅游企业 CI 战略的导入。

企业的公共形象（Public Image）是继 4P’s 之后，又一个被人们认识到的营销中的关键因素，也是建立公共关系的一种具体方法。作为经济高度发展的产物的公共关系，其本质就是通过双向沟通，有效地达成组织与环境之间的信息交流，使组织对环境的变化保持高度敏感性，并通过有目的的公共关系活动，影响环境的变化，给组织创造出一种得以生存和发展的良好条件。本章将在阐述公共关系的基础上，进一步对公共形象做具体描述。

案例 12-1

“中国文化美国行”

中国每年用于旅游促销的经费约为 7 000 万元。开展国家旅游形象宣传所采取的方式一般为由旅游部门牵头、各地旅游局和旅游企业共同参与的各种世界性或地区性的旅游展销会，同时邀请国外旅行商和媒体记者来华旅游。

“中国文化美国行”（2000 年 9 月 5 日～15 日）是国务院新闻办公室牵头组织的向美国公众全面展示中国文化形象的大型活动。作为“中国文化美国行”的重要组成部分，旅游展览的内容共分为以下四个主题：总统之旅、丝绸之路、江南水乡游和西南民俗风情游。围绕这四个主题，分别采用图片、实景模型、电脑触摸屏、民族歌舞、手工艺表演、电子游戏问答等手段，多方位、多视角地展示了中国富有民族特色的旅游文化内容，同时宣传了中国目前现代化建设取得的突出成就。

此次赴美展览与以往的展销活动相比，特色突出，规模大，展出时间长，高潮迭起，形式多样，并且与文化等部门联合办展，起到了很好的传播作用，形成了立体促销的新局面。

此次活动实现了预期的目标，在以下几方面获得成功：①吸引了当地人群的普遍关注；②进行了以旅游促销活动配合国家领导人访问的有益尝试；③主题演讲活动赢得各方好评。

本次旅游促销展，作为国家旅游形象促销活动中一次卓有成效的尝试，开创出一种崭新的对外促销模式，也提出了国家旅游形象促销方面的一些新思考。

(1) 选择适当时机。此次推广活动取得的好效果，与促销活动所选择的时机密切相关。一方面，中国作为举世瞩目的发展中大国，在千年议长会议和千年首脑会议中有着一定的影响，中国国家领导人出席重要的国际会议，本身就已经吸引了媒体和公众的关注，在这一时间开展旅游促销活动，更容易形成轰动效应。另一方面，在走进中国展览活动中，与文化等相关部门密切配合，结合工艺美术品展示和服装展示，设立规模宏大的旅游展区，既配合了中国文化形象的整体宣传，又与其他展览内容相辅相成，树立了中国旅游的鲜明形象。

(2) 找准各方利益切合点。此次活动，在国家旅游局的统一指挥下，来自各地旅游局和旅游企业的所有工作人员团结奋战，圆满完成了促销活动。

(3) 提高针对性。此次促销活动产生了很大影响，但前来参观人员与目标受众之间尚存在一定的差异性，使促销效果受到一定程度的影响，在前来参观的人员当中，非目标市场的公众占了较大比重。从国家旅游形象促销的角度来看，没有吸引足够多的主体市场参与，是活动的一个遗憾。

资料来源：21 世纪旅游业发展战略与经营管理全书. 王兴斌

12.1　公共关系与公共形象概述

12.1.1　公共关系概述

作为经济高度发展产物的公共关系，其本质就是通过双向沟通，有效地达成组织与环境之间的信息交流，使组织对环境的变化保持高度敏感性，并通过有目的的公共关系活动，影响环境的变化，给组织创造出一种得以生存和发展的良好条件。因此，作为一种有理论指导的自觉活动的公共关系，将成为旅游业实现成功营销的重要手段。

（一）旅游公共关系的定义

公共关系一词，最早出现在1807年出版的《韦氏新九版大学词典》上，其英文是Public Relations，简称PR。关于公共关系的定义，学者们各抒己见，不下几十条，其中较有影响的有：

公共关系是一种内求团结、外求发展的经营管理艺术。它运用合理的原则和方法，通过有计划而持久的努力，协调和改善组织机构的内外关系，使本组织机构的各项政策和活动符合于公众的需求，在公众中树立起良好的形象，以谋求公众对本组织机构的了解、信任、好感和合作，并获得共同利益。

旅游公共关系就是通过揭示旅游公共关系活动的规律，探索旅游业主体运用传播、沟通的手段，使旅游业与旅游公众相互了解、相互合作，帮助旅游管理部门掌握变化的环境情况并有效地利用这些变化以促进旅游目标实现的一种活动。本章开头提出的案例，就是以塑造国家旅游形象为核心的公共关系活动。

（二）旅游公共关系的主体和客体

公共关系活动是一种主观见之于客观的实践活动，它由主体、客体和主客体的中介所构成。组织、公众和传播就是公共关系的主体、客体和中介，它们构成了公共关系活动不可缺少的三个基本要素。

1. 旅游企业——公共关系的主体

旅游公共关系是旅游企业与公众联系的一种客观状态，旅游企业是这种客观状态赖以存在的中心。某个旅游企业一旦建立，不论它是否意识到自己已处在与各方面公众构成的公共关系网络中，也不论它是否有计划地去开展各种公共关系活动，它总得与它的各类公众发生某种联系和相互作用。表面看来，旅游企业和公众双方中的任何一方都能给对方以作用，但在实际的旅游公共关系活动中，旅游企业是实际规划这种活动的主导者。旅游公共关系活动是一种有目的、有计划的对象性活动，而目的的确定、计划的制订、实施和调整都是由旅游企业完成的。也就是说，旅游企业是旅游公共关系活动的实施者，尽管公众的态度和行为会对旅游企业的公关决策产生强烈影响，但最后做出决定的还是旅游企业。当然，一个旅游企业成为其他旅游企业的公共关系工作的对象时，这一旅游企业就处在公共关系客体的位置上，不过这并不与“旅游企业是旅游公共关系的主体”相矛盾。在“中国文化美国行”中，以国家旅游局为核心，国内各级旅游局和大型旅游企业成员组成的旅游代表团即为本次公关活动的主体。

2. 公众——公共关系的客体

公众是旅游公共关系的客体，它的存在及其态度和行为决定了旅游企业是否要搞公共关系以及如何搞好公共关系，因而是旅游公共关系的客体。

“公众”（The Public）与“人民”（The People）、“群众”（The Mass）、“人群”（Crowd）这些概念并不完全一致。所谓公众，特指公共关系的对象，即与公共关系主体发生联系及相互作用的社会群体。美国公众在上文所提到的案例中就属于这个范畴。从这个定义中，我们可以看到“公众”三个最基本的性质：第一，同质性。公众的同质性可以与大众或群众的异质性相对应。公众的形成是因为公众成员遇到了共同的问题，由于这个问题使其与公共关系的主体发生联系及相互作用。因此，公共关系中的公众总是确定的，也就是说是具体的、特殊的，可以定量化的。第二，群体性。公众的群体性与同质性是一个问题的两个方面，同质性强调的是公众面临的是相同的问题，群体性则强调公共关系是与群体打交道的，而不是仅仅与一两个人发生关系。第三，可变性。公共关系要处理的公众始终处于变化之中，旅游公共关系的对象往往因为环境条件的变化而变化。旅游社会公众是指现在或将来对旅游经营和旅游声誉具有影响作用的个人或团体，可分为旅游外部公众和旅游内部公众。

旅游外部公众包括：①旅游现实和潜在客人；②金融机构；③宣传机构及其人员；④旅游投资团体或股东；⑤所有旅游企业渠道成员；⑥特许权授予者及管理公司；⑦其他社会团体。

旅游内部公众是指旅游企业内部的所有员工。旅游企业必须注意建立与旅游外部的人、组织的关系以及与旅游内部员工间的关系，特别是不能忽视与旅游内部员工建立良好的关系。因为旅游内部良好的公共关系是旅游经营管理和搞好外部公关的基础。

3. 传播媒介——一种特殊的公众

媒介关系是任何一个社会组织的外部公众关系中最为特殊的一种，其特殊性表现在它具有双重性质。一方面，传播媒介是一种工具，任何一个社会组织可以通过这一“工具”与各种各样的公众取得联系，换句话说，它是公共关系人员赖以实现公共关系目标的重要媒介；另一方面，传播媒介本身也是一种公众，公共关系人员只有搞好了与这一“公众”的关系，才能发挥其作为“工具”的作用。

传播媒介就是在社会分工中负责向社会大众传播信息、报道新闻的专门机构，它一般包括四个方面：①通讯社；②报刊杂志；③广播电台；④电视台。

当传播媒介成为旅游的宣传工具时，它有如下三个特点：

• 传播媒介可以将旅游所要传播的信息扩散、放大到全社会范围，其作用犹如放大器。

- 传播媒介由于其社会属性，它所传播的信息具有相当程度的社会认可性，因此，在这方面它又具有“信度仪”的作用。
- 传播媒介对于所接受的信息，都有自己的选择角度、传播主题、报道形式，也就是说，它完全具有自己的独立性。

公共关系的最有实质意义的工作之一便是传播信息，传播媒介客观上所具有的前两个特点正是公关工作所要追求的目标，而新闻媒介的第三个特点，又使得旅游与新闻媒介之间的关系呈现复杂性。因此，旅游的公共关系活动与新闻媒介的关系形成了一个具体的、特殊的领域，而怎样与新闻界打交道，便顺理成章地成为一种职业技能。

（三）旅游公共关系的种类

1. 宣传型公共关系

宣传型公共关系就是利用各种传播媒体和手段，向社会公众宣传展示自己的发展成就与公益形象，以形成有利于本组织发展的社会印象与舆论环境的活动模式。这类旅游公共关系活动能够及时通过媒体进行正面宣传，主导性、时效性强，影响面宽，推广旅游地、旅游企业及其旅游产品的形象快。

2. 交际型公共关系

交际型公共关系是要通过人与人之间的直接交往接触，进行联络感情、协调关系和化解矛盾的活动，以达到为本组织建立良好人际关系的目的。这类活动非常有助于包括顾客在内的有关各类公众对本旅游企业的了解和信赖，对于增强顾客的购买决心和扩大企业的业务具有显著作用。据统计，旅游业中有一半以上的顾客是通过朋友、熟人介绍而来的，由此决定了加强这类公关活动对旅游促销的重要意义。

3. 服务型公共关系

服务型公共关系是以为公众提供热情、周到和方便的服务，赢得公众的好感，从而提高组织形象的一种公关活动模式。在为顾客服务中充分为顾客着想，由此既能在不显露商业痕迹的直接服务中起到即时刺激旅游消费的作用，又能在先期旅游者的口碑效应中达到扩大旅游销售的目的。

4. 社会型公共关系

社会型公共关系是指组织利用举办各种具有社会性、文化性的赞助或公益活动来开展公共关系的模式，其目的是塑造组织的文化形象、社区公民形象，提高组织的社会知名度和信誉度。对于旅游公关活动来说，应特别强调参与和旅游有关的文化与体育活动。

5. 征询型公共关系

征询型公共关系是通过采集信息、舆论调查、民意测验等方式，为企业的经营管理决策提供客观依据，以不断完善企业形象的公关活动模式。收集顾客的好评和不满意见，并了解影响潜在顾客购买的障碍性因素，然后加以利用和改进，也有利于旅游促销，但这类活动影响促销的间接性更强。

根据组织与环境的适应态势关系，公共关系活动还可以分为建设型、维系型、防御型、矫正型和进攻型五种。基于旅游市场的巨大潜力和风云变化，从旅游促销的角度特别重视矫正型和进攻型的旅游公关活动。例如，墨西哥在因大地震导致旅游业损失惨重的情况下，政府斥巨资请美国公共关系专家策划了真实的墨西哥形象全球推广活动。一是通过电视新闻媒体如实报道了地震损失，使外国游客了解到倒塌的房屋多为民宅，而豪华饭店并无多大损失；二是出巨资到美国、日本等发达国家，邀请文艺、体育和政界名人到墨西哥旅游，然后将录像拿到世界各地播放，用名人效应解除了旅游者的顾虑。墨西哥的旅游业因此在一个多月后又兴旺起来，游客人数竟很快地超过地震前。这就是矫正型旅游公关活动的效用。

（四）公共关系在旅游市场营销中的作用

公共关系在旅游市场营销中主要发挥着两方面的作用：①塑造本旅游地或旅游企业及其旅游产品富有魅力的公众形象，提高自身的知名度和美誉度，以增强市场竞争能力。②公共关系是促销组合中唯一并非主要用作促销的因素，也是唯一起间接促销作用的因素；但却是实实在在起着独特而重要的促销作用的因素。

通过与旅游业相关各类公众的双向沟通活动，以尽可能形成对本地旅游业或本旅游企业有利的市场经营社会环境，或有利于本旅游企业动态适应市场社会环境的变化。对于企业一般不可控的市场营销环境，仍能通过公共关系的手段施加积极的影响。如努力与旅游中间商、旅游供应商、金融机构、广告媒体、甚至市场竞争者等有关公众建立彼此信任和合作的关系，以有利于旅游市场营销活动的开展；努力与消费者公众、新闻界公众、社团公众、内部公众形成彼此了解、信赖的关系，以形成对旅游业及旅游企业有利的社会舆论；努力与有关政府部门和立法机构的公众对话，以形成对旅游业及本旅游企业营销有利的政策法规环境。同时，通过对各类公众的征询沟通，可及时反馈市场经营环境的变动，以利于旅游市场营销者迅速做出准确的反应。

案例 12-1 中，政府直接参与旅游促销就是因为政府开展的促销活动，受益者不仅是旅游行业，还有许多与之相关的行业和更广泛的领域。它协调了包括旅游企业和地方部门在内的各方面活动，实现整体行动，形成影响和声势。

12.2.2 公共形象——营销因素的第五个“P”

（一）公共形象——营销因素的第五个“P”

市场营销已被看作是控制和使用四个“P”，即所谓市场营销因素组合。在人们看来，市场营销人员能控制或指导的可变因素只有四个：产品（Product），即旅游业的物质产品及服务；渠道（Place），有两种含义，一是指旅游业本身所在地，二是指客源的聚居处；促销（Promotion），树立旅游声誉，使消费者了解“产品”的特点，促使购买；价格（Price），即旅游产品的价格。然而另外一个“P”即第五个“P”，值得作为市场营销组合的又一个因素来考虑，这就是旅游业和企业的公共形象（Public Image）。图 12-1 所示的即为公共形象作为又一个“P”与其他“P”的关系。

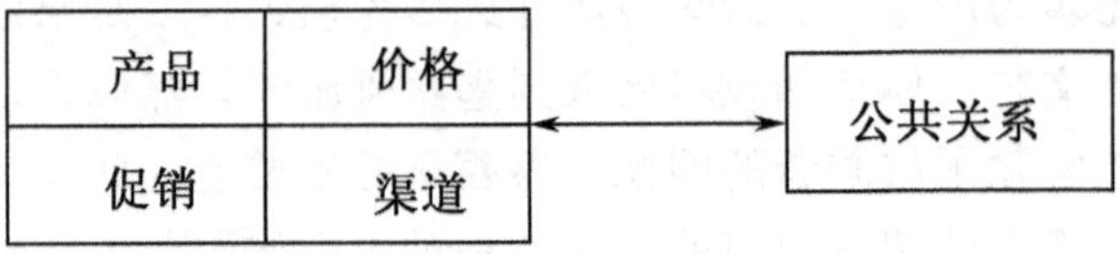

图 12-1　营销因素的第五个“P”

（二）公共形象在营销中的作用

旅游营销活动要注重公共形象，大胆运用公共形象战略。如果旅游企业具有良好的公共形象，就应得到珍惜并加以保护，因为这是花了很长时间才建立起来的旅游企业与各界公众之间令人满意的关系，是宝贵的财富。旅游企业一旦建立了良好形象，竞争者是不能轻易诋毁和仿效的，它能使旅游企业提高产品和服务的价格，能使它吸引优秀的人才，能为它建立与债权人之间的最有利的关系，并能以最低效率获得贷款，它还能比同行中没有这种形象的其他旅游企业享有更多的股票利润率，当然也能吸引更多的客人，所有这些都能增加旅游企业的竞争优势。

消极的公共形象能使旅游企业失去与之打交道的大部分公众。较差的公共形象内容会使旅游企业受到不同程度的谴责，使现有的和潜在的顾客另找门路，倒向竞争对手。比如，美国内华达州的拉斯维加斯的 MGM 大饭店由于人为的火灾及之后处理的不妥而导致名声败坏，在同行业其他旅游饭店间广泛流传，这样，试图重新提高形象又要花费很大的功夫。

（三）公共形象的组合

公共形象作为又一个营销因素组合正受到更多人的重视。但也有一些人对此持怀疑态度，他们认为“公共形象”不可能像其他“P”那样能随意改变和控制。因为一家旅游企业的名声毕竟是相对稳定的，所以不能把“公共形象”当作市场营销的战略组成部分。

的确如此，良好的公共形象不能很快树立起来，但它却很容易受到损害，正是在这样的意义上我们才把“公共形象”作为营销因素组合之一的。在今天旅游业竞争空前激烈的环境里，几乎再没有旅游企业对它们的公共形象漠然视之了，至少再不能不重视公共形象中的公共关系了。

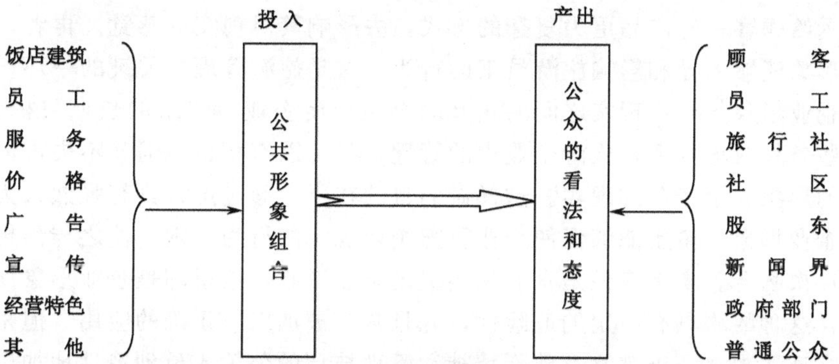

图 12-2　公共形象投入-产出示意图

可以说，旅游企业的公共形象与营销因素的四个“P”一样是可以控制的。图 12-2 表示一家饭店树立某一形象要进行的主要投入以及这种形象树立后产生的结果或者说这种公共形象的产出。

值得注意的是，投入和产出是公共形象的两个方面，如员工既可以为旅游企业树立消极形象，也可以有助于企业树立积极形象，但他们同时也是旅游公共形象的感受者。公共形象越好的旅游企业就越能吸引员工，而员工对旅游企业树立公共形象起了积极作用。

可见，影响公共形象的大多数因素或投入，在很大程度上是可以控制的，除了通过公共关系来建立有利形象之外，旅游企业当然还可以通过投入设备、提供服务项目、制定竞争性价格等手段来建立。

12.2 旅游企业形象与形象调查

12.2.1 旅游企业经营需要旅游企业形象

（一）企业形象是旅游企业经营管理的工具

在旅游企业的管理体系中，企业形象是传递沟通联络的工具。“管理”本身就是通过连接和协调公众的行为，使得事态按照理想方式发展的一门艺术。同制造业生产的具有物理形态的商品相比，服务明显地具有难以定义和难以进行试验的特性。因此，从旅游企业的角度出发，为了诱发顾客的消费行为和启发适合旅游企业预期目标的顾客偏好，旅游企业要加强与顾客的联络，并且，通过远比仅仅展示给顾客一件产品更为复杂的方式，去影响其对现实的感觉。再者，良好的企业形象能够引导和影响旅游员工的行为，这是旅游管理中关键的一环。

企业形象与企业现实之间的相互吻合是旅游企业所追求的长期目标。然而，在某些条件或场合下，旅游企业中的管理部门可以有意识地但又不失审慎地制造企业的形象大于企业的现实。这样做的目的在于：通过这种具有强烈人为设计色彩的企业形象，希望能够促使企业重塑企业现实的行为出现，使之与预想的企业形象再次吻合。本来应该是企业现实决定企业形象，这里却是企业形象促进企业现实，这种战略具有一定的危险性，并且常常被加以不正确的应用。但是，这种做法在现实中也不乏被富有革新精神和管理技巧的公关人员创造性地加以运用的例子。重要的是，这一战略是否能够成功将完全取决于：人为设计的企业形象是不是可以真正地促使企业现实发生变化。为此，旅游企业必须具备一个无懈可击的计划，使新的企业形象能够达到自我完善。不少旅游企业发起各种形式的公共关系活动，为的是使顾客相信旅游以顾客至上的态度提供各种服务。

（二）什么是旅游企业形象

旅游企业形象作为一种“无形的经营资料”，是难以单凭抽象的道理解释清楚的。

所谓旅游企业形象（Corporate Image）就是社会公众包括旅游企业员工心目中对旅游企业整体的评价。它是公众对旅游企业的发展史、创始人、主管人员、员工、团结气氛、行为准则、物质条件、产品、服务、旅游企业名称等总体认知，反映了公众对旅游企业的整体特点、总的精神的了解和情感倾向。这种印象不仅来自于有形的、看得见、摸得着的外部事物，同时也来自于长期为公众所感知和记忆的旅游企业的行为和表现的内在精神。

（三）旅游企业形象分类

1. 按旅游企业形象的内容，可以分为总体形象和特殊形象

旅游企业针对某一类公众所设计、形成的形象是特殊形象，比如旅游企业对员工、游客、政府、新闻媒介等公众树立的不同形象，就是特殊形象。旅游企业的特殊形象是旅游企业改变自我形象的突破口，是构成旅游企业整体形象的基础。

由各个特殊形象构成的就是旅游企业呈现在公众面前的整体形象。一般用知名度与美誉度来表示一个旅游企业的整体形象。完善的整体形象是对旅游企业具有决定意义的宝贵财富。

2. 按旅游企业形象的现实性，可以分为实际形象和期望形象

为公众所普遍认同的形象就是实际形象。一般可以用一定的方法测得旅游企业的实际形象。实际形象不仅是形象塑造的起点，而且也是影响旅游企业生存发展的最现实的因素。

旅游企业期望在公众心目中树立的形象，是期望形象。它是一个旅游企业改善自己形象的奋斗目标和努力方向。

实际形象和期望形象是旅游企业形象塑造过程中的起点和终点。

3. 按旅游企业形象的真实性，可分为真实形象和虚假形象

留给公众的符合旅游实际情况的形象，是旅游企业的真实形象。使旅游企业形象具有真实性是最重要的，任何不真实的旅游企业形象都不利于旅游企业形象的树立。

当一个旅游企业在公众心目中的印象与该旅游企业真实形象产生误差甚至歪曲的时候，这就是虚假形象。简单地说，虚假形象就是失真的形象。

4. 按旅游企业形象的可见性，可以分为有形形象和无形形象

1）有形形象

凡通过人们的感觉器官直接能感受到的与旅游企业有关的实体，都构成该旅游企业的有形形象。

它一般包括以下几个方面：

（1）旅游企业提供的服务质量。它是旅游企业有形形象的决定因素。

（2）旅游企业外观。现代化的旅游企业与街头巷尾的小旅馆，给人的印象当然是截然不同的，这就是旅游外观形象上的差异，外观形象在一定程度上表现出

一个旅游企业的气魄，但成功的旅游企业的外观并不以豪华为标志，而总是努力使旅游企业的性质与外观形象和谐统一。同时，整洁的环境、优美的绿化，也构成旅游企业外观形象的一部分。

(3) 旅游设施和功能。拥有现代化设施和多功能的旅游企业给公众留下的印象当然要比设施简陋的旅游企业好，因为设施构成了旅游企业的基础形象。

(4) 员工行为。员工的一举一动，往往会成为一个旅游企业的形象标志，这对旅游业来说尤其如此。热情友好的企业员工和彬彬有礼的服务人员给公众的愉快感受，会使人由此及彼地对整个旅游企业产生好感。

2) 无形形象

这是在有形形象的基础上，通过人们的记忆、思维等心理活动在头脑中升华而得到的旅游企业形象。这种形象是无形的，是有形形象的抽象，因而更加深刻，更接近于旅游企业形象中本质的东西。具体由以下几方面构成：

(1) 旅游企业的信誉。这是无形形象中的主体内容，信誉本身是看不见、摸不着的，它体现在一个旅游企业的经营活动之中。旅游企业信誉的好坏在一定程度上会左右公众对该旅游企业所采取的行动。

(2) 旅游企业员工的精神面貌，是旅游企业无形形象中另一个极为重要的方面。

(3) 旅游企业精神和旅游企业风格。每个旅游企业都会有意无意地形成自己的旅游企业精神和风格。这种精神和风格作为一种旅游企业文化，但却能有力地影响旅游在公众心目中的形象。

为直观起见，正面用图 12-3 来揭示旅游企业形象的分类。

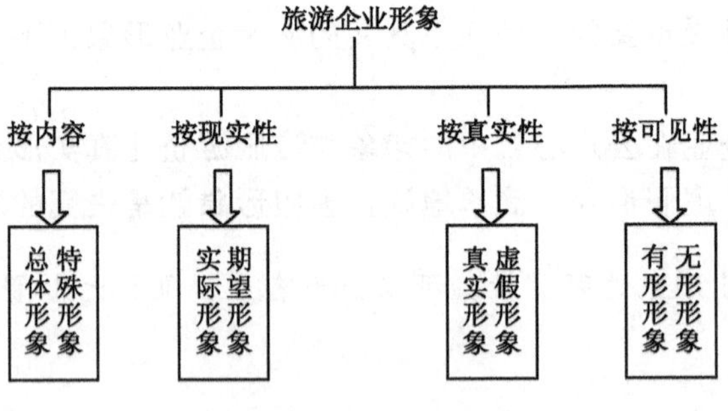

图 12-3 旅游企业形象分类图

12.2.2 旅游企业形象的调查

为了具体说明旅游企业形象调查方法的实际运用，作为旅游公共状态调查的一个实例，现在加以介绍，旅游企业形象调查可按以下的程序进行：

（一）确定调查对象

旅游企业形象调查根据调查目的不同，可分为局部形象调查和全面形象调查。局部形象调查是选择一类或几类公众进行调查，其目的是摸清旅游企业在这部分公众中的印象如何，探索改善公共关系状态的措施，为旅游企业某些决策服务。全面形象调查是在各类公众中进行普遍、综合的调查，这是全面考察旅游企业形象的一种手段，为旅游企业制定经营战略服务。

对于局部形象调查，只需在某几类公众中，采用随机抽样或分层抽样等方法抽取一定数量的样本，尔后进行调查；而全面形象调查则要在全部公众中抽取样本，尔后按照一定方法进行调查。

（二）形象调查的内容

确定了调查对象后，便要开始进行实际调查工作，一般是从四个方面展开这种调查工作。

1. 公众要求调查

公众要求调查是以了解公众对旅游企业有什么要求为目的的调查。公共关系本质上是一种互利关系。所以，要使旅游企业具有良好的形象，就必须鉴别清楚各类公众对旅游企业的权利要求是什么，然后才可能进行分析、概括、比较、评价和权衡。这就是所谓的“权利要求分析法”。

公众权利要求结构如表 12-1 所示。

这种结构表虽然简单，但使旅游企业面对的公共关系对象及他们对旅游企业的权利要求一目了然。注意尽可能全面列出旅游企业的关系对象，尽可能全面地反映出各类公众的权利要求。

由此，我们可以根据各类公众权利要求的共同点和特殊点来调查旅游企业在公众心目中的形象。

2. 旅游企业知名度和美誉度的调查

旅游企业的知名度代表着社会公众对一个旅游企业的了解程度，而旅游企业的美誉度则代表着社会公众对旅游企业的信任和赞许的程度。知名度和美誉度相结合，就能反映出社会公众对该旅游企业的总的态度和评价。

表 12-1 公众权利要求结构表

企业的权利要求者	权利要求的一般性质
员工	社会地位上的人格尊重的心理满足；不受上级的专横对待；就业安全和适当的工作条件；合理的工资和福利；提拔机会；了解旅游的内情；有效的领导
股东	参加利润分配；增股报价、资产清理；股份表决；检查旅游账册；股票转让；董事会选举；了解旅游发展状况；以及与企业的合同所确定的各种附加权利
政府	各项税收；公平竞争；遵守各项法律、政策；承担法律义务等
宾客	优良的服务态度；公平合理的价格；服务质量的保证；准确解释各种疑难或投诉；以及增进消费者信任的各项服务
竞争者	由社会和本行业确立竞争活动准则；平等的竞争机会和条件；竞争中的相互协作；当代旅游企业经理的风度
社区	提供就业机会；正规雇佣，公平竞争；就地采购本地产品的合格份额；保护社区环境；关心和支持当地政府；支持文化和慈善事业；赞助地方公益活动；旅游企业负责人关心和参加社区事务
媒介	公平提供消息来源；尊重新闻界的职业尊严；参加旅游重要庆典等社交活动；保证记者采访的独家新闻不被泄露；提供采访的方便条件

知名度和美誉度两项指标，可以分别通过一定的调查方式测得。如果把这两项指标作为直角坐标系的两个坐标轴，以知名度为横坐标，以美誉度为纵坐标，就可以构成一个旅游企业形象坐标系。任何一个旅游企业的实际形象，都能在这个坐标系中定位，或者说找到自己的形象位置，我们把这种表示形象状况的图，称为“企业形象图”。

我们可以把整个旅游企业形象分为四个象限，分别表示“低知名度、低美誉度”、“高知名度、低美誉度”、“低知名度、高美誉度”和“高知名度、高美誉度”，如图 12-4 所示。

这样，每一个旅游企业都可以通过调查，在这个图上找到自己的形象所处的位置。甲、乙、丙、丁是假设的四个旅游企业的形象位置。

由图 12-4 可见，对甲旅游企业知者甚少，评价也不高；乙旅游企业在公众中的印象不差，但知者不多；丙的情况最好，不但知名度高，而且公众对它的评价甚高；而丁旅游企业尽管知名度不低，但公众对其评价甚差。

知名度是根据调查对象中了解旅游企业的人数所占的百分比确定的。如乙旅游企业在 100 个被调查对象人员中有 24 人知道该旅游企业，所以，该旅游企业

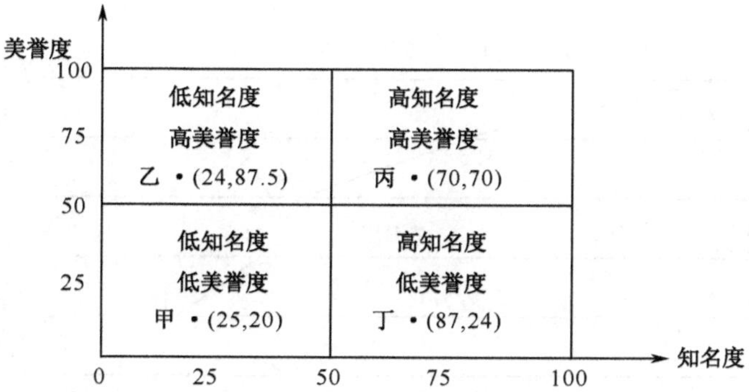

图 12-4　企业形象图

的知名度只有 24%。

美誉度是一项综合性指标。它是根据统一的规定，通过加权的方法把各类因素综合而成的一个美誉度指标。它体现了旅游企业受公众欢迎的程度，它是通过对旅游企业表示赞誉人数占受调查人数的百分比表示出来的。调查表明，知道乙旅游企业的 24 人中有 21 人对该旅游企业抱有好感，那么其美誉度即为 87.5%。这样，乙旅游企业的形象就在（24，87.5）的位置上了。

3. 旅游企业形象要素调查

旅游企业形象要素调查是关于旅游企业形象具体内容的调查。众所周知，企业形象是一个受综合因素影响作用的结果，企业的文化精神、企业的产品质量、服务态度、企业的信誉、企业的工作效率、企业对社会的贡献和关心程度、企业的知名度等，都会影响企业的整体形象。为了有的放矢地改善企业的形象，有必要画出现有的企业形象图，因此就要对各项具体内容开展调查。

调查时较多采用“语意差别法”，设计成调查量表来进行调查，然后画出“企业形象内容间隔图”（见图 12-5），对比目标要求线，就能找到企业形象的间隔距离，客观地确定企业形象的现状。下面我们举个例子来说明这种方法。

确定要对企业形象进行调查的要素是正直、效率、诚恳、创新、名气等，用语意把这些因素的不同程度区别开来，可分成：非常诚恳、相当诚恳、稍微诚恳、一般诚恳、稍微不诚恳、相当不诚恳、非常不诚恳等几种。请被调查者就自己的看法在各语意标准之间进行选择，做出评价。然后对所有答案进行统计，计算各个档次中持某种意见的人在调查总人数中的百分比，再将这些百分比数字填入表内，就能比较直观地获取各公众态度的具体原因，即企业形象的具体内容。以甲旅游企业为例，详见表 12-2。

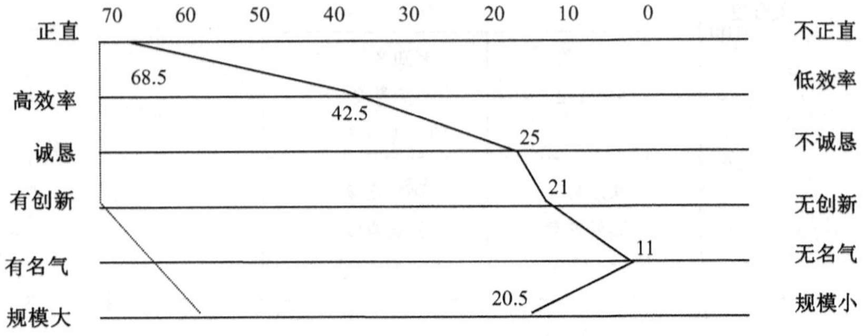

图 12-5 企业形象内容间隔图

表 12-2 企业形象要素调查表

	非常	相当	稍微	中	稍微	相当	非常	
服务方针正直	70	25	5					服务方针不正直
办事顺利快捷		10	20	65	5			办事不顺利快捷
服务态度诚恳				15	20	65		服务态度不诚恳
旅游业务时有创新					20	70	10	旅游业务缺乏创新
管理顾问有名气						10	90	管理顾问没有名气
旅游企业的规模大					25	55	20	旅游企业的规模小

注：调查总人数：100 人。

对这份调查表进行综合评价，所勾画出的旅游企业甲的形象内容是：该旅游企业服务方针正直，但办事效率平平，服务态度不诚恳，业务缺乏创新精神，旅游的管理顾问没有名气，以及旅游企业的规模过小。总的形象是一家知名度和美誉度都低的旅游企业。

4. 旅游企业内部期望形象调查

旅游期望在公众心中树立的形象，是期望形象，这是一个旅游企业改善自己形象的奋斗目标和努力方向。这种期望形象调查的重要对象是旅游企业中的主管部门、旅游企业领导人、股东、员工等，了解他们对旅游形象的期望水平，这也是设计旅游企业形象的主要依据之一。

经过以上四方面的调查，我们就可以看到自己旅游企业的形象是什么样的了。

12.3　企业整体形象识别系统（CIS）

现代旅游企业新的经营力的拓展急需一种能全面综合企业现代经营理念、企业资源、人力资源的有力的整体形象战略工具，这就是企业整体形象识别系统（CIS，Corporate Identity System）战略。

12.3.1　现代旅游企业市场发展趋势

（一）决定消费者行为的价值体系正在演变

在工业化社会，消费者强调产品的功能性、物的价值，如产品/服务的实用性、舒适性，而在当今信息化时代的进程中，消费者则趋向于重视消费过程中的社会形象感受，即产品/服务对自身及社会存在意义的信息价值，故信息化时代又称“感性时代”。现代消费者具有自身的审美尺度，并以此作为决定其消费行为的判断准则。因此，现代旅游业的经营必须发掘和确定自身的社会形象和存在价值，并以恰当的表达和沟通与消费者达成良好的认同，最终促使其自发地消费。

（二）企业现代经营竞争模式的发展

逐步成长的企业经营竞争模式可划为以下几个阶段：

（1）产品/服务质量导向的初级竞争阶段。与此相对应的经营战略是从企业内部入手，强调自身产品/服务质量在竞争中的首要作用，如旅游业中的规范化服务、质量管理 TQC 等。

（2）营销导向的中级竞争阶段。其经营战略转向从消费者需求角度考虑，强调消费者需求对企业产品/服务的导向作用，如旅游业中的营销管理、促销策划及针对性的差别化服务等。

（3）形象导向的高级竞争阶段。由于科技进步、服务培训及管理的完善，企业在产品/服务质量、营销管理等方面的水准日趋接近，因此，企业间竞争力的差距最终取决于企业在消费者心中的形象感受，故此阶段企业竞争重点转向企业的管理、产品/服务行为与消费者的沟通。作为感情密集型的现代旅游业，要取得成功，就必须树立自身在消费者心目中完美的整体形象，增强其社会“好感度”，这一阶段标志着社会高度发展、全面竞争和市场的成熟化。

（三）现代企业经营管理日趋强调建立以人为中心的企业文化和意识形态

从当今发达国家的现状看，即使是第一流的成功企业都或多或少地陷入诸如销售力下降、员工创造力停滞等社会认同危机中，因此，这些企业开始在其经营中追求文化、社会、环境等主题经营管理，强调建立以人（员工/消费者）为中心的企业文化建设，追求完美和人性化的和谐管理。

（四）开拓旅游业国际化经营迫切需要导入整体形象战略

目前国际旅游企业发展的一个最突出的趋势是：旅游企业联合集团统领了国际旅游企业近20%的成员（发达国家为60%），而且，规模庞大的跨国旅游集团对世界旅游企业所起的重要支配作用仍在不断加强。因此，现代旅游业的国际化集团经营，迫切需要导入整体形象战略，以便通过国际财经传播网络向世界资本市场推广，以取得拓展国际化经营所必需的庞大资本支持这一关键保证。

12.3.2 CI战略与旅游企业营销管理

（一）CI战略及构成要素

1. CI战略

CI（Corporate Identity）战略其实是一个连续操作的（CIS系统，Corporate Identity System），由以下三部分组成：企业经营理念（Mind Identity，简称MI）；企业行为规范（Behavior Identity，简称BI）；企业视觉形象识别（Visual Identity，简称VI）。

表12-3 CI的构成

CI结构	CI结构说明
MI（Mind Identity）经营理念	最高决策层次导入企业识别系统的原动力，企业经营理念与精神文化
BI（Behavior Identity）行为规范	动态的识别形式对外回馈，参与，活动，对内组织，管理，教育
VI（Visual Identity）视觉识别	静态的识别符号具体化，视觉化的传达形式，项目最多，层面最广，效果直接

CI战略的核心就是通过“突出VI、强化MI、规范BI”的整体传播手段，塑造企业在市场竞争中个性鲜明的整体形象，与企业的关系者（员工、社会大众和政府机关团体）建立良好的沟通和信赖，最终推动企业产品销售和良好的经营业绩。

2. CI战略的构成要素

CI战略由三部分构成，如图12-6所示。三者之间有机结合，相互作用，带动旅游的经营，塑造旅游独特的形象。

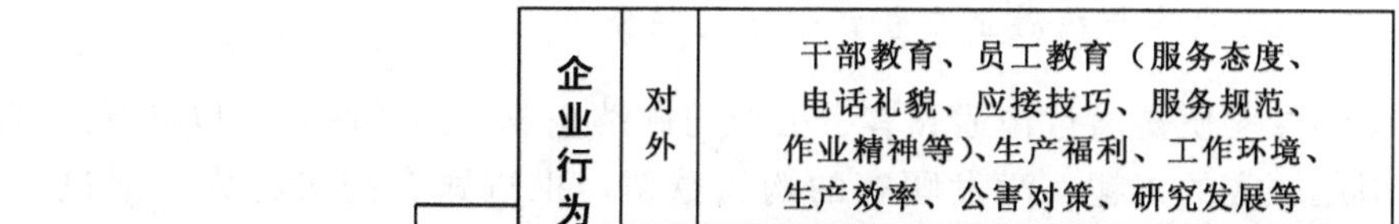

图 12-6　旅游企业形象战略构成要素

（1）旅游企业理念识别（MI）。旅游企业理念识别是旅游企业 CI 战略的灵魂和种子。只有建立正确的旅游经营理念并顽强执着地执行它，才能使旅游企业的 BI 和 VI 有明确的方向和目标，旅游企业的 CI 战略才能开花结果。旅游企业的经营理念方针，是旅游形象战略的精神所在。

（2）旅游企业行为识别（BI）。旅游企业行为识别的要素构成了旅游企业 CI 战略的核心内容，是旅游服务和管理的主要内容。通过这些动态形式的活动，反映并完成其旅游经营理念的要求。旅游企业的 BI 系统，是整个旅游企业 CI 战略和 MI 及 VI 系统牢固的基础。

（3）旅游企业视觉识别（VI）。在旅游企业的 CI 组成中，VI 部门是最外在、最直观的部分，成为旅游企业信息传达的最佳手段。以美国假日饭店集团为例，其饭店标志是一个类似手书并极富气味的“Holidayinn”字母及字母上方加一个星形。这一标志设计极富个性，又极具艺术感染力，使人联想到高雅、文明的服务质量和一流的服务水平，给人以与众不同的感受。假日饭店集团在世界的 3 000多家连锁店中推行这一视觉识别，使人无论在哪里都愿意走进假日饭店享受同样的服务。

（二）CI 战略与旅游企业营销管理的融合

促销的实质是通过沟通顾客、公众与旅游企业之间的联系，以唤起顾客的注意、引起顾客的兴趣、激发顾客的购买欲望，推进顾客购买行为来促进产品销售。而旅游企业的 CI 战略，则正是根据旅游业营销的特殊性，运用信息沟通的促销原理，通过“突出 VI、强化 MI、规范 BI”的整体传播手段，塑造旅游企业在市场竞争中个性鲜明的整体形象。关键要把握住以下几个环节，确实使 CI 战略与旅游营销管理融为一体。

1. 旅游企业导入 CIS 的层次

旅游企业的经营管理有近百年的经验及数十年成熟理论的积累。近年来才从西方引进的作为新型战略工具的 CIS，要实现与现代旅游经营管理的有机融合，就必须在旅游经营理念、意识形态的高层次实现渗透，而不仅仅是标志设计、促销策划等操作层次，唯有这种高层次的导入，才能发挥 CIS 战略工具自上而下的统筹优势，从而真正创造旅游经营的新格局。

2. 确定旅游企业的社会形象

CIS 核心所致力追求的旅游企业社会形象是超越以往仅仅依据市场定位而确定的市场形象，它是以旅游企业的大营销思想为依据，综合了旅游市场形象、经营管理风格以及旅游社会责任感的整体形象，其目的是达成与社会大众的沟通和认同。例如，X 旅游饭店突破原店内经营格局，配合声势浩大的“青年环保志愿者行动”而举行的野外餐饮服务和义卖活动，较好地展示了该旅游企业关注人类环境的具有高度责任感的社会形象，从而赢得了本地区社会大众的普遍赞扬。

3. 旅游企业整体行为设计思想

以往的旅游企业行为设计主要表现为旅游企业内部的管理规范和制度（如员工岗位责任制），它是以确保旅游企业的服务效率和质量控制的经营思想为出发点。而导入 CIS 战略思想后的现代旅游企业的岗位责任制规范，在确保服务质量和效率的前提下，还应设法突出其给予顾客的有关旅游经营风格的总体形象的感受。例如，假日饭店集团的“暖”、希尔顿饭店的“快”、香港文华饭店的“情”的总体服务风格和形象感受无不在其细致入微的服务规范设计中得到一致性的协调统一。另外，旅游企业的行为规范设计还包括旅游企业对外促销活动（如调查、公关、商务礼仪）规范和公益活动（如义演、义卖等）规范。

4. 旅游企业视觉感受的鲜明和一致性

随着旅游业的发展，旅游企业数目的剧增已成必然之势，要使自身在众多的旅游群体中凸现出来，并给予顾客强烈印象，就必须在旅游企业的视觉上以明显区别于竞争者的独特风格出现，并且在顾客视觉所接触的旅游企业内外部各个细节上强调其风格的一致性，以持续的视觉刺激形成鲜明的旅游形象。如旅游饭店给予顾客最突出的视觉是其建筑外观和标准色，广州东方宾馆展现的是古典宫廷和园林式建筑风格，以及典雅的金黄色基调，而高级商务饭店——花园饭店展示的是具有现代感的三叉分形建筑风格和欧陆式高贵的米黄色基调。此外，旅游企业视觉识别还包括旅游企业标志、员工服装系列、公共标识符号系列、标准字体、办公用品系列，以及专业化的客房服务用品、餐厅服务用品系列、展示陈列、广告版式规范等。近年来，从环保运动观点出发更有把旅游企业内外部环境作为特定的视觉系列的“环境识别系统（EI）”，如饭店业的设计包括旅游企业的建筑环境（旅游企业外观、门厅、停车场、走廊护栏）、办公环境、绿化环境（绿化布局、树形花种、流水喷泉）等。

5. 准确把握 CI 战略的导入时机

CI 战略的可贵之处在于将企业在管理、营销、服务等方面的内在实践经验加以总结，提升到系统化、规范化的高度，并以鲜明的外在形象展现给社会。作为旅游企业的一种整体战略的 CI 思想，包含了企业理念、视觉形象、行动规范三方面的统一，从而决定了旅游企业必须拥有管理、营销、服务等方面的成熟条件才能成功地导入 CI。导入 CI 意味着对旅游企业进行整体质量管理，所以缺乏以上环境的配套，仅凭 CI 的一个方面（如标志设计）只会流于肤浅的形式，不可能取得最终明显的效果和成功。

6. 维持 CI 战略对旅游经营的持续推动

旅游企业特定时期的 CI 战略，伴随着旅游的经营发展存在着一个成长—稳定—衰退的生命周期，特别是随着时代思潮的演进，作为核心的企业理念也随之演化，企业行动规范也需不断调整，所以，要维持 CI 战略对旅游经营的持续推动，就必须在其中注入新的概念和理解，那种企求导入 CI 后一劳永逸、万事大吉的指导思想是万不可行的。

12.3.3　导入 CI 战略的过程

旅游企业的 CI 战略是配合旅游长期营销的战略，并非是偶发性的即兴工作。旅游企业在导入 CI、利用 CI 来促销时，要把这一工作当作一个系统工程来认识，首先对旅游企业的现状进行调查分析，形成具体的建议和方案，据此设计开发，并选准时机（如创业伊始、创业周年纪念等）进行实施。

旅游企业形象战略促销的基本过程可分为以下几个阶段：

（一）旅游企业实态调查分析

这一阶段主要在于把握旅游企业的经营现状、外界认知和设计现状，从中确定旅游企业实际给予顾客的形象认知状况。

这一调查可分为旅游企业内部环境和旅游企业外部环境两部分：

（1）旅游企业内部环境分析。即在旅游企业内部各部门、各管理层进行以旅游管理素质评价为中心的广泛调查，找出旅游企业面临的危机和问题，使旅游企业CI目标明确化。

（2）旅游企业外部环境分析。这主要是对社会现状、目标市场情况、行业竞争等相关对象进行分析，以准确把握旅游企业的行业地位和社会形象，并探索旅游企业在今后的存在位置。

（二）旅游企业经营理念确定

用上一阶段调查的内容分析旅游企业内部、外界认知、市场环境与旅游企业现有各种设计系统存在的问题，拟定未来旅游定位与应有形象的基本概念，作为以后设计规划的原则和策略。

在这一阶段，旅游企业应着眼于社会发展、市场背景和旅游企业经营的未来趋势，确定旅游企业的经营理念和事业拓展领域，并据以规划旅游企业的经营活动规范。例如，旅游企业可以确定“效率与一流服务”为其经营理念。

（三）旅游企业CI设计展开

旅游企业CI设计的展开，即根据上述基本形象概念，将旅游企业的理念转变成具体可见的信息符号。在进行设计规划时，必须不断地经由模拟调查、测试、直至设计表现符合原始的形象概念为止。

旅游企业的CI设计包括旅游企业活动识别和视觉识别两个方面。

（1）旅游企业活动设计。旅游企业活动设计是指通过旅游企业组织结构的调整、全体员工的理念教育及行为规范培训，使旅游企业整体行动一致化，展示新的旅游企业风范。

（2）旅游企业视觉设计。旅游企业视觉设计是指对旅游企业的建筑外观风格、环境、标志、办公用品、服务用品、制服、广告等能直接给予顾客视觉接触的外在形象，进行统一设计，以突出旅游企业鲜明一致的视觉形象。

（四）旅游企业 CI 的完成和导入

这一阶段的重点在于排定旅游企业导入实施项目的先后顺序，策划对外告知活动和筹组旅游企业的 CIS 执行小组及管理系统。

前几个阶段的工作都可请专业的 CI 设计公司来完成，而这一阶段的工作则必须建立以旅游企业管理层为中心的管理系统和机构，并成立专门的 CIS 工作小组来完成，CIS 工作小组全面负责旅游企业 CIS 的导入和推展工作。

旅游企业的形象是一个整体形象，它不仅要求 CI 的各个设计要素要有机结合，而且还要求旅游企业的各部门、各环节、每一位员工的相互配合，协调一致，共同推动旅游企业的 CI 工程。

（五）监督与评估

旅游企业 CIS 的设计规划仅是前置性的计划，如何落实建立旅游企业的企业形象，还必须时常监督与评估，以确保符合原始设定的企业形象概念，藉此让广大顾客达成识别认同的效果。若发现原有设计规划有缺陷，应提出检讨与修正。

以上所提供的旅游业导入 CIS 程序只是一般的操作模式，而不是具体的产生模式。竞争就是差别竞争，在创造各具特色的具体旅游企业 CIS 方面并无固定模式可循，但我们相信，依赖于旅游业管理专家和 CIS 专业人士多方面智慧的不断深度开发和有机融合，CIS 战略的导入必将成为中国现代旅游业发展新的经营活力的必经之路。

➢ 关键术语

旅游公共关系（Tourism Public Relations） 公众（The Public）
公共形象（Public Image） 营销因素（Marketing Factors）
旅游企业形象（Tourism Corporate Image）
企业整体形象识别系统（Corporate Identity System）
企业经营理念（Mind Identity） 企业行为规范（Behavior Identity）
企业视觉形象识别（Visual Identity）

案例回顾与讨论

1. 国家旅游形象塑造在国家公共关系活动中具有怎样的作用和影响?
2. 案例 12-1 中，参加人员与目标受众有一定的差异性，您如何解决这一问题?

复习与思考

1. 旅游公共关系的含义和促销作用是什么?促销方式有哪些?
2. 举例说明营销因素第五个“P”的作用。
3. 有人提出：因为旅游企业的形象是相对稳定的，所以不能把“公共形象”当作市场营销战略的一部分。你的看法如何?
4. 在本地区或本城市找出一家有代表性的旅游企业，进行旅游企业形象调查，用“形象评估工具图”—“形象内容间隔图”将上述调查用曲线图表示出来。
5. 从现代旅游业市场发展趋势出发，简述寻求旅游企业新的经济增长点的 CIS 的有效途径。
6. 举例说明开拓旅游企业国际化经营迫切需要导入整体形象战略。

第 13 章

整合营销的应用——旅游目的地地区营销策略

学习目的：掌握旅游目的地地区营销的基本内涵；了解旅游目的地营销潜力的评价方法；掌握旅游目的地形象的内涵和构成，熟悉对旅游目的地形象的调查和分析；了解旅游目的地形象的实际改善和传播的思路、策略和方法；熟悉旅游目的地产品的促销

本章将介绍旅游营销的一个新观念、新方式——旅游目的地地区营销，目的是扩展读者的视野，让读者在前文的基础上了解一种新的营销思路。

在本章中，我们首先对广义的地区营销的某些概念性问题加以介绍，然后对狭义的目的地营销——旅游目的地形象营销策略和旅游目的地产品服务促销策略分别加以介绍。

案例 13-1

美国 35 个州的旅游目的地营销策略

有研究者对美国 35 个州进行了调查，总结了这些州在进行地区营销时采取的营销和支持营销的做法。“目标”指地区愿意花费时间去实现的理想状态；“战略”指为实现目标的行动进程。作为一个营销术语，战略是围绕着对 4P（产品、地点、促销、价格）的综合管理而建立的。

(一)目标

1. 增强公众对本目的地形象的认可;

2. 让本地区居民首先看看自己的家乡:短途旅游;

3. 将旅游业作为可全年发展的业务来促销,即形成在旅游淡季大力吸引游客的促销战略;

4. 识别、确定各细分市场,并为之制定专门的促销战略;

5. 协调各州旅游机构和经济发展机构,在进行旅游目的地营销时必须牢记公众和私人这两个层面之间相互合作的重要性,以及所有利益相关者均参与到目的地现在和未来的营销中的必要性;

6. 获取足够的经济支持,以便能够实现及管理旅游开发和营销;

7. 建立一笔基金,以便能够迅速抓住促销机会。

(二)战略

1. 进行旅游细分市场和目标市场管理,综合利用人口统计特征和心理特征来定义细分市场,区分维持市场和成长市场。

2. 在规范的基础上进行旅游业市场研究和旅游者满意度研究。利用旅游者中心的记录和接待业提供的数据,描绘出本地区特殊的旅游者类型的特征,并规范此类数据的记录标准。

3. 鼓励旅游企业间的合作,进行联合广告宣传和促销活动,以增强单个企业在这方面投入资金的效用。

4. 开发并推广一个地区范围的"口号",作为一个统一和谐的协调机制和强化宣传效果的机制。

5. 对本州下属的每个旅游区域都给予关注,指导制定适合各区域特点的营销战略,并协调这些战略的实施。

6. 在旅行、航空等针对特殊嗜好者的杂志上做广告。

7. 选择一些商业出版物,形成本州的媒体支持群。

8. 最大程度地利用公共关系活动来宣传地区形象。

9. 与私人企业和当地社团紧密合作,以获取它们对地区旅游政策、方针、程序的支持与合作,在该过程中地区政府应扮演领导角色。

10. 出版介绍本地风情的杂志。

11. 正式资助致力于发展当地旅游业的社团。

12. 为私人企业提供教育研讨会,以讨论营销和处理消费者关系方面的技巧(如好客培训)。

13. 开发并实施2~4年的滚动式营销方案,由具有特定的可衡量的目标的短期计划组成,并由一个良好的信息系统支持。

14. 设置可衡量的目标,开发和利用一套尺度(绩效标准),可用于衡量在所有层次上的营销计划和相关支持方案的实施效果。

15. 认识到地区的竞争对手:州、城市、度假地、航空公司及其他所有从旅游业中受益的实体。

16. 成立销售代表团到主要的国内和国际市场去活动。

17. 为吸引会议旅游投入特别的精力，努力赢得商界的好感。

18. 在州的层次上实施形象工程，建立能覆盖各旅游区域特点的稳定的目的地形象。

19. 与各区域旅游促销机构合作，参与到各区域的旅游促销工作中。

20. 针对消费者、团体旅游规划者、旅游代理商采取不同的媒体和促销手段。

21. 召开一个由州旅游业成员参加的两年一度或一年一度的会议，促进彼此间的网络联系和在技术、信息方面的交流及相互支持。

22. 创造和促销针对旅游目标市场提供的独一无二的旅游目的地产品。建立或组合旅游产品。区别成熟市场和成长中市场，区别旅游开发中的首要领域和第二领域。

23. 拥有一个能取得不断进展的国家公共关系方案，以获得对本地区有利的国家政策。

24. 针对新市场使用“达到”战略，针对维持型市场或关键市场使用“频繁的媒体”战略。

25. 开发并组合针对国家公共广播电台或电视（也可针对特殊观众）的短期方案。

26. 推行针对当地居民的教育方案，以提高当地居民对旅游业和其对地区积极影响的认识，特别要强调旅游业带来的就业机会。

27. 提供能解释及介绍当地考古意义的公共途径，如：建立一个解释中心，向旅游者和居民解释本地的历史和价值，向当地的文物保护区和主要工业（石油业、建筑业、开采业）区也做同样的宣传，在古迹所在地开展“活着的历史”等活动。

28. 说服地区政策制定者，使之认识到发展和保持旅游业的重要意义。争取更有效的旅游法规，包括在税收、资金及其他方面的鼓励优惠。

29. 开展“购物在本州”等活动，既增强对本州产品的自豪感，又刺激旅游者对当地艺术品和工艺品的购买。支持居民进行更多的地区内旅游和出席更多的文化场所和文化活动。在本州生产的产品上注上一特殊标记以便识别。

30. 印制大量特殊的传单和小册子，作为辅助宣传材料。

31. 用主要的外语印发宣传小册子。

32. 注意到老旅游基础设施的老化和破损，必要时当修建超标的设施。

33. 在州内和州外都使用广告栏来促销。

34. 对接待行业的特定企业群收取专门用于地区旅游业促销的特种税。

35. 开发和促销为期一年的全州范围内的庆祝活动（如 100 年纪念、150 周年、200 年），将其作为地区总体促销的焦点，以及开发和组合旅游吸引物和事件的催化剂，而且这会赢得媒体的关注。

36. 鼓励在教育系统的所有层次上形成的旅游教育、事业发展和指导方案，包括职业培训方案。

37. 使用地区基金以获取/开发供旅游者和旅游业使用的土地和设施。为旅游业的投资和开发提供地区优惠。

38. 促销在州内的冬季运动会地点。

39. 努力使商务旅游者停留时间延长，并使其有更多的休闲时间。

40. 在关键的市场上使用广播和印刷媒体，使这两种方式相互强化宣传效果。

41. 让过路旅客在本地停留时间变长，以一个中转目的地的形象来促销本地区，目标针对没有明确旅游计划的旅游者。

42. 建立一个营销应急计划，以应付一系列市场衰退的发生。

43. 在本地区的一个区域里促销同一地区内的另一区域。

44. 开发供国际旅行社和外国旅游者使用的特殊的旅游组合。

45. 设立一个旅游者协会，为其赞助的企业可得到优先的合同并可进行集体促销。

46. 开发和促销一个足以引起全国媒体关注的独一无二的度假节/事件，同时在外国也进行促销。

47. 开发和维持一个旅游业影响管理系统，以帮助旅游业的活动与当地的经济、社会、当地平民的心理需求和梦想保持和谐。

48. 目标紧盯在“潮流领导者”细分市场上，如庆典和运动会等会对“热心竞赛者”细分市场产生积极影响，并会引起媒体关注。

49. 与本国驻海外的信息机构保持紧密合作，以确保本地区的知名度（能见度），并注意存储有关文献。

50. 在各式各样的外国旅游机构协会中保持会员关系。

51. 强调本地区吸引物的多样性，提供有高附加价值的假期。

52. 在淡季，重点在针对首要需求的广告促销上，以扩展“尝试者”的普遍性。

53. 把地区作为电影和电视的拍摄现场来促销。

54. 特别针对海外游记作者这个细分市场。

55. 如果地区内有全国闻名的吸引物，则集中力量宣传该吸引物以使旅游者莅临本地，然后向已到达的旅游者促销本地区内其他名气稍逊的目的地和吸引物。

56. 如果地区在提供某种旅游活动（如水上运动）时没有被市场接受，但事实上在本地有丰富的从事该类活动的资源，此地区可开发特殊的营销措施，以提高市场对该活动的意识，改变地区原有的形象。

57. 与当地的小型企业合作，增强以旅游业为基础的小型企业的成长与发展。

上述 57 项目标反映出地区希望能够实现的对旅游业进行全面支持的整体基础体系，该体系包括相对永久的基金来源、能吸引尽可能多的旅游者的地区整体形象、能将本地区与外界联系起来的机构。

上述 57 项战略可以反映出这 35 个州在地区营销时遵循的四种思路：①地区希望知道自己具有哪些对旅游者而言特殊的独一无二的吸引力，换言之，细分其市场。②地区希望开发其潜在的目的地吸引物，并使原有的目的地（这些目的地并没有发挥它们本应具有的吸引力）更有吸引力；③地区感觉它需要开发出能接近旅游者并能吸引其兴趣的交流体系，如媒体运动、旅游特殊事件等；④地区希望能判断它在旅游营销方面工作的有效性，并能不断调整自身以适应急剧变化的社会事件和旅游者兴趣。

13.1 旅游目的地地区营销概述

13.1.1 旅游目的地营销概念

旅游目的地地区营销是一种在地区层次上进行的崭新的旅游营销方式，在这种方式下，地区将代表地区内所有的旅游企业，作为营销主体，以一个旅游目的地的形象加入旅游市场的激烈竞争中。地区营销的参与者不是某个旅游企业，而是地区内所有相关的机构和人员；营销对象不是某个旅游产品，而是地区内所有的旅游产品和服务；获益者也不是某个旅游企业，而是整个地区。

地区营销以满足旅游者和目的地社团（包括政府、企业、居民、各种正式及非正式的社会机构）的需求为目标。狭义的旅游营销是旅游目的地形象营销策略和旅游目的地产品服务促销策略。广义的地区营销涵括的内容有：提高旅游目的地的价值和形象，以使潜在旅游者充分意识到该地区与众不同的优势；规划开发地区协调、配套、有吸引力的旅游产品；宣传促销整个地区的产品和服务，使目标市场将本地区作为旅游目的地；刺激来访者的消费行为，提高其在本地区的消费额。可见，广义的旅游目的地营销活动不仅包括对现实目的地的促销，还包括对未来更理想的旅游日的地的营造和促销。

13.1.2 目的地营销方式出现的原因

目的地地区营销这一旅游营销方式的出现，是因为旅游业在目的地地区内不同于一般行业的重要地位，是因为旅游者的感知特点，也是因为这个行业的营销活动不同于一般行业的复杂性。

（一）旅游业的重要性

目的地地区社团已越来越认识到旅游业对地区广泛而深刻的影响。旅游者的到来，为目的地地区引入一个巨大的购买力市场，改变了地区原有的以满足内在需求为主的发展轨迹。目前，旅游业已成为世界上许多地区主导的经济活动，而且在某些情况下，已成为当地财富的主要发生器。例如，国际奥林匹克委员会选择亚特兰大作为 1996 年夏季奥林匹克运动会的会址，吸引了大批旅游者，为亚特兰大市的商家和市民带来的收益估计超过 3 亿美元。许多没有发达工业的乡村小镇可以利用当地的文化和历史资源，吸引旅游者，作为繁荣当地经济发展战略的一个重要部分。例如，陕西省西安市临潼县利用得天独厚的旅游资源——兵马俑，使当地经济大上几个台阶。

旅游业对目的地的重要意义使各地区日益重视、鼓励、扶持旅游业的健康发展，吸引旅游者的工作也越来越重要，以至于地区认为这项工作应该由整个地区社团来负责，地区营销的思路开始在有关人员的脑海中形成。

（二）旅游者感知的特点

环境包围着旅游者，一个目的地就意味着一种环境。旅游者在寻找一个度假地时，就是在挑选某一种他感兴趣的特殊环境，该环境应能支持他们的活动，当然，旅游者也可以在别处许多地方进行这样的活动，但是所处环境不同，其心理感受也是大不相同的。旅游者感知环境的结果是认识地图。所谓认识地图是指一个人在环境或场所中导引自身的信息集合，情感和感觉是认识地图的重要部分。例如，一个游乐公园的认识地图不仅包括公园内的小径和游乐设施，还包括游玩时的兴奋和愉快、爆米花的香味或一个宣传员滔滔不绝的声音。旅游者的认识地图经常与官方用图表表示的物质界限不符，旅游者并不固守物质界限，他们并不特别区分出旅游目的地内不同的区域和吸引物，而是将目的地作为一个整体环境来感知。

因此，针对旅游者感知的特点，地区旅游业人士应该考虑把地区作为一个整体目的地来营销。

（三）旅游营销活动的复杂性

一个旅游者在目的地购买的旅游产品包括食、住、行、游、购、娱，涉及这六方面的旅游企业都有可能展开营销活动。在美国 35 个州旅游目的地营销的案例中，就制定了多达 57 项的战略计划以适应其复杂性。旅游企业单独在目标市场上亮相会带来以下问题：

1. 单兵作战，缺乏协同作战的优势

因为旅游产品涉及方方面面，旅游者在众多的地区中进行选择的过程比较谨慎，要全面考察目的地地区的吸引物、基础设施、可接近程度、服务质量、安全程度等，而且旅游目的地在公众心目中的形象是影响旅游决策的重要因素，所以旅游营销实际上是对地区整体实力的考验。单个旅游企业实力单薄，能够投入的时间、金钱、智慧都有限，未必能全面真实地展现出地区的实力，而且每个企业在宣传时步调混乱，势必会有所重复和遗漏，甚至会有自相矛盾之处，使目标市场的公众觉得厌倦、迷惑或无所适从，从而影响目的地的形象。所以，单兵作战不如协同作战。

2. 一叶障目，没有放眼全局的正确性

单个旅游企业所拥有的信息有限，所处的层次比较低，眼光不能放置全局。

首先，旅游企业难以正确地识别目标市场，也难以发现目标市场的发展趋势，可能会出现无的放矢、大炮轰蚊子或弹弓打大象的情况；其次，旅游企业对本地区的优势和劣势缺乏足够的了解，在促销时可能没有充分展示出地区的优势，甚至可能会出现错误的论点。

3. 只谋眼前利益，不考虑长远发展

旅游企业属于私人层面，往往关心现实的个体利益，很难有“前人栽树，后人乘凉”的气度，具体表现在：

1）不会进行全面深入的 SWOT 分析

首先，单个旅游企业不会进行全面深入的 SWOT 分析，归纳出地区的优势和劣势、机会和风险，为建立地区远景营销目标提供基础。

地区 SWOT 分析包括：①识别地区的主要竞争者。②明确目标市场，了解特定的目标市场如何做选择、使用的标准、赋予不同标准的权重、在各标准下竞争者的排序，以便能影响标准的设立、权重的分配、竞争者的排序。③对地区的行业结构、劳工市场、自然资源、基础设施、娱乐和文化资源、教育与研究机构等进行全面了解，根据目标市场的要求来识别并分析地区的优势和劣势。④根据地区外部环境的发展趋势，识别地区的机会和威胁。旅游市场风起云涌、变幻莫测，如果没有对未来的正确把握和积极营造，可能会在未来的市场竞争中全军覆没。

2）缺乏挖掘旅游营销潜力的动力和能力

与主要客源地的可接近程度、地区提供/开发的吸引物、支持地区吸引物的基础设施、地区选择的目标市场、服务水平及当地居民的好客程度、地区经济繁荣程度等都会影响到旅游营销潜力。但是，对这些因素的改善需要大量的投资，涉及市政建设部门、交通部门、能源部门、教育部门、研究部门等非旅游企业和部门，是工程浩大、历时长久的公共基础设施建设，单个旅游企业没有能力进行这些工作，而且也缺乏动力，因为上述因素对吸引客源的影响不会立即表现出来，旅游企业完全可以凭借现在的基础设施和吸引物等招徕顾客、获取丰厚的经济效益，不必考虑以后能否赢利，因为“只有永远的地区，没有永远的企业”。

4. 追求个体利益，不能保证整体利益

这一点除了表现在对挖掘地区旅游营销潜力的态度上，还表现为下述两点：

首先，如果地区内的旅游企业的眼光不放在对目标市场的搜索和开拓上，不放在与其他地区的竞争上，它们则可能会陷入对有限客源的内部竞争中，发生在目标市场的公众面前相互拆台、相互揭短的内讧局面，这可能会使一小批本来就打算来目的地的旅游者选择某一家旅游企业，但会损害整个地区的形象，让其他地区有可乘之机，失去更广阔的旅游市场和整体利益。

另外，虽然旅游者在抉择目的地时比较谨慎，但是一旦来到目的地后，就会抱有“既来之，则安之”的想法，比较容易做出消费的决策。所以，旅游营销的关键应是说服人们来目的地旅游，这时使用重磅武器——知名度高的旅游产品和优秀的旅游企业，当旅游者到达后，便可推荐其他轻型武器——知名度不高的旅游产品和旅游企业，刺激旅游者的消费动机，延长其停留时间，提高其消费额，这种按部就班的做法可谓皆大欢喜。但是，单个旅游企业不会有如此胸襟，结果导致轻型武器也冒充重磅武器拿到目标市场去轰炸，旅游者到达后，实力强的旅游企业也不肯给其他企业促销机会，致使地区的整体利益不能极大化。

因此，在众多地区为吸引旅游者而展开越来越激烈竞争的今天，越来越多的地区意识到旅游营销不应仅仅是单个旅游企业的任务，而应组织整个地区的力量来完成，以便能更加充分、更加出色地向旅游者展现本地区的风采。

但是，将整个地区的力量组织利用起来是一件相当复杂的工作。旅游业涉及面的广泛性和多样性使得经营、管理和指导旅游业发展的职责被分割给一系列不同的机构，由于没有一个明确的界限清晰的委任，这些机构在行使职责时很混乱，经常会发生多头管理或无人管理，这种局面在营销工作中更为严重。所以，有人说地区旅游产品的营销像一个大型管弦乐队，要求有一个专业指挥能够理解所有乐器的角色并知道它们如何才能和谐地演奏出能打动观众的乐章，如果缺乏指挥或指挥不能服众，这个乐队会发出嘈杂刺耳的营销噪音，会把观众吓跑。将不同群体（包括政府、企业、金融实体、特殊旅游事件的赞助人、环境保护机构等）的智慧和能力联合起来是一件艰巨的任务，任何一个企业和机构都难以做到，只有在所有旅游业的利益相关者间建立一个正式或非正式的联盟，从整个目的地地区层次上有效地实施旅游营销才会获得巨大、长远、综合性的成功。

13.1.3 旅游目的地营销潜力

从前面的介绍中可以看出，广义的旅游目的地营销的重要目的是挖掘并培养目的地的营销潜力，同时，目的地营销潜力也会成为影响地区营销效果的制约因素。因此，分析旅游目的地包含的因素，并且构建对旅游目的地营销潜力的评价体系具有重要的意义。

旅游目的地是一个综合性的概念，可以通过区位条件、旅游资源、旅游服务设施、旅游目的地管理、旅游目的地形象、旅游目的地体验、旅游目的地可持续发展、价格等指标因素，来构建对旅游目的地营销潜力的评价体系，下面将采用模糊数学中的模糊综合评判法建立旅游目的地营销潜力的评价体系。

（一）对旅游目的地营销潜力指标的聚类分析

首先，建立旅游目的地的象棋型图，如图 13-1 所示。

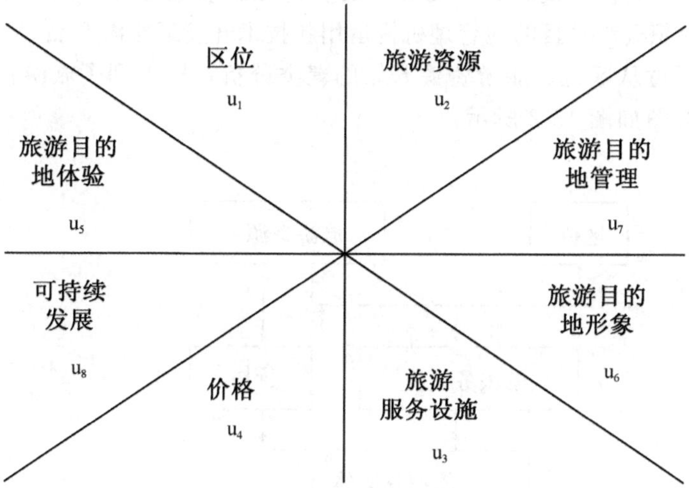

图 13-1　旅游目的地的象棋图

区位、旅游资源是旅游目的地的禀赋资源，其他五个指标归根结底都由这两个指标决定。区位的优劣可由以下因素体现：①旅途远近，越近者区位越优；②旅游成本的大小，旅费越小者区位越优；③离口岸、港站的远近，能否进得来，出得去；④旅游舒适、快捷、安全程度等。

在指标体系中，区位因素占重要地位，往往区位优、旅费小的资源得以开发。旅游资源由自然资源和人文资源构成，根据价值规律，旅游资源品质的优劣决定了价格的高低。尽管价格还要受到诸如消费市场需求状况、可替代产品的进入性、旅行社的议价能力、目的地管理者的经营战略等因素的影响，但价格的变化归根结底离不开资源的品质。

同时，区位条件和旅游资源又决定了旅游目的地的旅游服务设施，对一个区位条件差、旅游资源存活率（旅游资源存活率主要指旅游资源可利用的难易程度，可利用率高则存活率高，可利用率低则存活率低）不高的旅游目的地，由于市场前景和投资回报率低，很难吸引投资者进行服务设施的投资活动。旅游者的目的地体验来源于服务设施和价格的综合影响，然后形成旅游目的地形象。

除了以上分析的区位、旅游资源和由这两个禀赋资源而来的其他三个指标外，还有一个独立的指标——旅游目的地管理。

根据普恩（Po on）的可塑性理论，认为目的地要想不断提高竞争力就必须保持可塑性，即永远的创新，不断的变化。普恩认为，新旅游产品是可变的、可细分的、可根据市场要求塑造的；而老化的旅游是大众化的、标准化的、严密包装的。因此，目的地管理者的任务是保持目的地产品的可塑性，这种可塑性来自对包括客人、饭店供应商、分销商等方面互动交织形成的统一体组织、管理和促销。这个理论积极激励目的地管理机构运用新技术开发新旅游产品。

最后，通过从区位、旅游资源开始的聚类分析，即得到了旅游目的地的可持续发展。聚类图如图 13-2 所示。

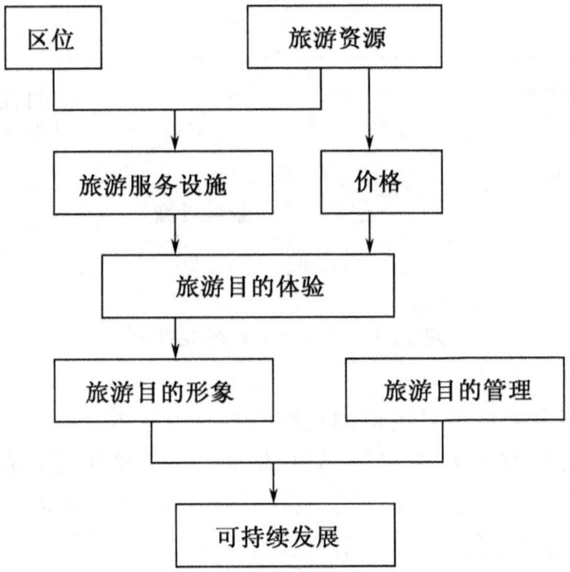

图 13-2 旅游目的地聚类图

（二）建立旅游目的地模糊综合评判数学模型

1. 确定评判旅游目的地的因素集 U 和评语集 V

U 中包含 8 个因素作为评判的指标体系：

u_1———区位条件	u_5———旅游目的地体验
u_2———旅游资源	u_6———旅游目的地形象
u_3———旅游服务设施	u_7———旅游目的地管理
u_4———价格	u_8———可持续发展

根据这 8 个指标的内在联系，现将 U 划分为三个因素集，即

$U_1=\{u_1, u_2\}$，U_1 为旅游目的地的硬环境因素；

$U_2=\{u_3, u_4, u_5, u_6, u_7\}$，$U_2$ 为旅游目的地的软环境因素；

$U_3=\{u_8\}$，U_3 为可持续发展因素。

于是 $U=\{U_1, U_2, U_3\}$

确立评语集 $V=\{V_1, V_2, V_3, V_4\}$，它们分别表示旅游目的地好，较好，一般，差四个等级。

2. 对子因素集 U 分别进行一级综合评判

首先，构造单因素评价矩阵。可采用随机调查旅游者的方法，请他们就旅游目的地子因素集中每一个因素在 V 中四个等级上打分，最后经算术平均得到数据（若请专家进行打分，也可采用加权平均的方法）。

对于 U_1，可得到一个矩阵

$$R_1=\begin{vmatrix} a_{11} & a_{12} & a_{13} & a_{14} \\ a_{21} & a_{22} & a_{23} & a_{24} \end{vmatrix}$$

对于 U_2，有

$$R_2=\begin{vmatrix} b_{11} & b_{12} & b_{13} & b_{14} \\ b_{21} & b_{22} & b_{23} & b_{24} \\ b_{31} & b_{32} & b_{33} & b_{34} \\ b_{41} & b_{42} & b_{43} & b_{44} \\ b_{51} & b_{52} & b_{53} & b_{54} \end{vmatrix}$$

对于 U_3，有

$$R_3=\{c_1, c_2, c_3, c_4\}$$

其次，进行权数分配，同样用调查统计方法，分别得到子因素集中各因素的权向量。

最后，求出 U 到 V 的模糊变换

$$A_1=(a_1', a_2')$$

$$A_2=(b_1', b_2', b_3', b_4', b_5')$$

$$A_3=(c')$$

最后，求出 U 到 V 的模糊变换

$$b_i=A_i \cdot R_i$$

3. 进行二级综合评判

以 U_1，U_2，U_3 为元素，用 b_1，b_2，b_3 构造它们的单因素评判矩阵。

$$R=\begin{vmatrix} m_{11} & m_{12} & m_{13} & m_{14} \\ m_{21} & m_{22} & m_{23} & m_{24} \\ m_{31} & m_{32} & m_{33} & m_{34} \end{vmatrix}$$

然后对“旅游目的地硬环境（U_1）”，“旅游目的地软环境（U_2）”和“可持续发展（U_3）”进行权重分配。

$$A=(R_1, R_2, R_3)$$

这样，二级综合评判为

$$b=A\cdot R=(R_1, R_2, R_3)\cdot\begin{vmatrix} m_{11} & m_{12} & m_{13} & m_{14} \\ m_{21} & m_{22} & m_{23} & m_{24} \\ m_{31} & m_{32} & m_{33} & m_{34} \end{vmatrix}$$

这样，就可以对旅游目的地营销潜力进行量化评判。

13.1.4 旅游目的地营销的参与者

目的地营销过程对地区的地理位置、气候、自然资源的依赖远不如对人及组织的意愿、能力的依赖程度高，一个地区要成功地进行旅游营销必须首先识别地区营销的参与者并调动其积极性。

国外研究者认为，地区营销过程中的参与者分为两大类：来自公共层面的政府管理者、城市规划部门、商务发展部门、旅游部门、会议部门、公共信息部门、基础设施管理部门（交通、教育、环境卫生）；来自私人层面的房地产开发商、金融机构（银行、基金会）、接待企业和零售业（宾馆、饭店、商店）、旅行社、出租车行业、建筑业、其他相关行业以及当地居民。

可以看出，与单纯的商业或贸易产品的市场营销不同，地区营销的成功需要得到公众的和私人的机构、有兴趣的群体及当地居民的积极支持，需要各行动者的参与和相互的合作，特别是政府部门与企业、居民间的合作。地区政府可以通过以下做法来促进合作：

- 向地区内的企业和公众说明旅游业在地区内的重要地位、地区面临的激烈竞争，以及齐心协力进行地区营销的必要性。
- 了解地区内部利益相关者（行动者）的需求。
- 让企业和居民充分参与到对发展前景和营销计划的制定工作中来，使他们达成一致意见，建立有效的营销联盟结构。
- 在营销计划的每一个实施阶段都评价实施效果，并及时反馈给企业和公众。

将不同参与者的智慧和能力联合起来是一件艰巨的任务，地区可以成立一个由市民、商界人士、当地政府官员及所有与旅游业相关的机构组成的联盟，该联盟的任务是：

- 它必须确定和诊断出社团的环境、条件、面临的主要问题及原因。
- 它必须在对地区现有形象、资源、机会进行客观估价的基础上形成一个解决社团问题的长远发展思路。
- 它必须制定一个包括基础设施投资在内的长期行动计划。

长期行动计划包括四个营销面：①必须确保提供基本的服务，基础设施始终能使旅游者感到满意；②地区需要开发新的吸引力，以维持现有市场和吸引新市场；③需要树立一个朝气蓬勃的形象，并通过一系列传播信息的活动来宣传该形象；④必须赢得当地居民、领导者、有关机构的支持，以使该地区在吸引旅游者时显得殷勤周到和热情。

（4）储备公共投入，接受政府支持，实施计划。

13.1.5　目的地营销的实施

旅游目的地营销过程是一个复杂的过程，涉及的行为者很多，在实施中会出现许多问题，其中关键的问题有：首先，实施营销战略的权利与实施战略的责任委派不能匹配，责任的委派经常不明确或在各机构间存在责任的冲突。其次，财政资助并不是营销战略推行过程中唾手可得的一种政府资助，它也可能会引起政府部门的职权的冲突。第三，对营销工作所做的预算通常是不充分的，甚至没有预算，目的地层次的营销者更倾向于追求实施速度，而没有给旅游行业必要的时间和财政支持。第四，由于缺乏对实施效果进行监控的机制，目的地当地的政府部门及相关机构无法了解战略实施效果，所以它们很难给未来的实施予以支持。为尽量解决以上的问题，地区的主要营销者（主要指政府）应了解如何发挥互动作用个人、机构及其他群体间的相互作用，进行资源分配、绩效监控、分配职责与任务等活动，以有效地实施目的地营销战略。

13.2　旅游目的地形象营销策略

13.2.1　旅游目的地形象的战略性营销

目的地形象是公众以一个潜在或现实旅游者的眼光对一个地区的评价，是旅游者对一个地区的信念、印象和想法的总和，代表了大量与地区相关的信息。我们必须认识到，地区作为旅游目的地的形象是影响目标市场购买决策的主要因素，消费者首先认可地区是一个宜人的目的地，才会有到该目的地购买旅游经历的考虑，如果地区没有在公众心目中树立起一个目的地的形象（人们不熟悉该地区，或认为该地区内没有吸引物）或是一个失去信誉的目的地形象，那么该地区会在旅游营销中陷入困境。

地区营销者必须了解地区现有的总体形象、与竞争对手形象的排序、如何建立和宣传吸引旅游者的地区形象，而这一切便是旅游目的地形象营销策略的内容。目的地形象营销策略包括以下程序：在地区旅游产品的目标市场中调查目的地形象和形象知名度，并对特定的形象进行分析；通过地区的实际改善来维持地区现有形象或创造新形象；向目标市场传播目的地形象。

13.2.2 旅游目的地形象的内涵

（一）旅游目的地形象内涵的研究

旅游目的地形象内涵的研究综述自从20世纪70年代初Mayo提出了旅游目的地形象的概念以来，研究者们对旅游目的地形象的内涵有不同的理解，其中具有代表性的观点如下：

Hunt认为，旅游目的地形象是纯粹主观的概念，即人们对不在其中居住的地区所持有的印象。旅游目的地形象和该目的地的可进入度、基础设施等都是旅游决策过程中的决定因素。Gartner从主观侧面对目的地形象内涵进行了更深入研究，指出目的地形象由认知、感情、意动三部分组成，当进行实地游览时，他会对三部分进行验证和再评估。

仅从主观侧面解释目的地形象是不全面的。许多研究者认为旅游目的地形象这一概念中应包括主观和客观两个侧面。Walmslely等提出的设计性形象（Designa-tive Image）和Pocock等提出的评价性形象（Elvalua-tive Image）便被认为是反映目的地形象不同侧面的一组概念，前者是目的地内道路、小区、标志等“可见的物质的”风景要素的规划设计；后者反映为个体对特定目的地环境的态度及对不同场地的评价，对成行行为有直接影响。与设计性形象和评价性形象类似的是Kotler等人提出的发射性形象（Projected Image）和接受性形象（Received Image）。发射性形象是对任何人都可获得的有关地区的观念和印象；接受性形象是在上述发射的信息与消费者个体的需求、动机、经历及其他个人特征间相互作用中形成的。这组概念涵盖了设计性形象和评价性形象的内涵，因为除了风景、场地等要素外，它还包括好客性、产品质量等要素。

Graham指出，当某种类型的目的地形象被相似人群分享的程度高时，该形象是社会化的。社会化概念的提出使对目的地形象内涵的理解除了主观和客观一组维度外，还出现了个体化和社会化另一组维度。

总的来看，多数文献从主观、个体化侧面研究目的地形象，即研究感知个体如何看待目的地，研究个体所接受的目的地形象如何影响其原有的观点和购买行为。然而对目的地营销者而言，不可能认识和分析每个个体的目的地形象，感知主体的主观感受与目的地实际特征的规划和建设之间也存在相当的差距。从实施整体营销理念的目的出发，也需要从客观、社会化侧面研究目的地形象。

（二）旅游目的地形象的内涵

旅游目的地形象是一个内涵丰富的概念体系，包含两个侧面，其一是发射性目的地形象（简称 PDI）；其二是接受性目的地形象（简称 RDI）。PDI 由两个层次构成，综合目的地实际特征，发射给现实旅游者的实际发射性目的地形象（简称 RPDI）；营销者经提炼后发射给潜在旅游者的传播发射性目的地形象（简称 SPDI）。RDI 也由两个层次构成，首先是个体层次上的目的地形象——个体化旅游目的地形象（简称 IRDI），即个体以一个潜在或现实旅游者的眼光对一个目的地的评价，是其对该目的地的感知、印象和观念的综合；其次是社会层次上的目的地形象——社会化旅游目的地形象（简称 SRDI），即目标市场上的公众普遍持有的感知、印象和观念的总和。这些概念间的关系如图 13-3 所示。

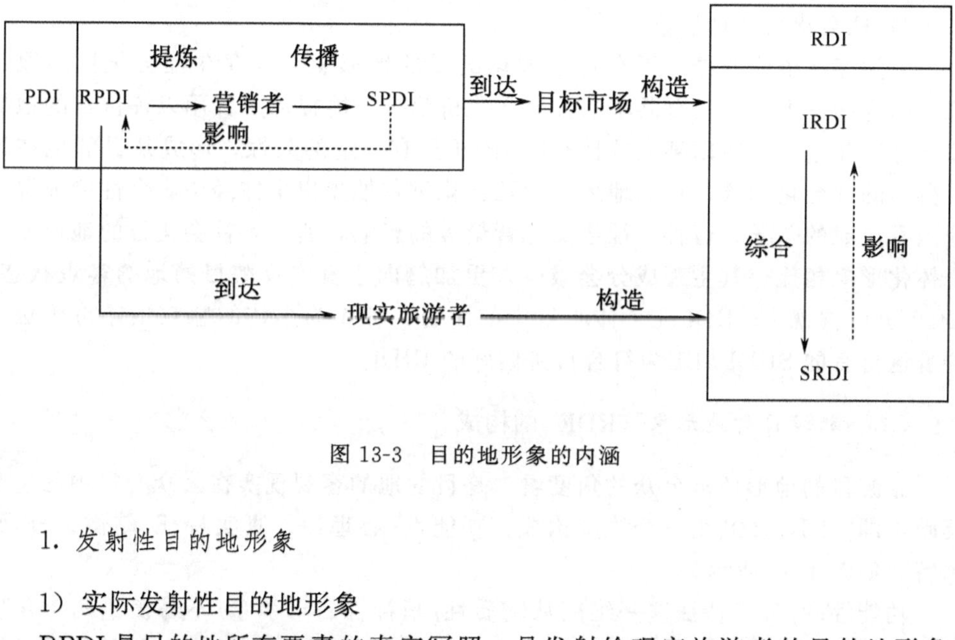

图 13-3　目的地形象的内涵

1. 发射性目的地形象

1）实际发射性目的地形象

RPDI 是目的地所有要素的真实写照，是发射给现实旅游者的目的地形象，由旅游资源、设施、产品组合、基础设施、服务状况五方面构成，如图 13-3 所示，图中每个要素都会影响到 RPDI，这也意味着，RPDI 的规划和建设是一个系统工程，涉及目的地社团众多的利益相关者，包括旅游部门、相关政府部门、旅游企业、支持类企业、居民、艺术团体等。

2）传播发射性目的地形象

SPDI 是旅游营销者（地区营销者或产品营销者）希望感知主体接受的理想

的目的地形象，表现为营销者对 RPDI 进行提炼后传播到目标市场的一系列信息。

地区营销者根据目标市场的需求特征，对 RPDI 进行分析，提炼出他们认为适当的主题，并围绕该主题将适当的要素特征组合为 SPDI，因为地区营销者是在社团层次上，着眼于长远利益，所以提炼出的 SPDI 不会偏离 RPDI。然而，若对旅游营销采取自由市场的解决方案，产品营销者的提炼很可能偏离 RPDI。

2. 接受性目的地形象

1）个体化目的地形象。

当有关 PDI 的信息到达某感知主体时，对信息的翻译依赖于其社会文化背景、个性特征等，形成器质性、诱导性和复杂性的 IRDI。其中复杂性形象是现实旅游者的感知，影响他在目的地的弹性消费决策和回头决策。营销者可通过促销活动发射的 SPDI 改变诱导性形象，通过规划和建设 RPDI 来影响复杂性形象。

2）社会化目的地形象

因为存在个体差异，不存在模式化的目的地形象，但存在社会化目的地形象，因为同一类人群具有共享的社会文化价值观，能提供一种用以评价目的地形象的标准和范式，所以某人群持有的 IRDI 具有一定的共性，形成某目的地在该人群内的社会化形象。目的地形象的社会化过程抽象出个体经历、个性特征等主观因素造成的差异，留存了社会文化背景等的影响，所以，社会化目的地形象与个体化形象相比，其主观成分会减少，更加趋向于真实反映目的地的客观状态。IRDI 也可被视为 SRDI 在个体心目中的影射，即作为个体的感知主体将接触人群普遍持有的 SRDI 加工为符合自身偏好的 IRDI。

（三）旅游目的地形象（RDI）的构成

旅游目的地形象从公众的角度看，是目的地的客观现实在公众心目中的主观反映，即 RDI。RDI 由三个维度构成：功能性-心理性；真实特征-幻像；普通-独特。如图 13-4 所示。

功能性-心理性特征这一维度从物质性/精神性、可衡量/不易衡量两个角度研究旅游目的地的特征，功能性特征是物质性的、可衡量的，心理性特征是精神性的、不易衡量的。

真实特征-幻像这一维度从心理学和消费者行为学的领域研究旅游目的地形象的本质，即：旅游目的地提供的整体产品被旅游者以真实特征和幻像两种方式来理解，真实特征是可以在旅游目的地得以求证的功能性特征和心理性特征，而幻像是旅游目的地的真实特征投射到人们内心世界的画面。

普通-独特这一维度表示目的地形象有普通的一面，由此可以与其他目的地

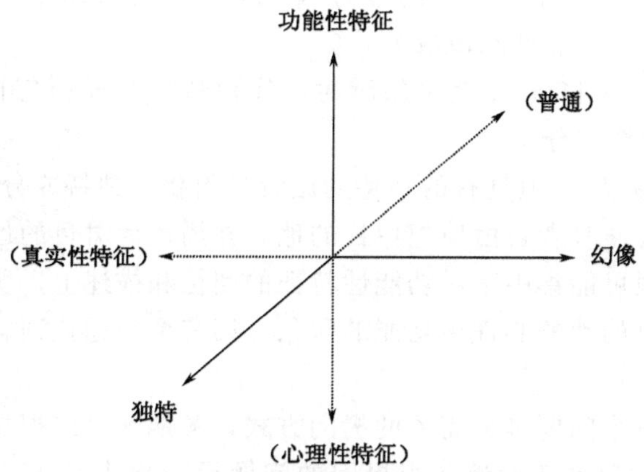

图 13-4 旅游目的地形象的构成

排序和比较的功能性特征（如价格水平、交通体系、气候、接待类型）和心理特征组成（如友好程度、安全、服务质量），但目的地形象也有独特的一面，包括独特的特征和事件（功能性特征）或特殊的风味（心理性特征）。

13.2.3 调查和分析旅游目的地形象

在调查目的地形象之前，首先要调查目标市场对地区形象的熟悉程度，即目的地形象的知名度。知名度分五个层次：①从来没有听说过；②听说过；③了解一些；④了解许多；⑤相当了解，如果大多数调查对象选择前三项，那么该地区的知名度就很低了。为保持调查结果的有效性，对地区形象有所了解的调查对象才可以回答有关目的地形象的问题。

（一）调查目的地形象的方法

当旅游目的地在目标市场中调查本地区的形象时，通常采用两种方法：敞开式提问法和指标衡量法。由于旅游目的地形象构成的复杂性，这两种方法通常配套使用。

1. 敞开式提问

敞开式提问涉及的问题是开放性的，鼓励被询问者以漫谈的方式回答问题，这种发散性强的提问方式可以使回答的自由度变大。利用敞开式提问的方法可以得知目的地形象中幻像的成分（沿着功能性和心理性特征这一维度），还可以探测出在这些幻像中独有的特征或风味（沿着普通和特殊这一维度）。

敞开式提问的典型问题如下：

- 当你想起作为一个旅游目的地的 A 地时，你的脑海中立即会出现什么形象或特征?（功能性幻像成分）
- 当你想像着你将到 A 地去旅游时，你预料将会经历怎样的气氛或风情?（心理性幻像成分）
- 请列出你认为 A 地具有的独特的旅游吸引物（独特成分）。

第一个问题让回答者自由地想像目的地，并描述他对目的地的整体印象。但专家预料回答者很可能集中于对功能性特征的回忆和描述上，所以第二个问题马上让对象描述对目的地的心理性功能的印象，第三个问题让回答者描述目的地形象中的独特成分。

当然，上述三个问题是最简单的提问方式，各地区可以根据自身的特点和需要对问题进行细化和重新设计。当提问的问题设计出来后，一个由旅游业、营销、消费者行为等领域的专家和学者组成的专家小组对问题进行审核，即对问题的措辞和正确性予以评点和修改。在得到专家小组的反馈意见后，可进行第一轮的试调查（调查人数为一般 30 人），根据试调查结果再做修改，可得到正式的敞开式问题。

2. 指标衡量

指标衡量方法通过设计一系列恰当的指标，沿着功能性和心理性特征这一维度来衡量目的地形象中普通的、现实特征的成分，并可据此详细说明普通的功能性和心理性现实特征。

设计衡量指标有一套复杂的程序。首先要确定目的地形象的尺度域，如舒适度、安全度、新奇度、自然状态、旅游设施、气氛、气候、文化距离、费用、交流等。第二步是形成衡量指标，某个尺度域由一系列指标构成，所采取的筛选技术越多，指标完备性的概率越大，所以一般同时使用文献研究法和焦点小组法，文献研究方法对过去的研究中使用的指标进行总结和归类，列出所有使用过的指标，然后由来自有关部门的专家组成焦点小组，对文献研究得出的指标再进行归类和筛选，并适当加以增减。第三步是进行试调查，并根据收集来的数据对现有指标进行精简。第四步是评价指标的可靠性、正确性，最后便可得出目的地形象的衡量指标。

（二）调查结果数据分析

数据分析由两部分组成：对敞开式提问结果的分析和对指标衡量结果的分析。

1. 敞开式提问结果分析

敞开式提问结果分析首先为回答者提供的不同描述分类和贴标签，即将表达出相似含义的描述语句归为一类，并将该类描述定义为 A 类，然后按各类回答出现的频率排序，确定出特定目标市场对目的地持有的形象中幻像和独特特征的成分。

为使读者更直观地了解该分析，我们引用牙买加地区的一次调查结果。表 13-1 表示牙买加用敞开式提问法所得到的分析结果，百分数表示该项答案出现的频率。

表 13-1　牙买加地区敞开式提问分析结果

1. 当想起作为旅游目的地的牙买加时，你脑海中立即出现的形象是？	
海滩	80.5%
热带气候	61.1%
阳光灿烂	44.3%
海洋	30.2%
黑人	25.5%
音乐	25.5%
热带酒饮料	18.1%
贫困	17.4%
友好好客	16.1%
棕榈树	16.1%
水上运动	16.1%
景色	13.4%
文化	11.4%
有趣的聚会	11.4%
热带植物	11.4%
水果	10.7%
2. 当你游览牙买加时，你预料会经历什么气氛或风情？	
放松的	55.0%
友好好客	41.6%
有趣的聚会	38.9%
缓慢的节奏	38.3%
欢乐的	21.5%
兴奋	17.4%
热带风情	11.4%
浪漫	10.1%

续表

3. 牙买加独特的旅游吸引物?	
海滩	57.3%
水上运动	16.2%
大海	16.2%
RAGGAGE 音乐	14.5%
文化	13.7%
热带气候	12.0%
蒙特哥海湾	11.1%

2. 指标衡量结果分析

指标衡量结果分析的过程是：得出每个指标的分值，求出同一尺度域内所有指标分值的平均值，这便是该尺度的总分值，据此可归纳出目的地形象中普遍和现实特征的成分。我们仍引用牙买加的例子。表 13-2 中有些尺度域只列出部分指标，括号里表示该类尺度域实际包括的指标，这不会影响理解。该调查规定分值满分为 6 分，超过 5 分即为高分。从表 13-2 中可以看出，在旅游者心目中，牙买加的自然景色优美宁静，夜生活较丰富，天气好，有美丽的海滩，有可供旅游者选择的旅游组合产品，成本低，但生活标准和卫生标准低，语言障碍较大。

表 13-2　牙买加指标衡量结果分析

因素	得分
舒适度/安全度（共 5 项指标）	3.79
当地卫生标准高	3.01
居住标准高	2.63
容易达到高质量的宾馆和饭店	4.23
总的来说是个安全旅游的地方	4.49
当地居民态度友好	4.71
新奇/惊险（3 项）	4.28
在当地度过的假期是一次探险	4.54
每一件事都与众不同，令人迷惑	4.14
许多新奇的地方值得一游	4.35

续表

因素	得分
自然状态（2 项）	4.65
宁静恬淡	5.27
自然景色优美	5.26
旅游设施（2 项）	4.71
可以得到许多组合的旅游产品	5.33
可以获得好的旅游信息	4.80
气氛/气候（3 项）	5.44
是喜爱海滩者的好去处	5.74
有好的夜生活	5.01
令人舒适的天气	5.58
文化距离（3 项）	4.45
生活方式和风俗与我们的相似	4.54
食物与我们的相似	4.52
当地的建筑风格与我们的相似	4.32
费用（2 项）	3.65
物价高	3.81
商品和服务昂贵	3.50
交流障碍（2 项）	4.90
当地人不会讲我们的语言	4.95
当地人不理解我们的语言	4.84

（三）描绘旅游目的地形象

根据对敞开式提问和指标衡量结果的分析，我们可在旅游目的地（牙买加）形象的三维度图中描绘出该目的地的形象，因为三维图难以绘出，我们分别用三个图表示（详见图 13-5、图 13-6、图 13-7）。

案例 13-2

牙买加形象的三维图

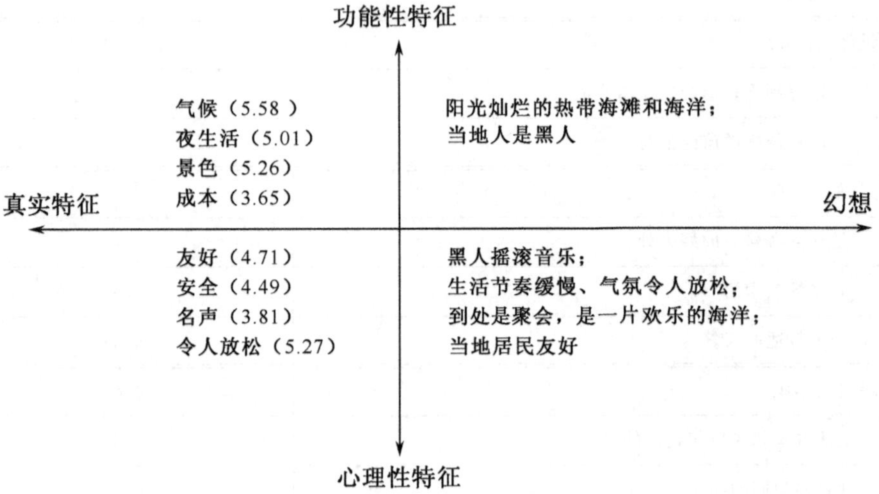

图 13-5 功能性—心理性特征与真实—幻像

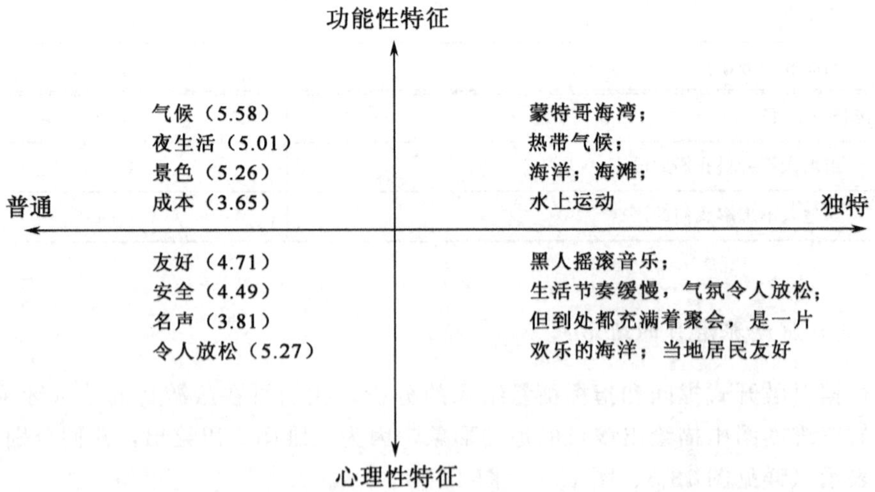

图 13-6 功能性—心理性特征与普通—独特

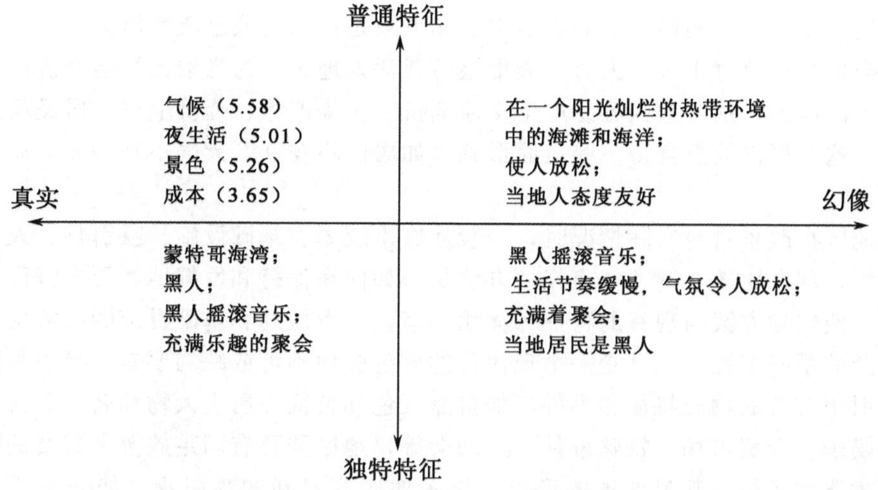

图 13-7　普通—独特与真实—幻像

13.2.4　目的地的实际改善

以上介绍的目的地形象涵盖面广泛，为地区发现问题、对症下药提供了比较充分的线索，便于特定的目的地对自身进行实际的改善，例如一个被认为夜生活枯燥的地区可以斥资兴建娱乐设施，丰富夜生活。

但是，我们的目的不是指导某个目的地的形象营销，而是为目的地形象营销提供一种可普遍使用的思路和方法，所以我们抛开地区形象的具体成分，将其抽象为正面形象、虚弱的形象、负面形象、综合形象、矛盾的形象和过于吸引人的形象，总体来讲，不管一个地区的形象其成分有多么复杂，对于公众而言，它总处于以上六种状态之一。形象的状态不同，目的地在形象改善和下一步的形象传播上便有不同的动作。

对于一个具有正面形象的目的地而言，它不需要改变形象，也不需要进行大的实际改善，而应该强化现有形象并将该形象传播到更多的目标市场。

一个具有虚弱的形象的目的地，往往是由于地区小、缺乏知名的吸引物或没有做广告而缺乏知名度，此时它需要开发建立一些吸引物并宣传它们。不幸具有负面形象的地区应及时阻止形象的传播，尽量避免媒体的关注，并应做切实改变，同时大力宣传新形象。

许多地区的形象既有正面的也有负面的成分。例如，许多人想观赏圣弗朗西斯科的名胜古迹，但又害怕它是一个毒品中心。该类具有综合形象的地区应强调其形象中积极的一面，避免其消极的一面，同时应做切实的改变。

少数地区在不同人心目中的形象是截然相反的，这些具有矛盾形象的地区应让持反感态度的人明白：他们心目中的坏形象是错误的或已成为历史。

当地区形象过于吸引人时，大批旅游者涌入地区，为当地的社会经济系统造成极大的压力，这些地区容易产生交通拥挤、污染严重、物价上涨、居民反感等后患，这时可以故意宣传一些负面形象，如居民不友好、天气不好等无关痛痒的缺点。

地区在改善自身实际情况时，一般从城市规划、基础设施、吸引物、人等方面着手。现在比较普遍的城市规划方法是：如何在保持和发掘地区历史特征的基础上，使规划方案与现有的特征环境相和谐，城市规划和基础设施的改善均是一个复杂的系统工程，但又是一个现代化的旅游胜地不可或缺的要素。吸引物指用以吸引旅游者的物质特征和事件，如自然景色和特征、历史人物和名人、文化遗迹、娱乐、商贸市场、特殊事件、运动会等，地区需要有满足旅游者需要的吸引物，才能切实树立起目的地的形象。许多地区开发新的吸引物，如开发历史古迹、建立体育馆、会议中心等。人也是地区营销者需要关注的一点，居民的友好好客和善良、旅游业从业人员提供的服务质量不仅是旅游者旅游经历的重要组成部分，也是目的地形象的重要组成部分，地区应对旅游从业人员进行正规的职业培训，对当地居民宣传旅游业的积极影响，并进行好客培训。

13.4.5 目的地形象的传播

目的地的形象可以有两种形成方式。首先是感官形象，通过照片、朋友的评论、电视片等对特定地区的描述，通过真实的游览，人们形成对该地区的形象。其次是推荐形象，是由于有计划的促销和广告而产生的，广告创造推荐形象，希望能够吸引旅游者到本地区来。目的地地区向目标市场的公众传播的形象就是一个强大的推荐形象。

（一）形象传播策略

目前有四种被普遍使用的形象传播策略，一个地区可以选择不同的形象传播策略。

1. 多样型形象

在多样性策略思想指导下，地区展示给公众的形象范围比较广泛，可以避免给人们造成“该地区只有单一特点”的错觉。新加坡在1988～1989年的经济发展年鉴中罗列了许多表现当地旅游吸引物的图片、介绍当地艺术品的插页、抽象派油画、地区标志物，这些多样化的形象可以使公众心目中的目的地形象比较全面，在地区的目标市场比较多的情况下，可以达到大面积撒网的效果。

2. 幽默型形象

在幽默型策略下，地区营销者以幽默的方式建立地区的形象，对有负面特征的地区而言，该策略特别有效。例如，一个被公众认为充满烟灰的工业污染严重的城市，它想改变这种形象，便推行“伯瑞福德第一个旅游者”活动，以照片、漫画的形式表现旅游者在看到焕然一新的城市时的情景，并将这种生动的形象作为促销的工具，该活动非常奏效。

3. 否定型形象

另一个处理负面形象的方法是向目标市场灌输地区正面的形象，该形象特别对过去的负面形象进行否定。例如，许多旅游者不愿去南非旅游，因为那有种族隔离政策，南非旅游部门给每个旅游者观看 20 分钟的录像，录像展示了过去人民对种族隔离政策的反对，表明种族隔离政策已成为历史，并播放白人和黑人在不同背景中微笑着一起活动的情景，录像还插播了南非美丽的自然景色。

4. 稳定型形象

当一个地区拥有一个正面形象时，它容易采取加固过去形象的稳定型的形象。威廉姆斯伯格是历史文化名城，它开发能反映其作为第一流历史重镇的形象，形象标志是美国传统服饰、热腾腾的苹果馅饼、手工艺者。这种形象很容易深入人心，但如果该地区采用高科技开发区为标志的形象，则会破坏已深植人民心中的历史名城的形象。

（二）传播目的地形象的载体

一个目的地形象的构成是复杂的、多维度的，如北京有世界级的博物馆，有友好的居民，著名的大学，建筑奇观等，如果不加取舍地将所有这些都罗列出来向目标市场兜售，容易使地区的形象散乱，难以记忆。所以，地区往往会通过一定的载体来鲜明地总结出地区的形象，并向公众直接传播该载体，公众接受了该载体，也就接受了目的地的形象。

目的地形象的载体包括三类：宣传口号和形象定位、象征物、特殊事件和活动。

1. 宣传口号、形象定位

宣传口号是一句能够体现一个地区整体风貌的简短用语。口号能够激发人们的旅游激情和灵感，一个好口号应既能概括地区的特征，又反映出地区特有的优势。地区营销者在印刷品和广播电视等媒体上宣传该口号，也可以将宣传口号印在地区生产的所有产品上，如食品罐头、邮件、T恤等。

设计口号时应遵循的原则是：正确、可信、简洁、有吸引力、与众不同。即，地区用于促销目的地形象的口号不能一味地美好地区，而与地区实际的情况相差过远；口号的措辞不应过于哗众取宠、极尽夸张，否则即使目的地形象是正确的，也会让人觉得不可信。例如，如果夏威夷宣传它的景致比迈阿密美丽一倍，尽管这是事实，但人们可能不会相信；如果夏威夷先宣传它的景致与迈阿密一样美丽，然后再提出美丽一倍的说法，人们有可能会接受。口号应尽可能简洁、易于记忆，如果地区试图用一大串口号表达出地区形象的各个方面的话，人们反而会觉得啰嗦，一个也记不住。例如，纽布朗斯维克经过多次研究，决定采用“这便是纽布朗斯维克”的口号。该口号一点也不惊天动地，但它简洁、直截了当、耐人寻味。宣传口号还应有吸引力、与众不同，让公众能从一大堆的地区宣传口号中立即发现并喜欢上本地区的口号。

以下是一些比较成功的口号，它们都体现了上述原则，如：波兰“万事万物普照阳光”、宾夕法尼亚“地球上最甜蜜的地方”、底特律“文艺复兴风格的城市”、波士顿“200 年的城市”、魁北克“感觉如此不同”、阿偌巴“你是我们唯一的生意”等。

形象定位是地区自己为本地区在所处区域、国家或国际中的地位做简短评价，力求能突出自己的地位和与其他目的地不同的特点，将自己从众多的目的地中突现出来。丹佛的形象定位是“洛基山地区的经济、商业、金融、交通中心”，波兰的定位是“欧洲大陆升起的明星”，泰国自认为是“远东地区的旅游天堂”。

形象定位的步骤包括：识别竞争目的地；识别潜在旅游者对本地优势与劣势的感知；识别潜在旅游者追寻的利益；明确潜在旅游者相对于竞争地对本地的接受程度；选择最合适的定位。形象定位也必须基于现实，例如，泰国的定位就值得质疑，它忽视基础设施的建设，污染严重，服务质量很差，根本不是旅游者心目中的天堂。

2. 象征物

在公众的心目中有许多永恒的能代表一个地区的象征物，如，巴黎的艾菲尔铁塔，莫斯科的红场，北京的长城和天安门。地区在促销时，可以将象征物印在宣传手册、旗子、招贴画上。

3. 特殊事件和活动

旅游目的地通过举办特殊事件和活动，也能在目标市场公众的心目中树立地区的特殊形象。特殊事件和活动的基金主要来源于目的地政府和相关企业，这些活动的优点是：交流信息，增强目标市场公众对目的地的正确理解，展示目的地的良好形象。

例如，日本 20 世纪 80 年代在美国实施的形象运动是特殊事件树立良好地区形象的最成功案例，通过一系列事件使美国人改变了对日本的反感、蔑视、怨恨的态度，认为日本也可以成为文化旅游的目的地。日本人用美国人的智慧和美国人的价值观举办了这次形象运动，具体包括芝加哥日本交响乐节、日本电影节、反映日本历史的现代爵士舞剧、日本歌舞伎表演、日本科技展览会、日本工艺品展览会等。这些活动的对象是：大学生、初中生和高中生、带子女观看演出的父母、时尚和高雅文化的热爱者等。这些活动的目的是向美国人展示日本的文化。

13.3　旅游目的地产品促销策略

旅游目的地产品即旅游者在该地区的旅游经历，正如本书前面有关章节所述，它的内涵十分丰富。为刺激潜在旅游者对目的地产品的购买和消费，地区采取一系列促销措施。

13.3.1　旅游目的地产品的促销机构

由于旅游经历的复杂本质和消费者在一个目的地搜索相关旅游信息的难度，大量的旅游促销机构应运而生。旅游目的地产品的促销机构包括一系列联合起来提供旅游产品的机构，这些机构又包括地区旅游协会、旅游政府主管部门、旅游业开发机构、旅游企业等，统称为旅游目的地促销机构（简称 DMO）。DMO 的任务是增强在为旅游者提供产品和服务的机构与渴望获得有关旅游产品和服务信息的旅游者之间的联系，大部分 DMO 的工作重点是对有关目的地旅游产品信息的发散与传播，同时 DMO 也在旅游市场研究上扮演领导角色。

13.3.2　常用的促销方法

如 DMO 这样的地区促销机构针对潜在旅游者、在途中旅游者和到达后旅游者进行促销，常用的促销方法如下：

（一）出发前促销活动

1. 媒体广告

地区通过购买印刷品（杂志、报纸、招贴栏）的版面和电磁传播媒体（电视、广播）的时段来宣传地区的形象和旅游产品。媒体广告可用于建立地区的形象，宣传地区的旅游产品。同公众对其他产品的广告心理类似，公众很可能认为一个频繁做广告的地区一定能提供优质的旅游产品，因为只有对自己的产品自信、有足够经济实力的地区才能支付如此昂贵的广告费用。

媒体广告的目标是：提高目标市场对目的地的意识（知名度）；改善目的地的形象；鼓励新的旅游者来访目的地所在区域；唤起过去旅游者的记忆，鼓励他们重游故地；介绍有关目的地旅游产品变化方面的信息。许多情况下，媒体广告首先唤发人们索取目的地旅游信息资料的需求。

2. 熟悉旅行

熟悉旅行促销活动针对旅行中间购买者（旅行代理商、预订代理商等），邀请他们参加免费的旅游，目的是：改善他们对目的地的印象；让他们能向旅游者更多地推荐本地区，提高声誉。

3. 促销突击战

促销突击战的工作重点也是在旅游中间商上，促销者访问客源地，与各种中间商在他们的办公地点会晤，进行游说。

4. 游记作者旅游

邀请为报纸和杂志写游记文章的作者参加免费旅游，以鼓励他们将本地区的吸引物、旅游事件和设施向公众传播。游记作者旅游的目标与媒体广告一样，是为了提高知名度、形象及鼓励旅游，游记文章比花钱的广告更有优势，因为前者更可信。但游记作者旅游的一个劣势是：目的地不能确保能否有文章发表，促销费用不一定有效。

5. 消费者展示

消费者展示是一种日益流行的促销方法，包括在目标市场地区进行目的地旅游产品、户外娱乐等活动的模拟展览。与促销突击战相似，该活动也需去旅游客源地与潜在消费者进行直接交谈，但此时的消费者是个体旅游者。

6. 直接邮件

DMO 向旅游中间商和会议管理者直接邮寄介绍本地区的吸引物、设施的资料。

消费者展示和直接邮件都是对潜在消费者进行直接的推荐，其特点是：信息直接到达需要信息的人，营销者和消费者直接交流质量高，可以使营销者和消费者建立关系。

（二）途中促销活动

1. 接待中心

接待中心是地区设立的专门为旅游者服务的接待中心。当旅游者进入本地区境内时，该中心向他们传播地区经济、文化、社会、历史等各方面的信息。该中心的目的是：鼓励旅游者延长停留时间；鼓励他们多购买目的地的旅游产品；提高他们对旅游经历的满意度。

2. 户外广告

地区在繁华地带、建筑物、路牌等旅游者游览途中经过的地方设立户外广告。户外广告的主要价值是它对旅游动机的潜在影响，因为一个地区可能只有一个吸引物很出名，其余的都默默无闻，旅游者可能只是为了这一个吸引物而来，但既然不远万里地来了，便不在乎多玩几个地方，目的地便可以利用户外广告向旅游者兜售其他吸引物，刺激消费。

（三）到达后促销活动

1. 旅游者中心

旅游者中心与接待中心类似，主要目的是向旅游者传播信息，使旅游者对当地接待行业、旅游吸引物、特殊事件的内容和举办时间、公共设施、地方风俗、食品、气候等信息有所了解，特别是为老年人、残疾人、家庭旅游者等特殊群体提供特殊信息服务。尽管中心不能立即影响当地旅游业务，但在提高旅游者满意度方面扮演重要角色。

2. 媒体方案

DMO 通过媒体向旅游者宣传当地的吸引物和设施，目的是进一步激发已到达旅游者的购买动机。

13.3.3　对促销效果的调查

从本章第一节的学习中我们知道，如果目的地当地的政府部门及相关机构缺乏对促销方法实施效果的了解，它们很难给未来的实施予以支持，而且促销者也无法对方法做进一步的改进，所以应重视对各促销方法效果的调查。

在调查中应注意以下几点：

（1）调查的重点应放在地区促销措施实施前后带来的变化上。一个促销方法的目标是引发目标市场的理想变化，这些变化可能是目的地知名度的提高、目的地形象的改善、来访者的增加。为了衡量这些变化，调查应比较实施前后的状况，如果促销措施是连续实施的，那么调查也应连续展开。

(2) 市场细分是评价旅游促销效果时考虑的必要因素，一旦市场被合理科学地细分，调查必须针对某目标细分市场的变化，而不是针对整个市场的变化。

(3) 促销成功的指标不仅仅是促销投资的经济回报，旅游者满意度也是非常有价值的衡量指标，积极的旅游经历带来的旅游满意对于回头客和正面的直接宣传是至关重要的，旅游地区营销调查应了解旅游信息系统和居民的好客对旅游者满意度的影响。

(4) 必须正确地设计调查方法，以便能恰当地衡量变化。由促销活动引起的变化可能很微小，例如，市场份额的0.5%的上升可能就能反映一次非常成功的营销活动和地区旅游业的显著改善，但许多调查不能捕捉到这种微小的变化，因而便不能提供对地区促销活动的正确认识。显然，成功的指标必须对预期的变化水平反应敏感，但是，调查成本和精确度直接相关。因此，在设计调查方法的阶段，应先明确能恰当反映营销效果的调查精确度水平，然后据此设计调查方法。

简言之，一次有效的地区促销活动效果调查应回答以下问题：①促销活动带来了理想的变化吗？②促销活动改变了目标细分市场吗？③使用了能正确衡量变化的指标吗？④调查的精确度能正确反映促销活动的效果吗？

另外，评价一次大型地区促销活动时，不仅要评价其整体效果，还要评价该活动各子项目的效果。如在对一次电视促销活动的评价中，还需评价在各媒体及各播放阶段的效果。

下面我们简单介绍一下对DMO各促销方法效果的评价。

1. 媒体广告

如果媒体广告活动的目的是提高转换率（潜在旅游者索取资料的转换率），则评价指标是转换率。如果调查显示由于人们预先对到目的地旅游有高度倾向性而导致转换率低，那么改变目标市场和改变媒体播放安排可以提高转换率。转换率调查也可用于调查广告是否接近目标市场，选择广告媒体时应明确该媒体的接受者是否是广告针对的目标市场。转换率调查还可评价旅游信息资料的质量和其对旅游者满意度的贡献。转换率调查的成本低，而且易于实施，但是，转换率调查不能反映广告在提高目的地知名度、改善形象、鼓励旅游（成行）等方面的目标实现程度。

另一种评价方法是在目标市场的调查，DMO可以借此了解媒体广告对知名度、形象、旅游成行的贡献。广告回忆调查可以评价DMO的努力是否被关注、被记住，它对选择媒体和广告内容很有价值。

2. 熟悉旅行

没有正规的评价熟悉旅行活动的方法，在大多数情况下，衡量该活动成功的指标是到目的地访问的旅游中间商的数目。熟悉旅行的目的是改善旅游中间商对目的地的印象，促使他们向旅游者更多地推荐本地区、提高预订，显然，该指标不能反映上述目标的实现程度。比较恰当的衡量指标是在一段特定的时期内由参加过免费旅游的中间商引发的预订数量的增加。

3. 销售突击战

最好的衡量指标也是中间商引发的预订数量的增加。

4. 游记作者旅游

没有正规的评价游记作者旅游活动的方法，传统的衡量该活动成功的指标是发表文章的数目，有时也用文章的读者群规模来衡量。

5. 消费者展示

个体旅游者决策的特征使我们很难评价消费者展示的效果。一个可行的途径是：在展示会上参观者分发可以在目的地享受某种特殊服务的优惠券，检查该优惠券的回收率，为使调查有效，必须保证该优惠券不能买卖，还需获得目的地旅游企业支持。

6. 直接邮件

直接邮件活动几乎无法衡量，人们只能看目的地团队预订数目的增加，但无法排除其他因素的影响。

7. 接待中心

一般针对旅游者在旅行途中就他们对接待中心的看法开展调查。佛罗里达在接待中心向旅游者发调查卡片询问中心对他们的影响，要求旅游者在旅游结束后将填好的卡片寄回，作为鼓励，他们可以得到一支钢笔。

还有一种调查方法是：在旅游者刚到中心时询问他们预计停留时间和日程安排，然后通过电话询问他们实际的停留时间和日程。

另外可在主要游览地询问旅游者决定来该地时决策信息的来源。

8. 户外广告

户外广告最常用的方法是改变广告牌上的信息，然后看旅游业务的相关变化。

9. 旅游者中心

评价旅游者中心时考虑：中心传播信息的效率、中心职员的好客程度、回答问题的能力。最常用的调查方式是：询问旅游者对中心及其职员的印象，但问题是很难评价旅游者接受信息的正确性。另一种调查方式是：调查人员扮成旅游者，向中心职员询问一系列问题，检验他们回答问题的正确率及好客程度。

➢ 关键术语

旅游目的地（Tourism Destination）　　目的地形象（Destination Images）
目的地地区营销（Tourism Destination Marketing）
目的地营销潜力（Destination Marketing Potential）
目的地形象的战略性营销（Strategic Marketing of Destination Images）
旅游目的地产品（Tourism Destination Products）

案例回顾与讨论

1. 案例中的旅游目的地营销涉及哪些主体？本章中讲到的目的地地区营销和形象营销在制定的战略中是如何体现的？
2. 你认为在此案例的进行过程中还有可能出现哪些协调上的问题，如何从战略上进行解决？

复习与思考

1. 旅游目的地营销观念的意义是什么？在中国现阶段有没有必要树立这种新营销观念？
2. 旅游目的地营销涉及哪些内容，请描述这些内容间的相关性。
3. 描述旅游目的地形象的构成，并回答调查旅游目的地形象的方法。
4. 如何针对不同的目的地形象进行有效的改善和传播？
5. 旅游目的地形象的传播载体有哪些，对其进行比较。
6. 描述旅游目的地产品促销方法，并指出如何评价促销效果。

第14章

中国出入境旅游市场管理

学习目的：了解入境旅游市场的消费结构及支出结构的区域性；了解入境旅游需求市场的时空分布规律；熟悉中国入境旅游市场总体开发；了解出境旅游市场需求特征；了解边境旅游市场需求特征。

本章对中国出入境旅游两类细分市场的特征、开发、政策选择及管理进行更具体的分析，将前面所学的旅游市场营销理论与具体的市场环境相结合，进行更好的融会贯通。

案例 14-1

简化出入境手续，中国人进入地球村

一、简化公民出入境手续

某媒体就《想包洋田的农民为何走不出国门》的典型事例展开讨论。报道披露：农民与东南亚一家公司签订协议，到对方承包的6万亩土地上进行种植养殖业开发。然而，却在申办出国手续时卡了壳。申办出境手续之繁琐、收费之不规范、时间之漫长，是每个曾经亲历过的国人都深有感触的。

2001年11月，中国公安部宣布简化中国公民出入境手续，中国公民仅凭身份证和户口本就可以直接申领护照，将在4年内成为现实。大幅度简化中国公民出入境手续的改革措施带来了几大变化：赴港澳商务、旅游更方便；公民出境告别邀请函；中国公民入境将有专用通道享有优于其他国家公民的待遇；变审批护照为凭身份证、户口簿按需申领护照等。

二、中国人进入地球村

在20世纪50～60年代的中国，看到一个外国人都是非常稀罕的事，“外宾”走在路上一律被行“注目礼”。从新中国成立到1965年，北京市总共接待38个国家和地区的1.9万人；到了1997年是186.8万人。2001年来华旅游外国游客比1978年增长了40倍！而中国人也开始踏出国门，走向世界。

人们不难发现，近年境外旅游单位参加中国各种旅游展销会的数量大大增加，各国在中国的旅游促销会此起彼伏。去年（2001年）广州国际旅游展销会，20%的国外旅游商展位增幅，各国政府官员带队来推销旅游也成为一大特色。据从事旅游业多年的广东中旅市场部经理林伟生介绍，近两年的外国旅游广告也明显增加，外国旅游局为吸引更多的中国游客不断加大宣传推介；同时，也协调有关部门对中国公民旅游签证办理适当给予便利。

据德国旅游局亚洲市场经理罗浩德介绍，1995年以来，到德国旅游的中国游客以35%的速度增长，在亚洲市场仅次于日本，因此德国一直加紧同中国有关部门进行接触，商讨对中国市场的营销和旅游便利手续。日本鹿儿岛市观光局事务局长松田浩明也认为，“入世”以后会有更多的中国人出游日本。他希望今后办护照等手续更加便利。

世界旅游组织日前决定2003年大会将在中国北京举行，并预测，到2020年中国将成为世界第一大旅游目的地国家和第四大客源输出国。

到目前为止，国务院已批准的中国公民自费旅游目的地已达到21个。其中由于德国是申根国家，按照《申根协定》，欧盟15个国家已签署关于取消边界旅行控制的文件，德国对中国开放后，法、荷、比、卢、意等欧洲15国按理说都将成为旅游目的地。人们不禁感叹，中国人的地球村时代实际是否真的来临了。

三、出国旅行公民增加10%

几位业内人士告诉记者，新政策全部实行后，出国旅行的中国公民人数增长幅度将超过10%。

据悉，广东中山市从2003年6月13日在全国首先实行凭居民身份证、户口簿可申领因私护照以来，60%申请了护照的人都是出境旅游的。顺德市出入境管理部门试行新政策后，平均每月护照办证量超过内地一个省的数量。

简化出国手续成为中国出境游业务的重大“利好”。在各种政策尚未正式出台前就有旅行社打出了“出国像串门”的口号，旅游业对正在扩大的出境游“蛋糕”的热心可窥见一斑。

中旅总社出境部市场处经理分析说，凭户口簿、身份证就可申领护照，是与国际接轨的一个根本性的改革。政审手续的免除有效地排除了居民申请出境游的“畏难”情绪；有利于口岸的进一步开放，有利于入境旅游业务的发展；护照申请手续的简化，出境卡取消，使用护照空间将更趋自由，这将直接满足居民的出外旅游需求，方便居民的多种选择。

广东是全国出境游最早开放的地区，也是全国最大的客源地，此次出入境管理政策的重大调整，将对广东旅游业产生较大的刺激作用。有业内人士估计，实施进一步开放，全省出境游业务增长将不少于 15 个百分点。

中国公民出境游一直由国家核定的 67 家出境游组办社经营，护照开放后，出境游市场格局将发生什么变化？出境游市场的变化又会对老百姓产生什么样的影响呢？

广东中旅林伟生认为，办理护照方便了，拥有护照的公民就会大幅增加。老百姓有护照就会想出境旅游，旅行社经营空间更大。

广东省“国旅假期”总经理李进茂表示，出入境政策进一步开放带给旅游企业商机，同时也打破了原来几十家出境游组办社适度竞争的局面，原有利益格局面临挑战。目前国内的大型旅行社必须领头逐步形成自己的大型的批零网络，让出利润，发展代理社，使自己成为大批发商。

“广之旅”则早早在国外（马来西亚、泰国、法国等地）设立分支机构，以降低地接成本，确保在同等接待水平下提供最优价，实现全程旅游质量的一致性。同时，他们也注重与外国旅游局合作进行旅游推广，通过双方合作过程中的交流，吸取对方的先进经验，提高推广能力，同时也拓展了海外市场。

可以肯定的是，市场的进一步开放，必会形成新的竞争格局，对消费者一定是件好事。消费者的可选择性越来越大，出行更能称心如意。

邓圩. 人民日报. 华南新闻. 2002-1-14

14.1　中国入境旅游市场与开发

14.1.1　中国入境旅游市场的需求特征

（一）从旅游者需求结构看

旅游者在餐饮、住宿、交通旅行、游览、娱乐、购物方面的消费是旅游企业收入的主要组成部分，其变化直接影响旅游市场需求潜力和旅游产品的销售。根据调查结果，从入境旅游者支出结构中“吃、行、住、食、购、娱”所占比重的变化进行比较，可得出如下结论：①长途交通的创汇收入呈上升趋势，而市场份额呈下降趋势。其原因在于：中国众多的文物古迹、名胜景点分布于广阔的国土上，要想多游历，必然要以长途交通工具代步。而中国民航交通费要占长途交通费的 81%以上，民航交通费的增长决定了长途交通费的增长，民航交通费的高增长现象，与机票价格的上调幅度有直接关系；②住宿、餐饮的创汇收入比重均呈下降趋势；③旅游购物的商品销售的创汇收入呈回升之势。

以上内容表明，在中国旅游者支出结构诸要素中，游览、餐饮、娱乐及旅游购物的市场份额占相当大的比例，其发展潜力十分突出。

（二）从旅游客源看

1. 旅游者数量

在世界旅游业迅速发展的整体背景下，中国旅游业也得到了迅速发展。20世纪90年代旅游业增长总量最大，这与1992年以来开展的旅游主题年、年年有重点、七年大改观发展战略的关系紧密。根据国际旅游局的统计，从1978年到1998年，中国接待的国际旅游人数增长了35倍，旅游外汇收入增长了48倍，增长速度分别为年平均22.5%和23.63%，2001年中国入境旅游人数为9 000万人次，比2001年增长了12%，在入境旅游中，外国人为1 270万人次，比2001年全年增长13%。

2. 旅游者地区分布状况

与世界国际旅游市场特点相一致，近区域客源市场是中国国际旅游业的主要客源市场。从国外旅游市场分析，大致可分为：东北亚市场、东南亚市场、欧美市场、大洋洲市场及其他市场。其中，港澳同胞、台湾同胞、外国人是中国国际旅游市场的基本成分，外国人入境旅游市场主要由东北亚市场、东南亚市场等近区域市场及欧美市场构成，侨乡和港、澳、台同胞故乡的港、澳、台旅游者占一半以上比例。

由于在少数重要客源国推销中国旅游产品，具有市场渠道畅通、消费者基础好，投入少收益高的特点，这使得重要客源国成为市场拓展的高收益地区。由此形成的这种少数重要客源国居主导地位的格局还会在一定时段内有所强化并维持相当长一段时间。

3. 旅游者入境的季节性

中国入境旅游者的季节性不强，这主要由于中国地域辽阔，气候多样；旅游产品除自然风光外，还有更具魅力的名胜古迹、社会风情、艺术博物馆、历史遗迹、民俗文化活动、节庆活动、城市风光等多种多样的旅游产品，形成了众多旅游热点。另外，海外旅游的重要群体——港澳旅游者不显著的季节差异性，也对全国的入境游情况有直接影响作用。

4. 旅游者入境的流动性

流动性是指外国游客入境旅游的主要流向。中国旅游业依托的主体旅游吸引物一直是历史古迹、城市风光、自然景观等，这些旅游吸引物构成中国的旅游热点地区和旅游热线。故长期来，除到侨乡探亲以及到东南沿海地区往来经商的港、澳同胞外，海外游客的流向基本集中在旅游热点地区和旅游热线途经地区。外国游客的主要流向是传统的热点城市。

5. 旅游者的多样性

中国地大物博、人口众多，因此旅游市场的需求也多元化。不同性别、年龄、职业的入境旅游者有不同层次的需求，不同旅游目的的入境旅游者比例相对均衡，各部分都不突出，应仔细进行分析，寻找目标市场和目标公众。

（三）从空间分布特征看

1. 入境后旅游流空间分布形态

入境后旅游流空间分布形态呈现为辐射发散型和收敛聚集型的空间模式，以旅游热点城市为辐射点和聚集点，以航运空中走廊为主要通道。旅游中心城市既是旅游流聚集地，又是旅游流中转辐射地。中国入境旅游经过 20 年的发展，基本形成了以京、沪、广、深、杭、西、昆、桂八大城市为中心聚集点和辐射点的空间形态。

2. 入境后旅游流的区域分布特点

按照地域交互作用以及关联性，可将全国旅游流划分为七大主要旅游流。分别为：华北旅游流、华东旅游流、华南旅游流、西南旅游流和华中旅游流、东北旅游流和西北旅游流。其中，华南旅游流、华东旅游流和华北旅游流是中国最主要的三种区域旅游流。

（四）从市场格局看

从国际旅游业来看，市场格局出现新的变化：

（1）进入 20 世纪 90 年代，亚洲市场发展强劲。客源市场快速增长，来华客源增长幅度较高的主要客源国大多在亚洲。1995 年，日本来华旅游人数达 130.52 万人次，比上年增长 14.4%；韩国来华旅游人数比上年增长 55.6%，成为中国第二大客源国；新加坡、马来西亚、菲律宾、泰国、印尼五国来华旅游人数合计已超过百万，达 103.91 万人次，比上年增长 14.2%。

(2) 市场结构发生变化。一是散客迅速增长，团队比重大幅度下降。据国家旅游局抽样调查，1990年来华旅游者中散客占35.4%，1994年散客比重上升到67%。二是中年旅游者趋增，而老年旅游者趋减。

(3) 客源流向发生变化。这表现在随着国际旅游市场逐步趋于成熟，交通及接待条件不断改善，产品的弹性和替代性增强，旅游者的选择性加大，分布也日益广泛，近几年来主要旅游城市客源出现较大范围的下降与减速，而同时，又有一批新兴的旅游城市和地区出现客源较大幅度增长。

(4) 旅游方式发生变化。旅游者在华停留天数趋减，经停城市数趋减，旅行的随意性增强，买方的选择性增强。

入世后，中国国际入境市场的规模将进一步扩大，其原因是：①商务活动大范围增加；②大型国际旅行集团将其组团社放量交由地接性质的合资旅行社接待；③整个休闲旅游市场总体规模放大。

14.1.2 中国入境旅游市场总体开发

(一) 目标市场开发

依旅游者的来源分类，可把入境旅游者分为亚洲市场、大洋洲市场、欧洲市场以及北美市场。不同地理区域的地理位置、自然环境、经济环境与人文环境的综合差异，深刻影响和制约着消费者旅游需求的综合差异。一般而言，客源地与目的地在自然风光和人文风貌上差异越大，其旅游引力也越大；而两地间生活条件、生活方式以及价值观差异越大，其旅游障碍就越大。因此，这里优先考虑区域性目标市场（见表14-1），以此细分旅游市场有利于旅游目的地针对不同客源市场设计特色旅游产品，并制定分销、促销策略。

表14-1 主要目标市场

地理区域	主要国际旅游市场
传统短程市场	港、澳、台华侨
其他亚洲短程市场	包括日本、东南亚（泰国、马来西亚、新加坡、印尼、菲律宾）、韩国
远程市场	北美、欧洲和澳大利亚
国内短程市场	驻中国的海外人士

资料来源：国家旅游局，1995～1999年。

(二) 市场形象定位

潜在的游客一般会选择能够最大限度地满足需求的旅游目的地。市场定位首先应提供与众不同的产品和服务，根据目标市场的特点分别强调不同的旅游产品，使游客能够了解它比其他竞争对手的产品和服务更具有价值。特别是那种对旅游目的地犹豫不定的游客，这种市场定位更为重要。

由于中国在自然与人文资源方面的优势，其定位是：中国自然生态与文化旅游胜地（见表 14-2）。

表 14-2　国际区域市场定位与旅游品牌

国际区域市场	旅游品牌差异性
传统短程市场（远东、东南亚短程市场）	定位为新兴的旅游名胜，待开发的自然奇观和丰富的历史文化背景。必须提供经济实惠的旅游方式，使旅客乐于花钱参加众多的游览和活动
远程市场（北美、欧洲和澳大利亚等）	游客更为成熟，注意旅行安全和旅途舒适，改善现存旅游设施和服务，提高旅游设施的水平，考虑游客日益增长的自然文化保护心态

资料来源：国家旅游局，1999 年。

（三）市场开发预测

目前游客大都来自短程市场，这主要是由于相对优惠的机票和他们对旅游目的地已经有所了解。随着一个强有力的促销机构在远程市场的就位、旅游产品开发的迅速改善、航空通道的顺畅、旅游服务及设施的改善和旅游目的地知名度的提高，预计短程市场将在中后期得到迅速增长。

（四）旅游产品配套

要进一步完善基础设施的配套建设，提高旅游地的可进入性；加强对旅游资源的全面利用，旅游者以参与式旅游为主，集中考虑区域旅游的发展，强调人文资源与自然资源结合的一致性，特种旅游与专项旅游并重，发展属于非观光型旅游产品，诸如度假、商务、保健、烹饪、体育、探险、文化、修学等，使得在旅游产品结构中，观光与非观光相结合的组合性旅游产品也占一定比重。

（五）市场促销

要强化专题促销，形成产品开路的促销格局，以中国列入“世界遗产名录”的 23 处景点为龙头，世界生物保护圈为背景，组合成精品线路向欧美、日本等市场推出；各地区以精品开路，加大对外促销的针对性和影响力。

1. 促销重点

突出重点市场，形成滚动开拓的叠加效果。确认重点目标市场，可以重点促销日本市场，以后逐年对欧洲、美洲、新马泰、澳洲等市场进行渗透；建立独特的品牌形象，使旅游产品的形象深入人心。

2. 战略

应集中建立一个面向世界的促销机构，它应能够开发中国已确定的市场潜力，并将此转化为预期的游客目标。近期的海外旅游市场促销战略为：确保亚洲市场，特别是狠抓日本、港、澳、台市场，积极推进韩国和东南亚市场；发展欧洲、北美洲和大洋洲市场；启动非洲（主要目标是南非）、南美洲和中东地区市场。要加强对美洲的公众传播促销和对美国大型旅游批发商的开拓工作；要加大对日本媒体的工作以及对日本公众的推销力度；利用德国大旅行商进入中国旅游市场的契机，尽快组织适销对路的度假休闲产品。

3. 方式

（1）促销材料。促销经费预算中的 25％用于促销材料，考虑到国际市场的多样性以及众多的自然文化景观有待于加大促销力度，其经费应加大。

（2）广告传播。目前，所有的旅游机构均在利用广告效益，以将信息传递给目标客户。由于广告的开支较高，通常用于某些宣传促销活动的补充。凭借刊物的高流通性，广告达到推销旅游产品的目的。在精选的出版物和时段上刊登介绍旅游名胜的评论和文章。广告效益的影响一般见诸于评论文章的内容。

（3）对外促销口号。所用促销主题推广口号以强调中国在风景名胜、人文景观等方面的多样化、自然旅游资源的独特性和优势以及悠久的历史文化与文明。

（4）旅游宣传主题年。其实质是举办系列吸引旅游者大型旅游活动，丰富新的民族文化节庆，为旅游者提供清新的感受。如中国保护环境游、中国养生保健游等。

（六）销售渠道策略

旅游部门的职责是，将旅游产品包装后推向市场。这就需要一个销售渠道—牵涉到向潜在游客制作产品并向其提供使用服务的一群互相依赖的统一实体。国际旅游需要增加国外旅游批发商和零售商几个环节，从而加大旅游产品中的营销成本。因此，渠道策略正确与否以及流通渠道的选择是否适宜在某种程度上决定着旅游产品市场营销的成败。销售渠道的选择常常涉及到对其他公司的长期义务，在此列出了一些可供选择的旅游销售渠道（见表 14-3），根据不同的旅游客源情况可以采取不同的销售渠道。

表 14-3　旅游销售渠道及策略

旅游销售渠道	策略目的及内容
采取销售代理制	尽管显得较为被动，范围也有限，但也能取得一定效果；主要任务是发展旅游目的地和促销；旅游局不要在直接销售中与旅游批发商和搞零售的旅行社竞争；搞实际预订业务的是那些给办事处提供信息的旅游批发商
同与中国有业务往来的航空公司合作	通常与国有航空公司挂钩，因为它们有自己的推销系统，称之为总销售代理（GSA）。这些代理机构在特定的市场及必要时被委派全权代表航空公司，除可以推销旅游产品外，国有航空公司在航空业务繁忙期间，几乎经常有方方面面的业务接触
同国外旅行社合作	这是投资效益最高的一种方式，因为旅行商在旅游销售体系中占绝对优势。作为旅游目的地的中介机构，批发商拥有众多的关系户、业务专长和营销范围来推销市场感兴趣的旅游目的地的综合产品。他们具有包括旅游及其分支机构在内的全套销售系统
邀请部分批发机构搞开发旅游的负责人到旅游局考察和访问	分别对旅游路线、现行设施及服务队开发旅游市场的适应性及批发商的经济利益等，做出详细的评估；旅游局应首先向其提供一份关于旅游产品的小册子，以使这些项目列入批发商的旅游指南或列入他的中国旅游小册子里；一旦项目推销出去，且批发商业也正在受益，便可以在一些主要景区开发一些特殊的旅游项目，作为旅游产品的补充
同一些独立的零售商合作	合作方式与批发商类似，可以满足一些零售商对旅游产品的需求，这些零售商往往代表着小范围市场，最常见的是那些专门组织海外华人社团旅游的零售商，以及组织特殊兴趣旅游（如探险、生态游及教育项目等）的零售商
同本地旅游经营者及一些旅游场所管理者取得联系	中国国际旅行社、中国旅行社、中国青年旅行社等是该领域的国内代表，因此，同它们的合作可以扩大中国旅游的影响，将旅游产品包装得更好，同时还可能开发出更多的新项目

资料来源：国家旅游局，1999 年。

14.2　中国出境旅游市场和管理

中国公民自费出境旅游，是中国改革开放的产物。中国公民出境旅游的发展，使中国旅游业的市场体系更加完善和成熟，形成了“入境、国内、出境”三个方面共同发展的局面，在国际旅游市场上的地位进一步提高；同时，也满足了国内比较富裕的居民出境旅游的需要，成为中国进一步扩大对外开放的标志之一。

中国公民自费出境旅游包括出国旅游、边境旅游和港澳游三部分。本节将港澳游并入边境旅游中，主要论述前两部分。

出国旅游指中国公民自己支付费用，由经国家旅游行政主管部门批准特许经营中国公民自费出国旅游业务的旅行社组织，以旅游团的方式，前往经国家批准的中国公民自费出国旅游目的地国家或地区进行旅游。

（一）出境旅游的发展历程

回顾中国出境旅游的发展历程，大致经历了三个阶段。

改革开放前，即从建国初期到 1978 年，中国的旅游业主要是外事服务工作的补充，承担一些团体和友好人士的接待和游览任务，而不是国民经济结构中的一个产业。在这个阶段，中国的旅游业处于基本封闭或者半封闭状态，对国民经济和社会发展的作用是相当有限的。在这种情况下，中国对出境旅游严格禁止。

1978 年 12 月，中共十一届三中全会确定了党和国家的工作重点转移到社会主义现代化建设上来，贯彻国民经济“调整、改革、整顿、提高”的方针。随后中共中央提出了促进技术进步、提高经济效益、对外实行开放、对内搞活经济等一系列重大政策，为中国旅游业带来生机和活力，中国旅游业开始进入一个新的发展时期。随着中国进一步改革开放，人们的生活水平大大提高，一部分先富起来的人们已经不满足在国内旅游，而要到国外去度假，为了满足这一部分人去国外观光旅游的消费需求，1991 年 5 月，中国正式打开公民出境旅游的大门。自此以后，出境旅游已成为一种时髦的消费方式。仅 1996 年，中国经旅行社组织的出境人数为 164 万，其中出国旅游人数为 37 万。

但是，我们应该看到，出境旅游毕竟是少数人的奢侈消费，对于这种消费需求的满足是必须的，但鼓励和促进这种消费不应成为政府的宏观政策。因此，在出境旅游的初期阶段，中国对出境旅游实行“不鼓励，不提倡”政策。当时，中国批准经营出境旅游的仅是国际旅行社、中国旅行社和青年旅行社等 9 家旅行社，准许前往旅游的国家是泰国、新加坡和马来西亚三国。显然，这一时期，中国的出境旅游带有浓厚的计划经济色彩，管理上管得很死。

尽管如此，中国出境旅游市场仍发展迅速。来自国家统计局的数字说明：1997 年中国批准 106.5 万人次自费出境旅游，在国内因私出境总数中居前位。其中出国旅游为 38.8 万人次，边境游为 67.7 万人次。

1997 年 7 月 1 日，国家旅游局、公安部联合发布了《中国公民自费出国旅游暂行办法》，允许“有组织、有计划、有控制”地发展出境旅游。自此以后，中国进入适度发展出境旅游时期，出境旅游市场得以规范，具体表现在：出境旅游的付费方式由海外亲友支付和担保转变为中国公民自付；出境旅游目的地国家由原来的新加坡、马来西亚、泰国、菲律宾四国，新添了澳大利亚、新西兰和韩国，1999 年又新添了日本；截止 1999 年 2 月，全国经国家旅游局特许经营出境旅游业务的旅行社由 9 家增加到 67 家。

就中国而言，出境旅游无限制地发展将会对旅游业带来如下负面影响：

中国的国力有限，旅游就要消费，包括住、行、食、游、购、娱六个方面的开支。出境旅游，是把钱消费在国外，如果把这些钱消费在国内旅游上，可以扩大内需，增强和刺激居民消费，增加相当多的就业机会。如果中国每年有 1%人次出境旅游，人均在境外消费 1 000 元人民币，那么就意味着每年流失 13 亿多人民币的国民收入。加之，旅游消费是非贸易支出，国家必须从总量上控制外汇的收支平衡。中国还是发展中国家，1 400 多亿外汇储备并不是很多。因此，如果大张旗鼓地推行出境旅游，将造成国家有限的外汇大量流失，不利于旅游消费在扩大内需中所扮演的支柱产业角色的发挥。

鉴于以上原因，国家旅游局制定了“适度发展出境旅游”的总方针。具体说来，就是有组织、有计划、有控制地发展出境旅游。有组织，就是国家在每年的出境旅游总量上和在各地数量分配上，实行计划管理，在对旅行社的具体经营上实行配额管理；有控制，就是对经营此项业务的旅行社的数量、配额进行控制。同时严格禁止超范围经营和无照经营。

（二）出境旅游市场总体特征

1. 出境旅游市场的规模性

加入 WTO 以后，中国公民出境人数基本保持增长势头，因私出境人数四年间增加了 150 多万人次，年均增长率达 18%，中国已经成为亚洲地区一个新兴的客源输出国。中国公民出境旅游的规模性还表现在出境旅游外汇支出上。

2. 出境旅游市场的季节性

中国公民出国旅游的季节性并不明显，即出境旅游全年分布均衡。

3. 出境旅游市场的组织性

1993～1996 年间，旅行社组织出境旅游人数每年平均增长 30 万人次，年均增长率 42%。1998 年，通过旅行社组织出境人数 181.09 万人次，比 1997 年增加 38.02 万人次，增长率 26.6%。

(三) 出境旅游市场的需求特征

1. 出境旅游方式

中国公民出境的主要方式有：乘坐轮船、飞机、火车、汽车以及徒步五种。其中徒步出境占较大比例，为总人数的一半左右；其次为乘飞机出境，约占四分之一；其他三种方式合计占四分之一强。

2. 旅游目的地

中国公民出境旅游中，短程国际旅游流大于远程国际旅游流，主要是以近距离为主。所到大的国家或地区中，频率排名前三位的分别为：东南亚地区(27.3%)、欧洲各国(25.01%)、美国(13.2%)。从出境旅游人员的旅游目的看，对于曾经出过国的人，其出境目的主要集中在公务、自费旅游和商务考察三方面。

3. 旅游客源地

由于受经济发展水平和地理因素的影响，中国公民出境旅游客源在空间分布上，大多集中在与周边国家和地区相接壤的省区和北京等大城市，表现出较强的地域性。其主要特征相对稳定，以边境地区和经济发达城市和地区为主要客源。

(四) 出境旅游市场的客流特点

1. 量小流短

近几年来，尽管出境旅游增长较快，但与国内旅游相比仍显得微不足道，实际上，出境旅游人数还不到国内旅游人数的1%，1998年中国出境旅游规模只有842万人次，不仅远低于日本，相对比例也低于周边的许多国家和地区。中国公民出境旅游的目的地，虽然已由周边国家扩展到马来西亚和印度尼西亚等，较远的国家由相邻国家的边境城市扩展到外国个别的内地城市，但放在国际旅游这个大潮流中，中国的出境旅游客流还只是短小的细流。

2. 以边境旅游为主

在出境旅游中，边境旅游占主导地位。随着改革开放的进一步加深，中国居民收入的不断提高，中国居民出境旅游人数不断增长，而随着中国同边境国家关系的改善和出境旅游手续的简化，边境旅游已成为中国出境旅游的主要形式。

3. 出境旅游人员结构简单

边境徒步出游不算，中国出境旅游人员结构大体分三部分：主体是因公务、商务、考察、交流、援外等目的出国的国有企事业公职人员；其次是自费旅游人员，这部分人员以文化观光旅游和度假休闲旅游为主要目的，包括观赏自然风光、名胜古迹、社会风情、艺术博物馆、历史遗迹、疗养健身、娱乐购物等；随着中国国际贸易的广泛开展，商务考察成为中国出境旅游人员的主要部分。

（五）出境旅游市场的开发

首先，做好出境旅游客源市场定位工作。客源是旅游业赖以生存和发展的基本前提。客源市场定位，就是坚持市场导向的基本原则，从旅游目的地、旅游者可供支配收入、闲暇时间、旅游交通等方面分析主要客源市场，确保自己拥有更多的客源群。长期以来，中国出境旅游主要靠价格竞争来争夺客源。而价格竞争对旅游企业来讲是最不利的竞争手段。这是因为，出境旅游竞相压价、降价必然导致境外不断增加自费项目和购物次数，引发质量问题，致使旅游客源减少。在出境旅游远未推广和普及的今天，自费旅游的性质决定了目前只能把出境旅游的客源市场定位在中高收入阶层。

其次，要大力启动出境旅游散客市场。一个旅游企业要增加客源，必须先了解市场需求。特别是寻找尚未被满足的需求，然后开发适销对路的产品去满足它。可以看到中国的出境旅游，就会发现还存在不少尚待开发的客源群，其中之一就是散客旅游市场。回顾中国出境旅游的历程，出境旅游主要以全包形式出售的团体旅游为主。这种团体旅游方式受到部分旅游者（如国外旅行经验不足，对旅游目的地不了解等）的欢迎。但是，随着出境旅游的发展，旅游者日趋成熟，旅游消费需求的多样化和个性化越来越突出，尤其是国外发达的旅游设施和高水平的服务使多样化和个性化的消费需求能够得到满足，于是越来越多的人选择更自由和尽兴的散客自助旅游。在这种情况下，经营出国旅游的企业应采取多种促销手段，大力启动散客旅游市场，开发新婚蜜月、全家度假等散客群。

（六）出境旅游市场的政策管理

1. 适度发展

适度发展出境旅游，就是有组织、有计划、有控制地发展出境旅游，这是中国发展出境旅游的指导方针。有组织，就是国家在每年的出境旅游总量上和在各地数量分配上，实行计划管理，在对旅游社的具体经营上实行配额管理；有控制，就是对经营此项业务的旅行社的数量、配额进行控制。同时严格禁止超范围经营和无照经营。

2. 审批原则

组团社是经国家旅游行政管理部门批准的、可以经营出国旅游业务的国际旅行社。此过程应当遵循以下几个基本原则：一是入出挂钩的总原则，即把经营入境旅游的业绩作为审批的主要依据；二是地区合理分布的原则；三是循序渐进的原则，根据旅游市场发展的需要，循序渐进，逐步扩大组团社；四是动态管理的原则，组团社不搞终身制，通过旅行社业务年检，对不合格的或业绩差的，可以取消组团社资格。

3. 开放条件

中国公民出国旅游的目的地国家由国家旅游局提出，经外交部、公安部同意后，报国务院审批。开放目的地国家和地区，主要从以下几个方面考虑：一是对方是我们的客源国；二是政治上对中国友好；三是旅游资源有吸引力，具备适合中国旅游者的接待服务设施；四是有良好的可进入性。

4. 开展方式

为了保障旅游人员的人身安全及合法权益，便于旅游服务质量的监督管理，目前对公民出国旅游还是采取“有组织”的方式进行，即团队活动安排。

5. 行业自律

1998年，由北京地区的11家旅行社自发成立“特许经营出国旅游旅行社联合体”，这一企业自发成立的行业自律自护组织，对维护出国旅游市场秩序，保护消费者合法权益和保护企业利益，都将起到积极作用。

6. 发展方向

从目前来看，旅行社组织的边境游、港澳游和出国游总人数是181万，估计今后几年的发展是每年大体上保持50万人的增长。

7. 网络经营

由于目的地的条件一般都是比较完善的，竞争就比较集中地体现在有效组织和优质服务上。因此，国内销售网络的完善和海外接待网络的建立以及二者之间的紧密结合，就应当成为真正的竞争领域。

8. 配额管理

国家旅游局根据发展旅游业的基本方针和每年的创汇情况，考虑接待海外旅游者总量，以及中国的基本国情和公民的外汇支付能力，制定每年的出国旅游配额总量。通过理顺管理渠道，实施“出入挂钩，总量控制，配额管理”的措施，总体规模实现了有计划控制，树立了中国旅游业的国际形象。

14.3 边境旅游市场特征及管理

边境旅游，是指经批准的旅行社组织和接待中国及毗邻国家的公民、集体从指定的边境口岸出入境，在双方政府商定的区域和期限内进行的旅游活动。

14.3.1 边境游市场的发展特征

中国的边境旅游，于 1987 年开始于辽宁省丹东市。诞生于辽宁省丹东市的这一新的旅游形式，启发了与之有着相同或类似条件的其他边境地区的一些市、县。目前，经国家批准的边境旅游项目达 56 个，形式有从“一日游”到“八日游”不等的旅游项目。边境游一般具有以下特点：

1. 阶段性

从全国的情况来看，边境游的发展是比较晚的。即使在 20 世纪 80 年代中期国家提出大力发展旅游事业的时候，边境游仍然是缄口不言的忌讳。在很长一段时间里，国家没有明确的政策，许多边民的接触、边贸和边境游是在政府的某种默许下进行的，而真正的边境游大发展还是从 20 世纪 80 年代末开始的，中国的边境游大致经历了探索、崛起、调整和适度发展四个阶段。

2. 政策性

对边境游的参与者来说，出境旅游是国内旅游的延伸，将国内旅游活动和国际旅游活动结合在一起。从跨越国境来说，它是国际旅游的一种，因此中国与接壤国家的外交关系是边境游开展的基础。其次，边境游活动是个经济活动，而且边境游的开展对促进边境贸易和整个边境地区的经济发展具有重要作用。边境地区是国家的防卫前沿，口岸是国家的门户，开展边境游的目的必须有利于边防的巩固，有利于边疆的稳定。因此，制定边境游政策还必须从这个国家的整体利益出发，而不仅仅是从一个地区、一个部门的局部经济利益出发。可见，中国的边境游有利于促进外交、发展经济、巩固边防，是一种政策性很强的旅游活动。

3. 多样性

与中国接壤的国家众多，相邻国家政治经济体制的差异，边境地区的地理、经济、文化、社会等条件的千差万别，使中国边境游的发展从一开始就呈现多样性。在交通条件好、经济相对发达，对方国家开放意识强的边境地区，如东北地区的中俄边境地区，边境旅游者呈双向流动，规模大，影响的范围广，程度大；

而可进入性差、经济相对落后、对方国家开放意识较差的边境地区，如中老、中尼边境地区，边境游的规模难以扩大，影响的范围和程度也小。而一些地区，如新疆地区和吉尔吉斯斯坦、哈萨克斯坦和东北的中、朝、俄交界区等，不仅可以发展以邻国为对象的边境游，还可以发展吸引第三国的跨国旅游，甚至多国家交界的地区，联合开发共同的旅游吸引物，所有相邻国家皆受益。

4. 驱动性

中国边境游的发展多为贸易驱动型的。中国边境省区边境游的开展主要是为满足边境双方当地居民互通有无、开展贸易活动而开始的，特别是在像中国和前苏联国家接壤的地区边境游开展早期，边境游和边境贸易是不可分割的。利用出境旅游的机会相应从事一些境外市场、产品的调查，使旅游支出能得到更多的收益和回报，这是中国边境游的一个重要而突出的特点，并将继续保持下去。现在边境游和边境贸易的发展构成了多元化的区域性经济合作，从单纯的易货贸易、边民互市、边境地区的一日游活动，逐渐发展到跨境投资、技术合作、劳务输出、边境游等相结合的“大边贸”。

5. 发展性

中国的边境游的发展性主要表现在稳定发展，质量升高；对等交换团增幅不大，而入境旅游的现汇团呈上升趋势；格局确定，经营规范。边境游经过几年的发展实践，相邻国家边境地区的经营者和管理者对各自的旅游市场、产品和经营方式有了比较清楚的了解，有了合作的基础，边境游的格局业已基本确定。不仅中国边境地区根据当地的实际情况建立了相应的管理机构，制定了相应的法规和制度，有了成形的管理办法，并以协议、合同等具有法律效力的形式规范双方的商业行为，使边境游向着有序、健康的方向发展。

6. 合作性

在中国大多数边境地区开展边境游的初期，都将边境游限制在便民的范围内。至少中方原则上不允许非边境地区常住居民参与边境游，而且也往往不允许第三国的旅游者以边境游的方式通过口岸，参与边境游。随着边境游的发展，特别是现汇团的出现，一些地方开始允许甚至招徕第三国旅游者在一些边境口岸进出。有些边境地区在国际组织的帮助协调下，探讨相邻国家联合建造旅游区、开发旅游线路、合作发展边境等事宜，具有探索性和战略性。

7. 管理性

为了规范对边境旅游的管理，国家旅游局、外交部、公安部、海关总署共同制定了《边境旅游暂行管理办法》，经国务院批准，于 1997 年 10 月 15 日发布实行。这个管理办法明确了边境旅游的范围、主管部门、各级旅游局的管理权限，规定了申办边境旅游业务的必备条件、同对方国家边境地区旅游部门签订意向性协议的主要内容、申请开办边境旅游业务的程序、中国公民参加边境旅游的办法、边境旅游的出入境手续，并规定了对各种违法行为的处罚程序。管理办法的发布实施使边境旅游的经营和管理有了依据，促进了边境旅游健康、持续地发展。

14.3.2　边境游的基本类型

从旅游目的、旅游地区和旅游费用承担三个方面对边境旅游进行分类，从不同的分类角度分析其各种类型的特点及发展方向（见表 14-4）。

表 14-4　边境游的基本类型

类别	形式	特　点
旅游目的分类	贸易驱动型	开放面大，出入境口岸多，人员双向流动，数量巨大；购物或贸易为过境活动的主要目的，双方人员广泛接触，自费比重大；辐射面广大，影响大；第三国公民逐渐介入、并初具规模。如中俄边境
	观光驱动型	旅游者基本是单向流动，边境游逐渐演化为内地游；结算方式简单，不动用外汇；供需矛盾大，但主动权由外方控制；活动健康，比较单调。如中朝边境
	购物观光型	出多进少，观光购物相结合；人民币为通用货币；互市是主要贸易方式；逗留时间短，消费水平低，离内地远，交通不便，公费旅游占比重大，管理相对较混乱；边境地区情况复杂，防范任务艰巨。如中越、中缅、中老边境等
旅游地区分类	东北、北部和西北边境	主要包括中俄、中蒙和中国与其他独联体国家的边境游。这些地区基本上是贸易驱动型，人员双向流动，流量大，向双方内地发展深入，外方以购物为主要目的的旅游团居多，现汇团逐年增长
	西南边境	主要包括中越、中缅、中老边境游。这一地区的边境游主要是购物观光型，边境游中方的需求旺盛，出多进少，主要活动在边境地区，互市活动活跃，中方向外方的深入较远，而外方较少向中方内地发展
	辽宁与吉林的中朝边境	边境游比较独特，几乎完全是观光型，没有什么边境贸易行为，中方需求旺盛，流向单一，基本是中方旅游者向朝方流动。边境城市没有互市活动，中方的游客在朝鲜做多日游，旅游目的地直接到达首都平壤、妙香山、金刚山，甚至开城和板门店

续表

类别	形式	特点
旅游地区分类	港澳地区（中国）	出境旅游的人数由国家统一控制，并有国家旅游局指定授权的旅行社负责组织和经营；除大批的招商、促销、展览、会议等商务及公务旅游外，内地居民赴港、澳游的主要目的是探亲、观光与购物，消费较高，逗留时间较长；港、澳居民和在港、澳逗留人员可方便进入内地从事购物和游览度假活动；敢于开放以使台湾同胞进入内地的最重要的途径，重复率较大
费用分类	自费边境游	观光旅游者个人做的一次跨越国境的观光度假旅游活动，包括个体经营者或合伙人集体以旅游者的身份跨越边境从事买卖交易或小型的边境贸易活动，还有探亲活动，一日游中自费旅游者人数较多
	非自费边境游	包括三种情况，即公费旅游、公务和商务旅游及奖励旅游

资料来源：张广瑞，1997 年。

14.3.3 边境游的发展与政策选择

（一）总体发展

1. 扩大开放，内联外拓

对边境地区来说，一是对境外开放，通过开放，加强与周边国家的联系与合作，向外开拓市场，把自己的产品送出去，把需要的商品引进来；二是向内陆开放，加强与内地省份的联系，扬长避短，发挥优势。通过“外拓”和“内联”，边境地区经济更加活跃，使边境地区的优势进一步发挥。

2. 振兴边境，脱贫致富

通过边境游和边境贸易的发展，才能真正使边境地区的区位优势得以发挥，使一些有条件的边缘地带变成相邻国家经济贸易合作的中心，使边境地区这个传统上的国与国之间的隔离变成了合作的捷径与通途。这对边境地区的经济振兴至关重要。边境游的开展，除去边境地区和域外风情的神秘感之外，地处边境地区的少数民族本身就是非常有吸引力的旅游资源。可以看到，开发少数民族地区的旅游资源，发展旅游业，是脱贫致富的有效措施。

3. 改善关系，加强合作

边境游的开展，为民间的交往、相邻国家公民之间的接触开辟了一条重要渠道。应当创造条件，拓宽这一渠道，充分发挥这一渠道在加强相邻国家和地区之间的多方面合作的作用。加强周边地区边境游和边境贸易的发展，是实现区域经济合作的重要步骤。

4. 满足需求，积极发展

开展边境游是一项促进开放、促进经济发展的重要措施，但同时，这又是满足广大公民日益增长的旅游需求的重要措施。消费观念的转变和入境旅游者的示范效应，人们这种出境旅游的欲望越来越高。发展边境游，不仅仅是增加旅行社的扩大外联接待的能力，而且要充分发挥边境地区自身的多种优势，靠边境地区各个部门、各个单位的相互配合，借发展边境游和边境贸易之机来促进边境地区整个社会经济的发展。

（二）政策选择

1. 确定重点，大力扶持

在普遍鼓励沿边地区开发开放、积极促进边境贸易和边境游发展的同时，选择基础条件好、客源充足、发展潜力大的边境地区或口岸，确定为重点边境游发展地区。在政策和资金方面予以特殊支持，组织有关专家帮助地方做好总体发展规划，使这些地区或口岸逐渐发展成为国内外有吸引力的旅游中心区。

2. 放宽限制，简化手续

为了进一步促进边境游的发展，应当在条件成熟地区，考虑进一步适当放宽参游的人员限制和地域限制，根据国际惯例，接壤国家通过协商达成简化边境游手续协议，进一步减少障碍，使边境游活动更加方便、快捷。

3. 扩大形式，开发产品

各地可以在客源条件好、潜力巨大的地区，通过与国内和邻国以及国际组织合作的途径，开发具有巨大吸引力的旅游吸引物工程，如：图们江、湄公河、粤港澳等。

4. 加强管理，规范经营

开展边境游，边境口岸的管理是关键：一方面应改善口岸的基础建设，另一方面，规范边境游的管理程序，使边境游的管理逐渐规范化，简化手续，提高效率，逐渐和国际惯例相一致。确定市场准入标准，地方可征收旅游基础设施建设基金。确定专门的机构管理边境旅游业。

➢ 关键术语

入境旅游（Inbound Tour）　　出境旅游（Outbound Tour）

边境旅游（Boundary Tour）

案例回顾与讨论

1. 除去文中所说的出境游手续简化方式，你认为还有哪些措施可以增强国人出境的兴趣。
2. 假设你是旅行社的工作人员，请综合各方面因素设计一条出境游或边境游路线。

复习与思考

1. 解释下列概念：

出国旅游　边境旅游

2. 入境旅游市场的需求特征有哪些？这与指定战略管理有何联系？
3. 出境旅游市场包括哪三个部分？它们各自的特征是什么？与战略管理有何联系？

参考文献

常大勇，张丽丽．经济管理中的模糊数学方法．北京经济出版社，1995

车礼等．市场预测与管理决策．北京：中国人民大学出版社，1993

陈永兴等．市场调查与预测技巧．济南：山东人民出版社，1995

戴贤远等．市场分析与营销策略．北京：中国审计学出版社，1995

杜靖川．旅游市场营销．昆明：云南大学出版社，1996

恩佐·帕奇．走向21世纪的世界旅游业．旅游通讯，1994（3）

樊志育．市场调查．上海：上海人民出版社，1995

菲利普·科特勒．市场营销管理（亚洲版）．北京：中国人民大学出版社，1997

菲利普·科特勒．营销管理——分析、计划和控制．上海：上海人民出版社，1999

郭国庆．市场营销学通论．北京：中国人民大学出版社，1999

胡旭呈．实用市场预测80法．北京：北京经济学院出版社，1993

胡祖光等．市场调研预测学．杭州：浙江大学出版社，1994

蒋萍等．问卷调查法．大连：东北财经大学出版社，1990

克里托夫 W．哈特，大卫 A．特罗伊．饭店及汽车旅馆市场营销策略．北京：旅游教育出版社，1992

黎洁，赵文红．旅游企业经营战略管理．北京：中国旅游出版社，2000

李怀祖．系统工程（第2版）．北京：机械工业出版社，1997

李轴等．市场调查与预测．北京：国防工业出版社，1996

梁镇，赵国杰．企业管理创新．北京：中国经济出版社，1996

林南枝．旅游市场学．天津：南开大学出版社，2000

卢泰宏，杨晓燕，陈晶．策略创新，企业发展的驱动器．销售与市场，2000（9）．36～42

罗伯特 L．布洛姆斯特姆．饭店业市场营销策略计划．北京：旅游教育出版社，1992

平狄克·鲁宾菲尔德．微观经济学．张军译．北京：中国人民大学出版社，2000

钱炜．创造性思维与旅游业．北京：旅游教育出版社，1998

饶勇．现代饭店经典智慧与成功案例．广州：广东旅游出版社，1999

芮明杰．管理学：现代的观点．上海：上海人民出版社，1999

盛琦．需求导向的旅游营销战略与渠道策略变革研究．桂林旅游高等专科学校学报，1999（10）

苏亚民．现代营销学．北京：对外贸易教育出版社，1991

孙选中．市场营销管理．北京：中国政法大学出版社，1996

孙在国等．商战与营销．成都：西南财经大学出版社，2000

万迪窻．组织治理与管理理论导引．西安：西安交通大学出版社，1999

万晓，王耀球．市场营销学．北京：中国铁道出版社，2000

汪素芹．全球服务贸易自由化与中国服务业营销创新．河南商业高等专科学校学报，2001（1）

王建文．餐旅业市场调研技术．北京：中国旅游出版社，1994

王兴斌．21世纪旅游业发展战略与经营管理全书（上册）．北京：人民日报出版社

温力虎等．旅游市场营销与饭店管理．广东：中山大学出版社，1995

肖升．论市场营销创新的涵义和地位．企业改革与管理创新．上海：经济管理出版社，2000

肖忠东．中国旅游饭店营销信息系统的开发．中外饭店．1997（6）38～40

许绍李等. 市场营销学. 西安：西安交通大学出版社，1996
杨明刚. 市场营销 100——个案与点析. 上海：华东理工大学出版社，2001. 133～136
张军. 市场分析与预测. 上海：复旦大学出版社，1995
赵炳. 世界绝妙广告点子 1000 例. 北京：中国广播电视出版社，1995
赵西萍. 关于旅游信息的研究. 旅游科学，1999（2）
赵西萍. 国际旅游市场营销中的旅行社企业规模研究. 管理工程学报，1999（增刊）
赵西萍. 旅游目的地国国际旅游需求预测方法综述. 旅游学刊，1996（6）
赵西萍. 论国际旅游竞争力. 商业经济与管理，1999（4）
赵西萍. 论国际旅游竞争力及其阶段性演进. 社会科学家，1999（5）
赵西萍. 美国服务管理基本模型研究. 人文杂志，1996（增刊）
赵西萍. 区域旅游业综合经济收益的影响因素. 旅游科学，1999（2）
赵西萍. 中国旅游饭店业跨国经营. 经济管理论. 1996（2）
赵西萍. 中国旅游饭店业跨国经营道路选择的探讨. 旅游学刊，1996（5）
赵西萍. 中美服务业管理模式比较研究. 西安交通大学学报，1999（1）
赵西萍. 饭店营销管理. 昆明：云南大学出版社，1999
赵西萍. 旅游市场营销. 天津：南开大学出版社，1998
赵西萍. 旅游市场营销学. 北京：高等教育出版社，1998
赵西萍. 中国旅游业可持续发展战略研究. 西安：陕西人民出版社，1998
周莉莎. 市场创新源问题研究. 企业改革与管理创新. 北京：经济管理出版社，2000
朱玉槐等. 旅游市场营销学. 西安：西北大学出版社，1998
《新经济时代解读哈佛》编委会. 市场营销. 北京：中华工商联合出版社，2001
Chekitan S. Dev, Michael D. Olsen, Marketing Challenge for the Next Decade, Cornell hotel & Restaurant Administration Quarterly, February, 2000
Jeffrey L. Pellissier, Remarketing: One Club's Response to a Changing Market, Cornell Hotel & Restaurant Administration Quanterly, August, 1993
Kurtulus Karumustafa, Marketing Channel Relationship: Turkey's Resort Purveyor's Interactions with International Tour Operators, Cornell hotel & Restaurant Administration Quarterly, August, 2000
Laurette Dube, Leo M. Renaghan, Marketing your hotel through intermediaries, the Cornell hotel & Restaurant Administration Quarterly, February, 2000
Rex S. Toh, Habibullah Khan, Singapore's Tourism Industry: How its Strength Offset Economic, Social and Environmental Chanllenge, Cornell hotel & Restaurant Administration Quarterly, February, 2001
Sandra Naipaul, H. G. Parsa, Menu Price Ending that Communicate Value and Quality, Cornell hotel & Restaurant Administration Quarterly, February, 2001
Tourism Marketing and Management Handbook, Prentice Hall 1991
Valarie A. Zeithaml Mary Jo Bitner, Services Marketing. 北京：机械工业出版社，1998
Warren J. Keegan, Global Marketing Management. 北京：清华大学出版社，1997
Xipingzhao, Present Condition and Innovation Policies for Sustainable Tourism in Shannxi, china. Cu^{2}joing conference in hospitality and tourism, 2001
Xipingzhao, The Study of the Carrying Capacity of Sustainable Tourism Development ICM, 2001